# 中国
# 新经济

## 创新与规则

吴小亮　等◎著
王　静

中国人民大学出版社
·北京·

图书在版编目（CIP）数据

中国新经济：创新与规则/吴小亮等著．--北京：中国人民大学出版社，2023.5
ISBN 978-7-300-31648-2

Ⅰ.①中… Ⅱ.①吴… Ⅲ.①中国经济－经济发展－研究 Ⅳ.①F124

中国国家版本馆 CIP 数据核字（2023）第 073638 号

## 中国新经济
创新与规则
吴小亮　王　静　等　著
Zhongguo Xinjingji

| 出版发行 | 中国人民大学出版社 | | |
|---|---|---|---|
| 社　　址 | 北京中关村大街 31 号 | 邮政编码 | 100080 |
| 电　　话 | 010 - 62511242（总编室） | | 010 - 62511770（质管部） |
| | 010 - 82501766（邮购部） | | 010 - 62514148（门市部） |
| | 010 - 62515195（发行公司） | | 010 - 62515275（盗版举报） |
| 网　　址 | http://www.crup.com.cn | | |
| 经　　销 | 新华书店 | | |
| 印　　刷 | 天津鑫丰华印务有限公司 | | |
| 开　　本 | 890 mm×1240 mm　1/32 | 版　次 | 2023 年 5 月第 1 版 |
| 印　　张 | 15.25 | 印　次 | 2023 年 7 月第 2 次印刷 |
| 字　　数 | 365 000 | 定　价 | 78.00 元 |

版权所有　　侵权必究　　印装差错　　负责调换

# 目　录

导读　解读中国式创新 …………………………………………… 1

第一章　新经济与新规则：双向奔赴的"爱" ………………… 9
　　一、不从经济的角度看"新经济" ………………………… 9
　　二、新经济的"红与黑" …………………………………… 11
　　三、"新"经济与"新"规则 ……………………………… 21

第二章　"新社交"：媒体泛化时代的你我他 ………………… 31
　　一、社交媒体可以燎原：从一张纸讲起 ………………… 32
　　二、社交媒体如何影响生活 ……………………………… 51
　　三、"新社交"，新机遇，新挑战 ………………………… 66
　　四、未来图景：现实世界的深度连接 …………………… 82

第三章　算法规制：人工智能在想什么 ………………………… 91
　　一、作为人工智能"灵魂"的算法 ……………………… 92
　　二、算法"成长的烦恼" …………………………………… 101
　　三、给算法一个"说法" …………………………………… 111
　　四、算法之法：聚焦数据治理与算法规制 ……………… 119

第四章　个人隐私与信息保护：创新产业绕不过去的坎 ………… 137
　　一、前计算机时代：隐私权的提出与确认 ……………… 138

二、计算机时代：个人信息点石成金 ………………………… 145
三、大数据时代：个人信息的保护与利用齐头并进 ……… 154
四、探寻个人信息保护与利用的平衡之道 …………………… 173

第五章 在线教育：从资本狂欢到回归理性 …………………… 187
一、溯源与发展：科技驱动之下的教育形式变迁 ………… 188
二、狂欢中的失序：在线教育"白热化"发展 ……………… 197
三、监管聚焦："新政"重塑在线教育行业生态 …………… 204
四、回归理性：合规发展之下的多重出路 …………………… 213

第六章 网约车：新旧产业冲突 ………………………………… 223
一、Uber 的诞生及野蛮生长 ………………………………… 224
二、环球法律大战 …………………………………………… 226
三、超越 Uber 的中国网约车 ………………………………… 235
四、规则"旧瓶装新酒"？ …………………………………… 243
五、困局待解之题 …………………………………………… 259

第七章 无人驾驶：锚定安全 …………………………………… 271
一、从文化创意走进现实生活的无人驾驶 …………………… 273
二、无人驾驶技术引发的新型安全风险 ……………………… 290
三、作为安全风险治理工具的无人驾驶规则 ………………… 303
四、未来已来：无人驾驶与新文化 …………………………… 322

第八章 生物科技：伦理归来 …………………………………… 331
一、科技改变人类 …………………………………………… 332
二、负责任的科学：控制"潘多拉" ………………………… 349
三、科学的责任：伦理与法律 ……………………………… 355
四、拥抱科学、对话未来 …………………………………… 362

## 第九章　短视频：流量为王 ······ 367
一、数字经济背景下的短视频平台 ······ 368
二、短视频开疆拓土 ······ 376
三、隐患：下沉市场与普惠 ······ 382
四、规则之治 ······ 390

## 第十章　共享经济：使用权上位 ······ 401
一、共享经济的缘起 ······ 402
二、共享经济的中国化 ······ 409
三、共享经济的蓬勃发展 ······ 414
四、共享经济会有"第二春"？ ······ 434

## 第十一章　在线旅游：双循环下的旅游出行 ······ 445
一、启程：世界在线旅游的萌芽与发展 ······ 447
二、繁荣：中国在线旅游的快速崛起 ······ 451
三、激荡：螺旋上升的在线旅游产业 ······ 456
四、再启程：在线旅游推动形成产业双循环发展新格局 ··· 464

## 后　记 ······ 479

# 导读　解读中国式创新

## 新经济与旧业态的融合

　　数千年来，人类孜孜以求所追逐的一切，包括安定的住宅、保暖的衣着、饱腹的食物、方便的出行等，都不是从天而降，自动实现的。更遑论这些基础条件得到保障之后，在社交、教育、医疗等各方面更为复杂的需求，没有太平天下和有为政府也基本上是不可能的。人类文明历史从不是线性的、一以贯之地朝着进步的方向发展的。我们把时间轴拉长就会发现，自然灾害、社会动乱乃至战争伴随着的社会不公可能才是常态，风调雨顺、岁月静好持续的时间总是不够长。

　　古代社会各种资源有限，相对稳定的社会结构是与农业社会的生产力水平高度匹配的并维持了数千年。近代工业革命之后，生产力水平的提高大大促进了各种产品供给的增加，人类生活水平得以显著提高，从此进入经济社会发展的加速期。百余年来，人类社会发生的各种冲突和变革的强度史上未有，社会结构发生天翻地覆的变化，世界格局动荡重组，经历两次世界大战方形成新秩序；近年来，贸易战、地缘冲突等形式的社会动荡再次对世界秩序做出调整；2020—2022年，叠加新冠疫情，各种不确定性陡增。

这些冲突矛盾的原因是复杂的，其中之一即科技革命。第一次科技和产业革命是蒸汽技术革命，第二次是电力技术革命，第三次是计算机和信息技术革命，这一次即第四次科技革命是以人工智能、量子计算、清洁能源、纳米技术、生物科技、5G和区块链等为代表的科技变革。1988年邓小平同志提出"科学技术是第一生产力"，就是对第一次科技革命以来经济社会发展动力的精辟总结。

站在历史江河交汇处，习近平总书记多次强调：科技创新是核心，抓住了科技创新就抓住了牵动我国发展全局的"牛鼻子"。然而，科技创新与发展从来都不是一帆风顺的。任何科学技术的突破性进展在实现之前，都是人类智慧与毅力探索的沉沉黑夜、漫漫长路。科学技术应用于社会生产生活的过程更是惊雷四起、冲突不断，其中既有生产力提高带来的产品或服务质量齐增的喜悦，也有新旧业态摩擦引起的社会规则不相适应的痛楚。人类一边享受着新技术、新业态、新经济带来的发展红利，一边苦恼于旧规则、旧秩序、旧习俗被冲击产生的难解之题。

历史总是重演，昨日不断再现。

由于第三次和第四次科技革命的发展速度明显加快，科技与规则、文化相纠葛的这一"电视连续剧"也在迭代更新：剧情进展更快，情节铺陈更丰富，结局也更扑朔迷离。

我们有心从人类远古燧人氏钻木取火讲起，把四大文明古国的科技贡献与制度谜题一一解读,将英国汽车工业与"红旗法案"的故事娓娓道来……转念又一想,人类刚刚经历的、正在经历的是否更重要?正如法国历史学家托克维尔所言,"我只能考虑当代主题,实际上,公众感兴趣、我也感兴趣的只有我们时代的事"[①]。你我身在当下,是否就能把现实问题看得清楚?

答案显然是未必。本书的作者是几位经年累月为政府领导干部和高校学生讲授社会科学课程的中青年学者。当我们在课堂上对科技、规则和文化三者进行讲解分析时,我们发现学员或者学生对现实问题的认知其实更难。有时,是盲人摸象,凑巧摸到象鼻或者尾巴,就以点带面匆忙作出结论;有时,是身在山中,囿于所处角色的限制,对偌大的世界视而不见;有时,又是水中望月,各种景象就在眼前,却无法看得真真切切。

然而,只要听课对象与我们一同坐下来,从细节到全局耐心地做一个"全科会诊",前后左右、上下里外地静心思考,一个个更加接近真相、更加中立客观的结论自然就形成了。每次两至三小时的案例课程结束时,大家都会恍然大悟,感叹原来如此。

这正是本书写作的目的:把我们正在经历的社会现象看个清楚,为有待解决的问题探寻答案。

## 科学研究从来不是无禁区的

本书所截取的最近十年的片段,是你我刚刚经历或正在经历的重大科技变革以及因这些科学进步、技术应用而产生的创新,包括新技术、新业态和新经济。它们是与社会生活联系最紧密的几个领

---

① 托克维尔. 旧制度与大革命. 冯棠,译. 北京:商务印书馆,2012:3.

域，包括网约车、社交媒体、在线教育、无人驾驶、共享经济、短视频、生物科技和在线旅游等。我们试图通过对新经济发展历史的梳理，展示科技变革中包括法律和伦理在内的社会规则从不适应到调整变化的过程，探讨不同国家和地区的文化因素对新经济和规则变迁所产生的影响。

在这些领域，规则和文化的冲突与融合问题有些是特殊的，比如网约车和共享经济的行政许可制度设计、无人驾驶的法律责任主体、基因编辑的伦理规则等；更多问题则是共性的，比如个人信息保护、平台治理、算法规制等。隐藏在这些问题背后的是国内国际经济政治形势的不断变化、社会主体权益的逐渐扩展、社会价值观和文化理念的日趋多元、各类主体博弈方式的推陈出新……由此，这些话题或者问题杂糅了多重影响因素，难以用科技、经济或法律等任何一个传统框架来精确定义和归类。

以个人信息和隐私保护为例。在收集、交易和泄露个人信息的热点事件不断出现的情况下，互联网和大数据新业态也受到质疑和攻击。徐玉玉因个人信息被诈骗团伙盗取并骗走学费而自杀；个人信息在地下黑产中被明码标价流转，用于各种非法用途；社会争议事件中，当事人的个人信息被曝光，遭遇网络暴力；动物园也要求"人脸"（面部信息）识别方可入园，触碰公众敏感神经。那么，到底能不能收集个人信息？谁能收集和利用我们的个人信息？如何利用并保证个人信息安全？企业收集又加工整理的信息如何利用？在何种情况下需要配合政府提交信息？疫情之下，哪些个人信息可以被收集利用？一方面，公众对个人信息和隐私的担忧是真实存在的，可以称其为新经济发展的首要问题。无论是各国竞相立法，还是政府加强监管，都是在试图平衡个人合法权益保护与经济社会发展的关系。所以，在移动互联网时代，对个人信息和隐私保护的方式要升级。比如，商家要在收集和使用消费者个人信息前征得消费者同意，要接受"消费者能不能读懂几页甚至几十页的隐私和个人信息条款"的拷问，要明确告知自己能不能解决对消费者个人信息的保护问题。另一方面，面对科技发展，深深怀恋旧世桃源的鸡犬不闻也是不必要的，发展中的问题终究要靠发展来解决。对个人信息和隐私的滥用、泄露，还得依靠科技本身的进步来解决。而且，传统上对隐私的概念和范围的界定在移动互联网和大数据时代恐怕也得因时而易。

平台经济模式是互联网时代的产物，在移动互联网时代更加大放异彩。无论是在电子商务、网约车、在线旅游等商品和服务领域，还是在社交、新媒体等内容领域，平台经营者都以令人称奇的速度聚集起巨量的使用者，将供需双方快速匹配，形成以国境为界乃至跨越国界的"新市场""新集市"。这些平台巨头取代了传统的制造业、金融业大鳄，进入全球经济排行榜和独角兽企业排行榜，成为一支新的经济力量，深刻重塑了社会格局乃至全球局势。平台经济模式既关乎宪法所保障的公民人格权、财产权和社会经济权利等的行使，也为更多个体发挥主观能动性、释放创意和享受更为丰富的产品和服务提供了前所未有的机遇，更对国家、政府与市场、个体的关系提出新命题，对法律政策等规则和政府监管模式提出新要求。平台经营者与一般经营者，到底有何本质不同？平台在连接政府和个体时的角色和责任是什么，要承担哪些法律义务，又要承担哪些社会责任？与互联网平台有关的规则，对平台经济的发展有着生死攸关的影响，也使得这一话题更具有广泛性，是国家、政府和市场主体都不得不高度关注的问题。平台模式是结合第三次和第四次产业革命多项技术应用的新业态。既要相信市场本身的力量，尊重和鼓励市场主体的创新，又要科学合理地嵌入政府监管，形成政府、平台和用户多方共治的格局，最大化地发挥平台在增进社会福祉、完善治理规则方面的积极作用，阻止和惩罚其可能利用自然垄断地位排除、限制竞争的行为，因而关于这一话题的讨论是历久弥新的。

新旧业态的冲突、融合与新经济的诞生和发展如影随形。无论是网约车、共享单车、共享电动车，还是共享民宿、共享办公、共享用工和在线旅游等，都击中了长久以来消费者所未能完全得到满足的痛点。例如网约车，自优步（Uber）、易到和滴滴在太平洋两岸诞生之日起，就担负着为乘客提供更为便捷和安全服务的使命，但是对历经百年的巡游出租车行业形成了巨大冲击。传统巡游出租车监管制度是以数量和价格双限制为核心的，在新技术应用下面临瓦解，引发波澜壮阔、争议不断的产业变局。全球范围内，巡游出租车牌照（许可）价格都"跌跌不休"，多国多地出租车司机罢工甚至与网约车产生暴力冲突。在美国和欧洲，网约车司机也不断向平台提起诉讼。在中国，传统出租车中本来就缺少预约出租车这一门类，快速城镇化之下，乘客的出行需求长期得不到满足。在短短几年时间内，网约车新业态出现并快速发展，完成了通过平台将分散运力转化为预约出租车的任务，走完了西方国家用几十年走的路。网约车又搭上共享经济的风口，吸纳社会闲置车辆和司机资源。网约车司机与平台之间是否构成劳动关系？对于网约车司机和企业，是否还要沿用巡游出租车的管理方式？网约车与巡游出租车这一新一旧两大产业如何融合发展？时间是最好的朋友。当网约车成为寻常事物，当我们已无法离开这一新业态时，新旧产业的融合正在悄无声息地慢慢完成，政府监管的放松与调整也在逐渐推进。网约车领域新旧产业融合之路具有中国特色，这一制度演进之路可以为其他国家和地区提供借鉴。

本书所称的"规则"是法律政策、企业管理制度、社会自治准则以及道德伦理规范的集合。法律和政策以国家强制力为后盾,其他规则相对更为灵活多样。无规矩不成方圆,科技进步、产业发展都无法回避规则的适用。科学研究从来不是无禁区的。贺建奎基因编辑的试验绕开现有的监管框架,引发各界批评。科研活动和产业发展,首先要符合伦理规则,由科学共同体所制定的伦理规则和伦理审查机制应当先于法律和政策发挥作用。这一方面是由于科研活动要有相当的空间和自由,由科学共同体来判断更为适宜;另一方面是由于法律和政策相对滞后且缺少弹性,直接切入科研活动的伦理价值判断并非法律所长。同样的困境还发生在人工智能与算法规制中。大数据与人工智能广泛应用,使得在内容推荐、广告精准投放乃至商品服务定价等诸多方面"算法至上"。政府提供的公共服务中,也越来越多涉及算法,我们所面对的决策主体是看不见、摸不到的人工智能系统。我们既无法抗拒如此高效的技术应用,又想挣脱算法歧视的樊笼,对"算法"予以"规制"的呼声日益高涨。令人纠结的是,即使算法公开,我们也看不懂算法;即使要求算法可解释,我们也可能控制不了算法。以往控制权力的种种方法,在算法时代多少显得落伍,但我们不能在泼水时把算法这个孩子也泼了出去。算法的使用主体是人类,规制对象与其说是算法,不如说还是人类自身。

## 每个人都是规则的建设者

新经济浪潮中,科技与规则、文化的纠葛,精彩纷呈,又险象环生。这十一章内容,是按照点面结合的路径来展开的。

在第一章中,我们对新经济的总体情况,即新经济带给人类的福祉以及带来的问题进行汇总展现,分析规则在新经济萌芽与发展中所发挥的作用,以及规则与新经济的冲突及融合,讨论如何推动规则的适应与变革。在后续每一章中,我们首先回溯新经济浪潮的历史，把某一个领域新技术、新经济、新业态的发展历程与规则的冲突按照时间线呈现出来，力图将时间与空间结合起来展现全局，其中穿插重大事件和热点事件，生动讲解其来龙去脉和问题争点。接下来，我们深入探讨这一领域的主要规则和文化冲突，探讨这些问题在中国解决的可能路径和方法。在每章中，我们会通过脚注对专业词汇、关键知识点进行解读，并保留可以延伸阅读的文献来源。同时，我们也会在文中多次设问，引导你做更深层次的思考。

在新经济浪潮中，规则对每个主体都至关重要，你我既是规则的遵从者和亲历者，也是观察者，更应成为建设者。无论你是何种职业，本书所探讨的问题对你而言都是至关重要的。这些问题不仅影响亿万民众，也关乎产业发展、国家安定、社会繁荣。

我们试图与你探讨：

作为公民，如何理解新经济浪潮中纷繁复杂的现象，如何依照规则维护自身合法权益并为自己在大时代中"定位"并"导航"；

作为企业家，如何在企业发展、安全规则和文化困局中突围，如何实现基业长青，如何为规则的形成和完善贡献力量；

作为政府官员，如何维护公共利益，在多方博弈中公平、公开、公正地制定和执行规则；

作为社会团体，如何为增进社会福祉提出可行性建议，促进规则成为社会治理的最高准则。

我们邀请你，带着热切好奇的心进入课堂，以"看戏"的心情轻松自然地阅读，以"入戏"的方式设身处地深入思考，以"出戏"的效果在更高维度、更大视角上得出自己的结论。希望我们的分析探讨，能够让你感到有趣、愉快且富有启发。

作者团队<br>2022 年 12 月

# 第一章 新经济与新规则：双向奔赴的"爱"

## 一、不从经济的角度看"新经济"

何为"新经济"，在学术上并无定论。在科学技术发展的大背景下，本书中讲的"新经济"是指与信息技术革命以及最近的大数据、5G、人工智能、生物科技等相关联的经济形态，包括数字经济，又比数字经济的范围更为广泛，所对应的是传统行业、传统产业。这样一个"新经济"的概念仅在当前的背景下有效，是一个相对概念，因为科学技术日新月异的变迁和经济的快速发展，将使得今日我们所探讨的"新经济"也即将在未来几十年成为传统经济、传统产业、传统行业。我们的观察尺度无法跨越上百年。我们是拿着放大镜，用将快进的时代放慢倍速的观察方法，只关心最近的二三十年，试图看清共享经济、平台经济、生物科技、在线教育等产业在成长和发展中与法律、伦理等之间的"爱恨情仇"。从这个意义上讲,本书不是一本谈论经济学的书,也不是商业管理的书。但是,本书又是一本钟情于经济、服务于经济的书,探讨的出发点和终点都是经济的繁荣和民众的福祉。区别在于,我们不从"经济"的角度来看新经济,而是从"规则"的角度来看新经济,看新经济给包括法律、伦理等在内的规则带来怎样的冲击和不适,看新经济中的各类主体如何参与到规则的变化和调整中,看新规则的形成和执行又如何推动抑或阻碍了新经济的进一步发展。

人类在漫长的历史中得以逐步进化,从猿人到直立人再到智人,用了 250 万年的时间,但从发明制陶工艺到现在仅用了 2.5 万年。有历史记载的文明史也仅有几千年。囿于人类依靠农业的生产力有限,物资缺乏、社会不公是常态。旧石器时代到公元前 3000 年,超过六成的科技成果是解决生存/温饱类;公元前 3000 年到公元前 1 年,青铜时代和铁器时代关于交流/娱乐的科技成果占到三成[1]……17 世纪以来几百年科技的快速发展带动了产业升级和社会变迁,社会规则也发生了前所未有的变革。"工业革命及其伴随的科技进步,迅速开启了资本主义轴心文明的突破,随后的历史更是惊心动魄,举凡旧制度与大革命、全球殖民、世界大战、中国现代化,背后实际是一个庞大的机器社会的崛起,由它带来的巨大能量爆发,深刻塑造了近 300 年来世界的基本格局。""科技发展带来的能量暴涨,一方面以全球殖民、贸易和军事的方式释放,带来钢铁、病菌与枪炮的洗礼;另一方面则通过民主革命、去殖民化运动、后发工业化的方式予以吸收,形成政治社会对于科技力量的利用和安置。"[2]

---

[1] 董洁林. 人类科技创新简史:欲望的力量. 北京:中信出版社,2021:17.
[2] 金观涛,等. 赛先生的梦魇——新技术革命二十讲. 北京:东方出版社,2019:353-354.

由此，社会规则的产生机制本身也发生了天翻地覆的变化。以民主为底色的参与式立法和决策成为普遍做法，政府职能从最初的"警察国"有限职能拓展到对经济社会生活进行全方位干预和管理，同时公权力的运行本身也纳入法治的轨道中，社会多元主体包括企业、公民、社会组织等都成为多元治理的参与者，无人可以置身事外。个体与社会从未像今日联系得如此紧密，我们高度依赖市场、政府和社会，远离人群漂流的鲁滨逊抑或世外桃源是不可能存在的。也正因此，当新技术带动新经济业态出现，所动摇和改变的不仅是经济形态本身，还有我们的社会生活。"社会规则如何形塑我们的生活和星球"[①]，其中的各个主体如何看待、思考和应对由新技术、新经济带来的规则变化，是本书想要与大家探讨的主题。

## 二、新经济的"红与黑"

新经济之所以为新，或是由于其提升了生产力，或是由于其重塑了商业机制、改变了生产关系。如果出具一份新经济的"表现报告"，其中必然既包含优点，也包含缺点，而且随着时间的推移，优缺点也在发生变化。相应地，公众和社会舆论对新经济的看法也在发生改变。总体上来讲，在新经济形态最初出现的时候，公众和社会舆论多持支持和欢迎的态度，新经济形态更多表现出的是优点，带给用户和社会的各种好处使得这些产品或者服务可以获得更为广泛的推广；但是，随着市场覆盖面广泛到一定程度后，曾经可以通过快速发展来掩盖的问题一旦暴露出来，就会引发争议甚至讨伐。

---

① 斯坦伯格. 谁统治地球：社会规则如何形塑我们的星球和生活. 彭峰，等译. 上海：上海社会科学院出版社，2018.

## ◎ 新经济带来的福祉

本书所讨论的新经济涉及多个领域。笼统来讲，新经济实现了新技术在产业上的转化，提高了产品和服务的质量，提升了效率和满意度，给百姓生活带来了福祉。新经济至少在以下五个方面作出了历史性的、不可替代的、不可低估的重大贡献。

**需求：新经济解决了长期存在的"痛点"**

新技术的应用，能够由点到面带动新产业的诞生和发展，这些产业无一不是从人的需求出发，解决了长期存在的"痛点"。无论是共享单车、网约车、在线货运、无人驾驶这些交通领域的新形态，还是共享民宿、在线教育、在线旅游这些服务领域的新事物，都击中了传统产业和传统行业无法覆盖的人群或是无法覆盖的地域、时间等需求的空白点。如果没有互联网、大数据等新型信息技术的加持，这些新生事物仍然只能是设想。

以共享单车为例，看似只是自行车的分时租赁，但其实是无桩、移动支付、广泛可得的特点将其与传统公共自行车区别开来，其提供了比私人自行车更加便捷方便的服务。从消费者的角度而言，共享单车以很低的价格满足了人们1公里乃至几公里的出行需求，人们纷纷用脚投票来支持这一新生事物。从政府的角度而言，传统公共自行车需要耗费上千万元甚至更多的财政投入，服务区域有限且无赢利可能；政府允许和支持共享单车，仅需要从城市管理方面做好服务和规范，投入资金大大减少，且可以通过便利市民出行而提升城市形象，也符合绿色环保的理念。从各地对共享单车的管理来看，越是以人为本、治理水平高的城市对共享单车的态度越是友好，越是注重营商环境和希望吸引人才的城市对共享单车越是支持。虽然在发展初期曾出现过单车大战，也引发了国民素质是否配得上共享单车、共享单车押金难退等争议，但是时至今日，共享单车已经以日均几千万单的骑行频率当之无愧成为一种新业态，就是因为其解决了人们出行的"痛点"和政府提供公共出行的"痛点"。

网约车亦是如此。在网约车出现之前，由于我国城市发展速度过快，公共交通建设速度与城市扩展速度不匹配，在公共交通无法覆盖的地区和时段人们缺少合适的交通工具，再加上我国没有专门类别的预约出租车，现实中"黑车"广泛存在以满足人们出行需求。网约车恰恰击中了上述出行"痛点"，通过互联网平台为出租车、网约车、顺风车等与乘客双方建立起连接，更加高效地匹配了需求，也通过评价机制对双方实现了有效约束。

其他各种新经济也无不是针对"痛点"而诞生的。购买种类繁多的、心仪的商品的需求支撑起电商平台，住到富有山水人文特色的民居的需求支撑起共享民宿，预订更便宜的机票、更丰富的旅游产品的需求支撑起在线旅游……可以说，越"痛"的领域，诞生新经济的可能性越大。新经济的繁荣正是满足一个个具体人的一个个具体需求的过程。谁把握住了人性，谁就把握住了新经济的脉搏。

但是，在很多领域，还存在严重的信息不对称、产品或者服务标准化不足、消费者或者用户权益保护不到位等痛点问题；而在诸如医疗、教育、公益等很多领域，人民的需求还没有得到很好地满足。在这些领域，旧的格局、旧的生产方式和生产关系还有待新兴技术的进入，来打破旧的利益格局。如何通过互联网、大数据等技术，促进新的平台产生，对落后的生产力和经济模式予以改革，更好地满足人民生活的需求，推动我国经济社会改革深入推进，仍然是一项相当长时间的任务。对这种不断打破旧的利益格局、促进信息更好更高效地流动、推动产品和服务质量提高的新型平台经济的发展,应当给予更多鼓励并高度重视其在整个经济格局里的重要作用,这也是中央为新业态确立包容审慎的监管原则的重要原因。

**智识:新经济促进了知识和信息的交流**

历史上每一次产业和社会巨变都是由交通方式和信息传播渠道的变化引起的。交通工具的革新让人类在物理上的移动范围越来越大、速度越来越快,媒体的变化让知识和信息的传播交流范围越来越大、速度越来越快。知识和信息的传播在以前所未有的速度进行着。从文字到图片、视频,获取知识和信息的门槛在不断降低。因此,无论如何评价新经济在提高人类智识方面的贡献都不为过。

继微博之后,微信"国民级应用"的称号绝非浪得虚名,无论是用户数量、活跃用户数量还是日均时长都名列前茅,微信已取代电话、短信将人们连接,让被千万重山阻隔的交流变得不再那么难,让生活、学习、工作信息的传递不再那么慢。微信所创造的这一途径不仅是信息的沟通,更是情感的交流、内容的传播,甚至是商机的展现。微信里,父母长辈们转发的"震惊体"和绚烂表情包常让年轻人吐槽;也恰恰是微信,让曾经缺乏阅读来源的"50后"在老年时体会到"信息爆炸",也使其获得了与更广泛的社会联系的机会。微信公众号和小程序则为无数商业主体、政府组织和社会组织向大众提供商品和服务提供了新的可能。

电商平台也是如此,其所创造的新的就业机会是以往任何一种交易途径都无法创造的。电商平台大幅降低了小微企业进入市场的门槛,其演化出的分工带动了加工、物流、包装、客服等环节的就业,为贫困人口创造大量就业机会。中国超过 5% 的就业岗位来自电子商务。2018—2020 年间,超过 3 亿网友通过阿里巴巴平台,从

832个原贫困县购买了2 700亿元的商品。超过11万名淘宝主播在这3年期间举办了320万场农产品直播,带动农产品销售额达到140亿元,帮助100万乡亲增加收入。①

以抖音、快手和小红书等为代表的短视频应用再次更迭了信息传播的方式,重塑了人际关系网络,丰富了人民群众的精神生活,创造了众多商业机会,在巩固脱贫攻坚成果和推动共同富裕方面做出了贡献。

**结构:新经济重塑了产业格局**

新经济之所以能挺立潮头,是因为其能解决"痛点",满足人民对美好生活的向往;而新经济能站稳脚跟,则是因为其对产业格局产生了深远影响,甚至重塑了产业格局。以平台经济为例,互联网平台利用互联网技术搭建起双边市场甚至多边市场运行的规则和场域,所连接的是以百万、千万乃至亿计的供需等各方,产生的数据是海量级别的。电子商务平台所改变的不只是消费者的购买渠道、品类和习惯,更为重要的是重塑了商品的供应链、广告营销的理念和方法,乃至产品的生产、库存和销售方式。正是借助平台,分散在各地的以往很难被消费者看见的商品得到曝光的机会,某些品类出现了以需定产的预订形式,很多企业减少了库存和流通环节,商品的生产环节发生了巨大改变,也给传统产业实现"互联网+"和数字化改造提供了可能。在这一过程中,不仅平台本身受益,有可能成长为一国乃至跨国的巨型平台,而且广泛的中小企业和消费者也会从中受益。正如习近平总书记所言,"如果实现了通过互联网

---

① 国务院发展研究中心,世界银行.中国减贫四十年:驱动力量、借鉴意义和未来政策方向.北京:中国发展出版社,2022.

平台汇集社会资源、集合社会力量、推动合作创新,形成人机共融的制造模式,那将使全球技术要素和市场要素配置方式发生深刻变化,将给产业形态、产业结构、产业组织方式带来深刻影响"[1]。无人驾驶更是如此,以人工智能、大数据为基础的自动驾驶技术的 L4 和 L5 级别被认为是汽车驾驶的未来,围绕无人驾驶所开展的研发和投入达到千万亿资金的级别;更为重要的是,互联网公司和传统车企都在朝着无人驾驶的方向推进,虽然二者进路不同,但是无人驾驶更像是一台装着汽车外壳的计算机,加上新能源势在必行,汽车的生产逻辑和生产链条正在被颠覆。

**意愿:新经济提升了创新意识和能力**

新社交媒体加速了知识和信息交流,电子商务、网约车、共享单车、在线旅游、生物科技等提升了我们的生活质量、工作效率和幸福感,个体的行动更加自由、活动更加多元、精神生活更加丰富。由此,个体更加融入社会,同时也更加具有独立性,人格完备和发展具有更多可能。新经济越是发达的地区,越受到年轻人的欢迎,就证明了新经济对吸引人才、创造良好营商环境的重要性。正如邓小平同志讲的"科学技术是第一生产力",中央提出"大众创业、万众创新"概因在科技革命的背景下,人是创新的主体,要实现科学技术的突破和成功应用,都离不开人的创新。新经济的发展有助于增强人的自主性和提高人的自由度,激发灵感,实现人的全面解放。与重大科技成就相比,微创新"数量巨大,更贴近生活场景,对社会发展的作用也不容小觑。如果缺少微创新,重大科技成

---

[1] 习近平 2013 年 3 月 4 日在参加全国政协十二届一次会议科协、科技界委员联组讨论时的讲话。

就将难以充分实现社会服务的价值""微创新的积累也可能为新一轮的重大科技创新奠定基础"[①]。有观点认为我国在共享单车、电商和微信等方面的创新都只属于商业模式的创新，与基础科学研究、制造业发展相比要低人一等。这种观点有失偏颇。商业模式的创新既是重大科技成就的社会应用，又是若干微创新的集合，而且也为下一项重大科技成就奠定基础。创新本身就是种生态，没有微创新、商业模式创新，也不会产生重大创新。比如无人驾驶本身就是人工智能的应用，其技术和产业化对整个人工智能技术的演进具有重要作用。

一个具有活力和魅力的社会，是公民合法权利得到充分保护、个体意志和思想得到充分展示的社会。新经济的创新为广大民众的生活、工作提供的便利使得更多人有精力和意愿开展具有创造性的劳动，也为整个社会营造出鼓励创新的良好氛围。"手中的每项科技都代表文明（所有活着的人）得到另一种思考方式、对生活的看法和选择。实现出的想法（科技）放大了我们必须在其中建构生活的空间。"[②] 相反，如果新经济遭遇不合理打击，就会抑制个体自由发挥的意愿，久而久之，社会就会失去动力和活力。

**方向：新经济强化了国际化和开放性**

新经济的发展和发达也不断巩固我国改革开放的成果，特别是开放的方向不动摇。新经济所推动的科技进步和所催生的商业模式根植于一国一地的实际情况，但又跨越一国一地，具有普遍适用于全球更多地域的可能。很多新经济模式以复制、推广、模仿等方法

---

① 董洁林. 人类科技创新简史：欲望的力量. 北京：中信出版社，2019：31-32.
② 凯利. 科技想要什么. 严丽娟，译. 北京：电子工业出版社，2018：383.

在多国多地出现,这种可复制的特性说明人类在基本需求上具有很多共通性,也证明在新型社交媒体的帮助下,对经验借鉴和学习的速度在不断加快。以外卖为例,从团购发展而来的美团是全球最大的生活服务类平台,集合了两百多类服务,尤其是外卖服务,不但为餐饮服务提供了更多可能,也提升了餐饮服务提供者的服务水平,还使得外卖拓展到更多地域。2020年年初新冠疫情出现以来,保持社交隔离、不聚集的用餐方式更为安全,复制美团经验的做法在美国、欧洲等也获得成功。我国网约车企业的司机背景审查、行程安全监控和事后纠纷解决等做法也为网约车行业树立了全球样本,在疫情最初采用的车内前后用薄膜隔离、监督乘客佩戴口罩等做法也推广到其他国家和地区。社交媒体空间的治理亦是如此,个体、企业、社会组织和政府共同治理的做法对全球净化网络空间、弘扬正能量都有积极作用。

新经济正在从消费市场数字化向产业数字化等更大的领域发展。2018年以来,移动互联网用户人数和总时长增长都是有限的,说明消费市场的数字化空间已经有限,但同时也蕴含着新经济更为广阔的发展空间。在医疗、教育、文化、体育、制造业、农业等多个领域,智能化、数字化正在进入纵深发展的阶段。新冠疫情出现以来,我国传统出口行业受到诸多影响,但是跨境电商却迸发出新的活力。可以预期的是,中国企业不仅可以为中国消费者提供更好的产品和服务,也有能力和意愿为全球化作出更多贡献。

◎ **新经济带来的挑战**

新经济在显著增加社会福祉的同时,也带来不少争议和挑战。

**认知：新经济强化了信息茧房**

在自媒体时代，报纸、电台和电视台等传统媒体衰落，严谨的新闻采编流程缺失，专业的媒体人才流失，信息快速出现、流动甚至规模化制造假新闻，新闻信息鱼龙混杂，诸多社会热点事件出现多次反转，个体很难在所谓"去中心化"的舆论场中辨别真伪。新经济加速了信息和知识的传播和交流，但是原本就存在的价值观对立、认知偏颇甚至极端化问题却可能因算法的个性化推荐而加剧，网络上缺乏包容、非此即彼的论战比比皆是，信息茧房问题更加突出。

**冲突：新经济加剧了新旧产业矛盾**

新经济在承载满足需求、重塑产业格局重任的同时，也为传统产业带来或长或短、或多或少的冲击，新旧产业的冲突与融合几乎在每一个新经济领域上演。之所以新经济能在相当程度上取代传统产业，就是因为其效率更高、质量更好，传统产业面对市场的不适应因为新经济的出现和扩张而被放大，并加速了其衰落。如果这一领域市场化程度较高，这种替代和淘汰就能为人们所接受。但是，如果某一领域存在相当高的准入门槛或者严格的政府管制，这样的不适和冲突就会更加激烈。无论是网约车还是共享单车，都出现了这一问题。传统巡游出租车经营许可（牌照）是通过政府有限数量的特许，长期数量不变，形成出租车垄断，一旦新型的网约车平台将更多运力引入市场，出租车司机和出租车牌照持有者的利益受损，进而在全球引起新旧产业冲突。共享单车则对传统公共自行车形成替代，部分地方政府和公共自行车经营者甚至出租车行业经营者都出现无法适应的情况，几方主体之间也出现了程度不同的对抗。其他领域诸如共享民宿对传统酒店业、在线旅游平台对传统旅行社、短视频平台对传统媒体等都形成程度不同的冲击。

**劳动力：新经济加速了退场**

国际劳工组织的报告指出，数字劳工平台建立起企业和客户与工人之间的联系、改变劳动的过程，对未来工作有着深远意义。过去十年间，数字劳工平台的数量增长了五倍。在此期间，在线网络平台的数量翻了三倍，出租车和配送平台的数量则增长了约十倍。[①]新老产业更迭的直接后果之一就是劳动力关系的变化：一方面，加速了部分劳动力的退场；另一方面，新型领域中新型劳动关系在不断变动且未定型，对劳动者的权益保障不足的问题凸显。这一问题的典型出现在外卖和网约车领域。彼时一篇题为《外卖骑手，困在系统里》的文章曾经引来社会对外卖骑手权益保护的高度关注。平台与骑手之间的劳动关系不同于传统企业与员工之间的关系，能否简单套用正式劳动合同及其法律关系来处理二者的关系，不仅涉及外卖平台赢利模式和算法问题，也涉及新经济中此类劳动者权益保护到底是政府兜底还是企业全包的问题。纵然可以让劳动者与平台全都建立正式劳动关系，但如果平台因无法支撑数十万劳动者的工资和社会保障而无法经营，那么，"有工作"和"有保障的工作"到底哪个重要？网约车也是如此，既有部分传统巡游出租车司机无法娴熟使用互联网工具从平台接单而导致收入受损的问题，也有网约车司机无法套用到平台正式用工的关系中来的问题。在美国和欧洲，就优步和司机之间到底是什么关系的官司是一拨又一拨。在我国，有些司机考取了网约车司机证，有的还在考虑是否要做全职司机。

---

① 国际劳工组织.2021年世界就业和社会展望，2021.

## 三、"新"经济与"新"规则

### ◎ 规则之治：来自未来的回响

美国生物学家爱德华·O. 威尔逊曾说："人性（humanity）的最大问题是'我们拥有旧石器时代的情感、中世纪的制度和宛若神明的技术'（paleolithic emotions, medieval institutions, and godlike technology）"[1]。制度本身对新经济的发展可能是阻力，也可能是动力。"从中短期来看，制度因素对创新的影响比地理、文化和历史等因素更直接、更有利。"[2] 凯文·凯利在其 2014 年的著作《新经济 新规则》一书中畅想了未来世界的可能，而且预测了新经济中的新商业规则，包括拥抱集群、优先发展网络、坚持免费等规则，这些规则实则是企业推广其应用的做法。[3] 新经济所对应的"新规则"要比企业规则的范围更大，首先应当是法律，其次是伦理，最后还有企业和社会组织的自律规则。法律是广义的法律规则，其中还包括政府的立法和执法以及法院的司法。新经济对规则的制定、执行都提出了挑战，规则的更新完善势在必行。

如果说我国改革开放以来，无论是市场的运行，还是政府的运作，都是在缺乏有效规则的背景下摸索前行的，经济发展的动因更多来自"解放思想，实事求是"，在思想和行动上获得突破，那么，进入新世纪，在经济社会发展的新阶段，治理思路和方法必然要随

---

[1] 里克特. 科技到底改变了什么. 黄瑶, 译. 北京：中信出版社, 2017: 1.
[2] 董洁林. 人类科技创新简史：欲望的力量. 北京：中信出版社, 2019: 440.
[3] 凯利. 新经济 新规则. 刘仲涛, 康欣叶, 侯煜, 译. 北京：电子工业出版社, 2014.

之经历升级,而答案就是:规则之治。也就是说,在经济社会粗放发展的阶段,秩序的形成和维护、冲突的预防和化解缺乏正式规则约束,主要是靠各方力量的博弈;随着博弈的深入,各方主体开始逐渐形成共同认可和遵守的规则并在实践中落实,再按照一定的机制对规则予以修正和调整。在多种规则中,法律是概念相对最为清晰、结构最为完整的规则。关于法律和法治,中西方都有很多论述。[①] 对于伦理的研究也有很多。相比较而言,规则比法律、伦理的范围更为宽泛,包括各方主体应当遵守的各类行为准则。规则之治强调:第一,各种权益的保护、各种诉求的表达都要在一定规则下完成,而非简单地比拼力量与蛮劲;第二,规则本身是科学合理并有合理预期的,在规则不适应发展时要及时调整规则;第三,规则是分层次、可细化的,规则从法律、伦理到自律规则不一而足;第四,规则是被遵守的,各方行动都要符合规则,规则是各方主体都应当遵守的;第五,不遵守规则是有后果的,后果既可能是法律上的责任,也可能是其他有利或者不利的后果;第六,规则是相互衔接并成系统的,不同类型的规则适用的范围不同,所发挥的作用也不同。

## ◎ 新经济与新规则的"爱"

新经济与新规则是"双向奔赴的爱"。新经济呼吁新规则,新经济塑造了新的个体和新的产业格局,需要新的规则来保护其权

---

[①] 比如美国法学家朗·L. 富勒提出法律制度八要素即法治原则:第一,法律规则必须公布;第二,法律不能溯及既往;第三,法律必须明确,为人们所能容易理解;第四,法律规则不能相互矛盾;第五,法律不应要求不可能实现的事情;第六,法律规则应该有相对的稳定性;第七,法律规则必须与实施相一致;第八,法律规则的普遍性。富勒. 法律的道德性. 郑戈,译. 北京:商务印书馆,2005.

益、巩固其成果、支持其发展；新规则也正是在新经济形成和扩大的过程中酝酿而生的，需要多元主体的积极参与来不断增强其科学性和有效性。

新经济与新规则是"相携而行的爱"。任何一方的停滞和迟缓都会给对方带来困扰。新规则作为保护和支持新经济的制度性基础，若不及时更新则无法承担使命；反之，新经济不能继续发展，也会阻碍新规则的进一步完善。因此，二者应当是同步、相伴共同向前的。

新经济与新规则更是"跨越时空的爱"。二者代表着时代滚滚车轮的方向，在百年未有之大变局中，承载着提升人民幸福感、实现民族复兴的历史使命。为了经济社会的高质量发展，为了国家治理体系和治理能力的现代化，为了实现本世纪中叶现代化强国的目标，新经济与新规则需相互影响、共同进步。

## ◎ 奔流到海："青年"寄语

2021年中国共产党成立一百周年之际，电视剧《觉醒年代》在无数青年中激起浪花，青年如何在历史长河中选定自己的坐标，青年应当做什么才无愧时代，成为人们热议的话题。我们每个人何尝不都是"青年"，即使没有青春的年龄和体魄，也还拥有青春的心态和心愿。新经济、新规则的道路都非坦途，蜿蜒曲折，却终究将是"奔流到海不复回"。生活在21世纪20年代的我们也应当有新的觉醒和能力，为新规则的遵守和更迭贡献力量，以涓涓细流汇成江河湖海。

### 立法：多元主体民主参与的过程和结果

"体制、法律和政策可以直接调集资源，并激励优秀人才从事重要的事情。"① 不同的制度能够激励或者阻碍一个社会的科技创新活动。② 新技术、新经济背景下的新规则中，法律是最为重要、也是效力最强的规则，新经济的健康有序和繁荣发展离不开立法护航；各方主体熟知并掌握立法的原理、机制和程序，积极参与到立法过程中，正是为了确保新规则本身的科学合理。"我们可以改变法律和公共机构中的标准，来反映即将到来的实况。"③ 近年来，围绕着新经济出台了很多新的法律规范，在网络安全、数据安全、个人信息保护、电子商务、政府信息公开等多个领域都有新的规则，对新经济正在产生深刻而长远的影响。而政府出台的规范性文件更是涉及新经济的方方面面，几乎触及社会生活的每一个角落和每一个人。

现代国家的政治制度之一即立法，既包括立法机关制定法律，也包括行政机关制定法规，此处的法律是广义的法律，在我国则包括了全国人大及其常委会制定的法律、国务院制定的行政法规、地方人大及其常委会制定的地方性法规、国务院部门制定的部门规章和地方人民政府制定的地方规章；更为广义的法律规范还包括各级政府出台的规范性文件，俗称"红头文件"。这些法律规范的起草、论证和出台都应当有多元主体的民主参与。立法是实现法治的首要条件。秉承科学立法、民主立法、依法立法的基本原则，在立法中听取多方意见是必经程序，不仅仅是为了保护公民知情权，也是为了通过形式多样的民主参与来保证立法的科学性，并增强民众对立法的认同和接受，也有助于未来法律执行的顺畅，减少阻力。在我

---

① 董洁林. 人类科技创新简史：欲望的力量. 北京：中信出版社，2019：4.
② 阿西莫格鲁，罗宾逊. 国家为什么会失败. 李增刚，译. 长沙：湖南科学技术出版社，2015.
③ 凯利. 科技想要什么. 严丽娟，译. 北京：电子工业出版社，2018：210.

国，无论是法律、行政法规，还是规章，都有一系列立法程序。利益相关方和公众有多个机会表达意见和建议。以法律为例，全国人大及其常委会在立法中，会通过官网和"全国人大"微信公众号、客户端等平台公布法律草案征求意见稿听取意见。此外，制订立法计划和起草法律草案工作完成后，一般还要经过初审、二审和三审等多个审议修改环节，每一个环节都会有调研、座谈、函件、专家论证等多种方式来听取各方意见。其他法律规范文件也是如此。

**监管：依法科学有效地行使政府职能**

新经济的健康有序发展还需要政府的管理和监督。现代政府对社会经济生活全方位干预，政府"有形的手"和市场"无形的手"配合起来在现代社会发挥作用。历史经验已经证明，仅靠市场无法解决所有问题，政府存在和发挥作用的必要性毋庸置疑。政府权力的来源和行使都需要符合法律规定，政府的监管是执行法律的行为，所采取的行政行为对社会主体的权益产生影响，其所规定的内容对社会主体而言，也是行为规范，也属于规则。一方面，对社会主体而言，应当配合执法，并在行政机关依法听取意见和申辩时客观陈述事实、表达意见；另一方面，对行政机关而言，执法中应当遵循法治的原则和具体规定，确保公民、法人和其他组织的合法权益，确保行政行为有法律依据、事实清楚、证据充分、程序正当。

在新经济发展过程中，政府监管也在不断研究新问题、掌握新规律、采取新办法，执法本身也在更多地采用新技术，科学有效的监管对新经济而言发挥着极其重要的作用；反过来讲，监管如果不科学、不合理，也会给新经济带来巨大的伤害。因此，现代国家治理都是从规范社会主体行为和政府行为两方面入手。政府的权力是一种公权力，所遵循的原则是"法无授权不可为"，特别是对于对社会主体权益有不利影响的行为,比如责令停产停业、处以罚款、扣留扣押等,都应当有明确的法律依据。这与私人主体的私权利"法无禁止即可为"的原则正好是相反的。到 2025 年,政府行为要全面纳入法治轨道,"着力实现行政执法水平普遍提升,努力让人民群众在每一个执法行为中都能看到风清气正,从每一项执法决定中都能感受到公平正义"①。

对新经济予以规范是政府监管的重要内容,特别是反垄断、反不正当竞争、个人数据和信息保护的执法正在以前所未有的力度开展。这些新的监管重点和监管方法中,在实体上存在诸多不确定的法律概念,需要在理论上予以澄清辨析,防止在执行中出现同案不同判、行政执法机关裁量权过大等问题。比如"大数据杀熟",在法律上应当是歧视定价,只有对不合理地利用个人数据进行定价等行为才应当予以监管。文化和旅游部的在线旅游规章对价格歧视专门强调了"不合理"这一前提条件,但是实践中却出现对不同定价行为不分青红皂白做出违法认定的做法。在这种情况下,更需要进一步贯彻依法行政的要求,严把政府监管的法定边界,防止政府与市场、社会的边界不清,造成市场预期不明。

**伦理:新经济的深刻自省与约束**

伦理道德是新经济发展中必须重视却往往被忽视的规则。有些违背伦理道德的行为因为严重危害社会秩序和合法权益,实际上已经被认为是违法,并被纳入法律范畴,比如危害社会主义核心价值观的行为。还有很多违背伦理道德的行为并不一定导致严重后果,容易被遗忘。比如,在生物科技领域,基因编辑作为科学创新的前

---

① 中共中央、国务院印发的《法治政府建设实施纲要(2015—2020 年)》。

沿是社会各方关注的焦点，为了比拼突破速度，科研人员和企业铤而走险，弃科学伦理于不顾的现象时有发生。而在此种领域，法律制度和政府监管往往是滞后的，科学研究共同体的相关人员建立起伦理审查机制并严格遵守伦理规则才是至关重要的，伦理规则的存在和运行是新技术、新经济得以安全运行的第一道屏障。人工智能技术及其产业化也是如此。无人驾驶无论是测试还是商业化，都会遇到大量权益冲突的算法问题，企业和行业在算法中需要预先设置符合人类基本伦理的规则，而不是任由人工智能完全无约束地自我学习。在伦理规则的设定上，极端冲突情况是不能交由人工智能来判断的，这正是著名的"电车难题"在自动驾驶系统设计中的体现，因此，德国已经有立法禁止无人驾驶算法对极端情况预先设置规则。伦理规则在诸多科技前沿领域发挥了"缓冲带"的功能，并在产业化过程中扮演着推动人类社会接受其发展的"催化剂"角色，未来还将越来越多地和法律规则一道相互配合，发挥"制动阀"的作用。

**自律：企业基业长青的"护法"**

"不受约束的市场远非经济繁荣的引擎，获得持续增长和长期效率的最佳方法，是找到政府和市场之间的恰当平衡，公司和经济都必须受到一定程度的管制。"[①] 新经济发展的主体是企业，企业自律合规是基业长青的关键。企业遵守法律和伦理等各类规则，并将其转化为企业的自律规则，首先是保障企业在合法的范围内活动，不发生危及生存的重大违法事件；其次是满足合法合理的要求，在

---

① 斯蒂格利茨. 喧嚣的九十年代. 张明，等译. 北京：中国金融出版社，2005：35.

法律底线的基础上，履行社会责任，树立起企业良好的社会形象，为企业谋求长远发展奠定基础。微软创始人比尔·盖茨和微软总法律顾问布拉德·史密斯在微软的发展过程中就深刻地意识到"政府采取更严格的监管措施有时候确实符合每个人的利益"，而且微软"在华盛顿没有办公室而洋洋自得的时代已经一去不复返了"①。对于中国企业特别是民营企业来说，对规则体系的遵守和参与仍然是一件陌生的事情。"中国公司一直是在非规范化的市场氛围中成长起来的，数以百万计的民营企业在体制外壮大，在资源、市场、人才、政策、资金甚至地理区位都毫无优势的前提下实现了高速的成长，这种成长特征，决定了中国企业的草莽性与灰色性。"②

一般认为，企业竞争的核心是科技创新能力、产品生产和销售能力、平台运行能力等，企业在某个方面具有其他企业不容易超越的优势，意味着企业在这一行业的"护城河"很深。在经济高质量发展、市场竞争更加激烈的阶段，企业自律合规也是维护"护城河"的一种关键能力。对国际国内经济政治形势的准确认知，对立法情况的及时跟进，对政府监管的有效应对，对社会舆论的正确把握，都构成企业自律合规"护城河"的要素。比如，进入21世纪20年代，个人信息保护和数据安全被提到前所未有的重视程度，企业的组织架构、关键岗位和日常流程就应当根据立法和政府监管措施及时进行调整，否则就可能触碰红线。过去很多大数据企业的数据来源不明，对个人信息的保护措施严重缺失，仅凭跑马圈地就可以在某些领域占据头部位置，但是在立法和监管风向已经变化的情况下，如果还抱有侥幸心态，就可能陷入困境。其他对市场准

---

① 盖茨. 推荐序一：直面当今科技行业最急迫的争议问题//史密斯,布朗. 工具，还是武器？直面人类科技最紧迫的争议性问题. 北京：中信出版社，2020：2.

② 吴晓波. 影响商业的50本书. 杭州：浙江大学出版社，2020：316.

入、国家安全、行业标准、伦理规则等的遵守都是如此。进一步讲，我国在新经济特别是平台经济发展的过程中，对平台的治理做法的总结一直不够；平台自身也缺乏总结提炼治理做法的自觉意识和能力。中国作为互联网大国，平台经济在中国占据相当比例，如何把中国平台治理的经验向国外输出并产生制度影响，是新经济企业和行业应当重视的问题。

中国式现代化包含着中国式创新，而这生生不息的创新就来自新经济与新规则"双向奔赴的爱"：在中国迈向小康社会、全面建成社会主义现代化强国的路上，携手共赴，相濡以沫。

# 第二章 "新社交"：媒体泛化时代的你我他

2021年11月7日凌晨，中国的年轻人狂欢庆祝，一时间各大社交媒体上"EDG"①刷屏，兴奋溢出屏幕。第二天一早，打开微信朋友圈，不同年龄段的人们发布的内容截然不同，仿佛处在不同世界。有网友戏称：

> 周六晚上发"EDG"，周日上午消失的，是青年；
> 周日早上发雪景，然后搜"EDG"的，是中年；
> 从周六到周日持续发雪景和立冬的，是老年。

同一年夏天，河南郑州等多地遭遇特大暴雨，城市应急系统面临崩溃。各种求助信息涌现，求助者和热心人之间却难以建立起信

---

① EDG（Edward Gaming）是2013年9月13日在广州成立的一家电子竞技俱乐部。2021年11月7日，英雄联盟S11世界总决赛，EDG代表中国以3∶2的战绩逆转战胜了韩国的DK战队夺冠。

息桥梁。7月20日晚,众多协同文档迅速发布了救灾协同模板或专用通道。当晚20：57,大学生Manto在腾讯文档上创建了在线表格《待救援人员信息》；截至22日,这个文档更新了超过450个版本,浏览量超过250万次,保守估计数千名志愿者对文档作出了编辑[①],人与人联结的方式再一次被刷新。

诚如亚里士多德所说,"不参与社会的,要么是兽类,要么是上帝"。以人对社交的渴望为起点,从纸的诞生到数字媒介的出现,技术不断更迭,帮助人们延展社交的范围,让"天涯若比邻"不再只是一种情感表达。但社交媒体的开发者们并未满足于此：难道社交媒体只能是工具吗？

电子邮件、博客、聊天软件、微博、短视频软件……近30年来,社交媒体持续演化。它们不再只是交流工具,更成为"基于用户关系的内容生产与交换平台",并正在进一步成为"具有独特平台调性的新社交平台"。我国10.51亿的网民、人均每周29.5小时的上网时长[②],以及应用软件中社交属性的泛化,共同决定着社交媒体能够在生活、社会秩序等方面发挥不可忽视的作用。

而这个日新月异、精妙绝伦的媒体世界将朝向怎样的方向发展,"我们"又将在这个媒体世界中扮演什么角色——依旧值得思考。

## 一、社交媒体可以燎原：从一张纸讲起

技术的更迭仅带来媒介的演进吗？是否还有更深远的影响？尼

---

① 腾讯研究院. 协作河南：暴雨中的全民互联网救援. [2021-07-22]. https://mp.weixin.qq.com/s/8Gt9aS0JMGZpsBXJp-_HDg.

② 数据截至2022年6月。第50次《中国互联网络发展状况统计报告》,第1页。

尔·波兹曼在他的著作《娱乐至死》中写道,"和语言一样,每一种媒介都为思考、表达思想和抒发情感的方式提供了新的定位,从而创造出独特的话语符号"[1]。在社交媒体的发展历史中,我们惊讶于它为生活带来的巨大便利,而每一次社交媒体媒介产品逻辑的改变,都或多或少地改变了我们思考乃至于表达的方式与内容。带着这样的思考,我们重新审视社交媒体的演化史。

## ◎ 当文字开始传递,人得以联结

人类需要社交和传递信息,就像鱼儿需要水那般自然。那么,在互联网出现前的漫长岁月中,人们是如何克服重重障碍、实现联结的呢?

在将传播范围扩展开来的媒介诞生之前,口语传播只能在同一空间进行。同时,这种传播是稍纵即逝的,无法延续也无法保存。此后,从标识到岩画,人类不断摸索能够延展信息传播空间与时间的方式(见图2-1)。而从距今6 000年前开始,世界几大古文明相继诞生了文字,成为人类传播史上的里程碑,人类从口语时代进入了文字时代。[2]

与文字的不断演化发展和其适用范围逐渐扩大相对应的,是文字主要载体的变化。从石头、陶片、金属到羊皮、莎草纸、桦树皮、棕榈叶、简牍与缣帛,文字载体的体积的减小和重量的减轻,使文字的传播不再受制于固定的空间。[3]

---

[1] 波兹曼. 娱乐至死. 章艳,译. 北京:中信出版社,2015:11.
[2] 崔林. 媒介的变迁:从口语到文字. 北京:中国传媒大学出版社,2019:10-60.
[3] 同[2]105-111.

**图 2-1 中国古代信使**

说明：没有口寓意保守寄信人的秘密。

在西方，莎草纸的出现延长了社交距离，也提高了信息交换的频率。但由于其制作工艺复杂、价格昂贵，莎草纸始终是一种奢侈品，控制在权贵阶级手中，所记载的或是学者著作，或是达官显贵间的政治通信。而自蔡伦于公元1世纪革新造纸术后，技术步步升级，造纸成本降低，纸张逐渐成为廉价易用的优良媒介，信息扩散速度和范围得到指数级提升和扩大。

晋代左思写作《三都赋》，司空张华见而叹曰："班张之流也。使读之者尽而有余，久而更新。"人们争相传阅抄写，一时间竟让洛阳的纸张供不应求、价格大涨。此般"洛阳纸贵"的佳话，正体现出"纸"对于传递知识的关键性与重要性。

当知识超越特权阶级开始在人群中广泛流动时，手抄复制书籍的方式就变得难以满足社会需求。人们寻求生产效率更高的文字复制方式，印刷术应运而生。

现存最早的雕版印刷物，是1960年在韩国东南庆州佛国寺的一座石塔中发现的《无垢净光大陀罗尼经》。学者根据经文中使用的武周时创设的新字以及俗体和异体字等推测,该刻本是从中国流入新罗的,最初刊刻于中国唐武周年间的洛阳——可见,初唐时期印刷术就已应用于书籍刻印。①

13世纪,"铅活字版机械印刷机"的发明则拉开了西方印刷术发展的序幕,同时引发了一场媒介革命:信息流动的速度大大提升,获得信息的门槛大大降低,这让普通群众能广泛参与到信息传播中。受众范围的扩大反向影响着印刷品的内容,使之趋向于更易理解、更贴近民众认知。印刷机的推广,成为欧洲文艺复兴和科学革命的先声,人文主义的曙光降临。

1517年,"改变世界的修士"马丁·路德写出了挑战罗马教会奢侈糜烂之风的《九十五条论纲》。借印刷术之势,这本翻印速度快、价格便宜且方便藏匿的小册子,迅速在百姓中风靡。它宣扬说,教徒可以直接与上帝对话,教会无法再通过教义掌控教徒,这被认为是新教的宗教改革运动的开端。此种主张使得宗教势力被削弱,世俗王权开始壮大。路德更是在无意中揭示了一种分散的、人对人传播的力量,这种媒体系统的参与者即传播者,他们通过分享、推荐和复制来集体决定哪些信息值得宣传。②

在技术进步的进程中,我们清晰地看到传播知识的权力是如何从权贵下移给平民的。同时,随着媒介的演变,其承载的内容呈现不同的重心和语言结构。"印刷机不仅是一种机器,也是话语的一种结构"③。在印刷机和纸质阅读时代,人们所推崇的语言模式是客观、理性和具有逻辑的。然而,技术的列车向前奔驰,无纸化时代

---

① 崔林. 媒介的变迁:从口语到文字. 北京:中国传媒大学出版社,2019:146.
② 斯丹迪奇. 从莎草纸到互联网:社交媒体简史. 林华,译. 北京:中信出版社,2019:63.
③ 波兹曼. 娱乐至死. 章艳,译. 北京:中信出版社,2015:56.

悄悄来临。依托 Web2.0 网络技术的社交媒体，又在带领公众话语走向何方？

◎ **开启社交新纪元的密码：WWW**

**BBS 数字化：计算机搭建广场**

时间回到 1978 年 1 月，芝加哥大雪纷飞，IBM 系统工程师沃德·克里斯蒂安森在家门口铲了两个小时的雪，最终放弃了上班。他打电话给朋友兰迪·瑟斯："为什么我们不能用计算机来共享信息呢？"这两位"芝加哥地区电脑爱好者"小组成员，平时就会在一块软木板上钉一些资料用来和组员分享。忙活了几个星期，他们终于把这个布告栏"搬到了"计算机上，这就是计算机电子布告栏系统（computer bulletin board system，CBBS）[1]。

这样一个在今天看来有些复杂的操作系统，在当时可是吸引了许多计算机爱好者的目光。CBBS 名称中的"BBS"（bulletin board system）后来成了所有类似系统的固定表达。[2] 据估计，1978 年到 2004 年，世界上先后出现超过 10 万个 BBS，而且不再只是计算机爱好者的自娱自乐，而是拓展至粉丝组织、亚文化社群、职业群体

---

[1] 一人将信息存放在一台主机上，另一人通过调制解调器呼叫主机，并借助克里斯蒂安森发明的文件传输协议，获取了主机上的内容。主机每次只能与一台调制解调器连接，只有在一名用户"挂断"后，另一名用户才能接入系统。半夜喝可乐.42 年前，所有社交网络前身——首个 BBS 诞生．[2020-02-17]．https：//cloud.tencent.com/developer/article/1584199.

[2] 1984 年，程序员汤姆·詹宁斯为 MS-DOS 操作系统开发了一款名为"Fido"的 BBS 主机程序，来实现 BBS 的数据互通，将各地的 BBS 组成一个网络，也就是"Fido-Net"（惠多网）。里程碑式的社交网络诞生，用户遍及北美和欧洲。半夜喝可乐.42 年前，所有社交网络前身——首个 BBS 诞生．[2020-02-17]．https：//cloud.tencent.com/developer/article/1584199.

等,并在医疗领域发挥了实实在在的作用。在那个没有万维网、没有微软、没有苹果电脑的年代,BBS虽然原始简陋,却实现了私人之间依托网络技术的信息共享,赋予了互联网最初的"社交属性",实属社交媒体的开山鼻祖。

**Web2.0纪元:从博客到推特**

今天,当我们输入网址,最先打出来的字母,就是"WWW",这项曾被译作"环球网""环球信息网"的伟大发明,最终经全国科学技术名词审定委员会定义为"万维网"。此译词被评价为近乎完美,就是因为它生动地体现了其让一切网络站点与网页互联,呈现万种维度的特性。

1990年,蒂姆·伯纳斯-李发明了万维网(World Wide Web)——一个通过互联网访问的、由许多互相连接的超文本组成的系统,实现了让数百万台计算机连接在一起的梦想。此后,他还编写了第一个网页浏览器,并于1991年在互联网上向公众开放。1993年4月30日,欧洲核子研究组织宣布万维网对所有人免费开放,不收取任何费用——互联网的风潮开始席卷,Web2.0时代行将抵达。

20世纪90年代到21世纪初,伴随着"Web2.0"概念的演化和广义"社交媒体"的发展,新媒体领域出现了一系列重要的变革。"Web2.0"一词最早开始流行于2003年,作为推广这个概念的关键人物,蒂姆·奥莱利将其定义为:"计算机产业朝着以互联网为平台的发展方向转型,在这个过程中进行的一次商业革命,同时也试图理解这个新平台上的成功准则。这些准则中最为首要的一点在于:越是能充分利用网络效应或是集体智慧的应用程序,便能拥有越多的用户"①。

21世纪最初十年里成长最快的一些网站都是基于Web2.0原则发展起来的，包括在线百科全书"维基百科"、用户生成的视频内容网站"优兔"（YouTube）、网络日志聚合平台"博客"（Blogger）、社交网站"脸书"（Facebook）、图片分享应用照片墙Ins（Instagram）以及短信息分享平台"推特"（Twitter）等。

万维网出现后，许多BBS的爱好者们转战更加明了便捷的网页。网站的数量由此爆炸性增长，人们开始期待在互联网上拥有属于自己的一隅之地。② 随着越来越多网民的加入，博客网站（blogger.com）应运而生。在这个博客网站上，博主不需要经营网站，只需要创建和发布自己的博客内容。这种以自己为中心、向所有陌生网友开放的网站形式，对人们有着巨大的吸引力。博客文化逐渐成形，社交网络成了一个又一个围绕着博主展开的"博客圈"。

博客出现在社交媒体历史中，是一个重要的里程碑，它标志着"表达—参与—互动"的社交模式逐渐成形。言者不再自说自话，听者不再缄默不言，人们开始在互联网上寻求交互与关联。"用户生成内容"（user-created content，UCC）逐渐消弭媒体内容生产者与消费者之间的界限，网民们可以是信息接收者，亦可以成为主动的内容生产者和传播者，在公众平台与他人形成互动并获得反馈。

人们渴望表达，更渴望表达能够被倾听。博客的分享方式是以博主为中心的"一对多"纵向分享，这使得博客关注度的分配并不

---

① 弗卢. 新媒体4.0. 叶明睿，译. 北京：人民日报出版社，2019：18.
② 1994年，斯沃斯莫尔学院学生贾斯汀·霍尔率先推出了他的网站Justin's Links from the underground，成为第一个在互联网上有自己"领地"的人。1997年，约恩·巴杰将自己的网站命名为"weblog"。

均等，因为名人、企业家、受到良好教育的知识分子更擅长于有逻辑地发布优质内容，显然博客为人们的表达设置了一定的门槛，这就让人们对低门槛、互动性强、关联度高的社交平台有了更大的需求。在这种需求下，Facebook 问世①，开创了互联网的一个新时代，实现了让每个人既是信息获取者也是内容贡献者。②

　　Facebook 对媒体平台产生的巨大影响力不仅在于其社交模式的设计，"点赞"形式是它的另一创新。Facebook 以点赞按钮形式提出了一种新的思维。③ 通过正向积极强化，让被点赞者获得短暂的满足感。爱心、赞、竖起大拇指——这些信号昭示着用户发布的图片、观点受到认可，从而增强用户的使用黏度。作为普通网络用户，人们可以做些什么？首先，可以用真实姓名注册为用户，介绍自己的网络世界形象（profile），写日记、发照片、发视频。其次，还可以访问数以百万计的提供各种服务的网站。接着，搜索认识的或感兴趣的人，请求建立朋友关系，进行网络社交，看到朋友所说的话、放的照片或视频，知道朋友过去和现在在网络上干什么（如果朋友允许的话）。最后，还可以参加感兴趣的话题群组，接收智能化个性推荐。④ 创始人马克·艾略特·扎克伯格声称："我们拥有整整一个时代里最具威力的信息传播机制。"

　　2012 年 10 月，Facebook 以总值 7.15 亿美元收购 Instagram（以下简称 Ins）。即使你从未使用过 Ins，你也一定对风靡时尚界的

---

　　① 1997 年至 2004 年间，还有诸如六度空间（SixDegrees.com）、Friendster、MySpace 等探索熟人社交的网站出现，出于各种原因都逐渐式微。
　　② 柯克帕特里克. Facebook 效应. 沈路，等译. 北京：华文出版社，2010：1.
　　③ 福克斯. 社交媒体批判导言. 赵文丹，译. 北京：中国传媒大学出版社，2018：155.
　　④ 谢文. 为什么中国没出 Facebook. 南京：凤凰出版社，2011：8.

"Ins 风"①并不陌生。作为一个图片分享平台，Ins 让用户以一种有趣、快速的方式，将随时抓拍的图片进行分享，并提供特效、滤镜等技术支持来美化图片，创造了一种以平台为代表的审美流行。这些社交媒体平台本身是在参与式文化的浪潮中顺势前进的，而它们的活跃又将参与式文化推向高潮。

另一文字分享社交网站 Twitter 问世于 2006 年，聚焦于用户"此时此刻"的生活，正如其创立之初首页上的那句标语一样——What Are You Doing?（你在做什么？）

Twitter 这个名字的灵感来源于照片共享网站 Flickr，意思是"一连串鸟鸣"，鸟叫声是短、平、快的，正好符合网站的内涵。2009 年，"Twitter"成为年度最流行词，这是与科技相关的词首次入选。自此之后，Twitter 风潮席卷世界，一跃成为网络世界新的技术热点与流行趋势，这一风潮也深刻地影响了中国的互联网产业。②

发文限制字数曾是 Twitter 的精髓。③ 虽然 140 个字符的限制是为了方便短信发推（从 160 个英文短信限制字符减掉 20 个用户名称字符得来），但这同时契合了其对用户交流"简明扼要快速"的期待。之后无数个平台同样证明，发布直接且重要的短内容信息有着很大的吸引力。短文本提高了内容创作的活跃度，但同时，质疑的声音也随之而来：严肃深入的话题讨论、意义丰富的评论交流，仅用 140 个字符能表达吗？短文本导致论点简单化，这是商品化和文化加速的表现。④ 在上一个大众媒体时代，新闻和社会评论

---

① "Ins 风"指的是 Instagram 上的图片风格，其色调饱和度低，整体偏向复古暗调或者清新冷调。
② 魏超，陈璐颖，白雪．微博与微信．北京：企业管理出版社，2015：3．
③ 2017 年，Twitter 取消推文的字数限制。
④ 福克斯．社交媒体批判导言．赵文丹，译．北京：中国传媒大学出版社，2018：200．

以铅字的方式出现；而如今以短文、视频等数字化形式呈现。身处时代浪潮中，没法给"内容质量下降"盖棺定论，但在数字化、虚拟化、碎片化的信息流中，注意力不断被分散一定是值得警觉的问题。

半个多世纪前，半导体和电视是政治的主要舞台，但受制作周期长、成本高以及频道、时间等多重因素制约，广大民众参与有限。如今，当新的社交媒体进入生活，信息的来源渠道被极大地拓宽了。2020年，美国人发现，超过一半的人使用社交媒体获取新闻：将近三分之一（36%）的美国人是通过Facebook获取新闻的，其次是YouTube（23%）和Twitter（15%）。[1] 社交媒体改变了传统信息自上而下的发布模式，打破了传统媒体线性传播的格局，一定程度上实现了信息传递的扁平化转向。

社交媒体的演进还在继续，新的应用仍在涌现，不断寻找着能让人们惊叹的新世界的钥匙。Snapchat[2]、Clubhouse[3]等绕开行业巨头的现有领域，发展新式或小众社交；而Facebook、Twitter和YouTube也在不断变革，努力赚取一张进入下个时代的船票。

---

[1] Pew：调查显示超过一半美国人使用社交媒体获取新闻．[2021-01-13]．http：//www.199it.com/archives/1190176.html.

[2] Snapchat是一款"阅后即焚"照片分享应用。利用该应用，用户可以拍照、录制视频、添加文字和图画，并将它们发送到自己在该应用上的好友列表。该应用最主要的功能便是所有照片都有一个1到10秒的生命期，用户拍了照片发送给好友后，这些照片会根据用户预先设定的时间按时自动销毁。而且，如果接收方在此期间试图进行截图的话，用户也将得到通知。

[3] Clubhouse是一款主打即时性的音频社交软件，2020年4月上线。在Clubhouse中，由用户自己开设各种聊天房间"room"，所有房间都是开放的，用户可以以听众的身份进入每个房间，如果想发言，只需举手，发言者就可以选择邀请；用户亦可以创建一个自己的房间。

## ◎ 中国社媒：从"蹒跚学步"到"换道超车"

**筚路蓝缕，一代人初行**

目光回溯至1994年，中国用一根64K的国际专线正式接入互联网。1995年，北京中关村的南边架起了一块大指示牌，上面写着："中国人离信息高速公路还有多远——向北1 500米"（见图2-2）。

**图2-2 1995年北京中关村路口"瀛海威时空"的广告牌**

说明：这是"瀛海威时空"的广告牌，该公司推出全中文的网络，面向普通家庭开放，是中国第一家互联网接入服务商。

1995年8月，"水木清华站"BBS系统正式对外开放，一度成为中国人气最旺的BBS之一。网上论坛开始改变中国网民使用网络的习惯。1996年，中国第一家由风险投资资金建立的互联网公司爱特信公司成立，两年后推出了"搜狐网"。90年代末，大部分中国人依旧搞不懂互联网有什么用，更别提相信新兴的互联网公司会有什么发展前景。但历史上从不缺少吃螃蟹的人。网易、腾讯、新浪、阿里巴巴、百度等现在耳熟能详的公司，纷纷诞生了。

QQ：你的童年，我的童年，好像都一样。

第一款席卷中国的社交聊天软件 QQ 在 20 世纪末问世。几乎每个"90 后"都曾经悉心装扮过自己的 QQ 秀和 QQ 空间，也会在 20 多岁的时候看到曾经的"空间说说"而尴尬得"用脚抠出一座城堡"。QQ，是陪伴着几代人一起成长的社交园地。2003 年，会员服务和 QQ 秀同时诞生了。会员级别是当时的年轻人用以炫耀的"利器"。QQ 秀则让用户可以创造出自己的虚拟形象，买各种"衣服"来打扮自己，向聊天的对象展示自己的审美与特色，一经推出便获得了巨大成功，成为腾讯第一项用户愿意付费的业务，也是当时赚钱最多的业务。

QQ 的诞生对中国社交媒体意义重大，互联网的即时通信软件在本土有了萌芽。直至今天，QQ 仍然是广受年轻人喜爱的聊天社交工具，相较于微信而言，其功能设计开放性更强，跳转到娱乐模块也更加便捷。2021 年 11 月 30 日，"超级 QQ 秀"开放体验，支持 AI 智能自动捏脸，同时匹配了更具象化的虚拟社交场景——可以由用户自行定制小窝系统和可以走动聊天的室外场景。这一升级被视为向"元宇宙社交"迈进的开始。①

博客：被听见，在一起

2005 年，新浪博客问世，吸纳各路名人入驻，通过粉丝效应迅速获得了可观的用户量。乘着这股东风，网易博客也正式上线。一时间，潮人社交必谈博客，掀起一股内容分享式社交热潮。

---

① 腾讯 2021 年全年财报中总结道，"QQ 集成了虚幻引擎的图像能力，以实现实时渲染及物理模拟，为用户提供更具吸引力的视觉效果及逼真的互动体验。我们正在测试超级 QQ 秀应用虚幻引擎，让用户可定制及装扮其 3D 虚拟形象，以用于各种社交场景"。腾讯 2021 全年业绩报告，2022 年 6 月 1 日，第 3 页。https://static.www.tencent.com/uploads/2022/03/23/fcb87c387df6f5ed2dd045902fd6b190.PDF。

开放的社交平台，让人们参与社会话题、发表个人意见、表达个人情绪，用文字、图片和视频，构建起个性化的思想世界。不仅如此，博客也在社会公共事务中发挥着平台作用，让人们的声音能够在网络世界中汇集在一起。

2008年5月12日，四川汶川发生大地震，地震波共环绕地球6圈，6.9万人遇难，1.79万人失踪，4 600多万人受灾。汶川地震，是中华人民共和国成立以来，波及范围广、破坏性最强、灾害损失最重、救灾难度最大的一次地震（见图2-3）。[①]

图2-3 汶川地震震中遗址

地震发生后，救援信息不能有效传递，人们为搜救和赈灾焦急万分。时间就是生命，博客等社交媒体帮助救灾信息流通，腾讯等网站开始在地震博客专题上设立"寻找盲区"等专栏，"盲点地区"

---

① 汶川特大地震遭严重破坏的地区约50万平方千米，共计造成69 227人遇难、17 923人失踪、374 643人不同程度地受伤、1 993.03万人失去住所，受灾总人口达4 625.6万人。汶川特大地震四川抗震救灾志编纂委员会. 汶川特大地震四川抗震救灾志·总述大事记. 成都：四川人民出版社，2017：1, 6-35.

的居民可以主动汇总信息上传。同时，社会人士积极利用博客募集救灾善款。"一方有难，八方支援"，在"新社交"时代有了更深刻的诠释。还有受灾群众在博客上将自己的所历所见所闻分享出来，引发全国人民对灾难的关注与关怀。灾区人民彼此鼓励、互相安慰，全国人民也通过博客传递着温情。

博客成为每个人的新闻发布会与情感宣泄地，每个人都像是带上了扩音器，在属于自己的互联网阵地上放声高呼。汶川地震中的"人"，以前所未有的方式"拥抱"在一起，并被全社会"看见"。无论是受灾群众，还是心系汶川的人们，他们的图像和声音全部被释放出来，"人"的存在感达到了前所未有的高度。

人人网：今天晚上别忘了"偷菜"

2005 年，博客风潮如火如荼时，一个专属于大学生的校内网悄然诞生。这是一块带有浓厚学院气息的"专属领地"，用户必须持有特定大学的 IP 地址或电子邮箱才能注册，并且需要实名认证。这是"社群式"社交媒体的典型运营模式，同年诞生的"豆瓣"也属于此类媒体。

聚在这里的网友们身份相同，可以迅速地聊到一起、玩到一起，自我认同感得以迅速提升，校内网的吸引力不言自明。大家都愿意在这个充满学生气的地方建立自己的朋友圈与社交空间，记录生活点滴，上传照片，分享自己喜欢的群组、音乐、电影和书籍等，了解好友的最新动态，找到志同道合的朋友。

2009 年，校内网扩大版图，摇身一变成了"人人网"，对社会大众开放，保留了日志、相册、资源分享等热门功能，还设计出一款现象级游戏——《开心农场》，人们争先在网络上"偷菜"，一时间游戏风靡全网。迅速走红的人人网，2009 年年末用户过亿；到了 2012 年，占据了大学生社交软件市场 75% 的份额。后因错误的战略方针，人人网持续下滑，2018年活跃用户数量已经不到用户总数的1%，最后以2 000万元的价格出售。而以书影音评论起家的豆瓣，至今仍然在年轻人的社交生活中占有一席之地，并成为文艺评论的核心平台。

**社交媒体"移动"起来**

2009年，中国移动、中国电信和中国联通取得第三代移动通信（3G）牌照，标志着我国移动互联网的新时代来临。智能手机普及，人们对于互联网的使用不再局限于电脑（PC）端。社交媒体也开始"移动"起来，"即时"成为新指标。

这一年，新浪微博问世。不同于博客对内容的较高要求，微博主打短文字加图片的内容发布方式，用户可以简短且快速地发表观点。短小精悍且及时的特点，完美契合了移动互联网下人们对信息效率的要求，微博迅速风靡，直至今天依然占据社交媒体用户数的大头份额。这种上限140字的表达方式前所未有[①]，让用户发布的内容实现了裂变式传播，改变了信息的传播方式。

2011年，张小龙带领腾讯研发团队重磅推出微信。上线仅433天，就获得了高达一亿的用户数量，并持续以指数级方式增长。微信刚诞生时，主打熟人社交，让用户添加亲朋好友，以日常通信为主要功能。到了2011年10月，微信3.0版本上线，开始尝试拓展陌生人关系链，开发了"漂流瓶""摇一摇"等功能。这种LBS社交（基于地理位置的社交服务）也是移动互联网时代的全新产物。

2012年4月，微信推出"朋友圈"。这一版的打开介绍中有这样一段话："如你所知，微信不只是一个聊天工具。一切从照片开

---

① 2016年，微博取消了字数限制。

始,你拍了一张照片,你就拥有了自己的相册,在'朋友圈'你可以了解朋友们的生活。如你所见,微信,是一种生活方式。"

微信逐渐成为我们的生活方式。这一改变,盘活了微信用户,让列表中的联系人之间有了更多联结,人们交往的方式再次被刷新,用户黏性也逐渐增强。2013年的微信5.0再度推出"公众号"功能。依托紧密的圈层社交模式,公众号成为人们获取信息和发表观点的重要途径。同时,"微信支付"上线。微信自此在社交媒体行业站稳脚跟。截至2022年9月,微信及WeChat的合并月活跃账户数继续增长,达到13.089亿。

**短视频:中国时代在跳动**

短视频媒体在中国的出现与风靡乃至进一步影响国际社会,使中国的社交媒体行业实现了"换道超车"。

2016年,社交媒体行业的蛋糕似乎早已被几大巨头瓜分占领,行业饱和度很高,而一款名为"抖音"的应用却一鸣惊人地"跳动"出圈。这款最初目标群体为年轻人的音乐创意短视频社交软件,最大的特点就是将短视频与社交结合,并利用算法实现个性化内容推荐。

在抖音上,人们可以选择歌曲、拍摄音乐短视频、上传自己的作品,不仅方便快捷、易于操作,且传播范围极广。同时,抖音也将算法运用到极致,根据用户的喜好,精准判断"猜你喜欢"。抖音的爆火,也将"快手"带出圈,同时将国内资本的目光快速地吸引到了短视频领域。而在抖音之外,字节跳动同时布局了西瓜视频作为中视频赛道选手;腾讯随即推出微视;微信也改版加入了"时刻视频"功能……一时间,短视频领域成为兵家必争之地。

### "新社交"：媒体泛化，平台打造生态系统[①]

自认知革命以来，智人就一直生活在双重现实中：一方面，我们有像河流、树木这样的客观现实；另一方面，我们也有像神、国家、企业这种想象现实。[②] 智能时代的到来，催生社交媒体新的演化；媒体智能化和算法技术的成熟，使虚拟和现实的边界进一步模糊，媒体不断泛化。与此同时，媒体平台基于技术的升级，开始有意打造集服务、娱乐、内容价值、传播形态为一体的生态系统，社交属性也是其中重要的一部分。这种依托于平台生态系统而衍生出的社交形态，我们称之为"新社交"。

#### ◎ 媒体泛化，是什么？

智能媒体作为复杂巨系统，通过开放的逻辑与连接的规则，重组人、机、物与环境的关系而导致媒体化的拓展与深化，使人、机、物与环境都具有媒体性的趋势。智能时代的媒体泛化表现为两个层面：智能媒体化和媒体智能化。智能媒体化指智能（人工智能和人类智能）倾向于通过升级化的媒体功能达成目标，即人类媒体走向媒体升级化成为超级媒体。媒体智能化则指媒体使用人工智能技术不断升级、建立新范式的进程。[③]

自媒体的产生，就是媒体泛化的典型示例。2003年，美国学者肖恩·鲍曼和克里斯·威尔斯撰写的全球首份自媒体专题报告《自媒体：大众将如何塑造未来的新闻和信息》，初步界定了自媒体

---

[①] 详见澄观治库：《中国新媒体产业发展报告（2019—2020年）》。
[②] 赫拉利. 人类简史. 林俊宏，译. 北京：中信出版社，2017：31.
[③] 吕尚彬，黄荣. 智能时代的媒体泛化：概念、特点及态势. 西安交通大学学报，2019（5）.

的基本概念:"自媒体是大众借助数字化、信息化技术,与全球信息及知识系统连接后所展现出来的大众如何提供、分享他们自身的信息、新闻的渠道和方式。"①

美国学者丹·吉尔默认为,这种新媒介最显著的特点在于它在传播信息的同时,可以实现传播者与受众之间的互动交流,而参与传播过程的所有人都可以获得即时表达自身见解的机会。②

媒体泛化呈现四种态势:泛化领域、泛化形态、泛化内容、泛化虚实。③ 各种领域都有可能生成新的媒介域,而企业、政府媒体化是领域泛化的开端。形态的泛化则依托于技术想象边界的扩展——苹果 IOS 系统就正在打造一种软硬件交互的媒体结构。而内容的泛化,则是通过主体客体的泛化、平台的泛化、产品的泛化来构建内容、产品和信息的深度融合。虚实的泛化则是将真实与虚拟的边界打破,打造一个拟态世界。

内容生产的主体边界被打破,内容生产者的队伍不断扩充,从精英到草根、从人类到人工智能,整个社交媒体领域熙熙攘攘。这种巨大的信息流,如海浪般汹涌澎湃,裹挟、淹没现实世界。而伴随着内容生产与消费参与者之间身份泛化的发生,互联网赋予用户复杂场景中的复杂角色,用户的自主性、选择性、适应性被连接激活。社交媒体泛化的奇异性,在于智能技术促进媒体的广延属性和

---

① BOWMAN S, WILLIS C. We Media: how audiences are shaping the future of news and information. Reston: The American Press Institute, 2003: 5. 转引自: 陈宪奎, 刘玉书. 2003—2014 年中美社交媒体研究的比较与分析——基于数据挖掘的视角. 新闻与传播研究, 2015 (3).

② GILLMOR D. Here comes we media. Columbia Journalism Review, January/February, 2003.

③ 吕尚彬, 黄荣. 智能时代的媒体泛化: 概念、特点及态势. 西安交通大学学报, 2019 (5).

强度属性释放，导致其正在创生出各种突破想象的可能性。

2020年新冠疫情暴发后，全球社交媒体行业逆势上扬，尤其在海外，TikTok用户数和平均使用时长皆迅猛增长。社交媒体在社会领域发挥的作用也达到高峰，依托即时、高效和广泛的传播优势，重要的社交媒体成为信息交流中心、事件记录中心和舆情发酵中心。

在人际联结这张巨大的网上，信息、服务和交互，都在以前所未有的速度和广度更新着。在这个开放的世界中，社交媒体使政治、经济、商业、文体等领域得到极大的互动性拓展。依托于人工智能、大数据和算法，"社交"成为一种可以被打造的属性，而非仅能利用的工具。

互联网和社交媒体早已不再只是"蛋糕上的小樱桃"，而是深刻影响着现实世界的风向标。但是，社会情境、营销模式、数字模型等不断变化，社交媒体行业也不断"城头变幻大王旗"，没有哪一家能真的"坐稳"行业巨头的宝座。

2021年10月28日，Facebook正式宣布改名为"Meta"，这一名称取自"Metaverse"，中文译为"元宇宙"。"元宇宙"一词迅速掀起全球风浪。

2021年11月17日，哔哩哔哩（Bilibili，以下简称"B站"）董事长兼首席执行官陈睿详细阐述了对元宇宙发展的看法："元宇宙是一个概念，并不是一个产品，这个概念包含一些产品的要素，比如说虚拟现实、紧密的社交体系，或是在游戏内的一个自循环的生态系统。其实，这些要素都不新，已经有一些公司实现了，B站也实现了这些要素当中的一部分"，"如果现在听到元宇宙的概念，再宣布布局或进军元宇宙，应该是来不及了"。陈睿认为，元宇宙需要有一种自循环的内容生态。①

这种内容生态依托于社交体系而生，同时也在打造属于平台自身的社交形态。在中国，这种变革实际早已发生。中国社交媒体，已然将"表达"这件事，从用户个人权利的角度，转化为综合的经济模式、生产方式与生活方式。

## 二、社交媒体如何影响生活

"我们成为我们所看到的东西，我们塑造工具，此后工具又塑造我们。"加拿大思想家马歇尔·麦克卢汉如是说。

人类对于社交的需求是社交媒体得以出现的基石，而互联网技术的发展又带来社交媒体的演变。渐渐地，社交媒体已经不只是简单的社交工具，商业逻辑的融入、话语体系的构建、生活方式的改变——社交媒体给社会的各个方面都带来了深刻的影响。这个由微博、微信、抖音、小红书等社交媒体构建的对话和思考体系究竟是怎样的？它对我们所处世界的公共话语和人际联结又有着怎样的影响？

◎ **为什么你会相信"OMG，买它"？**②

媒体泛化时代一个显著的特征，就是社交与商业联系更加紧密。

**淘宝直播何以"造神"**

社交平台电商化，电商平台社交化，二者同时演进。在新经济

---

① 谢若琳. B站董事长谈元宇宙：需要一个自循环内容生态. 证券日报，2021-11-18. http://www.zqrb.cn/gscy/qiyexinxi/2021-11-18/A1637249882371.html.

② "OMG，买它"是直播带货常用的一句话。OMG是英文"Oh My God"或"Oh My Gosh"的缩写，意为"我的天哪"，表示惊叹。

模式下，品牌和商家十分看重通过口碑塑造、社交互动建立的宣传方式。直播借助新媒体的互动性，使受众之间构建起一个因购物而联系起来的虚拟社区，具有很强的社交媒体属性。同时，因为大众媒介营造的繁荣景象，消费者的消费观念也在不知不觉中受到影响，从原来注重商品的使用价值逐渐偏移为注重商品的符号价值。

但仅仅局限在直播空间内，对于维护用户黏性来说，是远远不够的。让观众沉浸在直播的现场感中产生对主播的信任，这是典型的"粉丝经济"——通过口碑营销、价值认同等方式建立粉丝与被关注者间的联系，以获得经济利益。

粉丝经济，同样是新社交时代的一种"复古"选择。这种通过加强消费者情感依附、强化消费者忠诚度，将潜在商业价值变现的运作模式由来已久。从《超级女声》到《偶像练习生》《创造营》《青春有你》，中国选秀历经了一轮革新。选秀节目不再执着于选出唱将或舞将，而是想要塑造出人们梦想中的"全能偶像"。即使偶像还需要练习，但粉丝从不缺席。

让·鲍德里亚的"符号消费观"指出，每种消费符号都有特定的消费主题。中国的人口基数之庞大以及社交媒体技术之强大，让平台们纷纷意识到，与其广撒网，不如培养一批忠实的粉丝。很多知名企业都有一个共识：品牌的价值在于粉丝的情感黏性。因此，生产者和营销者必须密切关注消费者的反应、迎合消费者的喜好。而在社交媒体泛化时代，时间和空间的束缚被突破，营销者和受众互动方式更加灵活，粉丝经济自然而然地扩充至文化娱乐、高科技产品、时尚等多重领域，乃至于平台自身也有其粉丝群体。

**流量的战争何以取胜**

对于如今的社交媒体来说，对流量的争夺就是一场没有硝烟的战争。流量即货币。

在印刷时代，那些刊登在报纸上或者做成小册子的广告往往侧重于介绍产品性能；到了电视时代，貌美的女郎、知名的影星成为宣传首选；而在社媒泛化时代，"如何吸引受众"有了新的诠释，即增加曝光和用户触达。社交媒体公司的商业模式，是将人们的注意力持续吸引到屏幕上。今天的电子媒介和印刷媒介一样，充斥着旨在增强其赞助者影响和宣扬其赞助者财富的信息。[①]

在中国，微博、微信公众号，抖音及其他短视频平台，则是宣传的主要渠道。越来越多的企业和品牌在社交媒体上进行宣传。如何获得更多的曝光、获取客户成为一门学问，顺势发展出"社交媒体营销"这一行业。社交媒体传播能力强、传播范围广、受众年轻的特点，使其拥有传统广告途径难以比拟的独特优势。

只有曝光度还不够，社交媒体营销的核心是用户触达。社交媒体营销要想提高效率，必须精准投放广告。算法的普遍应用帮助社交媒体实现了广告的千人千面。而对于社交媒体来说，基于不同的产品调性，不同的社交媒体亦有自己独特的"揽客之道"。

微博、视频号等主要通过大V、关键意见领袖（key opinion leader，KOL）发布文字、图片和视频为主的内容等来实现用户吸附，同时这些博主们也通过粉丝运营进行带货和推广产品，实现流量变现。微信公众号也主要通过文字内容发布吸引粉丝，在积累了一定数量的粉丝之后，通过广告植入、发布软文等方式实现变现。

抖音、快手等短视频软件则直接卷起了"直播带货"的飓风。探析直播团队们的成长逻辑，可以发现他们的成功并不难理解：一方面，草根出身，深刻理解粉丝需求，能够以粉丝为核心建立信任

---

[①] 帕特森. 媒介伦理学. 李青藜，译. 北京：中国人民大学出版社，2006：52.

关系；另一方面，结合规模效应、强供应链掌控能力、向用户让利、低营销投入、直播电商渠道成本低等要素打造出高性价比优势。此外，积极借助明星营销出圈，扩大影响，快速吸粉，这也是大多数短视频直播带货的运营逻辑。

作为"种草平台"的小红书，在经历了发展方向的摇摆后，打造出又一种社区电商模式。小红书强调其作为生活方式分享平台的角色，而支撑平台正循环的关键是扶植关键意见消费者（key opinion consumer，KOC）和打造 B2K2C 闭环（business-to-KOC-to-customer，利用 KOC 连接品牌和用户）。[1]

然而，小红书商业模式的挣扎，也能反映出社交媒体对于存量流量的争夺已经十分艰难。流量趋于饱和，不仅意味着商业模式要寻求突破，也意味着社交媒体正在回归初心、做高质量产品，而不是一味地博取流量和消费用户——这种手段在当下发展时期不会再带来稳态发展。

◎ 为什么你会说出"YYDS"？[2]

社会舆情生态随着社交媒体的发展而不断演化。舆论传播载体的改变，导致传播权力的转移。在社交媒体泛化时代，公众话语权转移到微博、微信公众号和抖音等移动互联网社交平台。一方面，话语权的解放为社会舆论释放、表达方式重建提供了无限可能；另一方面，大众皆能言，亦带来"众声喧哗"下的信息泡沫与舆论危机。

---

[1] 叶心冉．"二次创业"小红书打造 B2K2C 闭环链路，是否可行?. 经济观察网．[2020－08－10]. http://www.eeo.com.cn/2020/0810/397539.shtml?from＝timeline&isAPPinstalled＝0.

[2] YYDS，网络流行语，即"永远的神"的拼音首字母的缩写，表示赞叹。

**表达权利下沉，自由可以狂欢吗？**

社交媒体如同盗火的普罗米修斯，为草根阶层带来言论自由的"火种"。在 Web2.0 时代，人人皆能发声，人人皆可以成为内容生产者。但是，社交媒体"将人类行为的基础平面倾斜了，让一些行为更难，让一些行为更容易。你总是可以自由地走上山坡，但这样做的人越来越少，所以在整个社会范围内，就是将基础平面倾斜了"①。社交媒体是否可以完全没有约束？

"去中心化"与再中心化

在社交媒体平台，人们可以使用任何喜欢或擅长的方式经营个人账号，分享生活、进行科普、展示观点。相较于印刷出版时代，在社交媒体上分享经验和知识更加便捷快速，网友们的评论、转发也增强了这种传播方式的互动性。

以中国为例，深受年轻人喜爱的视频交互平台 B 站，2021 年月均活跃 UP 主已达 270 万，同比增长 61%，月均投稿量突破 1 000 万，同比增长 80%。② 而受各年龄层喜爱的微信平台，2020 年每天有超过 1.2 亿用户在朋友圈发布内容，3.6 亿用户阅读公众号文章，4 亿用户使用小程序。③ 社交媒体为所有人提供了一个百花齐放、百家争鸣的场域。

在微博、B 站、微信公众号等以观点分享为主的社交媒体成为

---

① 参见 Netflix 出品的纪录片《监视资本主义智能陷阱》，杰夫·奥洛威斯基执导，2020 年在美国上映。

② 2021B 站创作者生态报告. [2021-12-09]. https://www.bilibili.com/read/cv14332832?from=search&-spm_id_from=333.337.0.0.

③ 21 世纪经济报道. 详解腾讯年报：微信月活达 12.25 亿，2020 年日均盈利 4.3 亿元. [2021-03-24]. https://finance.sina.com.cn/tech/2021-03-24/doc-ikkntiam7647348.shtml.

舆情主场后，公共舆论"去中心化"就成为一种必然。话语权似乎不再由少数人所把控，解构权威、崇尚多元，人们可以听到各个角落的声音，而自己的声音也能够被别人听到。

然而，这种"去中心化"的趋势发展到一定程度，再次演变为"再中心化"。一方面，个人用户不断生产、发布优质内容，收获粉丝和忠实读者后，逐渐掌握某个领域的话语权，成为某些群体的"中心"，即意见领袖。另一方面，社交媒体平台基于管理和运营的需求，对流量进行了再分配，并且成为主要的"信息守门人"，以平台架构为基础的信息呈现方式决定了"谁能够被看见"。

假消息与"标题党"

1985年，面对电视统治下的美国，著名媒体文化研究者和批评家尼尔·波兹曼在《娱乐至死》一书中曾悲观地表示："那些危险的无稽之谈成了我们公众话语的重要部分。"如果他看到如今社交媒体泛化下的公众话语形态，不知是否会再发感慨？

随着社交媒体内容井喷式增加，越来越多的问题浮出水面。虽然社交媒体的功能在不断地扩展，但其核心功能仍在于"信息共享"和"即时交互"。"随时、随地、随性"是它最大的招牌，却也成为它最大的弱点。

"别信任奥巴马：看看这桩恶心事，他刚在特朗普背后捅了一刀"——十分钟就能搞定一个这样的帖子，这是《华盛顿邮报》在2016年报道的一则故事。帖子来自专门贩卖假新闻的"自由写手新闻"网站（libertywritersnews.com），获得数十万追随者和真金白银的回报。他们的理念可谓与国内某些营销号、标题党不谋而合。[①]

---

[①] 新华每日电讯．美国大选假新闻横行带来的警示．[2016-11-24]．https://opinion.huanqiu.com/article/9CaKrnJYNHG．

我们处于"后真相时代",所有的虚假信息都通过社交媒体传播。① 众多自媒体对新闻的制造和传播,难以通过新闻伦理进行约束。无数二手来源、二次加工的信息在各种账号间肆意传播,建造出无数"罗生门"。人们在看到这些信息时,往往难以辨别真假,有时甚至会将"评论"也视为"事实"的一部分,成为骗局的受害者,甚至是二度传播者。社交媒体不仅提供了谣言滋生的温床,还极大地提高了谣言传播的速度。麻省理工学院研究团队的研究发现,虚假信息的传播速度是真实新闻的6倍。② 英国的研究也表明,个人注意力有限和信息过多,会导致假新闻和网络骗局等虚假信息在社交媒体上病毒式传播。③

2020年疫情防控期间,各种迅速传播的流言令人大跌眼镜:"5G信号塔能传播病毒""喝消毒水能杀死病毒""新冠是一场骗局"……我们可能会想:这么蠢的话,谁会信呢?可是,各种离奇的说法都能找到各自的"拥趸"。"造谣张张嘴,辟谣跑断腿",假知识往往比真知识更简单、更好接收,假新闻比真新闻更离奇、更有吸引力。时至今日,人们早已对社交媒体平台上的"标题党、假新闻、低质量"深恶痛绝,其中,80.4%的用户反感标题党,68.6%的人讨厌假新闻,67.4%对低质量内容"无力吐槽"。这也正是尼尔·波兹曼所说的:"技术代替人类思考之后,无聊的东西在我们眼里充满了意义,语无伦次变得合情合理"④。

---

① 程红,朱博研.社交媒体、议程设置与后真相时代——佛罗里达大学新闻系Wayne Wanta教授访谈录.全球传媒学刊,2020(7).
② 36氪.社交网站上假新闻到底有多少?《科学》杂志发文阐述相关研究.[2018-03-20]. https://36kr.com/p/1722339622913.
③ 科技日报.社交媒体上假新闻为何盛行?注意力有限和信息过多所致.[2017-06-30]. http://kpzg.people.com.cn/n1/2017/0630/c404389-29373477.html.
④ 幻想狂刘先生."成年的消逝"——短视频时代的新文盲们.南方周末.[2021-10-28]. https://t.cj.sina.com.cn/articles/view/2155926845/8080d53d02700vh95?cre=tianyi&mod=pctech&loc=1&r=0&rfunc=21&tj=cxvertical_pc_tech&tr=12.

**"议程设置"下沉,生活是真实的吗?**

"awsl,绝绝子!中国举重 YYDS!"

别怀疑,也别惊讶,这不是什么密码,只是一句互联网用户之间的"黑话"。与早期的"神马"和"蓝瘦香菇"一样,这些流行语是当下互联网用户的新风潮。

只是,我们可曾发现,当脱口而出一句"awsl"(意为"啊我死了")和"YYDS"(意为"永远的神"),是否感觉在那一瞬间,似乎有人控制了大脑,让这个词突出重重包围,取代了其他所有的形容词,被递到了嘴边?是的,流行词汇的使用,是社交的选择,也是"议程设置理论"影响人们表达与思考的缩影。

群体表达中,人们期待用更迅速、更直接和更简洁的方式表达出自己的所思所想,由此,会有各种稀奇古怪的词被创造出来。而这种新型网络语言,作为一种暗号,促成"精准社交",让人们找到和自己表达一致的同类,迅速形成一个小群体。在这样的群体中,对信息的接收与表达,实际上都在被"流行"决定。

微博热搜,就是这种"流行"的集大成者。很多人可以不聊天、不刷朋友圈,却很难几天不刷微博"热搜榜"。2020 年 6 月 10 日,微博热搜被责令停止更新[①],许多网友纷纷表示"不知道去哪里看新闻了"。每隔几小时更新一次的热搜榜,某个带"#"的话题,在用户数量庞大的社交媒体上,能够迅速获得关注和讨论。这就是媒体泛化时代"议程设置理论"的最典型应用。

这一理论来源于 1922 年美国新闻学者沃尔特·李普曼在《舆

---

① 2020 年 6 月 10 日,国家互联网信息办公室指导北京市互联网信息办公室约谈新浪微博。

论学》一书中的著名猜想——新闻媒介影响着我们头脑中的图像。他提出"拟态环境"这一著名概念,意为传播活动所塑造的信息环境并非客观地复制粘贴式再现,而是经过加工而成的。①

一晃 50 年,1972 年,唐纳德·肖和麦克斯威尔·麦克姆斯通过对美国总统大选进行调查,正式提出"议程设置"理论。该理论认为大众传播往往不能决定人们对某一事件或意见的具体看法,但可以通过提供信息和安排相关的议题,来有效地左右人们关注哪些事实和意见,以及他们谈论的先后顺序。因此,大众传播媒体报道得越多,某些事件就越容易被公众认为是当前最重要的事情。

自从 2 400 多年前,柏拉图将生活比喻为"投影在山洞墙壁上的影子"② 以来,人类一直存有对拟态环境的质疑和思考。社交媒体为我们展开了一个宏大、炫彩的拟态环境,足以令人乐不思蜀,我们对它的警惕却少之又少。

无论是主动还是被动,我们都不得不承认,"热搜"效应对现代人影响巨大。社交媒体就像魔术师的暗箱,巧妙地置换了概念,让公众认为"最突出的议题"就是"最重要的议题"。这一重要的传播学理论在社交媒体泛化时代更显振聋发聩。人人都使用社交媒体,人人都倚重这些新闻和信息来源,每条热搜都让议程设置理论浸入当代社交媒体与用户的骨血。

但与此同时,严谨慎重的媒体态度却被泛化的媒体击溃。

---

① 赵国栋. 议程设置视阈下微博热搜问题研究. 声屏世界,2021 (6).
② 源自柏拉图的《理想国》第七卷提出的"洞穴理论":有一群囚徒被囚禁在一个洞穴里,他们出生于此,从小到大都被链锁锁住双手,不可以回头,只能看着自己的前方——地穴的洞壁上印着的影子。在这群被困的人的身后,则有一条通道,这条通道是可以贯通整个洞穴的。在这条通道的旁边有一堵墙,这堵墙并不高,外面的人走过时,火的光亮把这些影子照射到被困的人眼前的墙壁上。因此,这些被困的人就以为这些影子是这个世界上唯一真实的事物。

"热搜"被购买、操控和炮制，某些别有用心者花费着极低的成本，轻易地让世界往其所希望的方向倾斜——社交媒体由此开始飘摇。

我们的生活是真实的吗？我的想法真的是"我的"想法吗？我们不禁发问，但答案怕是只能在自己的头脑中找寻，时代的回答仍在路上。

## ◎ 为什么你会喜欢"猜你喜欢"？

走进麦当劳，听见一声"欢迎光临！"——麦当劳店员的声音如同魔音绕耳，满怀真诚地欢迎我们走进这个快餐世界。而当我们打开热门的社交媒体，"猜你喜欢"似乎也正用最真挚的声音，邀请我们走进这个快餐式的信息集群。

**算法"投喂"筑造信息茧房**

算法正在重构传播价值观。智能推送的媒体传播模式，其基础是算法。算法越来越成为影响传播的最重要因素，也在重构传播的价值观。[1]

门户网站时代，用户的自主选择需求难以满足。搜索信息时代，用户的看法及创作意愿表达不足。订阅信息时代，主体依赖性强、信息过载。而在算法推荐的时代里，人们自动获得感兴趣内容的效能大大提高，人与信息的匹配度达到空前高度。

算法推荐之所以在今天成为一种被互联网广泛应用的技术，其核心动力在于解决海量信息（或产品）与用户之间的供需适配问题：对于用户来说，是为他们发现符合自己需要的信息（或产品）；

---

[1] CTR 洞察. 算法正在重构传播价值观. 青年记者，2021（19）.

对于生产者来说，是为内容（或产品）找到合适的用户。①

"物以类聚，人以群分"是算法推荐的逻辑起点，算法推荐通过"内容画像"和"人群画像"来实现内容与人群的匹配。"内容画像"是平台为内容贴标签的过程，目前内容标签维度划分越来越精细化，一般平台的一级标签可达几十个，二级标签在几百种，而二级以下标签甚至有几万至几十万不等；"人群画像"可以直观地理解为给目标用户贴标签的过程，通过标签来描述一个用户的特征集合，一般的用户画像标签维度主要分为用户基础属性、用户行为、用户消费、用户分层、偏好细分和地区细分等。然后，进一步基于内容属性的相似性进行推荐，或者基于用户行为的协同过滤进行推荐。

社交媒体通过算法推荐为我们构建了一个拟态环境，其对信息的挑选与布局决定了这种拟态环境的生态以及优劣。在一定程度上，我们需要这种拟态环境来帮助我们躲避海量信息的迎面轰炸，并期待在其中了解现实社会。但是，目前来看，算法的"投喂"也引发了人们对"信息茧房"的担忧。

当我们在空旷的山谷长啸时，自然会反馈我们回音、鸟鸣和风声；而当我们在密闭的房间大吼时，却只能听见自己的声音。我们开始担心，这种以个人喜好为起点的智能计算，在大部分情况下顺应个人的习惯与兴趣，是否能呈现给我们一个客观和平衡的世界？

打开社交媒体，我们以为自己走入了包罗万象的森林，大数据和算法却早已在四周筑起高墙，为每个人量身打造了一个"楚门的世界"。我们在社交媒体中浏览过的每一个画面，都像雪地上的足

---

① 彭兰. 内容推荐算法有必要从内容消费者视角向内容生产者的视角扩展. 青年记者，2021（8）.

印般清晰可见。社交媒体公司通过搜集这些痕迹，了解到我们行走的方向偏好。慢慢地，我们的下一步不再是踏在完整的雪地上，而是步入社交媒体为我们量身规划的路径之中。

从商业利益的角度考虑，为了增强用户黏性，社交媒体会通过算法以极高的比例向用户推荐与其兴趣相关的内容——人们想获得什么，就提供什么。从认知心理的角度来讲，人们更愿意去接触和选择在其认知范围内的内容，而对于认知范围以外的信息，则需要花费额外精力构建认知甚至是批驳现有认知——这是具有一定难度的，而且并非所有人都愿意这样去做。因此，过于顺应用户观点与兴趣进行的算法推荐，本质上是一种对于认知心理惰性的利用，信息获取效率很高，但信息的片面性也很强。

随着时间的推移，社交媒体使用者会产生错觉，觉得每一个人都认同自己。而这样简单的认识，致使人们不能容忍那些和自己持相反观点的网友。人与人之间的矛盾愈演愈烈，一旦我们达到这种状态，我们就很容易被操控了。[1] 信息茧房、"回音室"效应[2]、群体极化[3]……这些概念相互关联，无不在警示人们社交

---

[1] 参见 Netflix 出品的纪录片《监视资本主义智能陷阱》，杰夫·奥洛威斯基执导，2020 年在美国上映。

[2] 信息茧房与"回音室"效应的概念，均来自美国学者桑斯坦，这两个概念存在前后关联。信息茧房是指，网民在进行互动时，倾向于选择自我认同或让自己愉悦的信息，最终形成内部环境一致的群体，像"茧房"一般。而随着相同信息不断强化，网络群体认知故步自封甚至偏执极化，形成"回音室"效应。参见：吴锋，杨晓萍. 算法推荐背景下用户媒介使用对"回音室"效应的影响研究——兼论媒介素养的调节作用. 西南民族大学学报（人文社会科学版），2022（5）：142.

[3] 群体极化（group polarization），最早由传播学者斯通纳提出，而后桑斯坦在《网络共和国——社会中的民主问题》一书中做出了具有影响力的总结：团体成员一开始就有某些倾向，在商议后人们朝偏向的方向继续移动，最后形成了极端的观点。参见：虞鑫，许弘智. 意见领袖、沉默的螺旋与群体极化：基于社会网络视角的仿真研究. 国际新闻界，2019（5）：10.

媒体中算法应用的负面影响。可是，对于已经深陷其中的用户来说，逃脱谈何容易。

"我们接受了呈现在我们面前的世界就是现实，就是这么简单。"①

因此，我们呼吁算法中"专业价值观"的回归，从社会环境传达与感知的角度去判断人们应当知道什么，通过算法推荐让更多高质量的内容——特别是具有公共价值的内容——得以传播。②但同时，我们应当认识到的是：我们自己，才是对"信息茧房"是否会最终生成起决定作用的关键角色。算法或许不能帮助一个懒惰的人变得勤劳，但也不会让一个勤奋的人最终懒惰。

实际上，算法推荐并非互联网应用的本质，信息聚合才是。即使马太效应③明显，但在传统内容生产者、内容媒介纷纷走向互联网的当下，互联网产品正在变得更加多元化，我们也有更多可能接触到优质内容。只不过，我们需要探寻，更需要思考。即使有一天，算法能够完全平衡好内容推荐的个性化、多样化与价值性，但只是被动接收信息的我们，依然是社交媒体上嗷嗷待哺的婴孩，而非让媒体成为工具的智者。

**内容碎片时代，警惕认知危机**

"人类一生追求更轻松的生活，于是释放出一股巨大的力量，改变了世界的面貌，但结果出人意料，甚至也不是所有人愿意看到的。"④

媒体泛化时代，我们越来越无法和铅字产生共鸣。微博上简洁

---

① 电影《楚门的世界》台词。
② 彭兰.内容推荐算法有必要从内容消费者的视角向内容生产者的视角扩展.青年记者，2021（8）.
③ 马太效应，一种强者愈强、弱者愈弱的现象。
④ 赫拉利.人类简史.林俊宏，译.北京：中信出版社，2017：85.

的资讯看起来毫不费力,图片可以简洁直观地传达感受,视频可以生动有趣地分享观点。既然有如此之多文字之外的选择,我们是否还要读书?

许多沉溺于短视频 APP 的用户首先感到的是"信息容量"的明显下降,因为短视频的生产者只有在最短时间内吸引观看者的眼球才能获得流量利益,否则只能换来观看者的拇指向上一滑,这导致生产者必须在短的内容中提供尽量多的刺激;而观看者的短期、即时奖赏反馈不断被强化,也导致其注意力的保持时间越来越短。① 在短视频上"阅尽千帆"的我们有时可能会惊恐地发现,"它带给我们的是支离破碎的时间和被割裂的注意力"②。

《立刻删除你社交媒体的十个论点》的作者杰伦·拉尼尔在接受采访时说道:"我们很可能会因为故意无知而毁掉我们的文明"③。书籍并不只是知识传播的一种载体,它还代表着体系化、逻辑化的思维模式。

电影《楚门的世界》里,主人公楚门身处一个完全虚假的世界,亲人和朋友们全都是演员,但他本人却对此一无所知(见图 2-4)。数字化、智能化的社交媒体同样为用户打造了一个光怪陆离的"楚门的世界",每个人生活在现实中,也生活在虚拟中,而这两者的界限逐渐模糊。一开始,还会有人认清世界的本质;接着,可能有人挣扎着回到现实;然而最后,极大的可能是,我们都沉迷其中,在赫胥黎勾勒的"美丽新世界"④ 中沉沦。

---

① 幻想狂刘先生."成年的消逝"——短视频时代的新文盲们. 南方周末,2021-10-28.
② 波兹曼. 娱乐至死. 章艳,译. 北京:中信出版社,2015:92.
③ 参见 Netflix 出品的纪录片《监视资本主义智能陷阱》,杰夫·奥洛威斯基执导,2020 年在美国上映.
④ 《美丽新世界》是英国作家阿道司·赫胥黎创作的长篇小说.

## 第二章 "新社交"：媒体泛化时代的你我他

图 2-4 电影《楚门的世界》台词截图

如果一个东西是工具，它就会忠诚地待在那里；如果一个东西不是工具，它就会在你身上有所求，引诱你、操纵你，并从你身上获利。我们已经走出以工具为目的的技术环境，来到了以致瘾和操控为目的的技术环境，这是技术环境的改变。①

新技术环境下，人类是否有足够的理性和智慧，直面由自己创造并可能毁掉自己的技术？② 人类究竟会走向何方？是像赫胥黎担心的那样，沉迷肤浅的享受，还是像很多乐观主义者表达的那样，人类社会将能够进化并找到适应新科技的生存模式？我们是否还能相信，每个用户都是顽强寻找真相的楚门？

---

① 特里斯坦·哈里斯的观点，参见 Netflix 出品的纪录片《监视资本主义智能陷阱》，杰夫·奥洛威斯基执导，2020 年在美国上映。
② 幻想狂刘先生. "成年的消逝"——短视频时代的新文盲们. 南方周末．[2021-10-28]. https：//t. cj. sina. com. cn/articles/view/2155926845/8080d53d02700vh95? cre=tianyi&mod=pctech&loc=1&r=0&rfunc=21&tj=cxvertical_pc_tech&tr=12.

前谷歌设计伦理学家和产品哲学家特里斯坦·哈里斯表示："技术并不是人类存亡的威胁，但技术能够把社会中最坏的东西带出来，那才是人类存亡的威胁。"① 单纯作为用户的人们可能无法通过简单的自我约束与自我教育，将技术升级招致的公众混乱、注意力分散、资本不当逐利、平台管控不当等一系列问题彻底解决，所以人们呼唤有效的治理。即使大数据和算法未来只会更加集成而不会减少，人工智能也会越来越智能，此时此刻，用户必须自省，平台必须负责，政府必须管理。

## 三、"新社交"，新机遇，新挑战

技术和社会都是处于运动变化中的复杂系统，两者相互交织形成的生态具有不可预测性，而这种生态中最核心的还是人类行为。人类建造了巴黎圣母院，也建造了奥斯威辛集中营；社交媒体可能促进文化繁荣，也可能成为破坏理性的慢性毒药。逃避无济于事。拥抱产业革命，同时正视问题的产生，方能让社交媒体成为我们的工具，而不是我们的主人。

无论是何种社交媒体，都要接受法律、政策和伦理等规则的约束。伦理学中有一个无解的问题：随时间出现的，是新的伦理问题产生，还是只是老问题在重复出现？社交媒体泛化时代，快乐和痛苦相伴，各种质疑、批判和争论迭起：平台监管失范、用户隐私危机、知识产权侵权……也许，核心的伦理问题并没有太大的变化，只是问题出现的场域变换，就向社交媒体泛化时代的用户、平台和

---

① 参见 Netflix 出品的纪录片《监视资本主义智能陷阱》，杰夫·奥洛威斯基执导，2020 年在美国上映。

政府提出了新的挑战。而我们相信，机遇总是与挑战并存。

◎ 爱也平台，恨也平台

"网络平台的兴起是当今互联网发展最为突出的特征之一，网络平台诸如爱彼迎（Airbnb）、滴滴，它们不拥有房屋，也不拥有汽车，但是通过成为服务提供者和消费者高效对接的桥梁，在用户规模和交易规模等方面超过了任何一家跨国酒店集团和出租车公司。技术驱动的网络平台带来了大规模的社会化协作，它是连接者、匹配者，也是互联网商业化最具创新精神的关键部分。"[1] 当人们不再只将互联网当作工具，而是成为其中一部分的时候，人类社会走入了"Web 2.0 时代"，"互联网作为平台"成为这个时代的首要原则。由此，"网络平台"[2] 成为互联网经济模式的中心和关键，平台重塑了信息传播、娱乐、社会互动以及商品和服务消费，并动摇了此前在不同类型社区中起到中介作用的本地系统。[3]

2021年12月，某种草平台则再次引起家长们对孩子使用社交媒体的担忧，因为它的短视频中含有不少明显涉及未成年人隐私信息的内容，甚至带有强烈的性暗示。12月5日，该平台就报道提及的审核疏漏致歉，并透露平台将启动新一轮未成年人治理专项。

相似的故事情节，从社交媒体平台出现就已经开始轮番上演。平台无疑是这个媒体泛化时代的C位角色。在海量的网络信息中，

---

[1] 周汉华序言，参见：周学峰，李平. 网络平台治理与法律责任. 北京：中国法制出版社，2018：1.

[2] 网络平台是在网络空间中通过提供技术支持和应用入口，为用户交易、互动和交流提供场所和服务的自组织生态，其本质是连接商品或服务供需端口的中间节点。参见：郭渐强，陈荣昌. 网络平台权力治理：法治困境与现实出路. 理论探索，2019 (4).

[3] COHEN J E. Between truth and power: the legal constructions of informational capitalism, Oxford University Press, 2019：37.

各国政府都逐渐发现,没有技术加持,想要越过企业来实现直接监管用户的目的几乎是不可能的。网络平台依托其技术、数据和平台资源,有管理、控制平台用户和内容的先天优势。于是,沿着"政府管平台,平台管用户"的思路,由平台对网络用户发布的信息进行自律管理,已成为许多国家共同选择的监管路径。

在社交媒体平台承担主要监管责任的过程中,法律、政府、用户与商业利益成为拉动其履行监管责任的四驾马车。其核心驱动力在于法律和政府的要求,因为法律和政府常常为平台的管理失范行为设置不利后果。同时,出于对用户需求的满足,平台为了获得更高的商业评价,也会主动采取管理方法展开治理。

**法律在前,政府在后**

对于世界各国而言,社交媒体平台都经历了一段自由生长的"好时光"。因为早期的平台治理是事后反馈式的,即平台接到反馈或举报后对相关违法违规内容进行屏蔽或删除。如在英国,行业协会在接收到举报后,对网站内容进行评估,将发布非法信息的网站通知给网络服务商和警察等,以便网络服务商采取措施,阻止网民访问这些网站。在日本,如果在网络上传播的信息造成重大侵害,相关机构有权要求网络服务提供商删除信息。

但"事后反馈"同样意味着延迟和滞后,有害帖子在被举报、反馈前已经影响了一部分受众。2017年的调研显示,YouTube上90%的"涉嫌违法内容"能得到及时清理,但Facebook上该比例下降为39%,Twitter上则只有1%。[1]

---

[1] 互联网新技术新业务安全评估中心. 德国《网络执行法》解读:重拳治网的"监管风暴". [2018-06-28]. https://www.secrss.com/articles/3584.

2017年11月,14岁的英国女孩莫莉在Instagram和Pinterest(另一著名图片社交平台)上浏览了一系列有关焦虑、抑郁、自残和自杀的推送内容后自杀身亡,她的父亲发起了一项运动,呼吁网络公司清理平台上有关自残和自杀的内容。

各国纷纷立法对平台义务做出规定,此类条款主要可以分为两类,即命令型与鼓励型,目前仍然是命令型内容为主。某些国家设定了鼓励型条款,采取责任减轻或减免的方式鼓励平台进行内容管理。比如美国法律规定,网络服务提供者并不是出版者,其依法对淫秽色情信息采取"助人为乐"式阻隔措施,不应被要求承担法律责任。韩国法律规定,信息通信服务提供商事先采取删除、阻断措施则可减少或免除因此引起的损害赔偿责任(见表2-1)。

表2-1 主要国家(地区)涉及社交媒体的主要法律

| 国家 | 法律 | 特点 |
| --- | --- | --- |
| 美国 | 《美国联邦法典》 | 互联网服务提供者在其服务中发现儿童色情信息,应当立即向相关机构报告。 |
| 韩国 | 《信息通信网络促进利用与信息保护法》 | 信息通信服务商发现他人发布的对未成年人有害的内容但未标注或采取限制措施时,应当删除。 |
| 欧盟 | 《视听媒体服务指令》 | 强制视频共享平台阻止"仇恨言论和以恐怖主义犯罪公开挑衅"的内容发布。 |
| 英国 | 《网络有害内容白皮书》 | 网络平台被赋予了"法定的注意义务",平台需要主动履行监管职责;若未能履行职责,造成损害后果的,平台需要承担民事甚至刑事责任。 |
| 澳大利亚 | 《分享重大暴力内容》刑法典修正案 | 要求网络服务提供商,在合理的时间范围内,"确保迅速删除"由行凶者或同谋制作的记录"令人憎恶的暴力行为"的音视频。 |

续表

| 国家 | 法律 | 特点 |
| --- | --- | --- |
| 德国 | 《网络执行法》 | 强制社交网络平台建立"投诉—处理"程序,并要求其对违法内容的处理公开透明。 |
|  | 《社交媒体管理法》 | 加大了社交媒体网络平台提供者的监管力度,同时明确将信息内容加以区分,以实行分类分级管理。 |

在我国,2017年起施行的《网络安全法》第47条规定:"网络运营者应当加强对其用户发布的信息的管理,发现法律、行政法规禁止发布或者传输的信息的,应当立即停止传输该信息,采取消除等处置措施,防止信息扩散,保存有关记录,并向有关主管部门报告。"此后,若干规范配套出台,进一步强化了网络平台的管理责任。我国《最高人民法院关于审理侵害信息网络传播权民事纠纷案件适用法律若干问题的规定》和《最高人民法院关于审理利用信息网络侵害人身权益民事纠纷案件适用法律若干问题的规定》两部司法解释都规定了网络服务提供商是否采取预防侵权的合理措施是判断其是否"知道"侵权存在进而是否承担法律责任的考察因素之一。

然而,对于经营模式日新月异的平台来说,法律具有滞后性是必然结果。但这并不意味着平台可以在现行法律规范外任意行事,政府的软性约束此时就显得尤为重要。

韩国政府的职责就包括在内容或用户权利保护方面对有问题的管理者给出纠正建议并监督检查其执行效果,并有权力要求服务提供商在涉及各类有害或违法信息时拒绝提供或终止服务。欧美国家,政府常常与平台达成协议,让平台在协议中做出一些管理方式方面的允诺,从而让政府能够对平台的管理有所预期。2013年,英国政府与其四大服务商达成协议,服务商按协议要求为用户提供色情内容过滤系统以保护青少年。① 美国和欧盟的网络平台也经常与政府磋商后签署一些协议,来表明它们保护用户权利的努力。2018年,欧盟也鼓励成员国政府与网络服务提供者(即平台)建立合作关系;对于有权政府机关发出的通知,网络服务提供者应当为其提供快速处理通道。各国政府还普遍采取指导的方式来影响平台的监管行为。我国的行政约谈制度,就经常应用于平台监管领域,也是政府监督平台和预防危机的较好实现路径。

### "亲,给个好评"

在平台肩负了大量管理义务的同时,我们不该忽略的是,平台同时也是经济产品,其运营逻辑不可避免地需要用户认可,从而吸引更多用户,进而获得更大的商业利益。在媒体泛化时代,平台竞争已达白热化的程度,产品的质量与使用体验在很大程度上影响着其经济效益,由此,平台也会以此为驱动进行自我约束。

当平台行为有明显不当时,用户的声音是对平台很好的约束。2018年4月,新浪微博在清查漫画、游戏及短视频内容时清理同性恋题材内容,引发了大规模的网民抗议和主流媒体关注,人民日报旗下"人民日报评论"发表文章《"不一样的烟火",一样可以绽放》②,表示"把同性恋内容与涉黄的、血腥暴力的内容相提并论,把同性恋视为性侵犯、性暴力一类的非正常性关系,难免会引来舆论的焦虑"。最终,新浪微博自主停止了这一行为。

面对大量的信息,平台不可能做到全面的事前监管——这也并

---

① 张小强. 互联网的网络化治理:用户权利的契约化与网络中介私权力依赖. 新闻与传播研究,2018(7):95.

② "不一样的烟火",一样可以绽放. "人民日报评论"公众号. [2018-04-15]. https://mp.weixin.qq.com/s/DvQGVmHrgn_yfVCg-2xYAA.

非一种合理期待，因此举报投诉就成为大多数平台发现并处理不良行为的主要途径。平台设置举报原因类型，制定举报规则，接受举报后删除内容、限制用户行为等作为通常的平台管理手段。

2021年6月，国家互联网信息办公室启动"清朗·'饭圈'乱象整治"专项行动。此次行动围绕明星榜单、热门话题、粉丝社群和互动评论等重点环节，全面清理"饭圈"粉丝互撕谩骂、拉踩引战、挑动对立、侮辱诽谤、造谣攻击和恶意营销等各类有害信息。[1]为响应此次活动，微博也新设了"饭圈违规"的投诉类型。微博组织力量对相关信息进行排查，清理了涉及"饭圈互撕"的微博1.5万多条，对752个发布互撕谩骂微博的账号予以禁言7天到永久禁言的处置。

此种手段演变至今，由于处理举报的审查标准不明，却有演变为滥用举报、网友混战的趋势。有意见认为"大举报时代"已经来临，举报行为不再是维护自身利益或公共利益的手段，反而成为排斥多样化存在与意见表达的工具，对这一现象的忧虑与恐慌激发了广泛共鸣。[2]

实际上，政府对于平台治理的期待，往往与平台企业的内容治理实践产生落差：一方面，政府与企业间存在沟通与落实的壁垒；另一方面，政府的社会立场与企业的商业逻辑之间存在先天性冲突。因此，监管存在不可避免的障碍，内容治理也涌现出新的问题：由于媒介特点的不同，互联网内容的治理标准仍处于不确定之中。

---

[1] 中国网信网．中央网信办启动清朗·"饭圈"乱象整治专项行动．[2021-06-15]．http://www.cac.gov.cn/2021-06/08/c_1624735580427196.htm.

[2] 琴之．"大举报时代"降临的隐忧．[2020-06-30]．https://mp.weixin.qq.com/s/ZUn5dnxjMZzBPTUrbD1D5w.

有大量的研究和调查结果显示，全球社交媒体平台都有过度删除内容的现象。这与社交媒体平台进行内容审核的人员素质和能力相关。为降低成本，很多平台选择招聘大量专业资格欠缺的临时工作为其内容管理人员，这些人员往往不具备判断内容是否合法和恰当的专业能力。在难以判断的情况下，他们的策略是删除而不是保留内容；因为保留内容，很可能会给内部工作人员带来因审核不严被处罚的风险，也会给网络平台带来被外部监管机构处罚的风险。[1]

因此，对于平台自主监管行为，仍然需要政府提供更为清晰详细的标准加以指引，同时明确责任豁免的条件，从而减少平台在巨大的监管压力下对用户基本权利的侵害。

## ◎ 我不要在时代里裸奔！

隐私权是"个人、群体或机构所享有的，决定何时、用什么样的方式以及在何种程度上将其信息对别人公开的权利"——美国学者阿兰·威斯汀对信息性隐私权的界定影响深远。[2]

社交媒体时代，我们的浏览记录、个人特征化的信息，都是可以被利用的金矿，加之算法技术的应用，这些信息与数据正在不断产生价值。然而，"人肉搜索"仍然横行，个人隐私未经同意被公开、不适当的信息收集和难以为用户所知的信息泄露，都引发了我们的担忧。

隐私权保护一直是各国的立法重点。而由于社交媒体独特的载

---

[1] 张小强. 互联网的网络化治理：用户权利的契约化与网络中介私权力依赖. 新闻与传播研究，2018（7）.
[2] 福克斯. 社交媒体批判导言. 赵文丹，译. 北京：中国传媒大学出版社，2018：151.

体形式，社交媒体上的隐私往往需要以个人信息保护和个人数据保护的方式实现。"自然人享有隐私权。任何组织或者个人不得以刺探、侵扰、泄露、公开等方式侵害他人的隐私权。隐私是自然人的私人生活安宁和不愿为他人知晓的私密空间、私密活动、私密信息。"我国《民法典》如是规定。同时，《民法典》还规定，自然人的个人信息①受法律保护，个人信息中的私密信息适用有关隐私权的规定；没有规定的，适用有关个人信息保护的规定。

事实上，2019年，我国就已出台多项个人信息保护规范②；在个人信息保护方面，一系列技术规范和标准文本可以提供重要参考③。抖音、Keep等百余款APP因违法违规收集使用个人信息情况而被通报④，个人信息收集行为得到了初步规制。2021年11月1日，《中华人民共和国个人信息保护法》正式实施，开启了我国信息保护的法制时代。

在这样一个万物皆媒、虚拟与现实相融的时代，我们恐惧于在时代里裸奔，却无法放弃以数据权益换得的种种便利，这是大数据时代不可回避的隐私权悖论。基于"影响偏差"，用户会低估他们所喜欢事情的相关风险，高估他们不喜欢事情的风险；对于给生活

---

① 个人信息是以电子或者其他方式记录的能够单独或者与其他信息结合识别特定自然人的各种信息，包括自然人的姓名、出生日期、身份证件号码、生物识别信息、住址、电话号码、电子邮箱、健康信息、行踪信息等（《中华人民共和国民法典》第1034条）。

② 如《儿童个人信息网络保护规定》、《APP违法违规收集使用个人信息自评估指南》、《互联网个人信息安全保护指南》、《APP违法违规收集使用个人信息行为认定方法》、《常见类型移动互联网应用程序必要个人信息范围规定》和GB/T 35273《信息安全技术个人信息安全规范》。

③ 2021年3月12日，《常见类型移动互联网应用程序必要个人信息范围规定》发布，明确移动互联网应用程序（APP）运营者不得因用户不同意收集非必要个人信息，而拒绝用户使用APP基本功能服务，于2021年5月1日正式施行。

④ 见国家互联网信息办公室：《关于抖音等105款App违法违规收集使用个人信息情况的通报》《关于Keep等129款App违法违规收集使用个人信息情况的通报》。

带来便利性的物联网，人们更可能采取一种默认、默许的态度来面对隐私泄露。[①]

隐私权让渡的边界何在，应当由我们自己来决定；而科技企业也应当与用户权利站在一起，探索更加"向善"的数据、信息分享模式。

◎ **真知期待守护**

抖音诉伙拍案，是北京互联网法院开门受理的第一案。[②] 抖音创作者"黑脸 V"的 15 秒视频，在没有授权的情况下，被搬运到了伙拍小视频上，引发了小视频的版权之争。法院审理后认为，基于短视频的创作和传播有助于公众的多元化表达和文化的繁荣，故对于短视频是否符合创造性要求进行判断之时，对于创作高度不宜苛求，只要能体现出制作者的个性化表达，即可认定其有创造性，最终认定伙拍小视频侵权。

观察来看，互联网思维对知识产权的伤害实际上是巨大的。通过简单地复制、粘贴就能发布一次信息，乐于分享的人们可能完全忽视了对创作者知识产权的尊重。剪辑原创数字音乐、将原创作品"洗稿"[③] 后重发、摄录商业表演并传播等诸多行为都让创作者们叫苦连天。

2020 年全年，微信处理公众号和小程序上的版权侵权信息近

---

① 陈根. 大数据时代下的隐私悖论，隐私危机来自哪里?. [2020-06-10]. https://new.qq.com/omn/20200609/20200609A0S6G400.html.

② 伙拍小视频（原 Nani 小视频）是百度贴吧旗下的短视频 APP。本案案号：(2018) 京 0491 民初 1 号。

③ "洗稿"就是对其他人的原创内容进行篡改、删减，好像使其面目全非，但其实最有价值的部分还是抄袭的。其原为新闻行业内部专用词，是指新闻撰写者通过对新闻中心思想提取后再重新表达等手段重新撰写新闻，逃避著作权侵权问题。

11万条，其中文字抄袭类侵权超5.5万条、影视作品侵权2.7万条、盗版教材书本与软件超1.8万条、图片素材侵权类超9 000条，处理超过3.3万条侵犯知识产权的短视频。① 2021年，抖音电商上线官方维权平台IPPRO，截至年底，为3 900位权利人和6 409份知识产权备案维权提供了服务，受理侵权投诉超1万次，删除侵权链接超4.8万条。②

我国对于明显侵权行为的打击已经转向严厉态度。"剑网"行动是我国打击网络侵权盗版行为的主要方式，行动目标包括："严厉打击视听作品、电商平台、社交平台、在线教育等领域的侵权盗版行为，着力规范网络游戏、网络音乐、知识分享等平台的版权传播秩序，持续巩固网络文学、动漫、网盘、应用市场等专项治理成果，不断提升版权管网治网能力，推进构建版权社会共治工作格局，维护清朗的网络空间秩序，营造良好的网络版权环境"③。

2021年11月，英文剧爱好者们耳熟能详的人人影视字幕组"凉了"。负责人梁永平以侵犯著作权罪被判处有期徒刑三年六个月。几乎所有在自媒体发声或接受公开采访的字幕组成员都知道自己从事的工作处于"灰色地带"。④ 字幕组的现状，亦是互联网中版权管理模式不完善现状的缩影。商业模式没有突破，让想要授权别人和获得别人授权的人都很尴尬。如果想要使用别人的作品，可以

---

① 数据来源于《2020微信知识产权保护数据报告》，2021年4月26日。
② 数据来源于《2021抖音电商知识产权保护报告》，2022年3月18日。
③ 国家版权局等关于开展打击网络侵权盗版"剑网2020"专项行动的通知.[2020-06-17]. http://www.cac.gov.cn/2020-06/17/c_1593953301594003.htm.
④ 人人影视字幕组侵权案一审宣判，野生字幕组时代终结？版权背后的灰色.[2021-11-22]. https://finance.sina.com.cn/tech/2021-11-22/doc-iktzscyy7053880.shtml.

从作品权利人处获得授权，或是从版权集体管理组织①处获得授权，对孤儿作品则可以向版权行政管理部门申请获得授权——这些授权方式并不容易②，且无法满足当今社交媒体的高速率表达需求。同时，平台上广泛采用的"通知—删除"模式③，也只能对版权保护起到治标不治本的作用。

真知正在期待更好地被守护。对于我们来说，时刻让版权意识"清醒"、不抱侥幸意识是我们能做到的第一步。而想要促进用户维权，文化行业与政府在制度设计上的努力是不可或缺的，创新授权模式、降低授权门槛、健全版权集体管理组织、建设版权信息数据库等都是值得探讨的方式，同时短内容的版权规定也需要进一步完善与创新。

◎ **竖起言论自由的篱笆**

言论自由，是各国宪法所规定的公民基本权利。然而，完全的自由意味着不自由，并不存在毫无约束、无底线的言论自由。社交媒体在促进交互式文化繁荣的同时，也给各国监管体系带来巨大挑战。

**针对内容治理专门立法的世界趋势**

社交媒体上的内容纷繁复杂，各国早先针对一般权利保护（如隐私权保护）的几条通用性规范很难起到全面监管的作用。法律中

---

① 目前我国有五大著作权集体管理组织：中国音乐著作权协会、中国音像著作权集体管理协会、中国文字著作权协会、中国摄影著作权协会、中国电影著作权协会。

② 张婷，李垚. 自媒体网络版权侵权问题及其对策研究. 传播与版权，2021(12).

③ "通知—删除"模式，即平台在接到被侵权人的投诉后，有采取删除、屏蔽、断开链接等措施的义务。

有关禁止内容的规定模糊,给内容治理实践带来了很大挑战。在此背景下,越来越多的国家选择进行专门立法,以进一步解决内容治理问题。

在世界范围内,对未成年人的保护都是各国规制社交媒体内容的重点。针对社交媒体普遍存在的虚假信息和不良信息,一些国家和联盟也进行了专门立法。专门立法,是全球社交媒体内容治理的时代趋势,并且法律管制范围将会逐步扩大,因为社交媒体内容的影响力已经达到了前所未有的高度。同时,伴随着短视频、语音、直播等新形态社交媒体的出现,新的监管热潮正在来袭。

**我国内容治理专门立法的现状**

我国关于社交媒体的专门立法[①]如表2-2所示:

表2-2 我国关于社交媒体的专门立法

| 级别 | 名称 | 适用对象 |
| --- | --- | --- |
| 行政法规 | 《互联网信息服务管理办法》 | 在中华人民共和国境内从事互联网信息服务活动。互联网信息服务是指通过互联网向上网用户提供信息的服务活动。 |
| 部门规章 | 《互联网用户账号信息管理规定》 | 互联网用户在中华人民共和国境内的互联网信息服务提供者注册、使用互联网用户账号信息及其管理工作。 |
| | 《互联网信息服务算法推荐管理规定》 | 在中华人民共和国境内应用算法推荐技术提供互联网信息服务。应用算法推荐技术是指利用生成合成类、个性化推送类、排序精选类、检索过滤类、调度决策类等算法技术向用户提供信息。 |

---

① 此处指广义法律,包括法律、行政法规、部门规章和规范性文件。

续表

| 级别 | 名称 | 适用对象 |
|---|---|---|
| 部门规章 | 《网络信息内容生态治理规定》 | 中华人民共和国境内的网络信息内容生态治理活动。网络信息内容生态治理，是指政府、企业、社会、网民等主体，以培育和践行社会主义核心价值观为根本，以网络信息内容为主要治理对象，以建立健全网络综合治理体系、营造清朗的网络空间、建设良好的网络生态为目标，开展的弘扬正能量、处置违法和不良信息等相关活动。 |
| | 《儿童个人信息网络保护规定》 | 在中华人民共和国境内通过网络从事收集、存储、使用、转移、披露儿童个人信息等活动。 |
| | 《互联网新闻信息服务管理规定》 | 在中华人民共和国境内提供互联网新闻信息服务。新闻信息，包括有关政治、经济、军事、外交等社会公共事务的报道、评论，以及有关社会突发事件的报道、评论。 |
| | 《互联网文化管理暂行规定》 | 在中华人民共和国境内从事互联网文化活动。互联网文化产品是指通过互联网生产、传播和流通的文化产品。 |
| | 《互联网等信息网络传播视听节目管理办法》 | 以互联网协议（IP）作为主要技术形态，以计算机、电视机、手机等各类电子设备为接收终端，通过移动通信网、固定通信网、微波通信网、有线电视网、卫星或其他城域网、广域网、局域网等信息网络，从事开办、播放（含点播、转播、直播）、集成、传输、下载视听节目服务等活动。 |
| 规范性文件 | 《互联网弹窗信息推送服务管理规定》 | 在中华人民共和国境内提供互联网弹窗信息推送服务。互联网弹窗信息推送服务，是指通过操作系统、应用软件、网站等，以弹出消息窗口形式向互联网用户提供的信息推送服务。 |
| | 《互联网用户公众账号信息服务管理规定》 | 在中华人民共和国境内提供、从事互联网用户公众账号信息服务。 |

续表

| 级别 | 名称 | 适用对象 |
|---|---|---|
| 规范性文件 | 《网络音视频信息服务管理规定》 | 在中华人民共和国境内从事网络音视频信息服务。网络音视频信息服务，是指通过互联网站、应用程序等网络平台，向社会公众提供音视频信息制作、发布、传播的服务。 |
| | 《微博客信息服务管理规定》 | 在中华人民共和国境内从事微博客信息服务。微博客，是指基于使用者关注机制，主要以简短文字、图片、视频等形式实现信息传播、获取的社交网络服务。 |
| | 《互联网群组信息服务管理规定》 | 在中华人民共和国境内提供、使用互联网群组信息服务。互联网群组，是指互联网用户通过互联网站、移动互联网应用程序等建立的，用于群体在线交流信息的网络空间。 |
| | 《互联网跟帖评论服务管理规定》 | 在中华人民共和国境内提供跟帖评论服务。跟帖评论服务，是指互联网站、应用程序、互动传播平台以及其他具有新闻舆论属性和社会动员功能的传播平台，以发帖、回复、留言、"弹幕"等方式，为用户提供发表文字、符号、表情、图片、音视频等信息的服务。 |
| | 《互联网论坛社区服务管理规定》 | 在中华人民共和国境内从事互联网论坛社区服务。互联网论坛社区服务，是指在互联网上以论坛、贴吧、社区等形式，为用户提供互动式信息发布社区平台的服务。 |
| | 《互联网直播服务管理规定》 | 在中华人民共和国境内提供、使用互联网直播服务。互联网直播，是指基于互联网，以视频、音频、图文等形式向公众持续发布实时信息的活动。 |
| | 《互联网信息搜索服务管理规定》 | 在中华人民共和国境内从事互联网信息搜索服务。互联网信息搜索服务，是指运用计算机技术从互联网上搜集、处理各类信息供用户检索的服务。 |

续表

| 级别 | 名称 | 适用对象 |
|---|---|---|
| 规范性文件 | 《互联网危险物品信息发布管理规定》 | 危险物品信息，是指在互联网上发布的危险物品生产、经营、储存、使用信息，包括危险物品种类、性能、用途和危险物品专业服务等相关信息。 |
| | 《互联网用户账号名称管理规定》 | 在中华人民共和国境内注册、使用和管理互联网用户账号名称。互联网用户账号名称，是指机构或个人在博客、微博客、即时通信工具、论坛、贴吧、跟帖评论等互联网信息服务中注册或使用的账号名称。 |
| | 《即时通信工具公众信息服务发展管理暂行规定》 | 在中华人民共和国境内从事即时通信工具公众信息服务。即时通信工具，是指基于互联网面向终端使用者提供即时信息交流服务的应用。本规定所称公众信息服务，是指通过即时通信工具的公众账号及其他形式向公众发布信息的活动。 |

我国对社交媒体的内容以否定列举的方式做出规定，主要体现在以下条款中：

《互联网信息服务管理办法》（行政法规）第 15 条规定："互联网信息服务提供者不得制作、复制、发布、传播含有下列内容的信息：（一）反对宪法所确定的基本原则的；（二）危害国家安全，泄露国家秘密，颠覆国家政权，破坏国家统一的；（三）损害国家荣誉和利益的；（四）煽动民族仇恨、民族歧视，破坏民族团结的；（五）破坏国家宗教政策，宣扬邪教和封建迷信的；（六）散布谣言，扰乱社会秩序，破坏社会稳定的；（七）散布淫秽、色情、赌博、暴力、凶杀、恐怖或者教唆犯罪的；（八）侮辱或者诽谤他人，侵害他人合法权益的；（九）含有法律、行政法规禁止的其他内容的。"

而部门规章层面，《网络信息内容生态治理规定》第 6 条进一步细化了规定："网络信息内容生产者不得制作、复制、发布含有下列内容的违法信息：（一）反对宪法所确定的基本原则的；（二）危害国家安全，泄露国家秘密，颠覆国家政权，破坏国家统一的；（三）损害国家荣誉和利益的；（四）歪曲、丑化、亵渎、否定英雄烈士事迹和精神，以侮辱、诽谤或者其他方式侵害英雄烈士的姓名、肖像、名誉、荣誉的；（五）宣扬恐怖主义、极端主义或者煽动实施恐怖活动、极端主义活动的；（六）煽动民族仇恨、民族歧视，破坏民族团结的；（七）破坏国家宗教政策，宣扬邪教和封建迷信的；（八）散布谣言，扰乱经济秩序和社会秩序的；（九）散布淫秽、色情、赌博、暴力、凶杀、恐怖或者教唆犯罪的；（十）侮辱或者诽谤他人，侵害他人名誉、隐私和其他合法权益的；（十一）法律、行政法规禁止的其他内容。"

以上两条规定，与内容本身直接相关。而其他规范性文件的内容治理相关规定则根据其适用对象有所调整，但基本内容类似，此处不再赘举。

## 四、未来图景：现实世界的深度连接

从由人力推动的社交网络，发展到依靠互联网连接世界的社交媒体，时代的车轮滚滚向前，人类在惊喜和忧虑中不停前进。

社交媒体将会走向何方？后疫情时代，这是一个更难回答的问题。但是，我相信有一点愈加确定，那就是：技术开发者、互联网公司、用户、政府和行业的初衷与至高价值追求，都是希望科技能够给生活带来便捷和快乐。即使诸多矛盾涌现，但世界发展本就是曲折向前，我们仍可以对社交媒体向好发展怀有期待。

近年来，中国经济和科技发展突飞猛进，中国式创新层出不穷，在政府监管和社会治理方面不断总结经验，对社交媒体的治理和监督既博采众长，亦结合中国的发展特点。在未来社交媒体泛化趋势的影响下，我们也将始终以社会主义核心价值观为导向，以打造良好业态为追求，以共建美好互联为期待，继续在创新的路上不断前进。

## ◎ 文化赋值，内容含金量可期许

2020年3月1日，《网络信息内容生态治理规定》正式施行，对内容行业的生产者、服务平台、服务使用者和行业组织都提出了内容方面的要求与鼓励。

社会主义核心价值观将进一步成为文化内容的主旋律。上述规定鼓励内容生产者产出含有"弘扬社会主义核心价值观，宣传优秀道德文化和时代精神，充分展现中华民族昂扬向上精神风貌的"内容的信息。鼓励平台坚持主流价值导向，优化信息推荐机制，加强版面、页面生态管理，在重点环节（包括服务类型、位置板块等）积极呈现含有上述内容的信息。该规定还鼓励行业组织发挥服务指导和桥梁纽带作用，引导会员单位增强社会责任感，唱响主旋律，弘扬正能量，反对违法信息，防范和抵制不良信息。[①]

我们的好奇心远未被满足，我们对内容的价值获得越来越重视。[②] 在文化赋值的基础上，人们对优质内容的期待，也将引导行业变革。短视频的风靡带来内容碎片化和情绪化的忧思，低质高产的内容输出很容易让短时间内聚集起来的用户出现疲态。优质内容

---

① 详见《网络信息内容生态治理规定》第5条、第11条、第26条。
② 企鹅智库. 内容生态再次进化：数字内容产业趋势报告（2020—2021）. [2020 - 12 - 03]. https://mp.weixin.qq.com/s/9FIjan_k9-AXD1tDL5aG3A.

正在被呼唤。而基于人们对内容消费的进一步认可，优质内容的回报也将十分可观。

**◎5G加码，伴生产业将全面发展**

2022年，5G再次出现在政府工作报告中。报告指出，要"建设数字信息基础设施，逐步构建全国一体化大数据中心体系，推进5G规模化应用，促进产业数字化转型，发展智慧城市、数字乡村"。从"加强5G网络设施建设"，到"拓展5G应用"，再到"推进5G规模化应用"，可以看出我国应用5G技术的不断成熟与坚定信心。

工业和信息化部统计显示，截至2022年7月底，我国累计建成开通5G基站196.8万个，5G移动电话用户达到4.75亿户，已建成全球规模最大的5G网络。我国5G商用牌照正式发放3年来，网络建设持续推进，已开通5G基站占全球5G基站总数的60%以上，登录5G网络的用户占全球5G登网用户的70%以上。[1]

对媒体领域而言，5G重塑信息传播链条的各环节，再次用技术改变信息传播和人机交互的方式、内容与逻辑。传播形式方面，5G广覆盖、低时延、高安全性和更强移动性的特性将会让直播实现常态化；内容形态方面，5G有效保障视频流端对端的传输性能，尤其适用于4K/8K超高清、AR/VR等视频形态的传输应用，将会使视频成为主流内容形态；核心资源方面，5G与人工智能、大数据、云计算等新兴技术相互连接、共同作用，推动媒体向智能化发展，数据成为信息传播新的核心资源；终端载体方面，5G实现了

---

[1] 我国已建成全球规模最大5G网络 5G移动电话用户达4.75亿户．人民日报，2022-08-20．http://www.gov.cn/xinwen/2022-08/20/content_5706134.htm．

从智能手机到"万物皆媒"的终端变化,终端设备与内容将进一步脱离,"屏显化"成为5G时代终端的主要特征。在传播链条的改变下,用户个人参与信息传播的深度、频次和时长都会获得最大程度的提高。①

◎ **规则明晰,构筑产业发展护城河**

"网络开始普及时,专家、学者对互联网及其政治文化的描述充斥着自由主义思潮,甚至接近于无政府主义。之后,这种意识形态的热情退潮,一种反对思潮油然而生。世界各国都在积极寻求治理的一席之地。"② 从世界范围来看,对社交媒体内容的治理呈现出严格化与规范化的趋势,我国亦是如此。虽然与早期的自由发展相比,行业发展受到的约束更大,但这并非坏事,规则的明晰修剪了行业生长的枝丫,帮助行业稳态发展,也让用户的权利得到进一步保障。

一系列法律规范的发布、一系列监管行动的展开,都在不断地细化我国媒体领域监管的外延与内涵。细致的规范与深入的实践,都是帮助媒体行业更好前行的指南。每一条规范都是平衡的艺术,是对各种利益进行权衡后设下的限制。它是底线,亦是路标,新社交行业的快车可能会从这个路标旁飞速驶过而远行,但它在那里,就是我们向前的最佳证明。

◎ **合作治理,共谋行业向善发展**

维持一种健康良好的社交媒体生态,离不开政府、企业和用户

---

① 中国记协新媒体专业委员会. 中国新媒体研究报告 2020. 北京:人民日报出版社,2020:120.

② 多曼斯基. 谁治理互联网. 华信研究院信息化与信息安全研究所,译. 北京:电子工业出版社,2018:199.

的共同努力。

政府划定底线、与企业建立沟通通路是行业发展的需求。底线同时约束政府与企业：对政府来说，提前亮明规则的底牌是法治政府的应有之义；对企业来说，遵守规则，意味着在商业逻辑下亦需要尊重个体权利和保护社会公共利益。

对于企业来说，让产品和服务向善，是时代的呼声，也是谋求优质发展的核心路径。什么是向善？2019年，腾讯提出"科技向善"的使命，表示将努力用技术产品放大人性之善，实现良性发展，用科技来缓解数字化社会的阵痛。2021年，腾讯宣布战略升级，将"可持续社会价值创新"纳入核心战略。[1] 科技向善，要求企业不以社会与个人价值为代价来谋取商业利益，实现三方共赢。2022年，字节跳动也发布了第四份《企业社会责任报告》，"正直向善、科技创新、担当责任、合作共赢"是公司的社会责任理念，推动科技普惠、丰富文化生活、增进社会福祉和共创绿色未来是具体方向。[2]

对于用户来说，社交媒体的泛化，需要我们自身更自律、更清醒，警惕沉迷于"奶头乐"[3]。用户个体不应当成为社交媒体的奴隶，而要做社交媒体的主人翁，保持对行业的话语权。消费者对行

---

[1] 尹晨. 科技向善，对抗"零水日"的最佳法则. 中国新闻周刊，2021-04-25. https://mp.weixin.qq.com/s/0XU3UxSHn10KnNG-nTC_7A.

[2] 字节跳动拟定硬科技突破计划，"一个中心，四个主线"．[2022-03-17]. https://new.qq.com/omn/20220317/20220317A0D7S600.html.

[3] "奶头乐理论"指的是生产力的不断提升伴随着竞争加剧，世界上80%的人口将被边缘化，他们不必也无法参与产品的生产和服务，同时80%的财富掌握在另外20%的人手中。为了安慰社会中"被遗弃"的人，避免阶层冲突，方法之一就是让企业大批量制造"奶头"——让令人沉迷的消遣娱乐和充满感官刺激的产品（比如：网络、电视、短视频）——填满人们的生活，转移其注意力和不满情绪，令其沉浸在"快乐"中不知不觉丧失对现实问题的思考能力。来源：百度百科，"奶头乐理论"词条。

业优化的期许、对不良商业行为的谴责，都是行业向好的源动力。

◎ **生态布局，科技巨头打造品牌闭环**

当今的中国媒体公司中，腾讯和阿里巴巴实现了分庭抗礼，而字节跳动入局分羹，发展势头强劲。这些科技巨头们，已然结束了单线产品发展模式，纷纷打造起商业品牌闭环。在媒体泛化的趋势下，品牌的力量不容小觑。

腾讯意在构建一种"连接生态"，从连接人、服务及设备，到连接企业及未来科技，形成共赢的产业生态：通过通信及社交软件（微信和QQ）促进用户联系，并助其连接数字内容和生活服务，尽在弹指间；通过高效广告平台，协助品牌和市场营销者精准触达数以亿计的中国消费者；通过金融科技及企业服务，促进合作伙伴业务发展，助力实现数字化升级。

与腾讯系以社交为核心的展开方式不同，阿里商业系统通过打通商业上的各个环节，比如生产、销售、物流、金融等，为相关行业的用户提供了一整套解决方案，从而实现了各个行业内多个企业的增长及效率的提升。

而凭借"抖音"闯入大众视野的字节跳动，也正在为品牌生态"谋篇布局"。字节跳动的投资路径有三条：一是围绕内容和短视频等核心业务在新闻资讯、文娱、社交、短视频及直播工具、企业服务等领域的投资；二是在核心业务之外，拓展了电商、金融、游戏、元宇宙、芯片、新消费、房地产等领域的投资，寻找公司第二增长曲线；三是兼具战略层面考量的财务投资。

品牌闭环的打造，会将单个产品价值与影响力汇聚为品牌价值与影响力，获得"1＋1＞2"的经营效果。而对于社交媒体行业来说，企业对于多行业、多领域的关注，将会进一步扩展社交媒体泛化的可能性,让社交媒体的内涵和形态与多产业发生关联,我们的生活或将越来越多地映射到社交媒体之上。

◎ **平台形态内卷,元宇宙或是前路?**

自 Facebook 更名为"Meta"以来,关于"元宇宙"的讨论与实践方兴未艾。让我们再回到一个基本命题——究竟什么是元宇宙?

早在 1992 年,尼尔·斯蒂芬森在科幻小说《雪崩》(*Snow Crash*)中就提出了"metaverse"(元宇宙)和"Avatar"(化身)这两个概念。书中情节发生在一个现实人类通过 VR 设备与虚拟人共同生活在一个虚拟空间的未来设定中。[①]

时间来到 2022 年,再来给"元宇宙"下一个定义:元宇宙是一个既平行于现实世界又独立于现实世界的虚拟空间,是映射现实世界的在线虚拟世界,是越来越真实的数字虚拟世界。元宇宙至少包括以下要素:身份、朋友、沉浸感、低延迟、多元化、随地、经济系统和文明。

为什么这个概念会再次被提出?这是因为当前的互联网产业已经开始了平台形态的内卷,内容载体、传播方式、交互方式、参与感和互动性方面长期缺乏突破,导致了一种"没有发展的增长"。同时,疫情逼着人们走向"线上",人们对于虚拟化、非空间化交往的接受程度空前提高,人们期待并必然会在线上完成更多的生活事项。

虽然"元宇宙"一时间爆火,但它并非"造神"之作。如果告诉大家,增强现实(AR)、虚拟现实(VR)和扩展现实(XR)将

---

① 清华大学新媒体研究中心. 2020—2021 年元宇宙发展研究报告. [2021-09-16]. https://mp.weixin.qq.com/s/dFMJ8mytmNGL99aUCxrAaw.

成为通往元宇宙的方式，我们会不会一下子了然："哦，原来这东西，早就开始出现了啊！"

普华永道预计元宇宙市场规模在 2030 年将达到 1.5 万亿美元。元宇宙概念风生水起，板块热度一度居高不下。一时间，多方发声都表示要理性看待元宇宙，元宇宙最终的理想愿景是什么形态仍处于摸索阶段。[①] 元宇宙需要有一种自循环的内容生态。[②] 元宇宙的发展与之前的技术一样是逐渐渗透各个产业的，必然是基于现有产业的再升级，而非取代；也就是说，虽然元宇宙起始于社交媒体、游戏行业，但终点却是全产业。它或许会成为媒体行业的一种形态，但仍然无法取代整个媒体行业。

对于中国来说，应当在这股发展潮流中关注的问题包括：一是人工智能、VR、AR 等技术问题——在人工智能层面的 AI 技术、算法、底层科技，能否形成中国自己的具有竞争力的企业乃至生态；二是数据安全技术问题——全面进入虚拟世界就意味着数据的大规模增加，如何使用数据、保护数据、保护隐私、保护网络安全，都将会是重要的问题。

同时，批判和质疑的声音随之迭起。著名科幻作家刘慈欣就坚定地表示："元宇宙将引导人类走向死路。扎克伯格的元宇宙不但不是未来，也不该是未来。"试想文明将依托于虚幻的数字而生，可能会引发文明消亡的危机，确实不得不引发我们对媒体伦理的重新审视。好在元宇宙更大可能的应用是对现实世界的描摹与超越，VR 和 AR 等技术的应用也是为了更好地反馈和改善现实世界，比如城市规

---

① 凤凰卫视. 元宇宙大爆炸，是泡沫还是风口?. ［2021 - 11 - 26］. https：//mp. weixin. qq. com/s/hxdf8CZK4ZrdJaR5FZ7mQQ.
② 谢若琳. B 站董事长谈元宇宙：需要一个自循环内容生态. 证券日报，2021 - 11 - 18. http：//www. zqrb. cn/gscy/qiyexinxi/2021 - 11 - 18/A1637249882371. html.

划和应急体系的完善，通过建造数字孪生城市来促成更高水平的城市建设与应急管理。再比如虚拟场域的搭建对制造业从选址到工厂建设和生产、销售环节的重塑，都将可能是元宇宙大放异彩的领域。相比较而言，无论是游戏还是社交媒体，都只是技术开端的地方。

在元宇宙发展的初期，各大科技公司表现出积极入海的态势，这是对市场潮流的顺应，实属正常。元宇宙的应用何时普及尚且不知，但科技的发展会将越来越多的现实与虚拟相结合，这是必然趋势。在这种趋势下，企业应该以谨慎的态度看待伦理与文明问题，不能忽视潜在的风险。同时，政府也应当做好前瞻性的风险分析工作，对科技虚拟形态乃至元宇宙的各种发展风险做好研究备案，尽可能保证行业发展的稳态进行，防止行业试水给普通用户带来难以承受的风险。

为什么我们越来越多地提及"媒体泛化"，越来越多地将"你我他"纳入讨论语境当中？这是因为，我们发觉社交媒体已经成为生活难以分割的一部分，个体甚至都成了媒体。人与技术的互联越来越深入，人们却有可能因为对现状的"无知"而陷入越来越迷茫的窘境。

"这是最好的时代，这是最坏的时代；这是智慧的时代，这是愚蠢的时代；这是信仰的时期，这是怀疑的时期；这是光明的季节，这是黑暗的季节；这是希望之春，这是失望之冬；人们面前有着各样事物，人们面前一无所有；人们正在直登天堂，人们正在直下地狱。"或许可能陷于流俗，却仍想将狄更斯的这段精悍之言再次分享，因为这就是我们面临的现实。社交媒体发展至今，我们见识着它的伟大，也担忧着它的疯狂——但，也无须恐慌。在谨慎乐观的态度下，政府、企业和用户都要时时省思，以在飞速发展的"媒体泛化"时代找到自己的位置，并发挥各自的作用。

# 第三章　算法规制：人工智能在想什么

作为村里人，张先生将自己生活的片段发布在抖音上时，从没有想到有一天自己会成为"网红"。张先生因为用独特的背景音乐与专业的镜头手法记录农村真实生活而走红，人们围观张先生的日常生活。虽然张先生的视频并没有优美的风景、酷炫的特效，甚至没有用流行的背景音乐，但独特的东北农村场景、快速的剪辑节奏、流畅的衔接却让网友感受到了别样的精彩。

同样是农民兄弟，黄春生——一位拥有400万粉丝的快手网红，他的视频内容很简单，大多是他在家附近的河里游泳，或者背对着自己家光秃秃的水泥墙壁，面向手机镜头喊励志语录。喊完后，他常常会在结尾加上一句"奥利给"。2020年6月，快手拍摄9周年宣传片，他受邀参加快手年度献词，一句"奥利给"（"给力哦"倒装）成为热词。"奥利给"来源于"奥利给大叔"的口头禅，后来成为一种网络流行语，表达一种给力、加油的态度。代表加油和赞美的感叹词"奥利给",已成为从快手火出圈的国民口头禅。

张先生和"奥利给"大火的背后其实正是人工智能和算法的功劳——可以让平凡人的普通故事被看见,不断加强传播长尾效应。每个小人物,都有自己的力量。每个人看似渺小,其实都是自己的英雄。生活中微不足道的"小",才构成了社会的方方面面,同时传递一种生活态度——"加油,奥利给!你比你想象中更美好!"

提到人工智能和算法,你可能是陌生的。其实,它们已经嵌入我们日常生活的方方面面。当你把目的地输入导航系统时,它可以规划出最优路线以缩短高峰时段上下班时间;当你打开智能音箱时,它会播放你此前从未听过但的确很喜欢的歌曲;当你浏览新闻资讯平台时,你总会惊叹于页面显示的信息正合你意。这隐藏于种种服务背后的便是算法。

人工智能与大数据加上算法的结合,创造出一个全新的世界。算法在我们的生活中变得越发重要,是我们参与公共生活的一个有力武器。同时,技术与法律也非常相似——两者都是用于规范人类行为的手段。算法正在统治世界吗?算法是人类的福祉还是灾难?商业数字平台带着鲜明的"技术基因",取胜的关键在于"算法导向",但是这也埋下了隐忧:算法是不是需要规制,能不能规制?[①]

## 一、作为人工智能"灵魂"的算法

### ◎ 人工智能、机器学习与算法

尽管人工智能在人类社会生活中的应用是近年来才有的事情,

---

① 王静,王轩,等.算法:人工智能在想什么.北京:国家行政管理出版社,2021.

但人工智能的概念却有着几十年的历史。人工智能（artificial intelligence，AI）概念的最早出现时间差不多是在1956年，其形成与著名的达特茅斯会议有关。①

在1956年夏天举办的这次会议上，麦卡锡、明斯基、罗切斯特以及香农等人工智能的先驱们就"如何用机器模拟人的智能"主题进行了深入研讨，并梦想着用彼时刚问世的计算机系统，来构造拥有与人类智能同样机理特性的复杂机器。正是在这次会议上，人工智能的概念正式得到确立，由此标志着人工智能学科的诞生。②作为人工智能概念的提出者，也是达特茅斯会议的主要参加者，麦卡锡教授立足于人类智能而将人工智能定义为："制造智能机器，特别是智能电脑程序的学科和工程。它与通过电脑研究人类智能的过程相关，但却并不局限于生物学成果的应用"。在人工智能科学的发展过程中，人工智能的概念随学科分工的不同而相差甚远，但是关于人工智能概念的核心界定却并未超脱达特茅斯会议上所奠定的基调，即人工智能是"人工"的"智能"，是对"人类智能"的一种"人工化"。

作为计算机科学的分支之一，人工智能是对计算机系统如何履行那些依靠人类智能才能完成的任务的理论研究③，意在创造一种能与人类智能以相似方式做出反应的智能机器或者智能系统，由此模拟、延伸和扩展人类智能。对此，美国麻省理工学院的温斯顿教授的解释颇为通俗，即"人工智能就是研究如何使计算机去做只有

---

① 尼克. 人工智能简史. 北京：人民邮电出版社，2017：2-3.
② 谭铁牛. 十三届全国人大常委会专题讲座第七讲：人工智能的创新发展与社会影响. [2018-10-29]. http://www.npc.gov.cn/npc/c541/201810/db1d46f506a54486a39e3971a983463f.shtml.
③ 李廉水，石喜爱，刘军. 中国制造业40年：智能化进程与展望. 中国软科学，2019 (1).

人才能做的智能工作"①。正是在这个意义上，与其说是人工智能，不如说是智能人工。人工智能同时汇集了计算机视觉、自然语言处理、专家系统等能力，进而实现全方位的拟人化，以在各领域帮助和替代人类完成相关的生产生活活动。

"人类智能"是如何"人工化"的呢？这一问题指向的是人工智能的实现方式。从人工智能的发展历程来看，机器学习的人工智能实现方式在实践中占据了上风，并逐渐成为科学界的共识。机器学习不仅成为当下人工智能研究的重点方向，而且人工智能的发展很大程度上也是来源于机器学习的进步。算法在本质上是指导机器完成某一特定工作的一系列指令；而机器学习（或者说机器学习算法）则是模仿人脑的思维过程，通过对已有数据进行学习建模，而后根据更多的数据对模型进行修正和分析。

作为驱动人工智能最重要的途径之一，机器学习离不开三大因素：数据、算法和算力。机器学习需要以大量数据为基础习得经验，并借由算法的机器学习能力，学会如何完成人们给它设定的任务。人工智能的实现很大程度上归功于机器学习的应用，而机器学习的背后又是机器学习算法应用的结果。可以说，机器学习算法是作为人工智能的"灵魂"而存在的。

那么，何为算法？通俗而言，算法可以被理解为由一些基本运算和规定的顺序构成的解决问题的一系列步骤。算法只是手段，其目的在于解决特定问题，解决不同的问题需要不同的算法。算法并非人工智能领域独有的概念，算法在现实生活中也常常有所应用。

本书所称的"算法"是"计算机算法"，而非宽泛意义上的"解决问题的一系列步骤"。基于此，可以将计算机算法理解为：用

---

① 李宗辉. 人工智能生成发明专利授权之正当性探析. 电子知识产权，2019（1）.

于将输入转换为输出的一系列求解问题的指令构成的定义良好的计算步骤。① 无论是人工编程，抑或前面提到的机器学习，其终极目标皆是希望通过算法利用有限的"输入"获得理想的"输出"结果。

关于算法的特征，高德纳在他的著作《计算机程序设计艺术》里有经典概括，即：除了"输入"和"输出"之外，算法具备明确性、有限性、有效性三大特征。"明确性"强调算法描述得精准，只有精准的算法描述才能使得算法执行过程严谨而顺畅；"有限性"是指算法的运算步骤必须是有限的；"有效性"又称"可行性"，是指算法描述的操作可以通过机器的运算在有限次数内执行，并解决其目标问题。②

以上关于算法的定义、特征以及分类的介绍，似乎还难以让人们真正了解何为计算机算法。其原因是计算机解决问题所需要处理的数据更为复杂，这也是人工智能研发的目的：由于人脑处理大量数据的能力相对较弱，因此，处理数据的工作就越来越多地被委托给计算机算法，算法由此成为决策过程中的关键部分。随着人类社会生活中所面临的问题越来越复杂，人们对计算机算法的依赖将愈来愈深。

◎ 算法之诸应用

**藏在手机里的 AI**

算法在人类社会生活中广泛应用离不开大数据的加持。大数据时代，人们的日常社会生活以数字化的"数据"形式，被储存、共

---

① CORMEN T H, LEISERSON C E, et al. 算法导论. 潘金贵，等译. 北京：北京机械工业出版社，2006：5.

② KNUTH D E. 计算机程序设计艺术. 苏运霖，译. 北京：国防工业出版社，2002.

享、分析，乃至可视化地呈现。那么，如何使得人们的日常社会生活被转变为数字化的"数据"形式呢？在"人们的日常社会生活"与"数字化的'数据'"之间搭起桥梁的是计算机软件。计算机软件对人类世界的主导，才可能催生"算法统治"的现象。随着计算机技术的进步与发展，软件开发越来越容易，形形色色的软件正充斥我们的生活，甚至在一些方面开始主导我们的生活。以手机为例，时至今日，手机不再仅作为通信工具而存在，其早已成为各式各样软件的载体，成为名副其实"手掌上的计算机"。据统计，互联网技术的深度发展使得手机软件发生了模式和功能的蜕变，基于云计算的新型软件在数量上已超过 300 亿款。① 对此现象，美国企业家、风险投资家、软件工程师马克·安德森就发表过一个著名论断："软件正在吞噬世界"②。

软件正在统治人类世界，软件的核心则是算法，尤其是机器学习算法。可以说，软件仍然是科技界博弈的主要场所，而机器学习算法是其中最核心的领域。也正是在这一意义上，软件在人类日常社会生活中得到应用并逐步取得主导地位，软件背后的算法才能真正实现对人们社会生活的"统治"。

**算法推荐：信息的私人定制**

传统模式下，人们主要通过门户网站或搜索引擎获得信息，但这两种模式都难以解决"信息过载"问题。主流的信息分发方式经历了从订阅到搜索，再到算法推荐的升级。面对海量信息的时代背

---

① 科技快报. 软件定义现新变局 我们离算法统治世界还有多远？. [2017-08-01]. http：//news.ikanchai.com/2017/0801/148913.shtml.

② 李玮. 数据和软件 到底谁在主导互联网世界？. [2015-01-08]. https：//tech.qq.com/a/20150108/024593.htm.

景，智能化推送是满足个体性信息需求的重要乃至唯一方式。智能化推送通过用户画像与已经被划分为不同类型的"内容/服务"进行精准匹配，实现信息匹配的高效率、即时性与规模化，从而减轻搜索内容过量给用户带来的负担。换言之，智能化信息推送通过算法技术自动代替人类完成信息筛选过程，只留下能够满足用户需求的特定信息，"信息过载"现象得以缓解。

个性化推荐成为用户获取信息的更有效的方式。算法组织信息是全世界的一股技术潮流，极大地改变了信息的传播方式。以前是记者产生内容，编辑决定放在哪个位置。腾讯、新浪等四大门户网站的新闻客户端以及同类应用主要靠人工编辑和推荐。若要实现一对一的信息服务，每个人均须配备一名编辑。想要达到这个目的，只能利用机器来实现。机器分发无须编辑。"今日头条"是一款"没有小编"的信息推荐类应用，也是最早运用智能化推荐来对信息分发的应用，改变了信息流动和分享的方式，重塑了人们的阅读习惯，成为全新的信息分发"武林高手"。这一切能够以秒来计算的信息收集和推荐，都是通过技术手段、整合整个互联网新闻资讯来实现的。算法模型会计算出用户的喜好，推送用户最有可能感兴趣的内容。

尽管一些信息推荐类应用也可以实现用户自主订阅其感兴趣的传统媒体、自媒体等内容源，但这些信息推荐类应用虽然具有订阅页面，但不能实现组织信息，这与"今日头条"通过技术手段实现的定制化推荐方式是完全不同的。信息推荐类应用向用户推荐的资讯，不如个性化推荐信息那么精准、细致。而且，信息推荐类应用无法根据用户所处位置进行推荐，而"今日头条"在分析用户阅读兴趣时会对其予以精准定位，并根据地域这个维度推荐用户所在地的内容资讯。因此，"今日头条"可以被视为"用户可以随身携带的资讯口袋",其中不仅有新闻,还有大量信息,只要是搜索引擎搜索到的内容,都可以通过技术为用户抓取到。"今日头条"的成功背后是人工智能技术和算法。掌握了智能化推荐算法"金钥匙"的字节跳动,不断打磨和升级算法,用更为先进的"生产力"跑赢传统媒体,获得广大读者的热爱(见图3-1)。

图3-1 "今日头条"推荐页面

## 短视频的"非偶然崛起"

短视频是互联网浪潮下在我国土生土长的又一新生事物。随着互联网技术的快速发展,短视频的出现革新了人们在感官上的视觉体验,富有趣味性的短视频形式逐渐成为受众表达自我和分享交流的新途径。相较于传统文字,我们无疑更愿意接受文字、语音和视频相融合带来的视觉感官上的冲击。经过近十年的长足发展,短视频在新型移动互联网产业链中发挥着不可替代的、举足轻重的作用。

在短视频平台上,用户可以对自己拍摄的时长 15 秒的原创视频进行创意编辑,平台根据用户的喜好精准"投放"。富有鲜明用户个性的产品不断地实时发布和分享。短视频平台上的亿万用户的行为,以涓涓细流汇成茫茫大海,浪潮迭起,展现出信息时代由公民个体思想、行为、兴趣等组成的鲜活生动的、波澜壮阔的画卷。

正因洞悉了短视频的奥妙,抖音成为字节跳动继"今日头条"之后的又一个"杀手锏",是用户、收入和估值的最大增长引擎。抖音的崛起是必然,还是偶然?纵观整个短视频飞速发展的过程,抖音短视频像一匹黑马,仅仅用了几年时间就独占鳌头,这并非偶然现象。抖音对短视频行业的革新可谓一种创造性实践。抖音短视频之所以能俘获用户的"芳心",主要依靠的也是精准的算法技术。"看我想看的,推荐给我自己想看的",正是抖音短视频技术交互的重要体现,大大减少了用户选择时间和成本。从产品个性化技术角度而言,主要包括:基于用户数据库中基本情况的推荐,如用户职业、年龄、性别、地域等方面;基于用户在物料内容方面的信息推荐,以领域、主题、类型等内容的显性属性作为被推荐的基本信息;

协同推荐，匹配相识或相似的用户进行视频内容的推荐（见图3-2）。

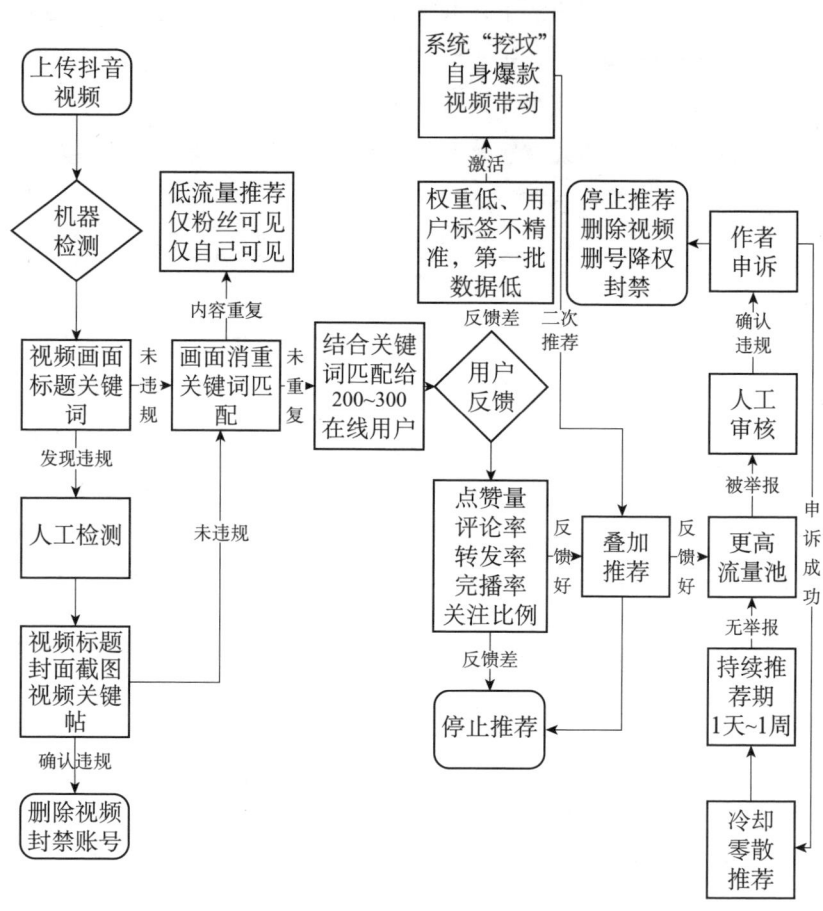

图3-2 抖音短视频推荐机制

资料来源：宝媒网．抖音短视频的推荐机制（或者说算法）是怎样的？．知乎．[2021-12-11]. https://www.zhihu.com/question/270224768?sort=created.

抖音采用了"流量池"的概念。当视频上传至平台时，抖音会根据算法给视频分配一个初始流量池。新视频在流量池的表现根据完播率、点赞量、转发率以及评论率来评判，受用户喜欢的内容算法会自动为其加权，叠加推荐给更高量级的流量池，以此类推，使得优秀的内容能够循序渐进地被更广泛地推荐给用户。流量池是一种层层叠加的分发机制，新视频都会智能分发 10 万左右的播放量，受用户喜爱的内容会进入下一个更大的流量池，形成一种巨大的传播效应。

从文字（报纸）、画面（电视）到网页（搜索页面），再到短视频（算法推送），图文介质在传播信息的效率和水平上是远低于声音和视频的，而且阅读一篇文章远比观看一段视频需要的时间要长，这也是短视频快速抢占流量市场的关键。

在机器推荐的时代，我们已经进入了一种全新的信息分发模式。在这种模式下，人与信息之间的关系出现了反转：由原来的人找信息变成了信息找人。有趣的是，算法是会记住我们的需求和喜好的。比如，你经常看新闻时政和鸡汤类文章，算法就会经常把这类文章推荐给你。视频内容也是同样的道理。从这个意义上来讲，算法更懂你。

## 二、算法"成长的烦恼"

算法的应用给人类社会生活带来诸多便利，但是也带来一些社会风险。算法应用已经站在了风口浪尖上。当"算法为王"的理念成为平台的主要增长依托时，对算法的导向纠偏也被提上日程。对待算法，我们能做的是在最大程度上彰显算法效用、享受"算法福祉"的同时，将所谓"算法统治"带来的社会风险降到最低。

◎ **算法推荐的隐忧**

**缺乏价值观的算法推荐可能引致低俗内容**

传统模式下，内容生产者因在信息流通中占有重要地位，因而具有较强的内生创新激励，来创作出更有价值的内容以获取用户认可。而如果算法推荐技术仅仅注重流量，为吸引眼球分配更高权重、提供更多推荐机会，那么信息生产者只凭借优质内容可能就无法"走到用户面前"，而不得不迎合平台算法规则，以获得足够的流量。如果算法推荐缺乏正确的价值观引领，信息生产者的内在创新激励受到极大影响，长远来看不利于整个社会的内生创新。

算法左右了社交媒体上的信息流动，决定了用户的阅读内容。算法推荐固然可以精准推送信息，提升用户体验，也可以使绝大多数优质、优秀内容通过平台分发得以传播，但是博人眼球的劣质低俗内容的信息也会被大量推送。一些通过非法抓取、剪拼改编的惊悚、恶搞、色情等低俗内容，往往能迅速引发人们的大量关注，无论是迎合了猎奇心理，还是引发了指责批评，传播者都能从中获取高额的流量和点击率。如果缺乏内在约束又无外部规制，平台方就会一味遵从流量至上宗旨，为吸睛引流而"放任"不良内容传播，并从中获取流量，获得收益。对算法推荐放任不管、忽视社会责任的结果，就是严重污染互联网健康环境，最终损害广大用户的合法权益。

**算法推荐可能引发"信息茧房"**

随着人工智能和大数据的不断发展，对于以算法推荐为核心的产品,网络内容服务会越来越个性化,它会为我们推送我们想看到的东西。世界上没有两片同样的树叶,在算法的精确推荐下,也没有两个一模一样的推荐页面。你和我收到的电商产品推荐不一样,你和我收到的音乐推荐也不一样。这种投其所好的行为使用户越来越喜欢该网络平台,平台用户规模和流量也会越来越大,最终表现为企业收益的增长。但对个体而言,网络平台这种做法在满足了个体兴趣爱好的同时,可能会渐渐让个人选择范围和知识面变得愈加狭窄。

"信息茧房"(information cocoons)正是对这一现象的概括。"信息茧房"由著名学者桑斯坦在其 2006 年出版的《信息乌托邦——众人如何生产知识》(*Infotopia*:*How Many Minds Produce Knowledge*)一书中提出,用来形容网络用户按照个人偏好选择接触感兴趣的内容进而排斥其他内容的现象。桑斯坦认为,人们只会关注想要的或能使自己愉悦的信息,因而会丧失对不同事物的理解能力和接触机会,个体由此置身于信息的"茧房"中。[①] 学术界也用"过滤器气泡"(filter bubble)和"回音室"(echo chamber)来概括这一困境。算法主导的信息推荐技术,很容易自动过滤掉"不感兴趣"和"不认同"的信息,实现"看我想看,听我想听"。算法推荐对已经识别出来的用户兴趣或者习惯进行反复推送,周而复始,久而久之,信息接收维度变窄,资讯获取渠道单一,在单调的信息交互中形成特定的兴趣习惯,让人深陷"信息茧房"之中。《过滤器气泡》(*The Filter Bubble*)一书的作者埃利·帕雷瑟担忧:"这些个性化算法,让只有和人们的意识形态一致的信息才会被呈

---

① 桑斯坦.信息乌托邦——众人如何生产知识.毕竞悦,译.北京:法律出版社,2008:8.

现，人们的视野越来越窄，可以接触到多元化信息的机会也越来越少。"①

相较"过滤器气泡",麻省理工学院的学者伊桑·扎克曼更担心由此带来的"回音室"效应。算法推荐为每个人建立一间专有的"回音室",所有人不断强化自己的固有认知并误以为这就是真理,很大程度上加深了个人见识偏见,有孕育极端主义的风险。"回音室"又如同一间温室,人在其中,长此以往就会越来越排斥其他合理性观点,慢慢与社会脱节,极有可能产生极端的思想和极端的行为,甚至可能危害他人及社会。

值得注意的是,算法推荐还可能引发"尖叫效应",并与"信息茧房"叠加产生不良后果。一些平台大肆利用"尖叫效应",通过推送博人眼球的劣质低俗内容以获取关注和流量;算法主导的信息推荐技术,助推构建起一个个充斥劣质低俗内容的"信息茧房",不仅让用户深陷其中、难以自拔,而且容易形成舆论生态的"劣币驱逐良币"。但是,也有强烈的反对意见,认为平台不会仅仅是对信息予以窄化,人们也不会只阅读与自己意见一致的文章,平台在不断拓展知识的范围,以满足人们的好奇心和学习愿望,也更大程度地满足不同需求,"信息茧房"、"过滤器气泡"和"回音室"的问题并不像想象的那么严重。

**算法定投或致违法广告泛滥**

基于商业变现的要求,截至目前,广告收入仍是各种互联网平台的主要营收来源。用户使用平台服务留下的各种行为轨迹都使得

---

① cnBeta.COM. 互联网正通过"众包方式"来排干假新闻这块"沼泽地". [2016 - 11 - 19]. https://www.cnbeta.com/articles/tech/559653.htm.

平台可以积累用户的使用习惯数据，并通过算法投放定向广告。平台有巨大流量和算法推荐体系下的精准用户数据，可以将广告主与用户进行精准匹配。然而，与此同时，虚假违法广告也乘虚而入。这始终是一场"魔高一尺，道高一丈"的"技术竞赛"。

违法广告多以诱惑性文字为标题，引诱网民点击；而落地页广告上则布满诸多过于夸大的宣传，其中还不乏伪造记者采访、央视财经频道报道或者明星代言的内容。这种不法内容往往会通过让用户添加微信等方式订购，用户即使买到了假冒伪劣商品，事后也很难通过正当渠道进行消费维权，存在极高风险。

算法定投还会产生歧视风险。2020年下半年，上海市消费者权益保护委员会曾使用多个手机终端模拟不同收入群体的消费者使用相同的APP，并进行了一段时间的虚拟人设操作。测试发现，不同手机接收到的广告差异极大，模拟低收入人群的手机高频度收到各类低价劣质商品和网络贷款广告。

互联网头部企业利用流量，为广告主提供广告投放业务，是其力拔头筹的商业模式。但投放什么样的广告、投放的广告是否合法、投放广告的商家是否有资质，需要互联网平台自己严格把关，加强算法审核规制。

## ◎ 用户画像存在侵犯隐私风险

如今，随着相关技术日臻成熟，各种大数据应用纷纷落地，并开始重塑现有商业模式。其中，用户画像（persona）作为大数据的根基，扮演了至关重要的作用。无论是一年一度的支付宝账单、网易云私人音乐报告，还是日常生活中丰富的个性化推送，都源于我们的行为轨迹数据会被随时记录、存储和分析。每当在软件中邂逅怦然心动的音乐、觅得喜爱的电影、买到恰好需要的商品，可能都要归功于用户画像背后的大数据分析。

用户画像是根据用户的静态数据（属性数据）和动态数据（行为数据）来构建一个可标签化的用户模型。其中，静态数据一般是用户的注册信息，比如生日、性别、住址、爱好等；动态数据记录于用户的访问日志，比如常用的一些后端日志数据、前端埋点数据等。在实际生活中，还有一类数据既包含属性信息，也包含行为信息，最典型的例子是各类旅游 APP 中可以获取的用户行程信息。这正是用户画像的强大之处：通过抽象出一个用户的信息全貌，商家可以精准、快速地分析用户行为习惯、消费习惯等重要信息，并进行有针对性的商业推广。但与此同时，也有越来越多人开始担心自己的隐私、个人信息是否安全。

个性化推荐必须时刻关注用户的动态，精准搜集用户信息，这样算法分发才能做到信息内容的精准匹配、精准投喂，与用户的癖好形成互动，用户的体验也才会更好。

实践中，各类数据信息均有泄露之虞。静态属性数据直接指向用户职业信息、教育信息等具有可识别性的个人信息。一个典型的案例为微博诉脉脉案。新浪微博提起诉讼，主张脉脉非法抓取新浪微博用户信息，直接显示了非脉脉用户的新浪微博用户头像、名称、职业、教育等信息。后来，双方终止合作，非脉脉用户的新浪微博用户信息仍然存在。动态数据泄露的案例也很多，例如，在朱某诉百度公司隐私权纠纷案例中，二审法院认为百度公司个性化推荐服务收集和推送信息的终端是浏览器，没有定向识别使用该浏览器的网络用户身份，而网络活动轨迹及上网偏好一旦与网络用户身份相分离，便无法确定具体的信息归属主体，因此匿名的网络活动轨迹及上网偏好不再属于个人信息范畴。从上述终审结果来看，我国现有的司法实践认为动态行为数据如果不具有可识别性，则不构成个人信息。"可识别性"是区分个人数据与个人信息的关键。只有当动态数据能够与具体的个人相关联时,才有可能构成受到法律保护的"个人信息"。对于既含有个人属性又含有行为信息的,如果被恶意泄露或非法窃取,就会严重侵犯用户权益。比如发生于2014年的庞某诉去哪儿网、东航隐私权纠纷案。该案中,原告委托他人从去哪儿网购买东航机票一张,后来原告收到"航班因机械故障而取消"的诈骗短信。原告认为去哪儿网、东方航空泄露了自己的隐私信息,遂将两公司诉至法院。

此外,多家互联网企业均因读取用户手机通讯录而被起诉侵犯用户隐私。用户未授权平台读取手机通讯录,平台却仍然可以向其推荐手机通讯录好友的联系人信息,"推荐"频道下仍然可见原来手机通讯录中的联系人账号。此外,经多人测试,多个APP在用户未授权其获取用户位置信息的情况下,仍然在向用户推送用户所在地的信息;隐私政策中规定的与APP关联方共享用户信息的行为,同样未经用户授权。

作为信息资讯类或短视频社交类APP,为满足用户需求,获取用户网络ID、密码、偏好这些信息已经足够。《个人信息保护法》中提出了互联网企业使用用户个人信息的几大原则,其中包括"最少够用原则",即互联网企业收集的用户个人信息应当与实现产品或服务的业务功能有直接关联,在缺失某项信息就不能为用户提供产品或服务时,方可收取该项信息。但为了多方位地"了解"用户,很多互联网企业和APP经常额外收集用户其他信息,需要结合法律规定来依法合理界定个人信息范围。

◎ 无人驾驶里的数据安全

作为人工智能产物的无人驾驶汽车,虽然不存在因疲劳驾驶、酒后驾驶、超速行驶、超载等传统问题引发交通事故的风险，但存在因算法深度学习能力的提升而引发新型交通事故的风险。人工智能学科逐步提出了一系列模仿人类学习行为的方法，着力把人的智能用图灵机表现出来，这一过程称为"机器学习"。从这个意义上讲，将机器学习技术应用于无人驾驶，就是一种"拟人化"的技术运用，本质上是对人类驾驶员的智能的模拟。当程序员拥有了计算力强大的设备和大量训练数据时，他就可以编写一个机器学习软件，让机器根据现有的素材"学会"自行应对处理某些问题。某些情况下，机器还可以学会应对不熟悉的新情景。这样一来，一台具有自主学习能力的无人驾驶汽车，就不是在被动执行程序员的预先命令，而是在不断学习并不断创建新的算法规则，从而大大超出其开发者的预期。

目前，自主学习技术已经在无人驾驶领域的几款应用程序中崭露头角，即通过识别道路上常见物体来分析视频信号流产生的多个框架，并创造包括动态和深度感知在内的视觉特征（visual features）。当这种动态和深度的感知积累到一定的程度，深度学习软件便可以引导无人驾驶汽车自主导航行驶，同时收集新的训练数据，形成稳定的数据流。而新收集来的数据反过来又会被用于无人驾驶汽车的深度学习软件训练，以提高物体识别的准确率，进一步改进无人驾驶汽车的性能，从而形成一种"良性循环"。不过，这种基于自主学习而产生的识别方式具有极强的不确定性。譬如，无人驾驶汽车已经可以识别人、自行车这类简单的物体，但在美国亚利桑那州的交通事故中，当时的 Uber 无人驾驶系统就未能及时在黑夜有效识别出推着自行车步行穿越马路的人；又譬如，在没有红绿灯的十字路口，无人驾驶汽车的自主学习系统将怎样判断交通优先权，以解决困扰多时的"四向停车难题"呢？这在当下都是具有不确定性的难题。再比如，在应对操作系统本身的漏洞时，漏洞不仅可以由人类程序员进行修补，甚至也可以由某些具备自主学习和修正能力的无人驾驶汽车自身进行修改，这将引发严重的不确定问题。

无人驾驶系统包含多个数据处理系统。由于人工智能取代了人的智能，所以无人驾驶汽车需要收集大量的数据，以判断路况环境信息，自主控制车辆行驶。而且，为了不断优化算法和更新系统，无人驾驶汽车也需要不断收集相关信息。正因如此，在无人驾驶车行驶过程中，还会收集个人家庭住址、工作单位地址、单位名称、常去的休闲娱乐场所、常去的餐厅、车内通话信息等个人信息。未来车内也将装有视频监控装置，车内乘客的相貌、穿着、行为等也都会被记录。无人驾驶系统做出智能决策必须要收集和存储大量信息，因此也存在不当收集和存储公民个人信息的风险和安全隐患，可能被相关主体滥用甚至用于非法交易。如果乘坐无人驾驶汽车的公职人员的身份职务、出行信息、通信信息等被采集、泄露，还有可能危害国家安全。

所有潜在数据使用者，都会对无人驾驶汽车用户的信息感兴趣。除了无人驾驶汽车开发者和交通运输研究人员外，从事营销、广告和政治游说的团体，以及执法机构、情报机构，都会认为无人驾驶汽车用户数据具有重要价值。大规模收集无人驾驶汽车用户的个人信息，将可能导致信息与权力集中，从而可能引发新的安全问题。在智能化社会中，如何重新界定隐私并有效保护隐私，是人类所面临的新的伦理、法律和社会问题。

◎ **大数据"杀熟"**

同样的软件和路线，不同用户的叫车价格不一样？网约车计时计费总觉得不准确？实际价格好像每次都比预估贵一点点？酒店用户发现线下价格反而比线上所谓的优惠价格还要便宜？新老用户价格不同，老用户或会员用户反而比新用户或非会员价格更贵？不同地区的消费者对应不同的价格？多次浏览页面的用户可能面临价格上涨？商家利用繁复的促销规则和算法，针对不同消费者展示不同的价格，所谓"不同人不同价"。

从订购机票、预订酒店，到打车软件上的路费，再到外卖饭菜的价格，都有可能遇到"大数据杀熟"。近年来，一些商家通过收集、分析用户个人信息并对用户进行大数据"杀熟"的行为，饱受社会各界诟病，也令消费者深感无奈和愤怒。北京市消费者协会的一项调查显示，约 86.91％的受访者表示有过被大数据"杀熟"的经历。[①] 消费者在下单时，会收到复杂算法临时生成的各类优惠券、价格组合。实际上，不同账号显示的价格差异很大。先进的算法技术沦为别有用心者谋取不正当之利的工具，消费者被一些平台精准"杀熟"，以更高的价格买到原本可以低价购买的产品。

国家市场监督管理总局《关于平台经济领域的反垄断指南》第十七条"差别待遇"对大数据"杀熟"进行了明确的法律界定。根据这一规定，大数据"杀熟"在法律上界定的核心构成要素是：(1) 滥用市场支配地位；(2) 无正当理由实施差别待遇；(3) 利用大数据和算法的优势；(4) 实质是排除、限制市场竞争。

大数据"杀熟"实质上是一种为了获得超额经济利益而采取的排除、限制市场竞争的非法商业行为。归根到底，平台实现不合理的大数据"杀熟"，一是靠信息不对称，二是靠算法。算法对企业决策效率的提升是惊人的，而用户也不知不觉陷入消费陷阱中，平

---

[①] 北京市消费者协会. 调查显示超八成受访者经历过大数据杀熟．[2022-03-01]. https：//t.ynet.cn/baijia/32285093.html.

台经济组织拥有海量的数据资源,可以全面掌握交易信息,还可以利用人工智能算法、大数据等技术对用户精准画像并分类推送。然而,对于普通用户来说,我们并不能及时掌握其他用户的价格信息,也不清楚平台掌握的数据和算法推送机制。算法在其中进行的数据处理、评估及分析,以及根据具体场景做出的决策,从接受输入数据到输出决策结果的全过程是外界所无法获知的,这就形成了"黑箱","黑箱"的非透明性导致大数据"杀熟"行为更加隐蔽、难以察觉。

## 三、给算法一个"说法"

互联网平台积累的诸多问题引发了对算法的关注和忧虑。网络平台的推荐、搜索算法已经不再只是平台内部的设计,而成为必须由法律予以规制和干预的对象。如何对算法运作进行有效的规制,是人工智能时代人们面临的迫切挑战。

◎ **规制基础:科学认知是前提**

网络平台已经远非单纯的信息传送通道,平台在信息展示、交易规则制定、内容评价等方面扮演了非常积极的角色,这些积极的角色增加了用户已有内容的价值并在很大程度上塑造了网络秩序。我们对于平台的角色的认知也从"网络服务提供者"进化为"网络空间的秩序塑造者"。算法在平台日常运行中居于核心地位,承担了网络空间的日常管理工作,自然也成为法律规制的对象。

平台利用算法搜索、大数据画像、个性化推荐等新技术,为用户带来了诸多便利和多样化的选择。著名媒体文化研究者和批评家尼尔·波兹曼认为:无论是过去还是现在,旧世界的每一个信条、习惯或传统都有技术替代品。我们真诚地赞美技术应用带来的福祉及其商业模式客观存在的优越之处，也保持谨慎中立，希望透过表象看本质，发现更为复杂的真相。

**算法中立不适用于算法应用**

几百年来，新技术一直在努力把我们推向更客观的"规则"。人们对科学客观性的信任由来已久，认为科学不掺杂或不应该掺杂任何利益成本，不会歪曲人们的认知。科幻小说家亚瑟·克拉克有句名言："所有足够先进的技术都像变魔术一样"[①]。魔术让我们觉得不可思议的原因之一就是我们只看到最终结果，而对其中的过程一无所知。算法技术也是如此，算法被罩上了神秘的面纱，我们因无从了解而对之心怀敬畏。

算法本身是中立的，但对算法的具体应用可能不是中立的。科技史学家梅尔文·克兰兹伯格的"科技第一定律"指出："技术既无好坏，亦非中立。"[②]因为我们所讨论的，不是在实验室中的算法，而是切实应用在社会生产生活各个方面的算法，应用结果不可避免地会产生相应的法律后果，因此也必须接受法律的规制。[③]

算法通过各种各样或微妙或明显的方式影响我们生活的方方面面。算法会对展示在我们眼前的信息进行分类、筛选与取舍。我们看到的信息都是算法运行的结果。在很多方面，算法都可以为我们提供答案。

算法推荐通过汇集用户日常行为的数字轨迹，从中收集和挖掘

---

[①②] 多梅尔. 算法时代：新经济的新引擎. 胡小锐，钟毅，译. 北京：中信出版社，2016.

[③] 明理计算法学沙龙第 1 期：算法透明度的边界. 清华大学智能法治研究院. [2019-05-29]. https://mp.weixin.qq.com/s/IOhQMSbIwlWsAsJBqRgVpw.

其个人信息,并据之做出预测,为个人用户提供"个性化"服务。算法个性化通常是以服务提供商推断出来的用户喜好和兴趣为基础,向用户提供服务时也未征求用户意见。系统有意按照偏好引导用户行为和决策,谁也不能保证用户受其影响做出的决策和行为符合自身的长期利益。

这类系统的逐渐普及反而引发道德层面的其他担忧和焦虑。系统凭借"Nudging"(助推)技术实现的操作非常有效、精妙且令人难以拒绝,可谓润物细无声。① "Nudging"技术不仅存在道德问题,还存在操纵其受众及透明度匮乏等问题。而且,这类技术具有根据个体实时反馈不断调整网络服务的能力,使之在操纵用户时如虎添翼。算法系统的首要目的被设置为最大化延长用户的"浏览时间",用户停留时间越长,服务商就越有机会持续追踪用户行为,收集和分析更多数据,这些系统会令用户"上瘾"。逐渐地,个体常常依赖认知启发来做出决策,而非审慎思考。

因此,虽然算法技术使我们的生活环境智能化程度越来越高,但对于个体自由和自治权而言,环境的智能化或许并不完全是好事。因此,算法推荐作为算法设计者的产物,自身无法实现真正的中立,难以摆脱算法设计者的伦理、价值观念的局限,算法推荐也必须受到法律的规制。

**算法推荐不等同于主观上存在过错**

由于算法的多元化和复杂性,一旦平台应用算法技术对用户进行个性化推荐,是否就可以认定其对内容进行了一定程度的审查,从而主观知晓用户存在侵权行为,进而认定其具备主观过错?这一

---

① 泰勒,桑斯坦.助推.刘宁,译.北京:中信出版社,2018.

问题需要深入讨论。简单将算法推荐出现的问题等同于平台企业存在主观上的过错的论证逻辑与我国网络服务提供者并不承担事先审查的义务是存在矛盾的。网络服务提供者对网络用户上传的内容不负有审查义务，除非存在过错，否则其不构成间接侵权。这是我国立法、司法实践和理论界的一贯认知，也是世界多数国家的普遍做法。

在网络存在海量信息的情形下，对网络内容逐一审查有悖于网络高效和中心化的特点。互联网平台企业客观上也难以对网络用户的所有行为具备事先控制力。平台控制力应当侧重于强调对侵权后果的事后处理，而不是对侵权行为的事先预防，除非这种事前预防措施是业界已普遍采取的标准技术措施，而且其义务应以其实际控制力为限度。因此，平台责任要以其知道（明知或应知）侵权内容存在，即具有识别控制能力为前提。

就算法推荐而言，平台基于用户兴趣标签和内容标题实现自动匹配，无论是合法还是违法的内容，都会经关键词匹配后一并推送给用户，除非平台事先逐一审核，否则无法区分和识别。而且，从商业模式来看，平台将大量信息流推送给用户，只以用户是否感兴趣为标准。无论是平台还是编写代码的技术人员，都无从得知算法究竟推送给了用户什么样的内容。算法推荐系统不会对内容进行实质性识别，也不需要从技术角度"实际接触"或"实际理解、判断"推荐的具体内容，更无从得知具体内容是否违法或侵权。

此外，在算法推荐的场景下，每个用户被算法识别的兴趣爱好不同，其可见的信息流内容也均不相同，甚至因为用户历史行为数据的变化而发生自动更新。从这个角度而言，平台也难于对瞬时变化、千人千面内容中的具体内容具有完全的识别和控制能力。

因此，算法内容推荐不能简单等同于内容识别，不能因为平台采取某种算法推荐,就直接推定平台对特定的违法侵权内容构成明知或应知,进而要求平台在信息推荐前对内容主动审查,而是应对算法的具体应用场景进行具体分析,考虑其能否识别具体内容,进而认定平台是否存在主观过错。而若因客观上无法识别或者控制具体内容推定平台具有主观过错,这种不可履行的"守门人"责任会迫使平台不得不采取高成本的控制措施,即便技术上可能实现,也必然以增加网站运营成本、降低信息传播速度为代价,长远来看不利于技术发展与商业模式创新。但是,对有害内容进行管控仍然是平台的责任,因违法内容承担责任与因算法推荐承担责任是两个问题,二者所采用的管控手段是不一样的。这也正是政府对算法本身要予以规范的原因所在。

综上,从历史看,根据用户需要提供信息、商品、服务一直是商业成功的关键。不可否认,个性化算法推荐本身也给用户带来诸多便捷与良好体验。算法本身中立,具体应用却往往并不中立。当应用结果不可避免产生相应法律后果时,必须接受法律规制,而立法规制的意图在于容忍算法推荐、大数据画像和精准推荐等新技术和新现象,避免利用个性化推荐损害用户权益,而非针对个性化推荐本身。

## ◎ 规制挑战:算法规制的现存问题

### 传统"知情—同意"的功能有限

现在,我们使用 APP 都需要点击"同意用户协议",有些还要求我们必须滑动按钮完成"阅读"协议的动作,APP 通过所谓的"知情同意"使得算法收集和利用数据的行为合法化。学者们普遍认为,算法大规模收集数据行为已使传统的"知情—同意"模式根本无法保护用户合法权益。在目前复杂的个人数据生态系统中，个体实际上不可能提供有意义的、真正自愿的"同意"来进行算法所要求的共享和处理活动。于是，在算法控制下，用户成了生产链条上的一环，既作为生产者不断产生数据，又作为消费者不断反馈使用数据。从"今日头条"到抖音，算法已经从图文时代过渡到了视频时代，用户作为"兴趣数据"正在不断被科技"细致拆解"，而尚未形成有效的防御机制。平台可以主张用户已经知晓用户协议和同意算法决策，因此无须为用户受到算法的不利影响承担法律责任。

**提供自然搜索结果的效果存疑**

算法的"用户画像"与"个性化推荐"是否合法仍存在较大争议。《电子商务法》首次提出了平台的搜索算法应"提供不针对其个人特征的选项"，要求区分"个性化搜索结果"与"自然搜索结果"，表面上看可以理解为不针对个性化画像与分析的结果数据，然而在技术层面，所有的搜索算法都是人为设计和干预的"个性化"产物。没有任何针对性的搜索结果在实践中并不存在，且无实际意义。实际上，搜索算法中的个性化搜索总是首先发挥作用，提供自然搜索结果未必是最佳的选择。

**平台责任存在局限性**

对于算法推荐造成的不利法律后果，我国采取"结果规制"的法律规制路径。具体言之，即通过事后的内容审查发现算法造成的不利法律后果，进而将这种不利后果的法律责任分配给网络平台。而且，由于算法一直被认为是不应公开的商业秘密，这种规制路径可以避免立法者和司法者介入算法运行的内部结构，陷入司法者并不了解的技术领域。实践中往往以网络平台的不当应用行为造成的违法后果作为平台责任的评判要件，如行政机关要求算法使用者承担算法造成的不利法律后果并整改。此外，政府目前缺乏相应的技术监督和执法手段，诸如大数据和算法的"黑箱子"等问题，往往只能采取事后处罚的方式，这也造就了一些企业的侥幸心理。2020年12月，国家市场监督管理总局联合商务部召开规范社区团购秩序行政指导会，要求包括阿里、腾讯、京东、美团、拼多多、滴滴在内的平台经济组织严格遵守"九不得"，明确禁止利用大数据优势"杀熟"。政府目前除了增加行政检查的频次、加重行政处罚的力度，规制重点也更多转向促进算法公正和透明，切实保护用户权益。

**技术手段取证难**

与个性化算法推荐有关案件的难点还在于举证与取证的困难。借用经济学的一句话，算法有点像市场经济中那只"无形的手"，它处处都在，但你抓不到它。

首先，即使同一用户使用不同终端，通过客户端经个性化推荐获得的搜索结果也并不相同。这意味着，在客户端难以对算法结构是否存在问题进行验证，最终判断的方式仍在于寻找各关键要素类似的用户，比较其算法个性化推荐的结果，而个人和一般企业基本没有收集网络平台算法运行数据进行比较验证等能力。对于消费者来说，算法极具隐蔽性，取证维权非常困难。用户大都处于不知情的状况，即使后期觉察，也往往因举证难度巨大、维权成本高昂而不了了之。

其次，监管部门面临着技术与规制的博弈。政府各部门的规制模式都是基于业务合规性的，但互联网业务的分布式、后台管理等特性，给利用集中监测手段来判断业务合规性的传统规制模式带来了很大挑战。由于数据采集访问、算法内容分析、系统开放等系列技术性问题，不合规业务很难被政府监测到，在客户端难以对算法结构是否有问题进行验证。在需要证明网络平台的算法损害消费者利益的情况下，必然需要采集大量个性化推荐数据，并进行去个性化比较才能得出结论。[①] 然而，面对算法黑箱，政府部门并不具有技术能力与专业队伍加以应对。行政部门很可能陷入算法规制的怪圈，即不停接受来自消费者的举报和投诉，投入成本进行算法验证，网络平台却能轻易修改算法规避规制。

◎ 规制模式：理念升级、思路转型

算法在人类获取信息内容方面扮演着越来越重要的角色，不但决定了用户的阅读内容，而且主动对用户实施影响与操纵，因此其一旦造成损害，后果往往十分严重，同时网络传播速度也使得算法造成的损害难以挽回。因此，对算法规制的基本思路是：在进行结果规制的同时，更多地将重点转移至风险的防范。诚如吴汉东教授所言，"对于现代各国而言，人工智能发展的政策考量，其实是基于风险的制度选择和法律安排，我们应通过法律化解风险，通过法律吸纳风险，将风险社会置于法治社会的背景之中，即对智能革命时代的法律制度乃至整个社会规范进行新的建构"[②]。因此，对于算法带来的风险，除了对结果进行规制，更应注重建立一套完整的以风险防范为目的的制度。制定相关法律政策与规制路径，既要保护产业创新机制不受到抑制，又要保护网络用户权利不受到过度损害。当前算法技术的发展亟待法律规制思路的转化与具体规则的完善。

---

[①] 张凌寒. 权力之治：人工智能时代的算法规制. 上海：上海人民出版社，2021：238.

[②] 吴汉东. 人工智能时代的制度安排与法律规制. 法律科学，2017（5）.

《电子商务法》的重大进步之一是在算法的规制条款方面，部署了算法的事前规制，实现了事前规制和结果规制并重。在此之前，仅凭结果规制，以违法行为数量巨大来论证平台过错，而没有评判算法部署和应用是否合理，会造成平台责任范畴模糊。无论是搜索算法对搜索结果的不当排序，还是针对用户的个性化推荐，算法事前规制条款的引入，虽然范围仍有待扩展，但仍不失为一个良好的开端。

## 四、算法之法：聚焦数据治理与算法规制

鉴于智能化推送引发的治理风险和规制挑战，考虑到算法推荐是建立在数据（作为智能化推送业态的"原料"）和算法（作为智能化推送业态的"工具"）基础上，应着重从"数据治理"和"算法规制"两方面来重建规制。

### ◎ 聚焦数据治理

伴随智能化推荐业态的普及应用，平台服务商均加大了对用户数据的收集与分析范围，但因涉及公民隐私的个人数据含义不明，又因公民个体缺少保护数据的能力，加强基础数据端的规制对于消除算法弊端具有重要意义。从具体操作上讲，基础数据端的规制应建立数据收集与数据退出机制，明晰个人信息使用的边界，从制度上要求算法推荐平台不能强制用户接受算法推荐服务，并提供灵活退出机制，在自动收集、处理、使用个人数据的过程中赋予公民更大自决权。

第一，数据收集的"再次授权"。透明度与算法披露制度要求，算法决策者在对个人控制或所有的数据进行收集并据此做出算法决策时，应当征得个人的同意。但是，"知情—同意"机制容易失灵。

那么，采用"三重授权规则"可以在相当程度上更好地解决这一问题，即在 Open API① 开发合作模式中，平台收集用户数据前应当经过用户授权，数据合作方之间的权限应当经过平台授权；如果要再次从平台调取和使用数据，则应当取得用户的再次授权。

第二，数据退出机制。该机制旨在为用户实现"无数据服务"提供退出策略，从而解决数据收集存在的一些问题。该机制能够确保用户在接受服务后仍有权要求平台抹除其在使用期间产生的数据。例如，用户在使用平台后留下大量电子痕迹，商家可以利用这些数据推测出用户的偏好，并有针对性地推送广告。用户有权决定选择是否抹除其过往数据。具体来讲，该机制包括两层内容：一是用户在使用服务后即要求平台删除数据；二是允许平台保留数据，但仅限于该次服务目的，禁止将其用于其他目的。

第三，企业出海数据治理。这一模式主要针对企业出海面对国外数据规制时的情况。企业一般采用两种方式来稳定海外市场。一是建立海外数据库，实现数据本地存储，以保护海外用户的隐私。跨国公司为了解除在各个国家的数据安全隐忧，选择当地的一家独立公司作为"数据受托人"，由"数据受托人"提供中心数据的存储功能，并控制和监督跨国公司对客户数据的访问情况。这种典型模式被业内称为"数据受托人模式"。二是将内容监督程序本地化。比如，字节跳动于 2020 年在海外创建审核团队——在美国设立"透明中心"与内容审核委员会，以应对美国及其他国家的规制。

◎ **针对算法的元规制**

传统的命令控制型规制形式有其固有缺陷，强调行政主体的高

---

① API，即应用编程接口（Application Programming Interface）。

权性和行政相对人的服从，容易造成规制主体与规制对象间的对抗关系，扭曲市场机制；本意为了纠正市场失灵的政府规制，最终却导致规制失灵。

鉴于传统的命令控制型规制形式的固有缺陷，一种更"软"的规制进路，即倚重于自我规制的"元规制"（meta-regulation），在很多情形下被认为是一种很好地替代命令控制型规制的进路。

所谓"元规制"，是指政府对"自我规制"的规制，是作为政府规制对象的被规制者的自我约束。相较于传统的命令控制型规制形式，在以下两种情形下，推行元规制策略是最佳选择。第一，当政府缺少必要的资源和信息，无法设计合理的规则来限制规制对象的裁量权时，元规制能解决特定问题；第二，当规制问题过于复杂，或某个行业存在异质性，或处于动态演进之中时，更适合选用元规制。[①] 然而，元规制作为一种更好的规制替代进路需要具备一定的条件。那么，在智能推荐算法规制的场景中，是否可以对算法采取元规制呢？

具体而言，在诸如人工智能、机器学习、推荐算法等新兴市场中，相较于作为规制对象的产业界本身，规制者存在严重的信息劣势，其很大程度上对于被规制的对象无法了如指掌，对于算法"黑箱"的应用更是如此。出现以上情形的主要原因，除了将算法视为商业秘密外，更重要的是：即便公开了算法代码，政府官员、法官和律师很大程度上也无法知悉其原理，遑论对其进行合法性评判。[②] 就算法以及其他新兴技术而言，其本身具有极强的专业性，这使得外在的行政规制往往可能流于形式且易被规避。

---

[①] 鲍德温，凯夫，洛奇. 牛津规制手册. 宋华琳，李鹓，安永康，等译. 上海：上海三联书店，2017：169.

[②] 郑戈. 如何用法律规制算法？如何用算法强化法律？. 中国法学评论，2018(5).

相较于政府主体而言,在诸多技术创新领域,企业对其内部算法技术运作有着专业知识和信息上的天然优势,在自我规制的措施选择上也更有针对性,且针对算法技术发展和应用中层出不穷的新问题,企业的自我规制也较为灵活,能够及时回应技术发展和应用中出现的问题,并通过技术的改进妥善处理。因此,在智能推荐算法规制中,除强调行政机关的直接规制外,还应借由平台企业自我规制发挥作用,由企业采取技术性策略降低算法应用负外部性社会风险,产生更为有效的规制效果。因此,对于新兴的算法技术和市场而言,企业或行业的自我规制具有不可替代的优势。然而,自我规制虽具有资源和信息上的优势,但如果行业和企业缺乏相应的激励,也很难为公共问题提供妥善的解决之道。仅凭自我规制不足以应对算法所带来的社会风险,并顺利实现规制的目标。如何确保被规制对象运用被赋予的裁量权去实现规制目标,而非仅仅追求行业或者企业利益的最大化,成为亟待解决的问题关键。[①]

如何避免因规制潜在的技术风险而产生抑制技术创新的后果?元规制提供了实现平衡技术创新与社会安全的更优规制路径。元规制不仅能够通过行业与企业进行自我约束,实现对算法风险的规避,避免由于信息劣势而导致规制者的不当直接干预,而且能够将阻碍技术创新发展的可能性降到最低。由此形成的规制框架是,作为规制者的公权力主体从外部对行业与企业施加压力,确保行业和企业能够通过自我约束实现规制目标。

◎ **多元主体共治**

从规制主体的角度看,元规制下形成的基本格局是多元主体的

---

[①] 鲍德温,凯夫,洛奇. 牛津规制手册. 宋华琳,李鸻,安永康,等译. 上海:上海三联书店,2017:170.

共治,参与规制的主体不仅有作为传统规制者的公权力主体,还包括传统意义上作为规制对象的行业和企业自身。多元主体参与的规制格局也契合了近年来颇为流行的多元共治理论,即在公权力机关的引导下,行业组织、企业等主体有序参与公共事务,以实现多中心治理模式下的良性互动。

针对算法的元规制,或者说在多元共治的格局下,立法机关、政府、行业以及企业等多元主体合作和参与,发挥不同规制主体的角色及优势,建立起包括法律规制、伦理规制、行业规制、自我规制等在内的多元互动的算法风险规制体系,多途径地控制算法应用所可能带来的风险。① 多元规制主体应当以更为合作、互动性更强的方式,形成相对更为持续、更为稳定的关系,来协调利益和行动,更好地完成行政规制任务。② 在形成多元主体共治格局的基础上,基于算法技术研发和应用的跨国性,还应进一步推动算法规制的国际合作。

**强调立法机关的引领作用**

治理算法推荐引发的乱象,依法施治是根本之策。从域外经验看,在算法规制中立法机关无疑发挥着引领作用。针对推荐算法带来的信息茧房、隐私侵犯、数据安全等治理挑战,各国近年来纷纷出台相关规制,以确保新业态健康规范发展。欧盟在 2018 年出台的《通用数据保护条例》(GDPR)中提出用户有权反对数字画像,要求数字平台赋予用户选择和控制权限以解除此过程中的隐私风险。同年 6 月,美国加州颁布的《消费者隐私保护法案》沿用"选

---

① 王茹.互联网经济规制的原则与多元规制体系的构建.行政管理改革,2018 (1):44.

② 胡敏洁.从"规制治理"到"规制国".检察日报,2018-11-06.

择—退出"机制应对智能化推送，除非用户拒绝或退出，否则平台公司可以继续处理用户个人信息，为用户提供个性化推送。新加坡于2019年通过了《防止网络虚假信息与操纵法案》，对推荐算法在虚假内容传播方面的应用做出严格限制。①

我国立法机关近年来在推荐算法业态治理方面也较为积极，在《电子商务法》《网络信息内容生态治理规定》等法律法规中，对于算法推荐做出了探索性规定，初步形成了用户选择②、标记告知③、负面清单④、正面引导⑤等复合型治理模式，强化对算法推荐本身的法治规制，通过立法提升算法推荐的透明度、多元性，以及提升公众的知情权和自主选择权，意图实现技术运用与价值伦理、商业价值和社会价值的良性互动。

2021年12月31日，国家互联网信息办公室、工业和信息化部、公安部、国家市场监督管理总局联合发布《互联网信息服务算法推荐管理规定》（以下简称《规定》），这是贯彻落实中央关于网

---

① 陈少威，鲍静，贾开．智能化推送业态治理研究：国际比较视角下的政策启示．中国行政管理，2020（9）．

② 参见《中华人民共和国电子商务法》第18条第1款：电子商务经营者根据消费者的兴趣爱好、消费习惯等特征向其提供商品或者服务的搜索结果的，应当同时向该消费者提供不针对其个人特征的选项，尊重和平等保护消费者合法权益。电子商务经营者向消费者发送广告，应当遵守《中华人民共和国广告法》的有关规定。

③ 参见《数据安全管理办法（征求意见稿）》第23条：网络运营者利用用户数据和算法推送新闻信息、商业广告等（以下简称"定向推送"），应当以明显方式标明"定推"字样，为用户提供停止接收定向推送信息的功能；用户选择停止接收定向推送信息时，应当停止推送，并删除已经收集的设备识别码等用户数据和个人信息。

④ 参见《网络信息内容生态治理规定》第7条对禁止呈现的网络信息内容作出列举，第11条对网络信息内容服务平台不得在热门推荐等重点环节呈现本规定第7条规定的信息。

⑤ 参见《网络信息内容生态治理规定》第11条对鼓励呈现的网络信息内容作出列举，第12条规定网络信息内容服务平台采用个性化算法推荐技术推送信息的，应当设置符合上述内容要求的推荐模型，建立健全人工干预和用户自主选择机制。

络安全和信息化工作战略部署、推进互联网信息服务生态治理的重要举措。《规定》的发布为惩治算法乱象提供了明确且具有针对性和可操作性的法律规范，对规范和促进数字经济健康发展具有重大意义。

坚持科技向善的价值理念

就价值导向而言，《规定》明确了算法推荐服务提供者应当坚持主流价值导向、促进算法应用向上向善的基本要求，鼓励算法推荐服务提供者优化算法推荐服务机制，抵制违法和不良信息，积极传播正能量，弘扬社会主义核心价值观。例如，《规定》相关条款对未成年人身心健康、老年人合法权益、劳动者基本保障给予重点关注，充分体现了以人民为中心的发展思想。又如第 8 条规定了算法推荐服务提供者不得设置诱导用户沉迷、过度消费等算法模型，这是将科技向善理念落实为具体业务要求的突出体现。

健全多元共治的治理格局

算法治理应该充分发挥多元主体的作用，让各个主体参与其中，形成治理合力。一是明确政府监管职责。《规定》明确国家网信部门负责统筹协调全国算法推荐服务治理和监督管理工作，工信、公安、市场监管等有关部门依据各自职责负责监督管理工作，多部门协同联动、共同开展算法安全治理工作。二是强化企业主体责任。《规定》要求算法推荐服务提供者加强对违法信息的管理，落实算法安全主体责任，建立健全算法机制机理审核、科技伦理审查、信息发布审核、数据安全和个人信息保护、反电信网络诈骗、安全评估监测、安全事件应急处置等管理制度和技术措施，配备相应的专业人员和技术支撑。三是鼓励行业自律。《规定》鼓励相关行业组织加强行业自律，建立健全行业准则，督促指导算法推荐服务提供者依法服务。四是倡导社会监督。《规定》鼓励广大网民积极参与算法安全治理工作，加强政府、企业、行业组织和网民间的信息交流和有效沟通。政府积极受理网民举报投诉，企业自觉接受社会监督并及时处理投诉举报。

创新全流程监管模式

对于主管部门而言，需要对整个监管流程予以再造。一是实施分级分类管理。《规定》要求监管部门建立算法分级分类安全管理制度，根据算法推荐服务的舆论属性或社会动员能力、内容类别、用户规模、算法推荐技术处理的数据重要程度、对用户行为的干预程度等对算法推荐服务提供者实施分级分类管理。舆论或社会动员能力是算法分级分类考虑的首要因素，具有这种能力将被认为是更重要的算法服务提供者，会受到更严格的部门监管。《规定》将互联网信息服务推荐算法分为生成合成类、个性化推送类、排序精选类、检索过滤类和调度决策类五大类，并分别设置了有针对性的差异化条款。例如，对于生成合成类算法推荐服务，强调"应做出显著标识"；对于个性化推送类，突出用户的自主选择权等用户权益保护；对于调度决策类，关注算法自动化决策对劳动者、消费者等造成的影响。对算法推荐服务的分级分类管理，体现了科学化、精细化的算法治理基本思路。

二是建立算法备案制度。备案本身即存在着监督效应。《规定》要求具有舆论属性或社会动员能力的算法推荐服务提供者在提供服务之日起十个工作日内，对服务提供者的名称、服务形式、应用领域等信息进行备案。通过算法备案，监管机构可以获取具有潜在危害和风险的算法系统的相关信息，对平台事前和运行中的问责点进行固定，及时了解算法推荐服务的内容，同时提高算法推荐服务提供者的责任意识和安全意识。

三是建立算法安全评估机制。《规定》要求具有舆论属性或社会动员能力的算法推荐服务提供者开展安全评估，深入分析算法机制机理，评估算法设计、部署和使用等应用环节的缺陷和漏洞，研判算法应用产生的意识形态、社会公平、道德伦理等安全风险。

聚焦数字权利救济

首先，应当致力于向用户充分赋权。一是算法知情权。算法推荐服务提供者应当以显著方式告知用户其提供算法推荐服务的情况，并以适当方式公示基本原理、目的意图和主要运行机制等。二是算法选择权。算法推荐服务提供者应当向用户提供不针对其个人特征的选项，或者提供便捷关闭算法推荐服务的选项。算法推荐服务提供者还应当向用户提供选择关闭或者删除用于算法推荐服务的针对其个人特征的用户标签的功能。三是投诉权。算法推荐服务提供者应当设置便捷有效的用户申诉和公众投诉、举报入口，在反馈时限内及时受理、处理并反馈处理结果。

其次，关注数字弱势群体相关权益保护。《规定》针对向未成年人、老年人、劳动者、消费者等特定主体提供服务的算法推荐服务提供者给出了具体规范：依法履行未成年人网络保护义务，开发适合未成年人使用的模式，提供适合未成年人特点的服务，不得利用算法推荐服务向未成年人推送可能影响身心健康的信息、诱导未成年人沉迷网络；充分考虑老年人出行、就医、消费、办事等需求，便利老年人安全使用算法推荐服务；向劳动者提供工作调度服务的，应当建立完善平台订单分配、报酬构成及支付、工作时间、奖惩等相关算法；不得根据消费者的偏好、交易习惯等特征利用算法在交易价格等交易条件上实施不合理的差别待遇等。

优化政府规制职能

推荐算法规制从传统的命令控制型规制形式，转变为倚重于对自我规制的元规制。算法的规制应当是全方位的，涵盖事前、事中、事后阶段。除了立法者外，政府应当优化规制职能，侧重于对算法设计进行间接规制。

**事前预防性规制**

为预防算法推荐技术相关治理风险，政府应探索建立算法推荐技术的备案、安全评估和审查制度。

一是建立算法备案制度。在新闻舆论、精准营销、服务推荐、个人隐私保护、数据挖掘等领域，建立网络服务平台算法试运行前的报备制度，备案算法作用、运行原理、技术实现、应用场景、自评合规性等情况，提高对算法商业应用的监督检查支撑能力。

二是建立算法安全评估制度。从舆论动员能力、个人隐私保护、商业合规性、国家数据主权等角度，各主要国家均在探索建立推荐算法风险评估的制度体系与操作路径。美国 2019 年颁布的《算法问责法案》要求商业公司对其自身的智能化推送算法进行"影响评估"；英国在对《数字经济法案》修正案进行讨论时，各方也同样要求赋予有关部门执行和发布算法评估的权力。[1] 加强算法应用前安全测试和影响力评估，部分领域实施算法使用准入管理，提前做好风险预测和技术防范，可提高对个人隐私、商业公平、社会安全的保障能力。

三是建立算法安全审查制度。针对用户规模庞大的网络服务平台，加强网络平台核心算法的定期性安全性测试和审查，做好社会影响力评估分析，确保不出现重大负面影响和系统性风险。

**过程性规制**

一是建立算法网络监测平台。政府部门需要采取数字化的手段

---

[1] 陆峰．大数据时代亟待加强网络平台算法治理．学习时报，2018-07-18．

提升治理能力,通过可信的大数据和人工智能算法进行数字化的规制,加强对网络平台算法数据采集、运行过程、社会影响等方面的动态监测,强化事中规制,提高对风险预测、防范和处置能力。

二是建立算法监督检查机制。根据企业算法备案内容,加强对企业网络平台的持续监测和不定期抽查,有权强制要求不符合法律规范以及伦理道德的算法进行下架,提高算法备案制度的影响力,确保算法备案制度落到实处。

三是开展网络算法第三方监测、评估等方面的研究。支持和鼓励高等院校、科研院所、行业组织等机构,加快算法社会服务准则的研究,促进网络平台算法朝着正确方向发展。

事后性规制

事后性规制模式,是指算法决策给当事人造成不利后果后,对算法决策者或使用者追究相应责任。[1] 这种政府规制模式主要着眼于危害结果已经发生,即某种算法已经在社会中得到运用,并产生了危害后果,侵犯了公民权益。从责任追究方式来看,主要包括行政处罚、民事赔偿等,对侵害公民合法权益、有碍社会公共利益实现的算法设计者和执行者追究法律责任。

我国于2019年正式实施的《中华人民共和国电子商务法》对违反"算法推荐"规制的行为规定了罚则——第18条规定,电子商务经营者根据消费者的兴趣爱好、消费习惯等特征向其提供商品或者服务的搜索结果的,应当同时向该消费者提供不针对其个人特征的选项,尊重和平等保护消费者合法权益。电商法承认个性化算法推荐的合法性,但加诸平台提供一般搜索结果的义务,纠正平台

---

[1] 郑智航,徐昭曦. 大数据时代算法歧视的法律规制与司法审查——以美国法律实践为例. 比较法研究,2019 (4).

与消费者之间的信息不对称。根据该法的规定，市场监督管理部门对于违反"算法推荐"规制条款的电子商务经营者可以没收违法所得，并处 5 万元以上 20 万元以下的罚款；情节严重的，并处 20 万元以上 50 万元以下的罚款。通过适当罚款、一定期限内下架等措施，有效威慑督促平台加强自律。

**加强平台企业自我规制**

元规制是对自我规制的规制。政府规制是作为外在的、以他律形式而存在的规制方法，最终还应落脚到企业的自我规制上。在算法规制中，应高度重视企业自我规制作用的发挥。当前，算法智能推送平台在影响范围和深度等各个方面已经成为事实上的"守门人"（gatekeeper），平台落实主体规制责任已成为各方共识，平台应在算法共同治理体系中发挥主体作用与优势，即进一步加强算法伦理以及自我约束性的制度建设，同时借助技术和人工手段的干预降低算法应用的社会风险。

优化算法模型，提升把关效果

一是平台企业应当运用算法技术审核内容质量。在目前信息爆炸的时代，2020 年一个人一天能审核处理的文章大概是 1 000 篇，机器一秒钟能处理 100 篇；"今日头条"每天新增发布内容是 50 万条，如果全部由人工来处理，需要一个人工作 500 天才能完成；抖音每天则有 4 500 万条视频上传，同样无法靠人工去完成审核。[①] 在如此庞大的内容生产能力面前，如果没有人工智能和算法帮助审核，众多互联网公司显然无法运转。因此，算法成为内容平台把关

---

① 抖音拆解：底层算法逻辑是短视频运营的必修课. 有数商学院（bilibili 专栏）. [2020-12-31]. https://www.bilibili.com/read/cv9071338/.

机制的核心，承担了大部分的审核工作，在内容创作、内容审核以及兴趣推荐三个环节进行把关。在内容创作环节，内容作者预发布的文章需要符合发布规则，否则会被平台要求强制修改，或者不予发表。在内容审核环节，内容首先会经过色情、低俗、标题党、虚假信息、低质模型等180多个风险模型的过滤，部分反响强烈的内容会进入二次审核，获得大范围推广的内容还要通过第三道质量复检。在兴趣推荐环节，算法将内容的相关性特征、环境特征、热度特征、协同特征等作为推荐的依据，向不同兴趣的用户推荐内容。通过这三个把关环节的内容，才能最终得以发表，甚至被推上热门。目前的算法并非完美的，企业应不断对算法模型优化和升级。[1]

二是平台企业应当利用算法技术避免"信息茧房"。企业不断提高算法的洞察力，使算法能够捕获到用户更全面的信息需求，可以在一定程度上消除"信息茧房"。以字节跳动为例，为了避免"信息茧房"，字节跳动在策略上主要采取"消重"和"打散"的方法。一方面，利用"消重"策略，降低内容的重复度。在海量数据训练支持下，字节跳动的推荐系统能够分析哪些内容讲的是同一件事情或者同一个人，在进行择优推荐的同时会排除具有高相似度的内容，降低推荐内容的重复度。另一方面，通过"打散"的策略以保证同一个方向或同一类主题的文章推荐的频率不会太高，以提升内容的多样性，避免用户在前端感觉内容的同质化。另外，字节跳动还会留一部分比例的流量，探索用户的兴趣。比如在抖音中，每几刷中或有一刷的位置会预留给探索用户的兴趣。除此之外，字节跳动引入"搜索引擎"也是解决"信息茧房"问题的一种方法。

---

[1] 陈明. 算法推荐的"歧途"及规制之策. 视听，2018（10）.

借助人工干预，指导技术识别

互联网平台通过算法提高了内容把关的效率，也实现了资讯的精准推送。但仅凭算法的这些优势，就让算法取代人工编辑，还不是时候。算法把关模式也存在着风险和问题，这值得我们警惕。

机器始终无法完全识别人类的社会语言与复杂情感。麻省理工学院、斯坦福大学、Open AI 联合研究报告显示，尽管人工智能在执行一些非常具体的任务时已经超越了人类，但它在一般智力方面仍然极其有限。按照目前人工智能的智力水平，要解决审核问题只能暂时增加人工数量。据 Meta 的技术团队介绍，目前人工智能的机器审核多用于文字内容，如机器检测到含有敏感词汇的内容，会将其删除或向用户发出警告。但对于图片、视频的审核，机器无法像对文字内容一样提取关键词，仍然离不开人工审核。[1]

机器始终不能替代人工，这也是一直倚仗"算法为王"的众多企业在当下不得不大量招聘人工编辑的原因。早在 2017 年 1 月 3 日，"今日头条"对外宣布招聘 2 000 名审核编辑；2018 年，"今日头条"审核团队已经突破 20 000 人。[2] 而抖音的审核团队也达到了几千人，当短视频的播放量达到一百万以上时，也会进入人工审核阶段。在外界看来，以算法推荐自居的字节系加大人力对内容进行审核的行为，似乎是向一贯执行"技术为先"的策略做了妥协。"今日头条"和抖音也已经逐步改变过去单纯依赖算法进行个性化

---

[1] 时代财经. 头条、快手们深陷审核风波，AI 算法被打脸了. [2018 - 04 - 20]. https://www.iyiou.com/p/70753.html.

[2] 中国青年网."今日头条"CEO 张一鸣发致歉信：将审核团队扩大到 10 000 人. [2018 - 04 - 11]. https://baijiahao.baidu.com/s?id＝15974054492546036 98&wfr＝spider&for＝pc.

推荐的做法，开始发挥人工编辑对机器的修正干预作用，减少点击率对算法推荐的影响，走出一条算法推荐与人工干预相结合的路子。①

未来社交软件和短视频 APP 等应该是"算法＋人工"的竞争，其中人工的专业性将逐步升级到弥补或提升算法的正面导向作用，让人工指导算法更好地审核，在技术、人工以及商业化价值体系中找到平衡点，开辟出未来的一片新的空间。

**社会：加强消费者力量与引入第三方治理**

考虑到平台企业欠缺发现问题的动力，发动利益相关方，引入第三方力量参与合作治理，是应对算法推荐业态治理的重要思路之一。所有的利益相关者都可以作为规制算法的主体，其中既包括用户个人，也包括开展数据收集、利用、加工、传输活动的数据业者；既包括算法的设计者，也包括具有算法审查能力和评估资质的第三方组织；既包括本国政府，也包括其他主权国家和国际组织，等等。

发展算法伦理

除借助技术和人工手段的干预以降低算法应用的社会风险之外，企业的自我规制中还应进一步加强算法伦理以及自我约束性的制度建设，确保自我规制效果的长效性。就国外实践看，2018 年 6 月，谷歌公司曾提出人工智能应用的七条"道德原则"，包括对社会有益、避免制造或强加不公平的偏见、发展和利用 AI 技术时注重隐私，由此试图确保技术的研发在正确的轨道上进行。同样，针对人工智能技术扩大贫富差距、武器化、技术滥用等问题，微软公

---

① 智能相对论. 智能算法：个性化推荐到底是不是"今日头条"们的原罪. [2020 - 04 - 26]. http://www.woshipm.com/it/806049.html.

司亦出台了相应的伦理原则。① 国外自我规制的范例，对我国互联网企业自我规制作用与优势的发挥有参考意义。我国的互联网、人工智能企业不仅在国际上技术领先，在治理方法上也有很多有益探索，对提升全球算法治理的整体水平也有重大贡献。

鼓励行业自律

一是以大型网络平台为主体，构建网络平台服务算法联盟。围绕数据挖掘、隐私保护、精准营销、数据流动等领域，算法联盟应加快制定算法宗旨、应用标准、运行规则、负面清单等相关行业规则，加快形成算法方面的行业共识，提高行业自律能力。

二是依托行业协会，发布算法应用行业自律承诺，推动龙头企业在算法应用方面更加重视个人信息保护、商业诚信和社会公德，形成社会引导和示范效应，带动全行业算法公信力的整体提升。

建立在人工智能技术基础上的智能化推送业态的创新价值尚未充分释放，过早过严制定具体规制政策可能扼杀新技术的变革潜力。当前，各国政府更多发动多方主体，形成具有共识性的伦理性原则，以引导智能化推送技术和业态的发展。例如，为了加强算法歧视的自律性规制，美国计算机协会发布了关于算法治理的七项基本原则。② 这些基本原则主要包括以下内容：

（1）算法透明原则。该原则允许第三方对算法代码和决策标准进行审查。美国联邦贸易委员会专员特雷尔·麦克斯威尼提出了"设计责任"这一概念。③ 根据这一概念，算法设计者在开发算法阶

---

① 徐斌. 人权保障视野下的算法规制——从《多伦多宣言》切入. 人权，2019（4）.
② 郑智航，徐昭曦. 大数据时代算法歧视的法律规制与司法审查——以美国法律实践为例. 比较法研究，2019（4）.
③ MACCARTHY M. Standards of fairness for disparate impact assessment of big data algorithms, 48 Cumb. L. Rev. 67，77（2018）.

段应当接受第三方审查，从而发现算法可能存在的歧视和偏见。

（2）算法救济原则。开发者对于错误的算法决策（包括歧视性算法程序）必须进行自我调查并予纠正。

（3）算法负责原则。该原则强调算法的设计者与使用者应当按照法律和政策的要求来设计算法，并对算法产生的结果负责。

（4）算法解释原则。无论算法的逻辑构架多么复杂，都必须由算法使用者做出正常人能够理解的说明。

（5）算法数据可靠性原则。算法的设计者需要对基础数据的来源及可靠性进行说明，并不得使用来源违法的基础数据、敏感性数据和产生歧视性后果的数据。

（6）算法可审查原则。该原则强调算法决策的可追溯性，确保算法模型过程、结果可记录且留痕，以便出现问题时有据可查。

（7）算法验证原则。算法运用机构应采取可靠的技术手段对其算法的程序进行验证，以提高基于此算法所自动做出的决策的可信度。根据此原则，算法在设计阶段就应当接受公平性检测，只有经过检测与认证的算法才能在实践中使用。

这七项基本原则为算法决策的规范运行提供了很好的标准。在实践中，这七项原则之间并不是孤立的，而是相互配合、协同发挥作用。欧盟也坚持政府适度规制下的行业自律管理的理念。欧盟特别强调数据行为的管理，坚持行业主导、规制机构适度干预的理念，并强调充分调动市场自发力量来实现行业自律。

三是开展行业算法应用发展水平评估，总结行业算法发展成就，查找问题和不足，提高算法社会透明度，提升社会对企业算法应用的信任度。

四是加强算法创新的行业交流，定期组织相关网络平台企业开展算法应用创新研讨，共同商讨网络世界算法创新应用模式。

培育用户自治

对于用户自身来说，应当树立起"信息茧房"的破茧意识，主动地去接触不同行业领域、不同类别、不同方向的信息，这样才能在信息选择的过程中增加接触更多信息的机会，而不会困于自己为自己编织的"信息茧房"中。

以新闻APP为例，选择哪些频道和作者都是由用户自己来决定的。用户长期接收到的推送来自用户关注的领域和作者，很少有用户主动搜索关键词去检索其他内容。要想打破"信息茧房"编织的牢笼，用户就必须要有清醒意识，即如果长期依赖机器与算法推荐来获取内容，自我接收的信息是有局限性的，因此必须主动扩大自己的认知范围。

用户在接收信息时也不要依赖单一的平台，而应当主动地拓展接收信息的渠道。如今，网络朝着多终端、融合化的方向发展，用户有了更多的资讯产品可以选择。用户在浏览资讯时，不要过于依赖搭载个性化推荐引擎的APP，可以同时接触一些依靠人工审核来推荐内容的APP或自主选择更多电子刊物、微信公众号来丰富阅读渠道。

此外，虽然网络为用户获取新闻信息提供了极大的便利，但它也只是信息传递的渠道之一。传统的广播电视、报纸，甚至是现实的生活，都是我们可以获取信息的途径。用户应当有更加宽广的视野，从而多平台、多渠道地拓宽自己的认知范围。

算法推荐能更好地做到个性化内容分发、精准推送信息，使用户获取信息更有效率、体验更加优化。透过这扇窗户，用户能够看到更为丰富多元的世界。围绕算法引发的应用风险，则需要政府、平台、社会多方共同发力，从数据治理与算法规制两个层面建立相关规章制度，找到治理风险与产业发展的最优平衡点。

# 第四章　个人隐私与信息保护：创新产业绕不过去的坎

互联网时代，我们每个人都暴露在网络中，似乎成了"透明人"。

与过去自上而下的信息收集截然相反，如今几乎所有信息都是自下而上生成的。每一个个体就像是嵌入信息生态系统中的一个感应点，永不间断地形成数据流。想一想过去 24 小时内打过的每一通电话、发出的每一条微博或朋友圈消息、打车或跑步经过的每一个地方、线上购买或线下购买但线上支付的每一件物品或服务、发送的每一封邮件等，几乎都在虚拟世界里留下了痕迹，这些痕迹汇聚成一个庞大的数据库。人类现在每两天创造的信息量就与我们从文明发轫一直到 2003 年所积累的信息量相当，接近 5 艾字节数据（1 艾字节相当于 2 的 60 次幂字节）。[1] 仅谷歌一家公司每天处理的

---

[1] 拉蒂，克劳德尔. 智能城市. 北京：中信出版社，2019：51.

数据就达美国国家图书馆所有纸质藏书所含数据量的上千倍。①

然而，对个人信息与隐私的关注，个人是没得选择只能无奈接受，还是需要重新界定个人隐私、重新确立规则？公民隐私和数据的保护模式，关系着商业模式的合法边界和成本，也关系着公众与企业、政府的基本信任关系。基于个人信息的推送既满足了个人需求，也面临对个人隐私与信息保护的拷问。

让我们穿越时间的长河，从前计算机时代开始，从过去到现在再到未来，探讨是否存在平衡个人隐私保护与新商业模式之间关系的可能。

## 一、前计算机时代：隐私权的提出与确认

### ◎ 打孔卡制表机：开启隐私、数据收集时代

在信息时代到来之前，人口调查是政府收集信息的主要方式。以美国为例，早在建国之初便确立了人口调查制度。依美国联邦宪法的规定，每十年进行一次人口调查，以人口调查结果来划分各州的众议院席位。

美国首次人口调查始于1790年。自19世纪中后期开始，人口调查要求提供的信息越来越详细。1840年询问了82项信息，1860年所问信息多达142项。② 到1890年时，人口调查问卷上的问题不仅更多，还有不少带有敏感性的问题。例如，第23项"是否患有

---

① 迈尔-舍恩伯格，库克耶. 大数据时代：生活、工作与思维的大变革. 盛杨燕，周涛，译. 杭州：浙江人民出版社，2013：11.

② REGAN P M. Legislating privacy: technology, social values, and public policy. University of North Carolina Press，1995：46-47.

慢性疾病？如果有的话，所患何种疾病？患病时间有多长？"第 24 项"是否存在精神、视力、听觉或讲话方面的缺陷？是否有其他方面的残疾情况？"①

  19 世纪 80 年代，新移民涌入，美国人口激增，加上人口调查内容宽泛，人口调查工作日渐成为一项旷日持久的大工程。1880 年的人口调查由近 1 500 名调查员手动记下结果，上报至联邦政府，然后算出总数。这一过程花费了 7 年时间。以当时的人口增长速度来看，倘若找不到快速便捷的记录和汇总方式的话，那么 1890 年的人口调查工作将无法赶在 1900 年调查开始之前顺利完成。在这个节骨眼上，打孔卡制表机问世了。有了这种新机器，1890 年的人口调查工作仅用了 2 年时间，节省了近 500 万美元。

  打孔卡制表机不仅改变了人口统计流程，也开启了自动数据处理时代。当时，统计学家赫曼·霍勒里斯坚信机器应该能够做任何事，包括统计。他在打孔卡的基础上，结合当时全新的电力技术，发明了打孔卡制表机。在霍勒里斯的设计中，每张卡（大约 3×7 英寸）包含一个人的数据。一名调查员读取人口统计表，并在卡的适当位置打孔记录此人的详细信息。之后，机器操作员将卡放在与制表机连接的印刷机上，然后关闭外壳，再把一个引脚片压到卡上。穿过孔的引脚接触装有一些水银的小杯子，就完成了一个电路循环。电脉冲被传送到机器上类似拨盘的计数器，而结果被记录到计数器板上（见图 4-1）。

  聪明的人们很快认识到，这些卡上的信息不一定是人口数字，也可以是产品或者保险客户信息。很快，打孔卡制表机也进入百货

---

  ① 有关美国历次人口调查所询问的问题，来源于美国人口调查局（U. S. Census Bureau）官网，详见：https://www.census.gov/history/www/through_the_decades/index_of_questions/1850_1.html。

大楼、电力公司、铁路公司、石油公司,用来编制与库存、货运相关的统计报表等。此后,霍勒里斯利用他的发明成立了一家小公司,该公司经过一系列合并成为后来的 IBM。从 1890 年到 20 世纪 50 年代出现商用电子计算机,读取纸板打孔卡的机电式计数器一直是主要的数据处理形式,它在超过半个世纪的时间内改变了世界上几乎每个行业。①

图 4-1　开启自动数据处理时代的打孔卡制表机

◎ 新闻媒体、快照相机加速侵蚀私生活领域

尽管"个人生活不受干扰"的观念早就存在,但直到 1890 年,沃伦和布兰代斯在《哈佛法律评论》上发表《隐私权》(The Right to Privacy)一文,才首次明确提出"隐私权"的概念。在他们看来,"保护个人的著作以及其他智慧感情的产物之原则,是为隐私权"②。对美国大众媒体的不满是二人合力撰写此文的主要动因。

---

　　①　关于打孔卡制表机的发展,来源于 IBM 网站,详见:https://www‐31.ibm.com/ibm/cn/ibm100/icons/tabulator/index.shtml。

　　②　WARREN S, BRANDEIS I. The right to privacy. Harvard Law Review. Vol. 4. Dec. 15,1890:193-220.

当时正是19世纪末经济大萧条时期，大众化报刊为了存活下来，纷纷采用极度煽情的手法，大肆渲染犯罪、凶杀、暴力、色情、丑闻等事件，以吸引读者眼球，抢占报刊市场。这类低俗化、煽情化的报道往往存在窥探他人私生活的倾向。"新闻报刊超出了礼义廉耻可以容忍的限度。传播流言蜚语不再是闲散无聊人士的消遣，而成为一种行业，被人们孜孜不倦又厚颜无耻地从事着……为了让无所事事者心满意足，报纸连篇累牍地充斥着只有侵入家庭隐私才能获取的流言蜚语。文明的前行使人们的生活日渐紧张且复杂，适时地远离世事纷扰极有必要。但如今的新闻报道和各类发明，侵害个人隐私，使人遭受精神上的痛苦与困扰，较之纯粹身体上的伤害，有过之而无不及"①。

这一时期，照相技术的革新也对侵犯隐私的行为起到推波助澜的作用。过去，相机体积庞大，价格昂贵，难以随身携带。1988年，柯达公司的创始人乔治·伊士曼在革新胶卷技术的基础上，发明了快照相机。快照相机体积小、重量轻，便于携带，且操作简单。正如柯达闻名世界的广告语"你只要按下快门，剩下的交给我们"，摄影技术的革新促成了拍照的大众化。自此之后，摄影不再专属于上层社会和专业人员。随着摄影文化的兴起，任何人在任何场合对他人拍照的现象日渐普遍，与之相伴的是对人们私生活领域的侵入。

## ◎ 隐私权艰难生长

尽管"隐私权"概念的提出在学术界掀起了讨论热潮，但这没

---

① WARREN S, BRANDEIS I. The right to privacy. Harvard Law Review. Vol. 4. Dec. 15，1890：193 - 220.

有立即传导至司法实践层面,美国法院对"隐私权"的承认与保护过程并非一蹴而就。

最初,美国法院秉持较为谨慎的态度。直到 1902 年,在罗伯逊诉罗彻斯特折叠箱公司案(以下简称"罗伯逊案")中,纽约州上诉法院拒绝承认对隐私权的法律保护。该案中,被告未获得原告同意,就在其张贴的上万份面粉广告中使用了原告的照片。原告的亲朋好友们看到该广告后认出了原告,这令原告感觉受到羞辱,导致其精神紧张。原告主张被告的行为侵犯了其隐私权,诉请法院发布禁令,要求被告停止侵权行为并赔偿损失。一审法院判决原告胜诉,但纽约州上诉法院推翻了这一判决,否认隐私权为法律权利。纽约州上诉法院担心的是创设隐私权的话,必然会引发大量诉讼。而且,与立法机关相比较,法院在面对新案件时必须秉持谦抑态度。换言之,在法院看来,如果确有必要承认隐私权,那也应当由立法机关开此先河。

作为对罗伯逊案所揭示问题的回应,1903 年,纽约州立法机关制定了相关法律,规定在未获得本人书面同意的情况下,为了广告目的或其他商业目的,使用任何人的姓名、肖像或照片构成侵权。

三年之后,在佩福里希案中,佐治亚州高等法院遇到了同样的问题:被告在报纸上刊登保险广告时,配上了原告的照片。被告使用该照片并未获得原告的同意,且原告也从未在被告处投过保险。佐治亚州高等法院摒弃了罗伯逊案的审判逻辑,而是选择做出具有开创性的判决,认可隐私权作为一项独立的权利。

因此,佩福里希案成为美国首个承认隐私权的判例。审理该案的法官从私人领域与公共领域的区分入手,论证了隐私权的存在及其重要性:为了参与社会生活,个人的确要让渡出一些权利,但这并不意味着他放弃了所有的权利。为了做商业广告,被告未取得原告授权便张贴使用原告的照片,这与迫使原告将其本人公之于众没什么区别。①

在 20 世纪 30 年代之后,随着美国《侵权法重述》的发布,人们更能接受隐私权的概念。加利福尼亚大学威廉·L. 普若瑟教授在梳理数百个案例之后发现,隐私权所保护的并非单一利益,而是复合利益。具体而言,如下四种侵权行为都属于侵犯隐私权的范畴:第一,擅自使用他人姓名、肖像或照片;第二,公开披露他人私事;第三,侵入他人住所或不合理地侵扰他人安宁;第四,公开丑化他人形象。② 每一种侵权行为侵犯的利益并不相同,但都属于隐私权的保护范畴。隐私利益的四分法不仅被学术界所认可,也为司法实务提供了更为明确的指引。

◎ **欧盟:纳粹时期的人口调查**

与美国相比,欧洲的个人信息保护观念经历了更为复杂的变化历程。早在纳粹时代,种种个人信息被纳粹政府用来迫害犹太人和进步人士便为此埋下了伏笔。

从经济上和社会上排挤犹太人,到大批杀害犹太人,这是纳粹行动的第一步。1933 年,希特勒上台之后,便公开承诺要创造一个由优等民族统治的欧洲,并计划大批屠杀犹太人。然而,起初纳粹政府并不知晓德国究竟有多少犹太人,这些犹太人住在哪里、从事什么工作等信息。纳粹政府随即启动了犹太人识别项目。但识别犹太人并非易事。尤其是,为了躲避中世纪时期的迫害,德国犹太

---

① Pavesich v. New England Life Ins. Co. et al.,122 Ga. 190,50 S. E. 68 (1905).
② PROSSER W L. Privacy. California Law Review (1960):383.

人已逐渐实现了相当程度的同化。对此，与纳粹政府政策推动者形成同盟的统计学家卡尔·凯勒明确指出，要尽可能追溯犹太血统，主张通过表格系统记录每个人的出身、宗教信仰与履历。

要想在短时间内识别出犹太人，以人工记录、分类为主的传统人口调查方式显然无法奏效，但赫曼·霍勒里斯发明的打孔卡制表机可以。纳粹政府与 IBM 德国子公司德霍梅格签订了合约，专门设计一套人口调查系统来计算人口并帮助对德国居民进行分类。1933 年，50 万名人口调查员开始挨家挨户收集信息，他们向受访对象提出宗教信仰、是否与异族通婚等一系列尖锐的问题。为了提高数据存储量，该公司放弃了标准的"45 列"卡片，转用"60 列"卡片：每列有 10 个孔位，共 600 个孔位。一列代表一种特征，而每列上的每个孔位就代表了该种特征的具体类别。在卡片第 22 列——宗教中，1 是新教徒、2 是天主教徒、3 是犹太教徒。在第 23、24 列——国籍和语言中，10 代表波兰语使用者。卡片打孔后，由自动计数器以每小时 2.4 万张卡片的速度进行计数。接下来就是令人惊叹的分类和再分类程序。纳粹政府通过交叉索引并过滤包括职业、住所、国籍在内的 35 项特征，以分类 25 个类别的信息；分类获得的信息会与土地登记信息簿、社群信息表，以及教会当局提供的信息联系起来，构成一个不可思议的新数据库。这样，纳粹政府就可以通过职业、城市甚至街区精准辨识出犹太人。[1]

此后，纳粹政府还利用这些卡片分类系统来管理所有的集中营，集中营里的每个犯人被文上了一个识别号码，以便政府借助读卡机追踪犯人的穿孔卡片。[2] 在纳粹统治下，本应有益的技术和信

---

[1] 布莱克.IBM 和纳粹.郭楚强，译.广州：广东人民出版社，2018：41.

[2] All that's interesting：how IBM helped the Nazis carry out the holocaust, updated in March 25，2018. https：//allthatsinteresting.com/ibm-nazis-ww2.

息却沦为精准搜查迫害犹太人的工具。就一定程度上而言，纳粹时代个人信息被政府滥用的阴影，成为日后德国乃至欧盟从基本权利保障出发建构个人信息保护制度的基础。

## 二、计算机时代：个人信息点石成金

◎ 计算机问世之初

大型计算机问世之初，由于其价格和体积，应用并不广泛，政府机构是主要购买者。就某种意义上而言，政府高效收集、处理信息的需求推动了计算机技术的革新。

进入 20 世纪，政府监管机构的兴起以及行政权的大幅扩张，也在相当程度上催生了政府对个人信息的强烈需求。20 世纪 30 年代，美国在新政时期，为了应对经济危机以及这场危机带来的种种问题，成立了证券交易委员会、联邦通信委员会、社会保障局、国家劳动关系委员会、民用航空委员会等多个政府监管机构。长期以来负担繁重信息处理工作的人口调查机构迫切盼望信息处理技术的革新。1949 年，美国人口调查局便开始联系世界上第一台通用计算机（ENIAC）的开发者约翰·莫奇利和约翰·埃克特，委托他们重新设计一台计算机，用于 1950 年新一轮的人口调查工作。

1951 年 3 月，通用自动计算机 I（UNIVAC I）交付，很快便被人口调查局投入使用。这台计算机仅用六分之一秒就可以根据性别、婚姻状况、教育程度、居住地、年龄、出生地、就业情况、收入等分类出不同的群体。[①] 惊人的处理速度让人口调查局掌握了提

---

① FABRY M. The story behind America's first commercial computer，March 31，2016. https：//time.com/4271506/census-bureau-computer-history/.

高工作效率的"密钥",他们决定三年后再安装一台。

美国社会保障局和国家税务局紧跟人口调查局的步伐,也快速迈向计算机办公时代,引入了当时技术最为先进的大型计算机用来计算收益。

到了20世纪60至70年代,为了担负起环境、卫生、安全、民权等诸多方面的职责,美国又一大批新的政府监管机构如雨后春笋般涌现,包括能源部、核能监管委员会、联邦矿山安全与健康检查委员会、职业安全与健康委员会、消费者产品安全委员会、环境保护署、就业机会平等委员会等。[①] 信息是政府决策的基础,是行政权力有效运行的"燃料",掌握丰富的个人信息可谓每一个新成立的政府监管机构履行职责的前提。

### ◎ 个人信息的商业价值不断释放

自20世纪60年代以来,信用卡公司、保险公司、零售商等私营机构也纷纷与计算机技术"联姻",收集并保存了大量个人信息。各种经济和社会活动开始与信息勾连起来,提供个人信息成为人们开展活动的前提。

信用卡公司要透过个人信息来判断持卡人的还款能力,还会详细记录每一笔信贷债务,包括信贷消费者是谁,何时在何地消费,信用额度余额等。起初,信用卡使用者主要是高收入人群。在市场几近饱和之后,信用卡公司不得不向普通消费者推行信用卡。各信用卡公司争先恐后大批量邮寄信用卡,将卡片直接发到它们能够知晓的每一名消费者手里。这样做可以尽快抢占市场,但风险很大。

为了最大限度地减少潜在损失,信用卡公司只能密切关注信用

---

① 马英娟. 政府监管机构研究. 北京:北京大学出版社,2007:49-52.

卡的使用记录。1965年，金融公共关系协会在纽约举办了一次聚会，与会专家建议银行借助计算机技术，用社会保障号码（social security number，SSN）来跟踪记录信用卡用户的消费记录，因为"每个人都有社会保障号码，且一生保持不变"。与会专家还建议联邦政府建立一个全国性的信用数据库。当时，这一大胆的设想并没有迎来满堂喝彩，甚至有不少银行同僚担心这会过分侵犯个人隐私。然而，同一年，底特律的信用数据公司开始在全国各地开设计算机处理中心，以收集、存储并整合分配信用信息，信用信息与计算机技术融合发展走上了快车道。一年之后，洛杉矶的首个信用数据中心就收集了900多万人的信用信息。[①]

随着市场营销方式的变革，零售商们也日渐对消费者信息趋之若鹜。在20世纪初期，一对一的传统市场营销方式变为以不特定消费者为目标的广告宣传。很快，零售商们便发现，这种大规模的市场营销收效甚微，花费大量人力财力物力，却难以吸引到消费者。要想提高目标营销的成功率，商家们不得不持续改进目标选择技术。为此，商家不仅要收集消费者对产品的意见，更要了解消费者本身。此后，面向特定群体的目标市场营销方式开始流行起来。早在20世纪20年代，通用汽车公司就尝试开展目标市场营销。通用汽车公司发现，福特汽车的回头客不多，于是将两年前购买了福特汽车的消费者作为营销对象，向他们邮寄调查问卷，并收集他们对汽车产品的意见。

◎ **统一数据中心计划的失败**

1965年12月，为了应对政府在处理信息方面面临太多重复工

---

① LANE F S. American privacy：the 400 - year history of our most contested right. Beacon Press，2009：150.

作和浪费精力的状况，美国预算局顾问艾德加·邓恩建议联邦政府设立一个统一数据服务中心，来更好地存储、更高效地分析政府收集的所有信息。但此建议却受到担忧隐私受到侵犯的学者和公众的反对。[①]《赤裸裸的社会》(*The Naked Society*)的作者万斯·帕卡德透过《一九八四》中"老大哥"的隐喻讽刺道："距离1984的到来仅剩17年时间了。直觉告诉我，如果老大哥踏入美国，我们会发现，他并非贪婪的权力追求者，而是凡事以效率为先的官僚"[②]。

这一提议也招致国会两院中隐私保护支持者的强烈反对。1967年，日后撰写了《美国信息自由法案》内容的民主党人、国会参议员爱德华主持下的参议院委员会围绕设立国家数据中心的提议展开讨论。除了国会两院的质疑，当时著名的隐私问题研究者艾伦·韦斯汀也站在反对立场。此次纷争促使人们更为关心隐私保护问题。在这之后，政府机构和私营机构纷纷围绕个人信息利用和隐私担忧等问题展开调查。

## ◎ 第一波个人信息保护立法潮

### 美国：逐个击破

自20世纪70年代以来，一直到20世纪末，美国国会每隔两三年就会颁布一项涉及个人信息收集、使用和披露等问题的法案，来回应计算机时代人们对隐私不保的担忧，保护公民的隐私权。

美国国会最先回应了信用报告机构滥用个人信息的乱象，于1970年审议通过了《公平信用报告法》，要求信用报告机构在向他人提供某

---

① BOUK D. The national data center and the rise of the data double. Historical studies in the natural sciences，Vol. 48 No. 5，November 2018：627–636.

② LANE F S. American privacy：the 400–year history of our most contested right. Beacon Press，2009：146.

消费者的调查报告之前,必须通知消费者本人,且消费者本人有权知悉调查性质、调查范围、信息来源、调查报告接收者的身份等情况。

为了调查利用计算机技术处理个人数据的潜在影响,美国健康、教育和福利部于1972年成立了自动化个人数据系统咨询委员会并召开了第一次会议。当时,与会者们对自动化个人数据系统的认识存在相当大的分歧。随着讨论的推进,人们的态度渐渐发生了改变。在历次会议上,有来自50多个不同组织的100多名人员详细介绍了自动化个人数据系统的具体应用情况。此外,与会者们还认真探讨了加拿大、英国和瑞典等其他国家的相关报告,最终达成了一定的共识。

1973年7月,该咨询委员会形成并发布了名为《记录、计算机与公民权利》的报告。该报告最大的贡献在于,提出"公平信息实践准则",确立了处理个人数据的五项原则:第一,禁止秘密使用任何个人数据记录保存系统;第二,应当确保个人有途径可了解系统中记录了哪些有关于他的信息,以及如何使用这些信息;第三,应当确保个人能够阻止未经其同意,将基于某一目的收集的有关他的信息提供给他人,或用作其他目的;第四,应当确保个人有途径改正或修改有关他的可识别性信息;第五,任何制作、维护、使用或传播可识别性个人数据的组织,必须确保拟用数据的可靠性,并且要采取预防措施避免数据被滥用。

"公平信息实践准则"不仅为美国此后信息隐私立法奠定了基调,也在相当程度上影响了欧洲和国际组织的个人信息保护立法。正如著名隐私问题专家保罗·施瓦茨所言,"公平信息实践准则是现代信息隐私法的基石"①。

---

① 关于"公平信息实践原则"的深远影响,参见:丁晓东.论个人信息法律保护的思想渊源与基本原理.现代法学,2019(3):98-103。

《记录、计算机与公民权利》报告直接促使美国国会在次年通过了《隐私权法》，主要适用对象是存储在政府记录系统中的个人信息。该法赋予个人查看与自己有关的记录的权利。一旦有人提出该要求，政府部门必须告知是否掌握相关的记录。权利人有权就记录内容的准确性、相关性、完整性和及时性提出异议，并要求修正不准确的信息。

与《隐私权法》同一年出台的还有《家庭教育权与隐私权法》，规定在未获得18岁以下学生家长书面同意或18岁以上学生本人同意的情况下，任何教育机构都不得披露学生的姓名、地址、出生地、出生日期、出勤记录、奖励情况等信息，否则将无法获得联邦资金的资助。20世纪八九十年代，美国还陆续出台一系列法律保护不同领域的隐私。①

回顾并梳理上述各项法案的制定背景与主要内容，不难发现，美国力图针对各个具体领域内暴露出来的隐私保护问题，分别制定相应的法案，以此来编织一张隐私保护网。但遗憾的是，这张隐私保护网过于零散，导致"网眼"过大，存有不少漏洞，很难起到充分的隐私保护作用。

**欧洲：统一规范**

第二次世界大战之后，各国尤其是欧洲国家，开始确立"隐私权"，强调保护个人隐私的重要性。1948年，联合国大会通过了《世界人权宣言》，其中第12条规定：任何人的隐私、家庭生活、住宅或通信不得受到恣意或非法干预，其荣誉和名誉也不得遭受非法攻击。

---

① 这一时期的立法包括《有线通信政策法》《录像隐私保护法》《驾驶员隐私权保护法》《金融服务现代化法》等。

任何人均有获得法律保护以对抗干预或攻击的权利。1953 年,《欧洲人权公约》(European Convention on Human Rights,ECHR)亦做出关于隐私权的规定。

随着计算机技术的兴起与发展,欧洲各国逐渐认识到,单凭隐私保护制度,难以有效回应公私部门广泛建立数据库中存在的侵犯公民隐私权以及个人信息滥用等问题。20 世纪 70 年代,欧洲委员会先后提出两个决议,初步确立了私营部门和公共部门自动化处理个人数据的原则,并力图以此促使各国立法保护个人信息。基于此,德国、瑞典、法国、卢森堡、英国等欧洲国家纷纷开始通过立法保护个人信息。1970 年,德国黑森州制定了世界上第一部专门性的个人数据保护法。

尽管各国纷纷立法保护个人信息,但各国立法存在诸多差异,对个人信息的保护水平不一,不仅不利于充分保护个人信息,还会构成统一欧共体内部市场的障碍。于是,欧共体委员会在 1990 年就着手起草统一立法,以协调各成员国之间的个人数据保护规范。经过四年的讨论,1995 年欧洲议会和欧盟理事会通过并发布《关于个人信息处理保护及个人信息自由传输的指令》。一是保护自然人的基本权利和自由,尤其是个人数据处理过程中的隐私权;二是不得以保护个人权利为借口,限制或禁止数据在各成员国之间合法流通。这两重目的并不矛盾,而是相互促进,以确保各成员国在提供同等程度的高水平保护的同时,推动欧共体内部统一市场的发展。该指令不仅明确了民事和刑事事后救济体系,还强调了行政执法的重要性。各成员国应设立具有完全独立权限的监管机构,监督数据保护法的实施。监管机构在履行职责,尤其是处理数据主体提起的申诉时,必须具备必要的手段,包括调查权、咨询建议权、命令封锁权、删除数据权、命令暂时停止处理数据权、警告权、劝诫权、启动司法程序权等。

**国际规则：自愿还是强制**

随着自动化数据处理技术的发展，20 世纪 70 年代掀起了第一波个人信息保护立法潮，超过一半的经济合作与发展组织（OECD）成员国已经制定或即将制定个人信息保护法。

从个人信息保护具体规范来看，各个国家之间存在诸多差异。在数据跨境流动尚不频繁的时代，立法上的差异尚不足以引发问题，但这些差异可能会成为数据跨境流动的障碍，给银行和保险业等仰赖数据流通的行业带来消极影响。为了协调不同国家或地区之间的立法，在保障隐私权的同时，防止数据跨境流动受到影响，OECD 于 1980 年发布了《隐私保护与个人数据跨境流通指南》。

作为个人信息保护国际规则的先驱，该指南最大的贡献当属个人信息保护八项原则的确立。这八项原则分别是：

第一，收集限制原则。收集个人数据应在数据主体知情同意的情况下，以合法和公平的方式进行。

第二，数据质量原则。为特定目的所使用的数据应保持正确、完整和更新。

第三，目的特定原则。收集个人数据之目的应明确特定，后续使用应限于最初收集目的或与之相容的目的；如果改变使用目的，应予以说明。

第四，使用限制原则。个人信息不得用于特定目的之外的目的。

第五，安全保障原则。为防止个人信息丢失、未经授权的访问、损坏、利用、修改、泄露等风险，应采取合理的安全保护措施。

第六，公开原则。针对个人信息的发展、实践及政策制定一般性政策并予以公开。

第七，参与原则。数据主体有权在合理期间，以合理方式获知数据控制主体是否持有与其相关的数据，有权质疑数据并删除、改变、完善数据。

第八，可问责性原则。数据控制主体应遵守上述原则，承担相应责任。

1981年，欧洲委员会[①]颁布了《关于个人数据自动化处理的个人保护公约》（即"第108号公约"[②]）。该公约是数据保护领域第一个具有法律约束力的国际公约。作为一个开放性公约，其除了向欧洲理事会成员国开放外，也面向非欧洲国家以及国际组织开放签署。该公约核心目标在于权利保护，其制定目的是"在个人信息处理过程中对每个个体（无论其国籍或住所地）予以保护，保障基本权利和自由，尤其是尊重其隐私权"。

尽管立法模式不同，但欧洲和国际组织有关个人数据保护的立法都在不同程度上体现了美国所确立的公平信息实践准则。甚至，世界上第一部专门性的个人数据保护法——1970年德国黑森州《数据保护法》——也或多或少受到公平信息实践准则的影响。

美国和欧洲关于个人隐私及个人数据保护立法的进程参见图4-2。

---

[①] 需要注意的是，欧洲委员会并非欧盟的组成机构，而是一个国际政府合作组织。欧洲理事会是由爱尔兰、比利时、丹麦、法国、荷兰、卢森堡、挪威、瑞典、意大利和英国于1949年5月5日在伦敦签订《欧洲委员会法规》成立的，是欧洲整合进程中最早成立的机构。欧洲理事会的宗旨是维护欧洲的人权、民主和法治。

[②] 该公约在欧洲理事会《欧洲条约集》中编号108，因此通常被称为"第108号公约"。

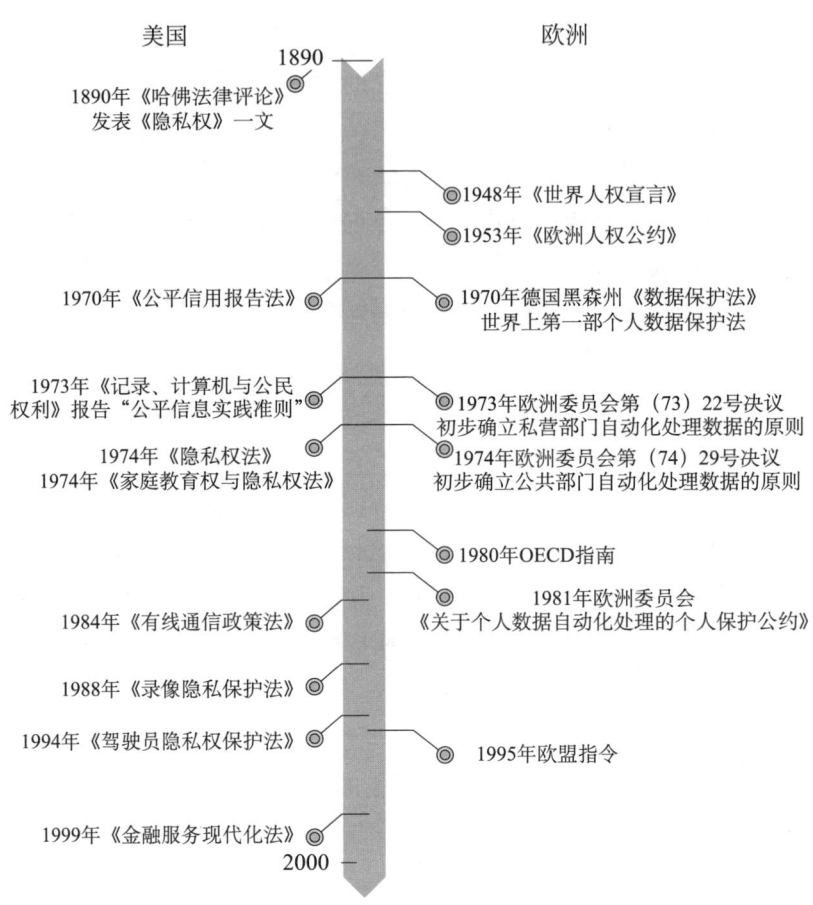

图 4-2　美国隐私保护立法与欧洲个人数据保护立法

## 三、大数据时代：个人信息的保护与利用齐头并进

◎ **大数据元年**

自 20 世纪后期以来，互联网在世界范围内得以普及。与互联

网发展相伴的便是搜索引擎，一个小小的搜索框凝聚了半部互联网发展史。我们越是依赖搜索引擎回答心中的疑问，搜索引擎给出的答案便越精准。如今的搜索引擎几乎已经实现了谷歌联合创始人谢尔盖·布林所畅想的"让搜索直接连接大脑"。

搜索引擎之所以能取得今日的成绩，每一位网络用户都有贡献。我们每一次搜索、每一次点击，都会形成一串身份轨迹和大量cookies[①]。绝大多数搜索引擎还会记录下用户所处的大致方位。

当用户在搜索引擎中输入"长城"时，他想查找的是什么呢？名胜古迹，还是汽车品牌，抑或电影名称？仅凭这一个词，很难准确判断出他的搜索意图，所以需要进一步收集与用户相关的数据。这样做的主要目的是增强搜索引擎的功能，预测用户意图，从而为用户提供与其意图更加相关的搜索结果；另一个目的是便于广告商更加精准地投放广告。不同用户对搜索结果有不同的偏好，哪怕查询词句完全相同，了解到用户偏好后，搜索引擎便可以据此为用户提供量身定制的搜索结果。这一过程即所谓的"个性化"，通过收集各类信息便可以实现。

可见，搜索引擎掌握着大量数据，这些数据不仅能用于优化搜索功能，还有意想不到的价值。谷歌便凭借所收集的海量数据在很多方面令人刮目相看。在2015年美国国家标准与技术研究所支持的机器翻译测评中，谷歌以巨大的优势击败了全世界其他机器翻译研究团队，一跃成为这个领域的领头羊。同年参与测评的其他团队都是佼佼者，不是曾经取得过优异的成绩，就是拥有较长的研究历史，因此，在测评之前谁也没有关注首次参与测评的谷歌团队。测评结果让大家

---

[①] cookie：保存在客户机中的简单的文本文件，与特定的 Web 文档关联在一起，保存了该客户机访问这个 Web 文档时的信息。当客户机再次访问这个 Web 文档时，这些信息可供该文档使用，从而实现记录用户个人信息的功能。

大吃一惊：在所有四项测评中，之前从来没有做过机器翻译的谷歌均领先同行一大截。比如，从阿拉伯语到英语的翻译，谷歌系统的评分为 51.31%，领先第二名将近 5%，而提高这 5 个百分点在过去需要 5~10 年的时间；从中文到英语的翻译，谷歌 51.37% 的评分比第二名领先了 17%，这个差距已经超出了一代人的水平。[1]

谷歌能做到这一点，其中一个原因行业内人尽皆知，那就是谷歌花重金请到了当时世界上水平最高的机器翻译专家弗朗兹·奥科博士。因此，在当年 7 月，美国国家标准与技术研究所召开会议交流机器翻译经验时，奥科博士成了焦点人物。与会者都想听听他的秘诀，但这个秘诀一讲出来就不值钱了——他用的还是两年前的方法，但用了比其他研究团队多几千倍甚至上万倍的数据。量变的积累触发了质变，数据才是谷歌一战成名的"杀手锏"。

尽管大数据一词开始频繁出现是 2007 年以后的事，但从某种意义上说，2015 年才是大数据元年，真正实现从量变到质变的飞跃，让人们看到了数据的潜在价值。此后，不仅仅是机器翻译研究领域将大部分精力转移至收集数据上，其他领域也纷纷使用数据驱动方法。

进入 21 世纪，随着物联网技术的普及和发展，我们正迈向一个时时可上网、人人有终端、物物可传感的时代。物联网技术并不复杂，其实不过是一种典型的数据化手段，借助于此，世间万物都有可能转化为数据形式。

### ◎ 大数据价值的"冰山一角"

**零售：懂消费者的商家**

零售行业大数据应用有两个层面：一个层面是零售行业可以了

---

[1] 吴军. 智能时代. 北京：中信出版集团，2016：57.

解客户消费喜好和趋势,进行商品的精准营销,降低营销成本;另一个层面是客户在购买产品时,为客户提供其可能购买的其他产品,扩大销售额,这在某种程度上也属于精准营销范畴。另外,零售行业可以通过大数据掌握未来消费趋势,更好地对热销商品进行进货管理并对过季商品予以处理。零售行业的数据对于企业是非常宝贵的,零售商的数据信息有助于资源的有效利用,减少产能过剩;生产厂商则依据零售商提供的信息根据实际需求进行生产,从而减少不必要的浪费。

未来考验零售行业的不再只是零供关系的好坏,还有对消费者需求的挖掘,以及高效整合供应链满足消费者需求的能力,因此零售行业的信息技术水平成为获得竞争优势的关键要素。不论是国际零售巨头,还是本土零售品牌,要想顶住日渐微薄的利润率所带来的压力,在这片红海中立于不败之地,就必须思考如何拥抱新科技,并为顾客带来更好的消费体验。

想象一下这样的场景:当乘客在地铁站候车时,墙上有某一零售商的巨幅数字屏幕广告,乘客可以浏览产品信息,对感兴趣的或需要购买的商品用手机扫描下单,约定在晚些时候送到家中。未来,你甚至都不需要有任何购买动作——当你的沐浴露剩下最后一滴时,商家就已经利用你之前购买行为产生的大数据,将你中意的沐浴露送到你的手上。顾客和商家虽然从未谋面,但已如朋友般熟识。

**体育:大数据打开了体育界的一扇"天窗"**

从《点球成金》这部电影开始,体育界的有识之士们终于找到了向往已久的道路,那就是利用大数据来让团队发挥最佳水平。从足球到篮球,从短跑到速滑,数据似乎成为赢得比赛和奖杯的金钥匙。大数据对于体育的改变可以说是方方面面。从运动员本身来讲，可穿戴设备收集的数据可以让运动员更了解自己的身体状况；媒体评论员通过大数据能够更好地解说比赛、分析比赛。通过大数据分析，将数据转化成洞察力，不但能为运动员在体育竞技中增加胜利的筹码，还能为身处世界各地的体育爱好者随时随地观赏比赛提供个性化体验。

尽管鲜有运动员愿意公开承认自己利用大数据来制定比赛策略和战术，但几乎每名运动员都会在比赛前后使用大数据服务。德国队是全球首支在比赛中使用大数据的国家足球队，凭借软件巨头SAP研发的"MatchInsights"系统，通过球员佩戴的以及训练场、比赛场地装设的大量传感器，球员的各种动作细节与位置变化数据被捕捉，这些数据经过迅速处理后，会实时传送到终端，供教练进行决策。基于该系统产生的数据，德国队为迎战世界杯制定了更有针对性的训练计划，并改进了战略和战术。在世界杯期间，德国队也用该系统进行赛后分析。

**交通：大数据有望治理城市"交通病"**

交通拥堵是世界各国城市治理面临的难题之一。据世界银行统计，城市人口数量依旧在以年均2%的速度上升。未来，城镇化与交通压力之间的矛盾会愈演愈烈。与欧洲大城市不同，我国的交通系统以道路交通为主、轨道交通为辅。这更加凸显了道路拥堵问题。

依托大数据的智能信号灯系统，为破解交通拥堵难题带来曙光。救护车、消防车等紧急救援车辆对响应时间要求极为苛刻。尽管紧急救援车辆在执行任务时具有法律赋予的优先通行权，但在实际中由于其他车辆的影响，很难保证快速优先通行。2019年，杭州市萧山区开发了"一键护航"系统，该系统作为城市大脑的具体应用之一，通过融合视频数据和轨迹数据，获取连续多个路口的交通排队参数并预测未来趋势，推荐最佳信号配时方案，提前锁定并清空前方排队车辆，确保紧急救援车辆快速通行。经过数百次测试验证之后，与未启用该系统时的历史数据相比，启用该系统后救护车响应时间缩短了近30%。①

**医疗：数字流行病学的诞生**

传统流行病学研究往往是先提出一个假设，然后全力收集数据来支持假设。这一过程很大程度上受限于研究者的主观认知和想象。比如，倘若没有人怀疑吸烟会对健康有害的话，可能也就没有人会去收集数据来证明二者之间的关系。即便有人提出了二者之间有联系的假设，收集到足够的数据很可能也要花上数年时间。②

与传统流行病学的研究路径不同，数字流行病学是借助公共卫生系统之外那些看似与疾病或健康状况无关的数据展开研究。数字流行病学诞生于本世纪初，得益于越来越多的人开始通过网络搜索引擎搜索健康信息，或在社交媒体上与他人分享相关经验。此类在线信息不仅带有时间标签，还会留下地理位置痕迹。基于这些信息，研究人员可以更为便捷地验证已有假设，还能够发现此前未曾注意到的关联信息，进而提出新假设。

广为流传的例证当属谷歌流感预测。谷歌在 2008 年上线了谷歌流感预测系统，并在 2009 年精准预测了全美各地区流感传播情

---

① 浙江在线. 城市大脑新功能上线 萧山为救护车开启"一键护航". [2019-06-20]. https://zjnews.zjol.com.cn/zjnews/201906/t20190602_10251444.shtml.

② 约姆-托夫. 医疗大数据：大数据如何改变医疗. 北京：机械工业出版社，2016：97.

况,比官方的系统还要快两周。随后,谷歌同美国疾病控制与预防中心的研究人员合作在《自然》杂志上发文说明了他们如何利用搜索引擎日志预测流感的发生。[①] 这一新方法背后的原理并不复杂:如果某地开始出现流感病例,那么相关病症的谷歌搜索次数就会增多。

尽管此后谷歌流感预测的结果出现偏差,数次高估了流感的发病率,但利用搜索引擎日志评估疾病或健康状况的影响因素的研究自此拉开了帷幕。[②] 有研究表明,通过大范围分析搜索引擎日志,可以发现药物的不良反应,特别是那些依靠传统机制难以识别的潜伏周期长、症状不明显的副作用。[③]

除了搜索引擎日志之外,社交媒体上的帖子、手机通话记录、传感器生成的数据等也是展开数字流行病学研究的主要数据源。研究人员通过 Twitter 数据追踪了人们对 2011 年 H1N1 流感的关注和担忧。波士顿儿童医院通过分析每天与流感相关的维基百科文章的浏览率,来实时评估流感水平。有研究人员通过分析海地最大的移动电话公司的用户 SIM 卡的位置数据,评估了 2010 年海地地震和霍乱暴发后人口迁移的规模和趋势。[④]

---

[①] GINSBERG J, MOHEBBI M H, PATEL R S, et al. Detecting influenza epidemics using search engine query data. Nature. 2009 Feb 19; 457 (7232): 1012 - 4. doi: 10.1038/nature07634. PMID: 19020500.

[②] VERMA M, KISHORE K, KUMAR M, et al. Google Search Trends Predicting Disease Outbreaks: An Analysis from India. Healthcare informatics research vol. 24, 4 (2018): 300 - 308. doi: 10.4258/hir.2018.24.4.300.

[③] 约姆-托夫. 医疗大数据:大数据如何改变医疗. 北京:机械工业出版社, 2016: 110 - 111.

[④] PARK H, JUNG H, ON J, et al. Digital epidemiology: use of digital data collected for non-epidemiological purposes in epidemiological studies. Healthcare informatics research vol. 24, 4 (2018): 253 - 262. doi: 10.4258/hir.2018.24.4.253.

2020年，新冠疫情席卷全球。与17年前的非典型肺炎（SARS）疫情相比，以大数据为代表的信息科技在此轮抗疫过程中发挥了巨大作用。各国纷纷推出具备"接触追踪"功能的应用程序，供公共卫生机构用于追踪感染者的密切接触者。在智能手机上安装这类应用程序后，可利用短距蓝牙信号，收集与用户密切接触过的其他人的手机信号，在人们靠近新冠检测结果呈阳性的人时发出警报。疫情发生之初，杭州市便依托城市大脑平台，融合交通枢纽、疾控、医疗、出行等80多个维度的大数据，搭建高危易感染人员模型，高精度锁定确诊患者及其密切接触者，按照风险等级开展滚动研判。韩国推出的应用程序"新冠100米"可以让用户看到新冠患者被确诊的日期、就诊地点等信息，以及用户与患者的距离，以帮助用户避开患者所在区域。美国《科学》杂志发布研究报告称，人工排查通常需要一周时间完成的程序，定位追踪技术能在瞬间完成。

**生物：生物银行与精准医疗**

正如"世界上没有两片相同的叶子"，由于每个人的基因不同，相同的药物在不同人身上的疗效可能差异较大。因此，为患者"量身定制"治疗方案，也就是精准医学，成为当前先进的治疗理念之一。要做到这一点，离不开大数据的支持。只有通过追踪大量人群的健康状况，才能发现疾病与基因的关联。

"生物银行"是实现精准医疗的关键。"生物银行"即生物样本库。与普通银行不同的是，"生物银行"存储的不是钱，而是一管血、一根头发、一颗牙齿，甚至一份尿样等体液、组织、细胞、器官、DNA等生物样本。"生物银行"主要是收集、处理、储存和应用这些存储的生物样本，以及与这些生物样本相关的临床、病理、治疗、随访等资料，并对其进行质量控制、信息管理与数据应用的系统。

好莱坞影星安吉丽娜·朱莉接受预防性双乳腺切除手术的报道，我们都不陌生。2013年，为降低罹患乳腺癌的风险，安吉丽娜·朱莉接受了预防性的双乳腺切除手术，而这个决定是她在检测到自身携带一种风险基因——BRCA基因——后才做出的。BRCA基因会带来显著的致病风险，有55%～65%的乳腺癌患者携带有害的BRCA1突变基因，45%的携带BRCA2突变基因。对朱莉来说，虽然她携带的仅仅是BRCA1基因，但已足以让她做出接受预防性手术的决定。这就好像人类正在从自己的基因组中找到这些失落的宝藏，从而帮助自己预防一些恶性疾病。

◎ **数据泄露乱象**

2018年或许是Facebook创立以来的至暗时刻。2018年3月，美国《纽约时报》和英国《卫报》纷纷发布报道，一家名为"剑桥分析"的数据公司通过一款性格测试软件和Facebook提供的API接口收集了超过5 000万名用户的信息资料，并对这些用户的行为模式、性格特征、价值观取向、成长经历等进行分析，用于美国总统大选期间的定向宣传。4月，Facebook表示此次数据泄露事件涉及8 700万名用户，正在采取严格措施限制第三方应用开发者获取Facebook用户数据的权限。

在国内，频见报章的大规模数据泄露事件同样令人担忧。2018年8月，华住集团旗下酒店客户数据开始在网上标价出售，被兜售的数据包括：1.23亿条官网注册资料，1.3亿条入住登记身份信息，2.4亿条酒店开房记录。几乎在同一时间，快递行业也被曝出数据泄露丑闻。圆通、顺丰的快递数据先后在暗网上被公然售卖，其中包含寄件人和收件人的姓名、地址、电话等详细信息。2018年5月，湖北省荆州市中级人民法院就审理过一起公民信息泄露案件。该案件涉及以快递员工为信息泄露主体，快递代理商、文化公司及无业游民、诈骗犯罪分子等多方参与的数据售卖产业链条。案件查获涉嫌被泄露的公民个人信息上千万条，涉及交易金额达到200多万元，同时查获涉及全国20多个省市的非法买卖公民个人信息网络群。

只要有信息收集和存储行为，就存在信息泄露风险。但近年来，随着大数据价值日益凸显，数据成为被抢夺的宝贵资源。在此背景下，数据泄露事件的发生频率和被泄露数据的规模都有增无减。

知名互联网公司的数据泄露事件最为引人注目，中小企业的数据泄露情况同样不容忽视。一方面，黑客并非只对大企业感兴趣，中小企业也会成为其攻击目标。根据美国国家网络安全联盟的统计，60%的小企业无法幸免于网络攻击。另一方面，与大企业相比，中小企业的网络安全技术和安全防御能力有限。IBM发布的《2019年数据泄露成本报告》分析了组织规模与数据泄露影响之间的关系，发现在面对数据泄露事件时，规模较小的组织要比规模较大的组织付出更高的成本，它们更可能因此被彻底击垮。[1]

此外，政府机构和医疗、金融、教育等公共服务机构往往也会成为窃取数据的目标。与互联网企业不同，政府机构和公共服务机构掌握着大量个人敏感信息，一旦数据泄露，将引发不可估量的后果。例如，美国人事管理局的网站被黑客入侵，近2 200万名现任或前任联邦雇员的个人信息被泄露，包括对员工安全许可进行背景

---

[1] IBM Security. Cost of a data breach report（2019）. https：//www.ibm.com/downloads/cas/ZBZLY7KL？_ga=2.148238199.1762516747.1577395260-1128561362.1577395260.

调查的表格，其中列明了他们自 18 岁以来所居住的每一个地方、曾到过的所有国家，以及所有家人及他们的住址等信息。再如，印度国家身份认证系统发生数据泄露，牵涉超过 11 亿印度公民的生物识别项目（Aadhaar）① 号码、姓名、电子邮箱、住址、电话号码以及照片。2019 年，美国俄克拉荷马州证券委员会的服务器至少有一周处于未加保护的状态，任何人都可以通过搜索引擎加以访问，致使 3TB 的政府数据遭泄露，包括联邦调查局的调查记录和其他大量机密文件。

◎ **数据争夺之战**

**新浪微博与脉脉的纠葛**

新浪微博诉脉脉不正当竞争案可谓我国首例由大数据商业使用引发的不正当竞争纠纷案。新浪微博的运营者是微梦公司，脉脉的运营者是淘友公司。②

微梦公司与淘友公司在 2013 年 9 月 11 日至 2014 年 8 月 15 日曾通过新浪微博平台 Open API 展开合作。基于新浪微博开放平台的《开发者协议》，淘友公司可以通过 Open API 接口获取新浪微博用户的头像、名称、好友关系（无好友信息）、性别和标签信息。2014 年 8 月，微梦公司注意到淘友公司的数据调用情况有异常：7、8 月份的数据调用量远高于平常。微梦公司还发现淘友公司超出授权范围，抓取并使用了新浪微博用户的教育信息和职业信息。微梦

---

① Aadhaar 是印度的国家生物识别项目，也是同时期世界上最大的生物识别项目。2010 年 9 月，印度开始启动 Aadhaar 项目，收集超过 11 亿人口的姓名、性别、地址、手机号，以及指纹、相片和虹膜扫描图像。Aadhaar 代表一个 12 位数的唯一身份号码，由印度唯一身份识别机构（UIDAI）收集。

② 两方全称是北京微梦创科网络技术有限公司和北京淘友天下技术有限公司。

公司因而终止了与淘友公司的合作。但在合作终止后，淘友公司并未及时删除双方合作期间获取的新浪微博用户信息。因此，微梦公司向法院提起诉讼，主张淘友公司非法获取并使用新浪微博用户信息，其行为对微梦公司构成不正当竞争。

该案中，双方在数据获取与使用方面的争议焦点包括：第一，在合作期间，淘友公司是否有权获取新浪微博用户的职业信息、教育信息；第二，在合作期间，淘友公司是否有权获取并使用非脉脉用户的相关新浪微博信息；第三，在合作结束后，淘友公司是否能够留存并继续使用新浪微博用户信息。

在个人信息保护与数据商业利用相关立法尚不完备的背景下，法院从淘友公司的行为是否违反诚实信用原则或商业道德、是否损害微梦公司的合法权益、是否损害消费者利益的角度出发，援引《中华人民共和国反不正当竞争法》第2条，认定淘友公司的行为违反《开发者协议》，未经用户同意且未经微梦公司授权，获取新浪微博用户的相关信息，侵害了微梦公司的商业资源，不正当地获取竞争优势，超出了法律所保护的正当竞争行为范畴。

从八万余字的判决书中可以看出，法院基于保护企业的竞争优势，禁止非法爬取和利用用户数据。尽管法院没有直接回应数据权属问题，但通过"三重授权"划定了"合法"与"非法"之间的界线，力图以此来实现Open API数据共享场景下个人信息保护与数据流通利用之间的平衡。

在判决书中，法院强调："庞大的新浪微博用户的数据信息是其拥有的重要商业资源，用户信息作为社交软件提升企业竞争力的基础及核心。新浪微博在实施开放平台战略中，有条件地向开发者应用提供用户信息，坚持'用户授权＋新浪授权＋用户授权'的三重授权原则，目的在于保护用户隐私的同时维护企业自身的核心竞争优势。"换言之,数据提供方基于 Open API 向第三方开放数据的前提是数据提供方获得了用户授权,同时,第三方平台在使用用户信息时还应当明确告知用户其使用的目的、方式和范围,再次取得用户的同意。

**都是网络爬虫惹的祸**

美国的 hiQ 诉领英案起因同样是一方未经授权抓取另一平台的用户信息,但法院对"未经授权"的理解以及网络爬虫(见图 4-3)行为的态度似乎有所不同。①

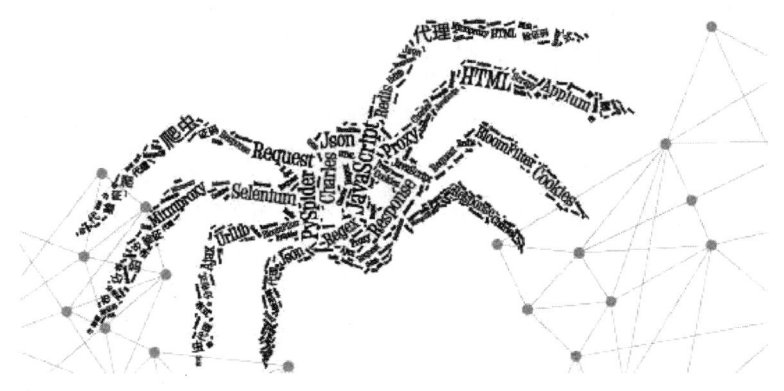

**图 4-3 网络爬虫**

说明:网络爬虫,指的是一种按照一定的规则,自动抓取万维网信息的程序或脚本的做法。网络爬虫技术最先使用的场景就是百度、谷歌、必应这类搜索引擎。对于搜索引擎而言,搜索引擎通过爬虫技术实现了信息的高效获取与汇集;而对于被应用爬虫技术的网页而言,这些网页也通过搜索引擎的链接而得到了推广。

领英是一家全球在线职场社交平台,用户可以在该平台上创建

---

① HiQ Labs, Inc. v. LinkedIn Corp, 938 F. 3d 985 2.

个人档案并设置不同程度的隐私保护，包括仅向好友公开、向所有用户公开、向公众公开等。任何人均可通过搜索引擎搜索到用户已授权公开的档案信息。作为一家职场数据分析公司，hiQ 公司专门为企业人力资源部门测评员工行为、分析哪些雇员具有较高的离职风险、评估员工所掌握技能的情况。由于领英在全球的用户超过 6 亿，占据职场社交平台的主导地位，hiQ 的商业模式可以说是完全建立在领英平台用户信息基础之上。

该案的原告和被告也有过一段默示"合作期"。hiQ 公司成立于 2012 年，自成立以来一直仰赖领英平台用户的公开资料做分析测评。2017 年，领英开始凭借自身优势开发一系列数据分析产品，自此二者的关系面临危机。2017 年 5 月，领英向 hiQ 发函要求其立即停止未经授权的数据抓取行为，同时还通过技术手段阻止 hiQ 抓取相关数据。在双方协商未果的情况下，hiQ 起诉至加州北部地区法院，请求法院发布禁令。2017 年 8 月，加州北部地区法院发布了临时禁令，要求领英撤回禁止函，不得再阻止 hiQ 抓取并使用其平台用户已公开的信息。领英不服，提起了上诉，但美国第九巡回上诉法院判决维持了该禁令。

## ◎ 个人信息保护的边界在哪？

### 已公开的信息是否受保护？

汇聚在庞大数据库中的信息种类庞杂，除了性取向、犯罪记录、病历这些明显带有私密性的信息之外，更多的是姓名、性别、年龄、职业、电话号码等零散琐碎、看似无关紧要的信息。其中，不少信息还是我们自愿公之于众的。最为典型的当属人们在社交平台上发布的观点和状态。此类已公开的信息是否还受保护呢？透过司法实践可以发现，法院倾向于否认这类信息的私密性，而将其排除在隐私保护范围之外。

美国人辛西娅在全球第二大社交网站 Myspace 网页上张贴了一篇文章，文章内容涉及对其家乡某地的负面评价。另一位用户在阅读这篇文章之后，将其投稿到某地的地方性报纸上，且署名辛西娅。这篇文章招致不少当地居民的不满，辛西娅及家人受到骚扰和排斥，甚至是死亡威胁，一家人所经营的商店也被迫停业。事情发生之后，辛西娅起诉了这家地方性报纸，认为报纸的举动侵犯了自身隐私权。但是，加州上诉法院的判决却认为，报纸所刊登的文章内容并非隐私之事，某人将信息发布在网络上，就应该意识到该信息事实上已经公开或是已成为公共领域的一部分，潜在读者众多，即使信息发布者主观上仅是期待与特定好友分享交流，该信息也不因为这种主观上的期待而具有私密性。换言之，一旦某人于网络平台上发布信息，就不能合理期待该信息还能保持私密性。[1]

单个看似无关紧要的信息可能不足以归入隐私保护范畴，但这并不意味着，这类信息的收集、处理和使用不会带来任何问题。例如，个人在图书馆的单次借阅信息可能无法说明什么，但是，对某人多次借阅信息的综合分析完全可能总结出其阅读偏好，这种阅读偏好作为私人生活的一部分，可能恰恰是其不愿意被他人知晓的隐私。[2]

**Cookie 信息：个人隐私还是个人信息？**

要想实现个性化推荐服务，Cookie 技术功不可没。简单来说，

---

[1] Cynthia Moreno v. Hanford Sentinel Inc., No. F054138 (Cal. Ct. APP. Apr. 2, 2009).

[2] 杨芳. 个人信息自决权理论及其检讨——兼论个人信息保护法之保护客体. 比较法研究，2015（6）：22-23.

Cookie 技术就好比网站服务器与用户浏览器之间的"传话筒"。当用户通过浏览器访问某网站时，该网站的服务器就会自动发送一条状态信息保存到用户浏览器中，这条状态信息被称为 Cookie 信息。此后，用户再通过浏览器向网站服务器发送请求时，记录着用户网上冲浪痕迹的 Cookie 信息也会一并发送给网站服务器，以维护服务器与浏览器之间的会话。借助 Cookie 技术，网站服务器可以了解浏览器浏览的网页内容；通过对浏览内容的分析，可以推测该浏览器使用者的个性化需求，进而向浏览器端提供个性化推荐服务。

2013 年的"3·15"晚会上，央视曝光网易等公司基于 Cookie 信息的精准营销涉嫌侵犯用户隐私。互联网业内人士纷纷吐槽央视缺乏专业性，是在妖魔化 Cookie 技术。但无论如何，央视的曝光还是让网民们注意到依托 Cookie 技术展开的精准营销现象。网民朱烨发现，不论是使用自家网络，还是利用单位网络，只要通过"百度搜索引擎"搜索相关关键词后，在访问其他网站时网页上便会显示与关键词有关的广告。在线活动轨迹竟时时被人"关注"，这令朱烨感到愤怒和恐慌，于是其向法院提起了诉讼。一审朱烨胜诉，但二审却发生"逆转"，法院判决认为百度公司的个性化推荐行为不构成侵犯朱烨的隐私权。

在 Cookie 信息定性上的分歧是造成一审和二审判决相悖的主要原因。倘若朱烨案发生在当下，二审法院的判断很可能会有所不同。2017 年 6 月 1 日，《网络安全法》正式生效，明确了个人信息的定义，即以电子或者其他方式记录的能够单独或者与其他信息结合识别自然人个人身份的各种信息，包括但不限于自然人的姓名、出生日期、身份证件号码、个人生物识别信息、住址、电话号码等。基于此,"特定个人可识别性"成为判断个人信息与否的核心要件。特定个人可识别性,指的是透过该信息能够将其所指涉的特定个人与他人区分开来。这不仅包括事实上已经识别出特定个人的情况——虽尚未识别出特定个人但存在识别出特定个人可能性的情况也涵盖其中。换言之,单凭某一信息无法识别出特定的人,但如果与其他信息相结合,能够识别出特定个人的话,该信息也应认定为个人信息。Cookie 信息便属于此范畴。个人信息的识别过程可参见图 4-4。

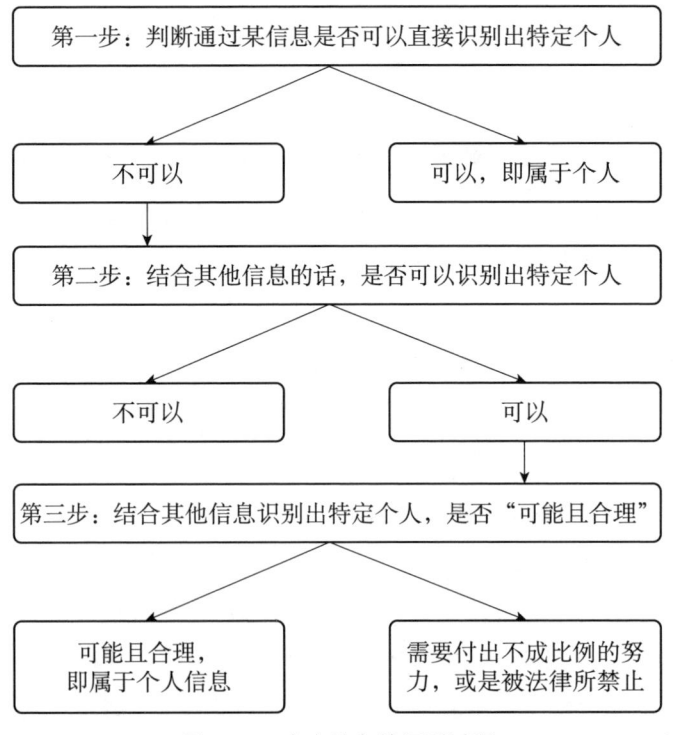

图 4-4　个人信息的识别过程

**特定个人可识别性的判断：以 IP 地址为例**

"特定个人可识别性"几乎已经成为各国认定个人信息的核心要件。对于通过某一信息即可识别出特定个人的直接识别情况争议不大。较为复杂的是间接识别，即某一信息与其他信息相结合是否能够帮助识别出特定个人，这一判断并非易事，往往存在分歧，或是难以得出结论，或是出现截然相反的结论。IP 地址是否属于个人信息，就是一个典型例证。

IP 是网络之间信息传送的协议，连接到网络上的所有设备都必须有一个独一无二的 IP 地址，就好比是邮件上都必须详细注明收件人地址，邮递员才能将邮件准确送达。静态 IP 地址是由网络服务运营商予以分配的，每次连接网络都使用这一地址；动态 IP 地址则是每次连接网络时，网络服务运营商随机分配的一个地址。换言之，动态 IP 地址在每次连接网络时都会变更。那么，动态 IP 地址是否还属于个人信息呢？欧盟法院认为，在网站受攻击的情况下，相关执法机构可以从网络服务提供商处获取相关信息以便启动调查。这就意味着，在相关执法机构和网络服务提供商的帮助下，德国联邦政府网站运营者可以根据其所掌握的动态 IP 地址识别出特定个人。据此，欧盟法院认为，在此种情况下，动态 IP 地址属于个人信息。[1]

◎ **谁的数据谁做主？**

既然信息交流愈发重要，每一项信息都承载着一定的价值，不

---

[1] Patrick Breyer v Bundesrepublik Deutschland，EUR-Lex-62014CJ0582-EN，该案例的判决全文详见：https：//eur-lex.europa.eu/legal-content/EN/TXT/？uri＝CELEX%3A62014CJ0582。

能单凭信息是否涉及私密生活来判断信息是否受保护,那为何不直接赋予信息主体支配和控制权呢?这样的话,是否公开、向谁公开、公开哪些信息等都可以由信息主体来自行决定。

早在1967年,美国学者阿伦·韦斯丁就在《隐私与自由》一书中富有洞见地写道:"隐私权指的是个人、组织或机构能够自己决定何时、如何以及在多大程度上将有关自身的信息告知他人。"① 为何不适宜再将隐私权理解为一种个人独处的权利呢?阿伦·韦斯丁给出了解释。他认为,从个人和社会参与的关系来看,由于每个人都有参与社会交往的意愿,所以人们对隐私的渴望并非绝对的。事实上,我们每个人心里本就有一个标尺,以此来根据所处环境和社会观念的变化,在隐私保护与社会交往之间找寻一个平衡点。

在德国,"谁的数据谁做主"的观念逐渐被普遍接受,甚至直接触发了德国联邦个人信息保护法的第二次修法运动。但是,德国联邦宪法也认为,每个人作为具有社会关联性且受社会约束的一员,必须在一定范围内忍受关于其个人的调查。换言之,只有涉及个人私密领域的国家抽样调查行为才被法律禁止。不涉及私密领域,而且只要国家采取匿名化处理等保障措施,则可以切断被调查信息与被调查人之间的人格关联。在1983年的一起案件中,德国联邦宪法法院审视了在自动化信息处理条件下无限制地收集、存储、使用和传送个人信息对人格自由发展的侵害,进而提出了影响深远的"个人信息自决权",但是也强调这不是宽泛的个人信息自决权,而是这种自决权有着特定的适用范围。②

---

① WESTIN A. Privacy and freedom. New York: Atheneum, 1967: 7.
② 杨芳. 个人信息自决权理论及其检讨——兼论个人信息保护法之保护客体. 比较法研究,2015 (6): 27-28.

## 四、探寻个人信息保护与利用的平衡之道

### ◎ 统一立法还是分散立法

**欧盟数据保护法**

*数字时代的权利宣言*

根据前文所述的欧盟个人信息保护立法的历程,可以看出,欧盟的个人信息保护植根于基本权利保护理念。个人信息保护涉及人的尊严问题,倘若个人信息处理过程中不考虑个人信息主体的意见,个人很可能会沦为客体,会构成对人的尊严的冒犯。简言之,欧盟是在人权保护的意义上规范个人信息处理行为的。2018年,欧盟通过《通用数据保护条例》(GDPR),专章规定了数据主体的权利,建立了更为完备的数据主体权利体系,其中不仅有得到普遍认可的数据主体知情权、同意权等权利,还包括被遗忘权、数据可携带权等存有争议的权利。

*以巨额罚款作后盾*

根据数据控制者或数据处理者违法行为的性质与严重程度,GDPR设置了轻重两档处罚规定。较轻的一类,处罚上限是在1 000万欧元和企业上一财政年度全球营业额的2%中取数额大者。此类处罚主要针对三类违法情形:第一,数据控制者与处理者没有尽到相应数据保护义务,譬如未实施适当的技术和组织措施、未尽职责保持数据处理活动的记录、没有及时向监管机构通知数据已泄露、未进行数据保护影响评估等。第二,没有对数据保护认证组织履行相应的义务。第三,没有对监管部门履行相应的义务。

较重的一类，处罚上限是在 2 000 万欧元和企业上一财政年度全球营业额的 4% 中取数额大者。此类处罚主要适用于以下五类违法行为：第一，违反数据处理的基本原则与条件。数据处理应当遵循六大原则——合法、正当与透明原则，目的有限原则，数据最小化原则，准确性原则，储存限制原则，完整性与保密性原则。数据处理还应当符合具体的合法性条件。第二，侵犯数据主体的同意权、访问权、纠正权、被遗忘权、数据可携带权、拒绝权、获得救济权等各项权利。第三，在条件不符的情况下将个人数据传输给第三国或国际组织。第四，没有对成员国履行相应的义务。第五，未能遵守监管机构的相关要求。

从实施情况来看，巨额罚款的确已成为"史上最严数据保护条例"的"杀手锏"。自 2018 年 5 月 25 日该条例生效以来，欧盟各成员国数据保护机构开出的罚单总数虽没有预想的多，但罚款数额屡创新高。

**美国隐私保护立法**

2018 年 6 月，美国加州颁布《加利福尼亚州消费者隐私法案》（CCPA，以下简称"《加州隐私法案》"），该法案 2020 年 1 月 1 日正式生效。

不同于以往美国联邦层面针对特定行业、特定事项的隐私法案，该法案广泛适用于在加州开展业务、收集处理加州居民个人信息并符合一定条件的企业。从全面性角度来说，这是美国目前最具典型意义的州隐私立法。同时，作为科技行业聚集地的加州，经济体量排名世界第五，《加州隐私法案》的影响力可与欧盟 GDPR 比肩。

《加州隐私法案》也采取了双保险机制，不仅为企业设定义务，还明确了消费者所享有的多项个人信息保护权利。新增的权利包括：第一，知情权。消费者有权知道被收集、使用、共享或出售的个人信息内容和类别。第二，删除权。消费者可要求企业及其服务提供商删除所持有的个人信息。第三，选择退出权。消费者可选择退出或拒绝出售个人信息，必须为16岁以下的儿童提供选择加入同意条款，13岁以下的儿童则额外需要父母或监护人同意许可。第四，不受歧视权。消费者行使隐私权时，在价格或服务方面不应受歧视。

然而，与欧盟从人权理念出发建构的个人数据保护机制相比较，美国基于消费者权利视角形成的法律机制更为灵活务实。一是更多聚焦于隐私数据本身，以个人信息使用的效率与边界为切入点，重点关注个人信息处理分析及第三方披露开放利用等情形的主体知悉权、充分选择及授权；以充分披露和主体授权为前提，允许信息控制企业为商业目的披露或向第三方共享开放隐私数据。二是在受规制对象上，合理排除了仅提供信息服务的企业、非营利机构和没有达到适用门槛的中小企业三类主体，避免因中小企业合规负担过重而引发的实质市场竞争失衡。三是在受规制个人信息范围方面，针对个人信息的概念界定对实务具有更强的指导性，但边界更广：第一，明确排除了综合消费信息等无法直接对应到具体个体的集合信息，匿名化信息或去标识化信息，联邦法律已有明确隐私保护要求的医疗、征信、驾驶、金融信息，以及可从联邦、州或地方政府合法提供的记录中获取的信息。第二，详细规定了个人信息范畴下普遍存在争议的子概念，如标识符信息、生物特征信息、互联网或其他电子网络活动信息等。第三，将基于合理分析推论的个体画像，以及音频、电子、视觉、热量、嗅觉或类似信息，包括能力智商、行为偏好和情感心理偏好等纳入个人信息范畴。四是在告知同意机制方面，依据欧盟 GDPR，在绝大多数商业化场景中，收集、处理消费者个人信息之前必须要获得消费者的明确同意，即"opt-in"模式。而在《加州隐私法案》中，对于 16 岁以上消费者的个人信息处理（除了出售以外），仍采用了美国隐私法中一以贯之的"opt-out"原则，即除非用户拒绝或退出，否则企业可以继续处理用户的个人信息。这体现了美国一直以来在信息保护方面的务实思路。"opt-out"模式对消费者而言更为真实有用，同时对新进入市场的企业的发展阻碍也更少。

**中国个人信息保护法**

早在 2003 年，国务院信息化工作办公室便开始部署个人信息保护立法工作。受国务院信息化工作办公室委托，中国社会科学院法学研究所成立的课题组于 2005 年完成了《个人信息保护法（专家建议稿）》。此后，国务院发布的文件中也偶见关于加快个人信息法律建设的部署；每年两会期间，关于个人信息保护立法的人大建议、政协提案也屡见不鲜。[①]

采取统一立法模式保护个人信息的进路暂且行不通，个人信息泄露、被盗、交易以及隐私侵犯等事件却愈演愈烈。为了回应个人信息保护呼声，我国采用了从分散立法再到统一立法的路径。从《刑法修正案（七）》、全国人大常委会《关于加强网络信息保护的决定》再到 2013 年修订的《消费者权益保护法》，明确将个人信息得到保护的权利列为消费者的基本权利之一。2016 年通过的《网络安全法》可谓目前最重要的个人信息保护规范之一，其首次在立

---

① 王融. 我国《个人信息保护法》立法前路. 信息安全与通信保密，2017（3）：89.

法层面界定了"个人信息"。2017年以来,《公共图书馆法》《电子商务法》等立法也对各自领域内的个人信息保护问题作了规定。

2017年制定的《个人信息保护法》列入十三届全国人大常委会立法规划和年度立法工作计划。2018年,全国人大常委会法制工作委员会会同中央网络安全和信息化委员会办公室,在认真总结网络安全法等法律实施经验、深入研究个人信息利用和保护中的突出问题、借鉴有关国家和地区法律制度的基础上,抓紧开展个人信息保护法的研究起草工作。第十三届全国人民代表大会常务委员会第三十次会议于2021年8月20日审议通过了《中华人民共和国个人信息保护法》,2021年11月1日开始施行。①

◎ 谁来管:既要专业性,也要独立性

走出"九龙治水"的困局

在分散立法模式的背景下,我国个人信息保护方面的监管主体呈现"九龙治水"状态。对于消费领域的信息,如果属于一般消费信息,由市场监管部门或者其他有关行政部门负责保护;如果属于金融机构通过开展业务或者从其他渠道获取、加工和保存的个人信息,则由中国人民银行及其分支机构负责监管工作,以保护个人金融信息。对于网络领域的信息,由网信部门、电信主管部门、公安部门和其他有关机关负责个人信息保护工作。电信、征信、快递、医疗领域的个人信息保护监管职责,分别由电信管理机构、中国人民银行、邮政管理部门承担(见表4-1)。

---

① 2020年10月21日,经第十三届全国人大常委会第二十二次会议审议后的《个人信息保护法(草案)》全文正式在中国人大网公布,面向社会公开征求意见。2021年4月26日至29日举行的第十三届全国人大常委会第二十八次会议第二次审议了《个人信息保护法(草案)》,并于4月29日公布了《个人信息保护法(草案二次审议稿)》。

表 4-1　各领域个人信息保护规范

| 领域 | 法律规范 | 监管机构 | 监管对象 |
| --- | --- | --- | --- |
| 消费 | 《中华人民共和国消费者权益保护法》（2013） | 工商行政管理部门或者其他有关行政部门 | 经营者 |
| 电信 | 《电信和互联网用户个人信息保护规定》（中华人民共和国工业和信息化部令第 24 号）（2013） | 电信管理机构：工业和信息化部与各省、自治区、直辖市通信管理局 | 电信业务经营者、互联网信息服务提供者 |
| 网络 | 《中华人民共和国网络安全法》 | 国家网信部门、电信主管部门、公安部门和其他有关机关 | 网络运营者、网络产品或服务的提供者 |
| 特定信息 | 《儿童个人信息网络保护规定》（国家互联网信息办公室令第 4 号）（2019） | 网信部门和其他有关部门 | 网络运营者 |
| 征信 | 《征信业管理条例》（中华人民共和国国务院令第 631 号）（2013） | 中国人民银行及其派出机构 | 征信机构、金融信用信息基础数据库运行机构 |
| 金融 | 《中国人民银行金融消费者权益保护实施办法》（银发〔2016〕314 号）第三章　个人金融信息保护 | 中国人民银行及其分支机构 | 金融机构 |
| 快递 | 《寄递服务用户个人信息安全管理规定》（国邮发〔2014〕52 号） | 邮政管理部门 | 邮政企业、快递企业及其从业人员 |

　　分行业、分领域的监管模式能够在一定程度上保证专业性，但难免会引发职责交叉重叠、监管空白等难题，尤其是在万物皆数的大数据时代，很难说哪一项信息独属于某一行业或领域。

　　以个人金融信息保护为例，金融监管部门可以充分考虑信息的金融属性，对金融机构的个人金融信息保护情况展开经常性的监督检查。近年来，大型科技公司和互联网企业纷纷开始进入金融领域，开展在线支付、信贷、保险等业务。这些大型科技公司和互联网企业虽控制着大量个人金融信息，但并非传统意义上的金融机构。对此，是由负责网络个人信息保护监管工作的网信部门承担监管职责呢，还是由金融监管机构来承担呢？

欧盟的方案是建立专门的个人信息保护机构。协调各成员国之间的个人数据保护立法与统一数据处理市场，是欧盟个人数据保护立法的主要驱动力之一，因而，在制度建构之初，欧盟就力图建立统一的个人信息保护监管机构。[①] 美国在联邦层面没有统一的个人信息保护立法，而是采取分行业或领域的立法模式，个人信息保护方面的监管职责自然也是由各行业或领域的主管机构来负责。[②]

**兼顾专业性与独立性**

自个人信息保护制度建构之初，针对个人信息保护机构设置

---

[①] 在欧盟层面，成立了欧盟数据保护委员会（EDPB），作为欧盟的数据保护机构。欧盟数据保护委员会由各成员国数据保护监管机构负责人和欧盟数据保护专员组成，负责代表欧盟层面发布有关个人数据保护的相关意见、指南，协调一站式监管机制并促进交流等，以确保在欧盟各成员国内统一适用，促进各成员国数据保护监管机构之间的合作。迄今为止，欧盟数据保护委员会已经就适用地域、数据保护认证及标准、数据跨境的例外情形、车联网个人数据保护等问题发布了指南。对欧盟各国而言，每个成员国应当提供一个或者多个独立的监管机构来监督适用情况。如果成员国成立了多个监管机构，则必须指定一个监管机构作为欧盟数据保护委员会的监管机构代表，且要制定机制保证其他监管机构遵守条例一致性适用原则。

[②] 例如，消费者金融保护局（CFPB）负责与征信和金融有关的个人信息保护监管，联邦通信委员会（FCC）负责通信相关的个人信息保护监管，医疗方面的个人信息保护监管工作则由卫生和公共服务部（HHS）负责。但值得注意的是，由于美国的个人信息保护措施和相关立法基本上采取的是企业自我规制和消费者法保护的进路，这让承担消费者个人信息保护监管职能的联邦贸易委员会（FTC）逐渐成为事实上的个人信息保护机构，形塑着美国的个人信息保护制度。

问题，就有专设机构①或者由国家互联网信息办公室负责②两种方案。

关于履行个人信息保护职责的部门，《个人信息保护法》第六章专章予以规定，基本上保留了当前个人信息保护各部门分散执法的做法。在中央层面，履行个人信息保护职责的部门包括国家网信部门和国务院有关部门。其中，国务院有关部门应依照《个人信息保护法》和有关法律、行政法规的规定，在各自职责范围内展开个人信息保护和监督管理工作，国家网信部门则负责统筹协调个人信息保护工作和相关监督管理工作。③ 在地方上，渐进地分散地方人民政府有关部门履行个人信息保护和监督管理职责。

因此，对于个人信息保护，我国实行"统分结合"的执法体制，既有网信部门的统筹协调，也有各主管部门的监管职责。

---

① 周汉华教授主持的专家建议稿及其说明给出了一种方案，建议成立专门的政府信息资源主管部门，对个人信息处理进行政府管理，负责相应的登记、许可、审查和决定等事项，并在适当情况下，组建包括政府外专家在内的独立的信息委员会。周汉华．中华人民共和国个人信息保护法（专家建议稿）及立法研究报告．北京：法律出版社，2006：83．

② 另一种方案源自张新宝教授主持起草的专家建议稿。其中建议由"国家网信部门负责统筹、协调、指导个人信息保护工作和相关监督管理工作。国务院各主管部门依照本法和有关法律、行政法规的规定，在各自职责范围内负责个人信息保护和监督管理工作"。此外，还建议"国家网信部门设立个人信息保护专家咨询委员会，就我国个人信息保护相关重大问题开展咨询，促进个人信息保护与大数据利用工作的科学性"。张新宝，葛鑫．个人信息保护法（专家建议稿）．中国民商法律网．[2019-10-17]．https://www.civillaw.com.cn/gg/t/?id=36127．

③ 国家网信部门承担的统筹协调工作包括：第一，制定个人信息保护具体规则、标准。第二，针对小型个人信息处理者、处理敏感个人信息以及人脸识别、人工智能等新技术、新应用，制定专门的个人信息保护规则、标准。第三，支持研究开发和推广应用安全、方便的电子身份认证技术，推进网络身份认证公共服务建设。第四，推进个人信息保护社会化服务体系建设，支持有关机构开展个人信息保护评估、认证服务。第五，完善个人信息保护投诉、举报工作机制。

## ◎ 如何管：命令控制型工具与激励诱导型工具相容

在大数据时代，数据已然成为信息控制者的核心生产要素，加之数据本身的特性，信息控制者通常具有相当强的数据利用激励，却缺乏同等程度的数据保护激励。如果法律规则不能因势利导，只是一味施加种种禁止性或强制性规定的话，或许短期内可以产生立竿见影的效果，但从长远来看，势必会因为激励不相容难以形塑信息控制者展开个人信息保护的内驱力。[①] 因此，命令控制型工具与激励诱导型工具相容的监管之道是共通之路。从我国《个人信息保护法》的具体规定可见，其中既有不少以强制性作为或不作为义务为主的命令控制型规则，也不乏重在培育信息控制者内在治理机制，进而形塑信息控制者个人信息保护理念的制度设计。其中，较为典型的激励诱导型制度设计当属个人信息保护负责人、合规审计以及个人信息保护影响评估。

### 个人信息保护负责人

《个人信息保护法》确立了个人信息保护负责人制度，即处理个人信息达到国家网信部门规定数量的个人信息处理者应当明确个人信息保护负责人。对于个人信息处理者而言，通过任命个人信息保护负责人，对个人信息处理活动及内部相关人员进行常态化的监督和指导，有助于其更好地履行个人信息保护义务，确保个人信息处理活动遵守个人信息保护规范要求。从监管主体角度来看，将部门监督管理职责转移给信息处理者，由其设立个人信息保护负责人展开内部治理，不仅能够减轻监管负担，还可以借此将个人信息保

---

[①] 周汉华. 探索激励相容的个人数据治理之道. 法学研究，2018（2）：5.

护理念嵌入信息控制者的日常管理和业务活动之中。由此可见，个人信息保护负责人实则搭建起了个人信息控制者与监管机构、个人信息主体、其他利益相关者等多元主体之间的沟通桥梁。为了充分实现内外部主体之间的有效沟通，个人信息处理者要公开个人信息保护负责人的联系方式，并报送履行个人信息保护职责的部门。

**合规审计**

个人信息处理者应当定期就其个人信息处理活动遵守法律、行政法规的情况进行合规审计。建构合规体系是现代企业为避免或减轻可能因违法违规经营而受到的行政处罚、刑事处罚，进而避免产生更大的经济或其他损失，而采取的一种内部治理方式。[1] 置于个人信息保护法体系下来看，与"告知—同意"等命令控制型义务不同，展开合规审计属于个人信息处理者的一项法定义务。针对如何进行合规审计、展开合规审计的周期等问题，立法者为信息处理者预留了相当程度的自主决定空间。同时，《个人信息保护法》设置的"过错推定"归责原则，可以发挥激励作用，促使个人信息处理者负责任地展开合规审计，尽早发现并纠正偏离法律、行政法规等规范要求的情况，从而在出现个人信息权益侵害纠纷时，据此证明已尽到了一定的注意义务。

**个人信息保护影响评估**

以风险管理理念为基础，《个人信息保护法》设计了个人信息保护影响评估制度。有以下情形时，个人信息处理者应当事前进行个人信息保护影响评估，并对处理情况进行记录：处理敏感个人信

---

[1] 陈瑞华. 企业合规基本理论. 北京：法律出版社，2021：7.

息；利用个人信息进行自动化决策；委托处理个人信息、向其他个人信息处理者提供个人信息、公开个人信息；向境外提供个人信息；其他对个人权益有重大影响的个人信息处理活动。个人信息保护影响评估制度可以将特定应用场景中信息处理行为的风险与具体保护措施有机连接起来——由信息处理者以个案或类案为基础，评估信息处理行为的风险，进而采取相应程度的保护措施，并根据风险水平予以动态调整。审视信息处理行为是否合法往往是影响评估的主要内容之一，但系统性、持续性的影响评估过程并不止步于打钩式合规检查，而是重在识别、分析和最小化信息处理活动对信息主体权益的潜在不利影响，为此所采取的风险管理措施并不限于立法中规定的措施。

◎ **管什么：企业的数据合规之路**

对企业而言，保护个人信息是未来创新路上绕不过去的坎，几乎所有与消费者或用户有关的商品或者服务的提供都会涉及个人信息。无视个人信息保护进行"野蛮创业""违法创新"的时代已经一去不复返，个人信息保护并非绊脚石；落实《个人信息保护法》的具体要求，可以在相当程度上避免更大的法律风险和舆情风险。为此，企业首先需要做到以下几点，并在此框架下做出更为具体细致的制度规定：

第一，组织架构调整。高度重视个人信息保护规范，组织架构要有所安排，通过组织体系上的安排扭转过去个人信息保护合规与业务创新设计相分离的做法。对企业而言，组织机构变化无法具象化，首要的是委任高级别管理人员作为个人信息保护负责人，对个人信息保护的组织架构、制度构建和流程再造等予以规划和安排。为确保个人信息保护负责人能够独立履行职责，应当避免个人信息保护负责人与现有组织架构之间的利益冲突，同时为其提供充分的履职保障。

第二，价值重塑。个人信息保护要成为企业最高价值观。结合《个人信息保护法》的具体规定，个人信息处理过程中至少应遵循诚信原则、公开透明原则、比例原则、权益保障原则等基本原则。这些基本原则应作为企业处理个人信息的最高价值观，为企业建立内部制度、展开业务流程再造提供基本指引。

第三，流程再造。对企业内部流程规范进行修改和完善。企业应结合自身业务类别以及具体业务流程，通过清单形式，全面梳理各个节点应落实的个人信息保护要求：一是参考《信息安全技术 个人信息安全影响评估指南》建立个人信息保护风险评估机制。二是积极采取相应的加密、去标识化等安全技术措施，合理确定个人信息处理的操作权限。三是制定并组织实施个人信息安全事件应急预案等。四是结合具体业务场景，深入研究并修改完善涉及知情同意的复杂规则。五是区分一般个人信息和敏感个人信息，为所涉敏感个人信息建立更为严格的保护方案。

第四，响应机制。结合国内外案例和事件对个人信息权利展开研究，制定建立个人信息权利申请的响应机制。在遇到个人申请查阅、复制、更正、补充、删除和提出解释个人信息处理规则申请时，企业的受理部门应研究具体回应方式，并建立投诉举报机制，以及制定应对个人请求时的方法。

第五，数据共享。对与其他企业共享数据的情况作出制度安排。对于个人信息处理活动中涉及的由其他方式处理个人信息的情况，《个人信息保护法》区分了如下四种情况：共同处理，委托处理，因合并、分立、解散、被宣告破产等原因需要转移个人信息，向第三方提供个人信息。企业应当结合具体情况，明确个人信息处理活动所涉各方的权利和义务，落实个人信息保护要求。

第六，安全审查。建立数据出境的安全内部审查制度。结合《数据安全法》和《个人信息保护法》，对确需向境外提供数据和信息的，在内部审查的基础上，依法向有关主管部门报送并经过安全评估而获批允许出境，防范因数据和个人信息出境而出现的违法风险。尤其是，跨国公司在中国的子公司通常因案件调查或者境外诉讼仲裁等原因，需要向境外司法或者执法机构提供相关资料时，有必要对相关资料进行筛查，避免其中所涉个人信息被不当传输至境外。

第七，外部监督。设立个人信息保护监督的外部独立机构。头部数据企业通常属于基础性互联网平台服务提供者、用户数量巨大或业务类型复杂的个人信息处理者；按照《个人信息保护法》第58条的要求，成立主要由外部成员组成的独立机构是其法定义务，要积极探索符合企业实际又高于行业水平的机制和做法，比如可以展开第三方评估，在建立各项内部合规制度之初进行评估，在制度运行半年或一年时展开实操效果评估。

第八，年度报告。将年度报告作为个人信息保护的必备工作来进行安排，并以此来树立行业标杆，形成行业最佳实践。

# 第五章　在线教育：从资本狂欢到回归理性

　　2020年春天，面对前所未知、来势汹汹的新冠疫情，中华大地开启举国抗疫的征程，所有的教育活动也被迫按下暂停键。疫情防控期间，10岁的子萱已逐渐习惯了在线学习相关的课程。周末的上午，子萱端坐在电脑前，点击APP，开启摄像头，完成简短的操作后进入了教室等待。不一会儿，画面中的外教出现，开启了一对一的外语学习课程。除了外语学习之外，子萱的周末也要进行数学、语文等科目的学习。对于子萱的父母而言，这是在2020年之前无法想象的事情：生活在三线城市，不仅能获得优质的、个性化的教育资源，还节省了来往辅导班的交通成本。但同时，他们也为孩子的视力、课程教学质量、注意力无法集中等问题而担忧。

　　托夫勒在《第三次浪潮》中将人类发展史划分为第一次浪潮的"农业文明"、第二次浪潮的"工业文明"以及第三次浪潮的"信息社会",每一次浪潮都对人类社会进行了巨大的改造。[①] 每一次产业和时代的变革,都是对供需效率的极大提升。在每次浪潮之中,技术革命与社会变革从来都是相互作用、相互影响,协同推动着社会的进步。回溯人类教育的发展历程,当技术出现重大变革时,教育也必然随之调整,进而引发人类的教育革命。6 000多年前,人类采用书写作为教育工具引发了教育革命,不仅改变了信息的记录方式,而且颠覆了教育"口耳相传"的单一知识传授方式;900多年前,我国北宋时期的发明家毕昇首先发明了活字印刷术,又一次引发教育革命,知识借助印刷媒介第一次走出书院,飞入寻常百姓家,极大地推动了教育的普及。随着信息时代的到来,以互联网、云计算、大数据为核心的现代信息技术,实现了人与人、人与机器之间信息的瞬间沟通与传递,人类又一次站在了重塑未来教育的重要关口。[②] 新时期,技术俨然成为驱动教育系统性变革的重要力量,教育与技术的融合将重塑教育生态。

## 一、溯源与发展:科技驱动之下的教育形式变迁

教育与技术的融合催生了网络教育的新型教育形态。网络教育是在现代电子信息通信技术基础上发展出来的利用网络技术、多媒体技术等现代信息技术手段的新型教育形态。这种依托网络的新型教育形态,又被冠以许多不同的称谓,例如现代远程教育、在线学习、在线教育、基于Web的培训等。其中被广泛使用的是"现代远程教育"和"在线教育"。如果说第一代远程教育是函授教育,第二代

---

[①] 托夫勒.第三次浪潮.黄明坚,译.北京:中信出版社,2018.
[②] 张杰夫.互联网+给教育带来五大革命性影响.人民教育,2015(13):4.

远程教育是广播电视教育，那么第三代远程教育就是现代远程教育。在远程教育发展日益成熟的基础上，实现了从远程教育向在线教育的跨越式发展。在线教育作为现代信息技术与教育相结合的产物，是一种基于网络的教授和学习方式，其以信息技术和互联网技术为介质，使教育者和受教育者摆脱时间和空间的束缚进行内容传播和快速学习。[1]

## ◎ 函授教育兴起

从 20 世纪初到 20 世纪 40 年代末是我国远程教育的萌芽和准备期。教育技术在我国的应用和远程教育的萌芽，始于这个中国历史的变革时期。一批有识之士对此做出了贡献。如 1902 年，蔡元培创办的中国教育会刊行丛报，实行通信教授法，成为我国函授教育的起始。1914 年，商务印书馆创设函授学社，成为我国最早的自办函授学校。新中国成立之初，由于经济建设急需各方面的专业人才，普通高等教育的招生和人才培养又相对滞后，政府十分重视函授教育的发展。

1963 年，教育部要求根据学生的分布情况设立函授站。函授办学在政府规范中得以加速发展。然而，"文化大革命"全盘否定了新中国成立后的教育工作，教育部门的规章制度基本被废除，正常的教育秩序被打乱，教育事业陷入极度混乱和停滞状态，函授教育在此期间也停办。

"文化大革命"结束后，函授教育在高等教育领域逐步恢复发展。1980 年，国务院批转教育部文件，要求充分发挥高等函授教

---

[1] 胡德鑫，李琳璐．跨界与融合：在线教育与高等教育变革的联动机理与样态重构．高校教育管理，2021（1）．

育和夜大学的作用。

函授教育的迅速发展引发了一些学校的成人教育出现乱办学、乱收费、乱发文凭的现象，严重损害了函授教育的声誉，阻碍了函授教育的发展。因此，国家教委颁布了一系列文件对函授教育加以整顿和规范，特别是在 1995 年后建立起了普通高等学校函授和夜大学教育的评估制度，推动教育质量日益提高，函授教育进入了规范化、法制化发展的新时期。

◎ **电化教育盛行**

20 世纪 60 年代初，中国进入国民经济全面恢复时期。这一时期，经济建设和社会发展对人才有了新的需求，人民群众普遍渴求通过学习获得和更新知识，与此同时，黑白电视机开始进入家庭。各地政府利用这一时机，在我国的主要中心城市北京、上海、广州、沈阳、长春、哈尔滨等地相继创办了电视大学，开启了以视听教育为核心的电化教育时期。"文化大革命"时期，我国电化教育机构被撤销，全国电化教育工作随之陷入了低谷。

20 世纪 70 年代末，随着经济的发展与教育的复苏及英国开放大学成立（1969 年）对我国的影响，国家开始筹建中央电化教育馆和中央广播电视大学，电化教育迎来新一轮的发展契机。1978 年，教育部印发《关于电化教育工作的初步规划（讨论稿）》，详细讨论了改革开放初期我国电化教育的发展步骤与目标，奠定了我国电化教育事业新时期发展的基调，也开启了我国教育发展与媒体技术发展同步的序幕。

20 世纪 80 至 90 年代，我国进入以广播电视大学为主的第二代远程教育时期。这一时期，国家教委颁发了一系列文件，确立了推进我国广播电视大学的开放性和现代化建设的目标。这些政策为第三代远程教育的战略革新和起飞做了准备。尤其值得纪念的是，

# 好书推荐

**中国人民大学出版社**

## 硬科技：大国竞争的前沿

国务院发展研究中心国际技术经济研究所　西安市中科硬科技创新研究院　著
2021年10月出版

**讲透了硬科技的内涵、全球格局及其与大国博弈的关系**

- 从历史视角探索科技创新与经济和社会发展的螺旋促进关系
- 系统讲述硬科技八大领域的前沿成果、全球格局，厘清了我国的"卡点""赌点"
- 回答硬科技时代需要怎样的金融
- 对比分析美国、日本、以色列在科技创新方面的行动举措，总结其可借鉴的经验

## 实业强国：中国制造自强之路

观察者网·科工力量栏目组　编著
2022年4月出版

**有历史、有故事、有细节，讲清23个产业的真相**

- "工业党"观察者网科工力量团队厚积11年的心血之作
- 求索实业强国、科技强国的制胜之道
- 读懂制造和科技的全球格局

## 影响美国历史的商业七巨头

[美] 理查德·S.泰德罗（Richard S. Tedlow）著
梅丽霞　笪鸿安　吕莉　译

**通过七位商业巨子的故事，再现美国借助第二次和第三次工业革命实现崛起的历史**

- 讲述美国历史上七位极具代表性的商业巨子的故事
- 再现美国是如何借助工业革命实现崛起的
- 深刻挖掘企业家精神的内涵、企业家与社会的关系
- 入选吴晓波《影响商业的50本书》，商业史写作的典范之作

## 人工智能全球格局：未来趋势与中国位势

国务院发展研究中心国际技术经济研究所、中国电子学会、智慧芽　著
2019年9月出版

**一本书读懂人工智能的发展脉络、当今全球格局、中国的真实实力**

- 从本源出发思考人工智能的本质和发展历程
- 清醒认识中国人工智能的实力和世界位置
- 洞察人工智能的前沿趋势与全球格局

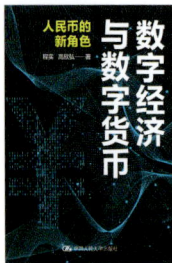

## 数字经济与数字货币：人民币的新角色

程实 高欣弘 著
2022年10月出版

**数字货币与数字经济融合，正改变经济的运行方式、重构全球货币体系**

- 货币是经济运行的血液，数字货币正带来新一轮货币革命，并重构全球货币体系和大国格局
- 将深奥难懂的经济问题与活生生的现实相融合，好读易读
- 以人人皆可读懂的方式讲清楚了那些频繁出现却又艰涩难懂的前沿概念，帮助读者穿越迷雾洞悉真相

## 企业生命周期

伊查克·爱迪思(Ichak Adizes) 著 王玥 译
2017年10月出版

**豆瓣评分8.6分，京东7800条评论，一本畅销30年的商业经典**

- 被翻译为20多种语言，畅销全球30年，影响了无数人
- 周期规律，是创业、投资、管理及任何工作的底层逻辑
- 了解周期并采取恰当的干预，能帮助我们避免很多不必要的问题

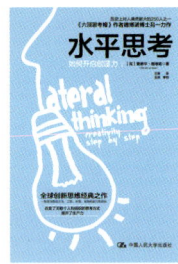

## 水平思考：如何开启创造力

[英] 爱德华·德博诺（Edward de Bono）著
2018年4月出版

**全球创新思维大师德博诺博士教人们如何打开脑洞、成为善于创新的人**

- 德博诺博士被评为对全球贡献最大的250人之一，《六顶思考帽》《水平思考》是他关于创新思维的两部代表作
- 好玩有趣的练习、清晰实用的方法，助你脑洞大开
- 奔驰等全球知名企业都在采用的创新思维训练方法

如果您喜欢这些书，
想与作者或其他读者交流，
可以扫描二维码添加编辑的微信，
我们邀请您进我们的读书交流群。

投稿邮箱：185130921@qq.com
联系电话：010-62510371

1995 年颁布的《教育法》第 66 条规定:"县级以上人民政府应当发展卫星电视教育和其他现代化教学手段,有关行政部门应当优先安排,给予扶持。"这是我国首次以法律的形式对远程教育和电化教育的开展做出了明确规定。

但是,不论是早期的广播电视大学,还是之后的开放教育资源,都只是作为一种辅助工具和补充手段,成为中小学和大学课程的衍生和延伸,并未从根本上改变传统的知识传授模式,也未引发师生关系、教学方式、学习方式以及组织管理方式的根本性变化。

◎ **网络教育雏形**

20 世纪 90 年代,随着信息和网络技术的发展,我国产生了以信息和网络技术为基础的第三代现代远程教育。1994 年,我国开始建设中国教育科研网。同年年底,在国家教委的主持下,"中国教育和科研计算机网示范工程"由清华大学等 10 所高校共同承建。这是国内第一个采用 TCP/IP 协议的公共计算机网。1998 年,教育部正式批准清华大学、北京邮电大学和湖南大学为国家现代远程教育第一批试点院校。

至此,以高等教育为核心的远程教育发展进入新时期,让无法上大学的学子仍能通过网络的方式接受高等教育。然而,中国教育现代化的目标不仅仅是针对高等教育。教育信息化是从知识载体、知识传播媒介、教育教学手段等各个层面全面应用现代信息技术深化改革的过程,教育信息化的目标是让各个教育阶段的学生都能接受优质的教育资源,全面提升各级学校的教学质量。[1] 由此,远程

---

① 陈秋晓,武超则,陈滢. 互联网+教育产业平台. 北京:电子工业出版社,2017:3.

教育开始在高等教育领域之外的其他教育领域得以适用。

1996年，我国第一个中小学远程教育网101远程教育网建成，这标志着先进的基于网络的教育模式在国内正式形成。学生只要有一台386以上的电脑和普通电话，就可以坐在家中，通过计算机接收101远程教育网上的课程辅导信息和精品试题，也能在网上与教师和同学交流。

20世纪末，国务院和教育部已经关注到网络技术会给教育带来的革新力量，在若干文件中都提出了利用网络技术建设开放式教育体系。2000年10月，全国中小学信息技术教育工作会议提出"全面启动小学'校校通'计划"。

这一时期，已有企业开始探索网络与教育的结合形式。如2000年，"新东方在线"正式运行，标志着传统线下培训机构开始进入在线教育市场。

放眼国际，2007年由萨尔曼·可汗在美国创办的"可汗学院"率先引领了互联网时代全球范围内的教育变革。萨尔曼·可汗拥有麻省理工学院的硕士学位，以及哈佛大学的MBA学位，曾从事金融业工作。2004年，可汗上七年级的表妹纳迪亚遇到了数学难题，向这位"数学天才"表哥求助。通过聊天软件、互动写字板和电话，可汗帮她解答了所有问题。为了让表妹听明白，他尽量说得浅显易懂。很快，其他亲戚朋友也上门讨教。一时间，可汗忙不过来了。他索性把自己的数学辅导材料制作成视频，放到YouTube网站上，方便更多的人学习。他有意识地把每段视频的长度控制在10分钟之内，以便网友有耐心理解和消化。没想到，视频很快就受到了网友们的热捧。2007年，可汗创建了非营利性的"可汗学院"网站，用视频的形式讲解不同科目的内容，并解答网友提出的问题。除了授课视频，"可汗学院"还提供在线练习、自我评估及进度跟踪等学习工具。2014年1月，YouTube上的"可汗学院频道"共吸引了163.3万订阅者，观看次数超过3.55亿次，可汗已成为教育领域的超级巨星。① 萨尔曼·可汗致力于变革传统的教育模式，其全新的授课方式与教育理念风靡全球。

在高等教育领域，2012年慕课（MOOC）这种基于网络、针对大众人群的大规模开放在线课程在全球范围内呈现井喷式发展。

这一年，美国的顶尖大学陆续设立网络学习平台，在网上提供免费课程，Coursera、Udacity、edX三大课程提供商的兴起为更多学生提供了系统学习的可能。《纽约时报》把2012年称为"慕课之年"。斯坦福大学校长约翰·汉尼斯说，慕课是教育史上的一场数字海啸，正席卷另一边的传统大学。2013年年底，Coursera已独揽近600万注册用户，平台汇集了来自全球107所大学的558门课程，edX和Udacity也都超过百万用户，非英语平台也日渐增多。② 以创造力为驱动的互联网技术，打破了教室、校园对优秀教育资源的分割，以新的形式更好地实现教育资源配置。

受可汗学院与慕课的风潮影响以及我国新时期互联网技术发展政策的推进，我国的在线教育也进入了新的发展阶段。

2010年以后，互联网在我国经历了大爆发的十年，计算机和互联网开始真正走进千家万户，信息技术对于教育的影响再次加深。同时期，随着教育现代化进程的推进，教育信息化建设已成为国家发展教育的重要战略，一系列具有中国特色的教育信息化政策陆续出台，明确了"信息技术对教育发展具有革命性影响"战略定

---

① 可汗. 翻转课堂的可汗学院. 杭州：浙江人民出版社，2014.
② 李北辰. MOOC实践者：技术如何让教育资源民主化. 钛媒体，2014-06-11. https：//mp.weixin.qq.com/s?＿＿biz=MjM5ODIzNTc2MA==&mid=201454878&idx=2&sn=c9401e23719b255134e6142ed143d489.

位，开启了国家教育信息化十年发展的新进程，从而极大地推动了互联网教育的发展。

在技术革新与政策激励的效应之下，国内在线教育呈现井喷式发展。很多互联网公司开始投身于在线教育，想从这个巨大的市场中分一杯羹，粉笔网、第九课堂、多贝网等应运而生。但是，这一时期在线教育的实现媒介依然以电脑端为主，在线教育的规模较小，尚未对教育产生全面的影响。

随着移动互联、人工智能、大数据等技术的进一步发展，智能终端（手机和平板电脑）大量普及，为在线教育的蓬勃发展提供了坚实的基础。2013年，由中国经济网主办的首届国际在线教育峰会就以"2013，中国在线教育元年"为主题。[1] 从此，在线教育项目爆发式增长，融资案例层出不穷。一是大量新型互联网教育公司诞生。据统计，平均每天有2.6家互联网教育公司诞生。二是互联网头部企业纷纷进入教育领域。这一时期，百度提出"打造生态教育平台，助力在线教育"的新定位并投资传课网，腾讯的QQ增加教育模式，淘宝大学新推在线课堂模式，网易公开课引MOOC进驻。巨头们纷纷布局在线教育，开启新一轮探索。三是传统教育机构纷纷开始转战互联网。新东方与教育考试服务供应商ATA合作试水在线职业教育，与腾讯合作设立合资公司北京微学明日网络科技有限公司，拓展教育领域。学而思将沿用了10年的集团名称正式更名为"好未来"，定位为"一家用科技与互联网来推动教育进步的公司"。由此，在线教育的浪潮在国内兴起，教育的理念、方式开始变革，教育开启数字化时代。

---

[1] 魏炜．"2013首届国际在线教育峰会"在京举行．中国培训，2013（12）：1．

◎ 在线教育飞跃

2013年后,国家层面对互联网新业态的扶持政策频出(见表5-1),在线教育迎来新的发展契机。

表5-1 21世纪10年代关于"互联网+教育"的系列文件

| 时间 | 重要文件 | 主要内容 |
| --- | --- | --- |
| 2015年 | 《国务院关于积极推进"互联网+"行动的指导意见》 | 鼓励互联网企业与社会教育机构根据市场需求开发数字教育资源,提供网络化教育服务。鼓励学校利用数字教育资源及教育服务平台,逐步探索网络化教育新模式,促进教育公平。鼓励学校通过与互联网企业合作等方式,对接线上线下教育资源,探索教育新模式。 |
| 2016年 | 《教育信息化"十三五"规划》 | 教育信息化对教育现代化的支撑作用充分彰显,深化信息技术与教育教学融合发展,从服务教育教学拓展为服务育人全过程。 |
| 2017年 | 党的十九大报告 | 首次将"网络教育"写入报告,提出要高度重视网络教育。 |
| 2018年 | 《教育信息化2.0行动计划》 | 教育信息化进入升级的2.0阶段,提出"将教育信息化作为教育系统性变革的内生变量,支撑引领教育现代化发展"。 |

这一时期,大数据、人工智能、区块链等新技术的发展,以新一轮浪潮迭代推进信息化融合进程,为现代教育系统赋能。伴随着直播的兴起,在线教育发展有了新的突破。老师授课不再受限于时间、空间,行业效率大幅提高,还为学生提供了个性化、针对性的学习。在线教育形式日益多元,行业格局朝精细化方向发展,语言学习、IT培训、K12教育(学前教育至高中教育,代指基础教育)等细分领域异常火热,在线教育机构与品牌持续涌现。51Talk、VIPKID、学霸君、小猿搜题、作业帮、快乐学、麦子学院等在线

教育机构异军突起。

面对这种规模利好,在线教育也成为资本市场的"新宠",2014年中国在线教育投资规模达到180亿元人民币,BAT(百度、阿里巴巴、腾讯)的投资额达15亿元。在线教育上市热潮也由此开启①,除传统的教育机构向在线教育转型外,一些传统企业作为跨界者也频繁出现在在线教育领域,在线教育领域出现并购热潮。

在线教育作为一个待开拓的市场,各类参与者纷纷入场,行业格局错综复杂,欣欣向荣发展的背后实质上充斥着惨烈的竞争。根据央视财经在报道中提供的调查数据,截至2016年年底,在线教育相关企业累计达到400多家。但这个火爆行业的真实情况是:70%的企业存在亏损,10%的公司能够持平,能够赢利的仅占5%,甚至有15%的企业濒临倒闭。②

2020年抗击新冠疫情"停课不停学"的举措催化了在线教育的爆发式发展。截至2020年3月,我国在线教育用户规模达4.23亿,后虽因各类学校有序开学复课这一数据有所回落,但截至2020年12月,在线教育用户规模依然高达3.42亿。③"停课不停学"为我国教育信息化融合实践系统性、深层次变革带来了历史性机遇,在线教育的发展迎来"高光时刻",短时间内实现了在全国范围的普及与渗透。

密集且大额的在线教育融资反映了在线教育的狂热,但资本实质上集中在头部企业,行业发展不平衡,在线教育发展也呈现"冰火

---

① 在线教育,一半是海水一半是火焰. [2017-10-26]. https://www.sohu.com/a/200413437_100048744.

② 在线教育今年已融资75亿 却有七成企业深陷亏损泥潭. [2017-10-10]. https://3g.china.com/act/news/11155042/20171010/31552526.html.

③ 中国互联网络信息中心. 第47次《中国互联网络发展状况统计报告》,2021-02-03: 55. http://www.gov.cn/xinwen/2021-02/03/content_5584518.htm.

两重天"的现象。2020年7月16日晚播出的央视3·15晚会曝光了在线教育平台嗨学网退款难问题。此后，在线教育领域霸王条款、售后服务差、强制附加消费、退款难、授课质量差、机构携款跑路、APP窃取隐私、广告违法违规等大量问题也浮出水面。《天眼查大数据：2020教育行业发展报告》显示，截至2020年10月底，教育相关企业的注销数量达到13.6万家。同时，随着在线教育的极速发展，行业发展不规范的现象时有出现，在线教育引发的问题备受关注。

经历了疫情催化之下的极速增长，步入2021年的在线教育依然保持着火热发展的势头。2021年全国两会期间，教育再一次成为会议关注的热点问题，多位人大代表、政协委员的建议和提案直指在线教育引发的乱象。面对因新技术变革而发展起来的新业态，如何积极引导其规范发展，已成为国家与社会对在线教育关注的重心。

## 二、狂欢中的失序：在线教育"白热化"发展

### ◎ 资本火速扩张

由于教育的特殊性，教育行业长期以来被标注为"慢艺术"。而当互联网与教育碰撞出火花时，教育产品创新、更新迭代也"快"了起来。在线教育的发展复制照搬其他互联网行业"烧钱""补贴"等跑马圈地式的发展路径，一味强调资本扩展的同时也使得整个行业狂奔不止，很多教育机构背离了教育的初心。

2020年，几乎所有的在线教育公司都发起了"圈地运动"。这一年，在线教育行业融资规模超过百亿美元，不仅达到行业高点，也超越共享单车、新零售等其他互联网领域的融资记录。2020年

的 1—11 月,在线教育行业共披露融资事件 89 起,融资金额共计 388 亿元,同比增长 256.8%。用户数量的激增,再次吸引了资本市场的涌入,在线教育进入爆发式增长期。融资金额排名前十的企业中,九家均为在线教育机构,资本更青睐在线教育,融资规模也一再刷新。换言之,强者愈强的马太效应更加明显了。根据各家官方披露,猿辅导、作业帮、好未来、跟谁学也被业内戏称为"四大金刚",悄然打起了储粮"军备赛"。这一时期,在线教育细分领域进一步拓展,除却持续火热的 K12 领域外,还有诸如音乐、美术、技能、语言、写作、职业培训、高等教育、武术等等的教育类型,每种类型又能拆分出更多更细分的教育领域。

由于资金投入超过常态,原来靠课程产品销售获得回报的机构,无法与靠大量融资获得回报的机构在同一个市场中竞争,于是越来越多的在线教育机构也被挤压着寻求投资。当越来越多的在线教育机构有这种需求时,其性质已悄然发生变化:教育性越来越弱,资本性越来越强,在线教育"做生意"的性质重于"做教育"的性质。在线教育行业试图通过源源不断的资本集聚的方式来实现跑马圈地,而良好的教育需要缓慢地成长,在这个过程中,有引导,有陪伴,允许发呆走神,可以有奇思妙想,而不是在资本裹挟下增加家长焦虑,导致家长对孩子们拔苗助长。

## ◎ 广告投放甚嚣尘上

### 加剧教育焦虑

童年曾是无忧无虑和游戏玩耍的代名词,也是过去几代人的集体记忆。20 世纪的儿童,在参加学校学习的同时,有大量自主的时间参与同伴游戏、与人交往互动,并由此习得进入社会需要的态度、知识和技能。但近年来,中国儿童特别是城市中等收入家庭儿童的日常生活发生了显著改变。一种被成人主导的高度"结构化"的童年样式和普遍的育儿焦虑一起呈现,并成为醒目的社会景观。在城市,书法、音乐、体育、舞蹈等兴趣培训项目,语文、数学、英语、物理等学科辅导,充盈了学生的课外时间。学科辅导班自然是为提升学科考试成绩,而兴趣培训班亦是为迎合考试升学导向,因为特长、才艺等综合素质在小升初、初升高等升学考试中扮演着重要角色。不少家长逼迫孩童从小参加各种兴趣班,但这种兴趣班却无关"兴趣",只是父母对升学制度的理解使然。

随着教育在经济社会发展和人的发展中的地位与作用越来越重要,子女教育成为每个家庭关注的焦点。家庭教育类的支出呈现金额大、占家庭总开支比例升高的特点。2019年国内家庭子女教育投入调查显示,我国家庭子女教育年支出主要集中在1.2万元至2.4万元和2.4万元至3.6万元两个范围内,占比分别为22.4%和21.7%。且子女处于"学龄前及初中阶段"的家庭教育投入最高,呈现子女越低龄支出越高的趋势,接近六成的家庭为子女报读的课外学习班学费在100～200元/时。①调查还显示,每周有接近2～4小时都消耗在接送子女的路上,较高的时间成本使得在线教育模式迅速崛起,61.9%的受访家庭表示接受在线教育这一形式。家庭对校外培训的"刚需"以及对时间成本节约的考量,为在线教育的发展提供了机会。

《中国家长教育焦虑指数调查报告》显示,68%的家长对孩子的教育感到"非常焦虑"或"比较焦虑",仅有6%不焦虑。为了不

---

① 国内家庭每年为子女教育投入多少金钱、时间成本?这份调查告诉你. [2019-06-04]. https://www.163.com/dy/article/EGQJMIO50516QUBE.html.

让孩子"输在起跑线",将孩子送进辅导班已成为多数家长的选择。① 在线教育的出现在迎合家庭教育需求的同时,更加助长了教育焦虑的现象。每一项与教育相关的政策的出台,如"体育提分""美育进中考"等素质教育新政,都能成为在线教育机构瞄准的新增长点。由此,家长焦虑的情绪成为在线教育广告精准投放的切入点,类似"您来,我们培养您的孩子;您不来,我们培养您孩子的竞争对手""不要让孩子输在起跑线上"等表述在刺痛家长敏感神经的同时,也让教育焦虑的情绪在社会得以蔓延。

各类在线教育机构不惜重金投放广告,成为在线教育疯狂营销的重要模式。在线教育成为继电商、游戏之后主流平台的第三大广告主,令人目不暇接的在线教育广告密集出现在大众生活的各类场景中。2020年前9个月,猿辅导、作业帮、学而思网校三家在广告和销售方面的投放总额约达55亿元,是2019年同期的两倍以上。2020年,几乎所有的热门综艺都有在线教育广告的身影。岁末年初的跨年晚会上,在线教育平台也在上演"广告大战"。打开电视、登录网站、收听广播、坐公交、上电梯、刷短视频,到处可以看到在线教育的广告。为了博眼球、赚点击量,卖课广告虚构故事、制造紧张情绪,把本来就很焦虑的家长搞得人心惶惶(见图5-1)。

前文提及的"结构化"的童年,不仅深刻改变了儿童的日常生活,也改变了家庭生活方式与社会组织方式。在家庭层面,育儿的社会焦虑情绪广泛弥漫。无论考试制度怎么改革、国家对教育培训市场如何规范,"鸡娃"始终是家长最可靠的选择。所有能够协助家长"鸡娃"、孩子得高分的安排,都有巨大的市场盈利空间,教

---

① 庄媛. 全民"鸡娃"时代,如何安放教育焦虑?. 圳论,2021-01-26. https://baijiahao.baidu.com/s?id=1689965107644351754&wfr=spider&for=pc.

第五章 在线教育：从资本狂欢到回归理性 201

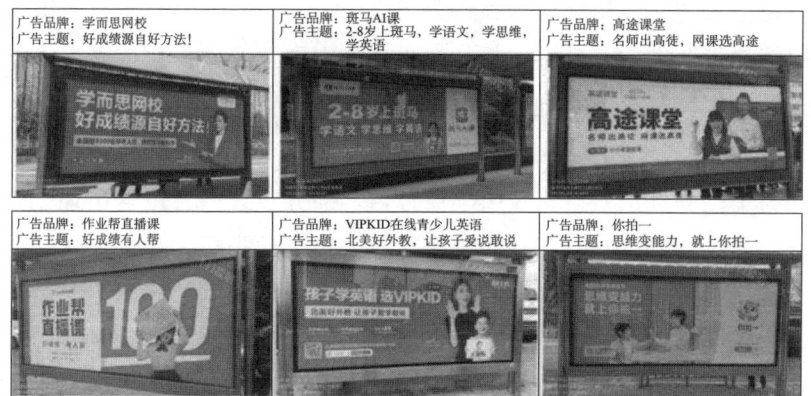

图5-1 2020年以来在线教育行业的部分广告

育培训机构由此成为蓬勃兴起的现代服务业。在这里，市场逻辑、成功主义文化与家长的地位焦虑交织一起，共同生产并维护着高度"结构化"的童年。①

**频频翻车、侵害消费者合法权益**

在线教育广告也出现备受诟病的"翻车"事件。2021年年初，猿辅导、作业帮、高途课堂、清北网校四家在线教育头部企业，请了同一位"老师"为其背书的广告引发热议。广告中，这位老师一会儿是教了一辈子数学的数学老师，一会儿是教了40年课的英语老师，一会儿又是速算专家，计算可以秒出答案。此外，侵害消费者权益的行为也时有发生，各种广告违法行为亟须治理，集中表现为如下方面：

一是部分广告中含有"虚假或者引人误解的内容"。中国消费

---

① 程福财. 被"结构化"的童年与一场思想的革命. 教育科学文摘，2021，40（3）：2.

者协会将"在线培训服务乱象频现"列入"2020年十大消费维权舆情热点"之中。其中,部分在线教育广告含有"虚假或者引人误解的内容"是上述"乱象"的表现之一。

"虚假或者引人误解的内容"首先表现为夸大宣传培训效果。如为了提高经济效益,吸引学员报名,部分在线教育广告出现"保证提分""高命中率""高通过率"等内容,此类行为违反了《广告法》有关教育、培训广告不得含有对教育、培训的效果做出明示或者暗示的保证性承诺的禁止性规定。

这类广告还表现为夸大宣传师资力量,利用专业人士的名义或形象来推荐相关服务或产品。"撞脸"广告即是利用专业人士的名义或形象来推荐相关服务或产品的典型。除此之外,部分在线教育机构以学生冒充老师来进行宣传的广告也早已被媒体所报道。同时,在广告中宣传在线教育机构无法提供的教育内容、学习形式和教育质量也可能构成"虚假或者引人误解的内容"。

二是部分在线教育广告不符合未成年人保护的要求。据中国互联网络信息中心统计,2019年有近89.6%的未成年网民使用互联网进行学习,是在线教育最大的受众群体,在线教育构成了未成年人成长环境的重要一环。未成年人是法律保护的特殊群体,在线教育本应为其提供安全、健康、专业的教育内容,但事实有时并非如此。在利益驱动下,一些教育APP传播色情、低俗信息的现象日益突出,非法APP程序屡禁不绝,甚至专门面向中小学生的教育移动互联网应用也出现过度娱乐化趋势,低俗、性暗示内容泛滥。2020年,由国家网信办、教育部联合启动的涉未成年人网课平台专项整治行动曝光了诸多网课平台存在推送低俗、色情信息以及恶意弹窗引流的行为;一些机构甚至在经济利益的驱使下,将在线教育平台变身为实质上的广告平台。这些行为违反了《广告法》《未成年人保护法》的相关规定，难以满足未成年人保护的特殊要求。

此外，一些在线教育广告还存在使用《广告法》所禁止的"绝对化用语"以及在广告中贬损其他教育培训机构的行为，严重扰乱了正常的市场竞争秩序。

## ◎ "获客"与"流量"为王

在线教育的发展模式试图复制其他互联网产业的发展模式，寻求各种渠道以获得流量。在互联网的发展模式下，流量意味着体量与增量。在线教育企业不同于线下教育机构。因诸多在线教育机构没有门店，无法发挥地推优势，线下获客难度大。由此，为了争夺客源，各家在线教育机构纷纷使出浑身解数，致力于流量与客户的获取。而各种营销手段的背后是高昂的获客成本。发展近二十年的在线教育经过一场疫情的催化，渗透率大大提升，再加上大量资本的介入，整个行业实现超速发展，竞争的进一步激烈直接使得线上流量成本水涨船高。随着政府政策持续收紧，互联网企业不得不打造新的流量的增长曲线。

处于野蛮生长时期的在线教育，个别企业以牺牲消费者合法权益的方式一味地寻求规模扩张与流量获得。

## ◎ 预付费带来的潜在风险

各类在线教育机构均采用预付费方式收取学费。学生报名后预付一定时期的学费，从而为在线教育公司提供了稳定的现金流。一些头部在线教育公司的财报显示，每个季度的递延收入可达约20亿元，这即是在线教育公司已经收取但还在以后提供服务的学费。虽然国家明确要求面向中小学生的培训机构不得一次性收取时间跨度超过 3 个月的费用（按课时收费的，每科不得一次性收取超过 60 课时的费用），但受经济利益驱使，一些机构仍通过打折、返现等方式，诱骗家长超期交费。

预付费模式之下的消费者面临着很大的风险：一是表现为退费难。退款问题、霸王条款、虚假宣传仍是消费投诉的主要问题，其中退款问题占全年投诉总量的一半以上，达 52.44%。① 二是预付费模式之下的消费者可能遭遇在线教育机构"卷款跑路"的风险。疯狂"烧钱"投放给企业带来的是巨额亏损。2020 年倒闭跑路的教育机构多达 98 个，涉嫌跑路的还有老牌在线教育机构学霸君。值得注意的是，在当年"双 12"促销之际，学霸君还疯狂做活动圈钱，不少家长还在此时续费。学霸君资金链断裂，全国大批学生家长和老师面临着退费难的困境。

## 三、监管聚焦："新政"重塑在线教育行业生态

面对在线教育的行业失范行为及其引发的对教育生态的影响，在线教育须纳入监管的范畴。以 2021 年为界，在线教育的监管政策发生了巨大的变化。2021 年之前，在线教育的监管政策以宏观管理为主；2021 年之后，在线教育迎来监管部门强有力的监管风暴，快速推动在线教育发展模式的转型。2022 年，在线教育行业进入多元化竞争的稳健发展阶段。

◎ **从宏观上的鼓励到全面从严治理**

在线教育的监管是国家对校外培训机构治理的延伸。2018 年

---

① 交费容易退费难，在线教育行业通病难治．[2021-01-09]．https：//baijiahao.baidu.com/s？id=1688367532276291920&wfr=spider&for=pc．

以来,国家密集出台治理校外培训的相关政策,政策治理的对象由线下培训机构覆盖到在线教育机构(见表5-2)。①

表5-2 近年来关于在线教育的系列文件

| 时间 | 重要文件 | 主要内容 |
| --- | --- | --- |
| 2018年2月 | 教育部、民政部、人力资源和社会保障部、国家工商行政管理总局四部门发布《教育部办公厅等四部门关于切实减轻中小学生课外负担开展校外培训机构专项治理行动的通知》 | 国家层面开启对校外培训机构的治理。 |
| 2018年8月 | 国务院办公厅出台《关于规范校外培训机构发展的意见》 | 我国第一个在国家层面提出规范校外培训机构发展的系统性文件,标志着校外培训被单独列为一个教育领域进行管理。 |
| 2018年8月 | 司法部公布《中华人民共和国民办教育促进法实施条例》(修订草案)(送审稿) | 第十六条对以在线的方式提供民办教育的机构的准入问题进行了初步规定。这是首次在国家教育立法中将在线教育机构纳入调整范围。 |
| 2018年11月 | 教育部、国家市场监管总局、应急管理部发布《关于健全校外培训机构专项治理整改若干工作机制的通知》 | 明确提出要"强化在线培训监管",要求线上培训机构所办学科类培训班的名称、培训内容、招生对象、进度安排、上课时间等必须在机构住所地省级教育行政部门备案,必须将教师的姓名、照片、教师班次及教师资格证号在其网站显著位置予以公示。 |

---

① 张薇.中国校外培训规范治理:统一的政策,多样的回应.全球教育展望,2020(2):21.

续表

| 时间 | 重要文件 | 主要内容 |
| --- | --- | --- |
| 2019年7月 | 教育部等六部门发布《关于规范校外线上培训的实施意见》 | 要根据互联网和线上培训的特点，用互联网的方法解决互联网的问题，采取"互联网＋监管"的新模式监管互联网教育。 |
| 2019年9月 | 教育部等11部门发布《关于促进在线教育健康发展的指导意见》 | 第一个国家层面出台的以"在线教育"命名的文件。从完善在线教育准入制度、创新在线教育的管理服务方式、加强部门协同监管、强化行业自律等方面建立了新时期国家引导并规范在线教育发展的政策框架。 |
| 2021年3月 | 国家发展改革委等28个部门和单位发布《加快培育新型消费实施方案》 | 提出了相关的在线教育监管要求。 |

网络空间作为家庭、学校、社会等现实世界的延展，已经成为未成年人成长过程中极为重要的新环境。2020年10月修订通过的《未成年人保护法》特设置"网络保护"专章，以网络素养教育、网络信息管理、网络沉迷防治、个人信息保护、网络欺凌防治五大主题为纲，以国家、社会、学校、家庭这四大责任主体为本，形成了科学性、体系化、整体性的未成年人网络保护体系，也成为与未成年人成长密切相关的在线教育机构的监管依据。

除却宏观的政策文件外，国家也针对层出不穷的教育APP开展了专项整治（见表5-3）。

表5-3 关于在线教育APP的系列文件

| 时间 | 重要文件 | 主要内容 |
| --- | --- | --- |
| 2018年12月 | 教育部发布《关于严禁有害APP进入中小学校园的通知》 | 明确教育类移动应用的进入条件，按照"凡进必审""谁选用谁负责""谁主管谁负责"的原则建立"双审查"责任制。 |
| 2019年8月、11月 | 教育部等八部门联合印发《关于引导规范教育移动互联网应用有序健康发展的意见》，出台《教育移动互联网应用程序备案管理办法》 | 组织教育APP提供者和使用者进行备案，实现教育APP实时查询，接受社会监督。 |
| 2020年11月 | 中央网信办、教育部发布《关于进一步加强涉未成年人网课平台规范管理的通知》 | 从多个层面要求加强未成年人网课平台的管理。 |

除上述教育领域出台的政策外，互联网领域诸多的政策法规，如《互联网信息服务管理办法》等也成为政府监管在线教育的依据。

◎ "去资本化""非营利"成为主旋律

2021年开局以来，政府对在线教育乱象予以打击并施以监管的态度愈发明朗。2021年1月7日，教育部提出整顿校外培训机构的总基调；1月18日，中纪委发文"点名"在线教育滋生的乱象与监管问题；1月26日，在线教育被中国消费者协会纳入重点关注对象。

紧随其后的是监管部门的积极执法。自2021年4月起，在线教育头部企业成为监管的重点。4月25日，北京市市场监管局对跟谁学、学而思、新东方在线、高思四家校外教育培训机构价格违法行为分别给予警告和50万元顶格罚款的行政处罚。5月10日，北京市市场监管局对作业帮和猿辅导两家校外教育培训机构，均处以警告和250万元顶格罚款的行政处罚。

同一时期，监管政策频出且不断加码，监管部门以学前与义务教育领域的校外培训机构为重点治理对象，基于对睡眠、作业等因素的考虑对校外培训机构开展治理。2021年4月修订的《民办教育促进法实施条例》第16条规定："利用互联网技术在线实施教育活动应当符合国家互联网管理有关法律、行政法规的规定。利用互联网技术在线实施教育活动的民办学校应当取得相应的办学许可"，在行政法规层面明确了在线教育资质的获得须以取得办学许可证为前提。《未成年人保护法》的生效实施亦完善了在线教育治理的法律依据。《未成年人保护法》第33条第3款规定"幼儿园、校外培训机构不得对学龄前未成年人进行小学课程教育"，从而以国家立法的方式明确禁止校外培训机构开设学前教育的相关课程。

2021年5月21日，中央全面深化改革委员会第十九次会议审议通过了《关于进一步减轻义务教育阶段学生作业负担和校外培训负担的意见》（以下简称"双减"意见）。此次会议精神直指校外培训机构无序发展的乱象，史无前例地声明要从严治理，严禁培训机构资本化运作。

"双减"意见明确要求各地不再审批面向义务教育阶段学生的学科类校外培训机构，现有学科类培训机构统一登记为非营利性机构，对原备案的线上学科类培训机构改为审批制。学科类培训机构一律不得上市融资，严禁资本化运作；上市公司不得通过股票市场融资投资学科类培训机构，不得通过发行股份或支付现金等方式购买学科类培训机构资产；外资不得通过兼并收购、受托经营、加盟连锁、利用可变利益实体等方式控股或参股学科类培训机构（见图5-2）。

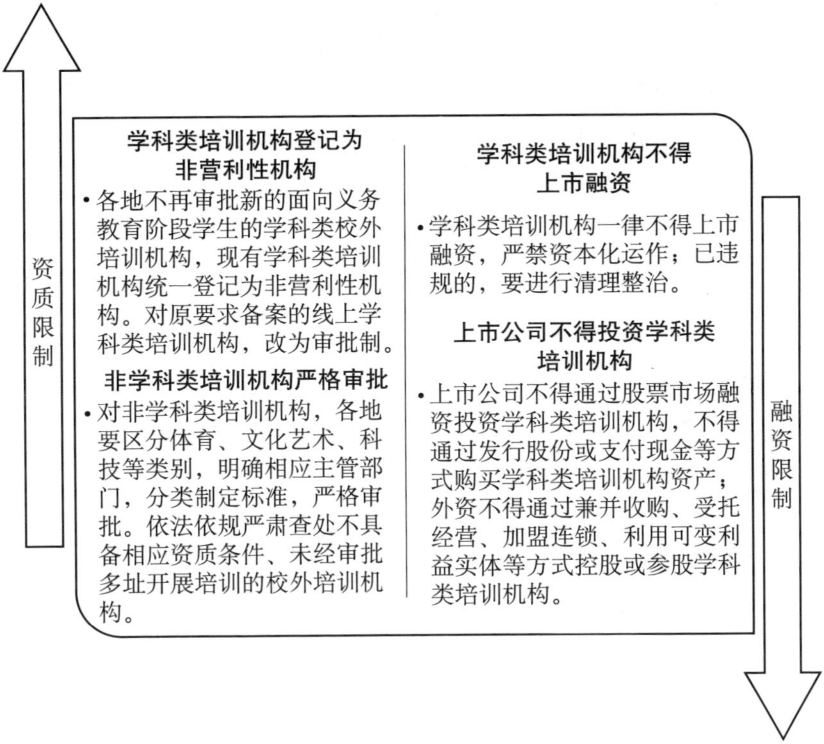

**图 5-2　在线教育资质和融资限制**

资料来源：前瞻产业研究院《"双减"背景下，2021年中国教育培训研究报告》。

2021年6月15日，教育部成立校外教育培训监管司，成为落实"双减"意见的首要举措。教育部表示，这次机构增设，充分体现了以习近平同志为核心的党中央对校外教育培训监管工作的高度重视、对新一代少年的关怀，对于深化校外教育培训改革具有重大意义。教育部官网显示，校外教育培训监管司的职责主要包括：承担面向中小学生（含幼儿园儿童）的校外教育培训管理工作，指导校外教育培训机构党的建设，拟订校外教育培训规范管理政策；会同有关方面拟订校外教育培训（含线上线下）机构设置、培训内容、培训时间、人员资质、收费监管等相关标准和制度并监督执行，组织实施校外教育培训综合治理，指导校外教育培训综合执法；指导规范面向中小学生的社会竞赛等活动；及时反映和处理校外教育培训重大问题。教育部新成立一个内设司局专门用于监管校外教育培训机构，意在重塑校外培训行业发展格局，让校内教育、校外培训同向而行，传递出彻底解决校外教育培训机构监管难问题的信号（见图 5-3、图 5-4）。①

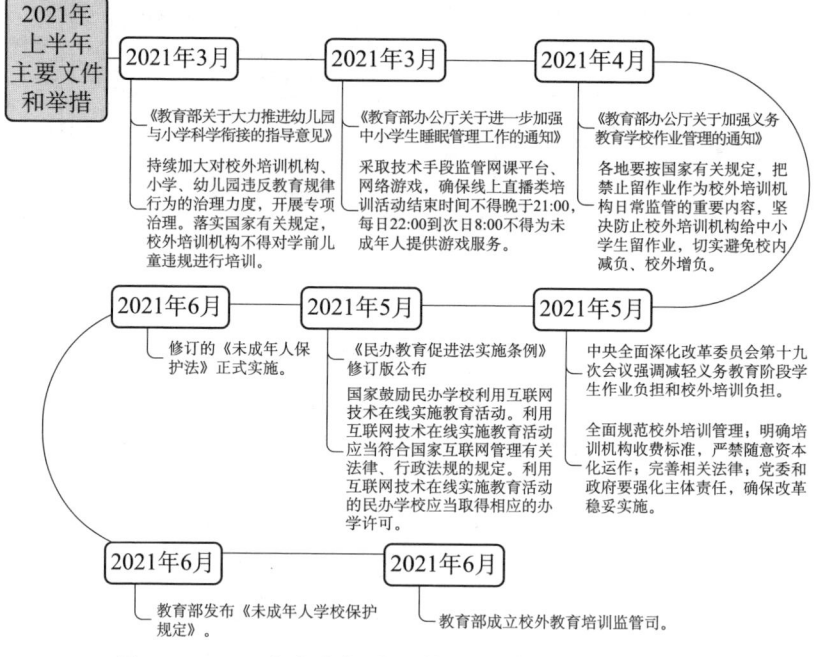

图 5-3 2021 年上半年"双减"监管的主要文件和举措

---

① 樊瑞.K12 校外培训机构出路只有一个：绿色补充.《财经》E 法，2021-07-03. https://news.caijingmobile.com/article/detail/437885?source_id=40.

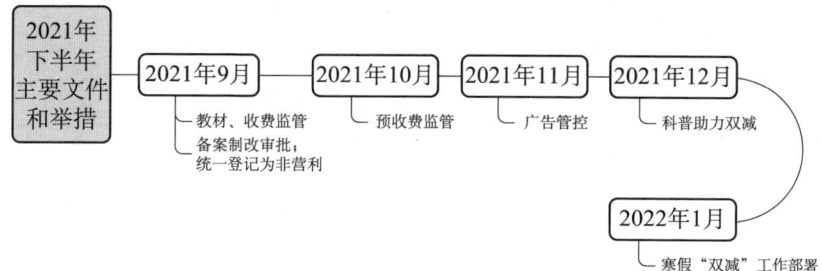

图 5-4 2021 年下半年"双减"监管的主要文件和举措

## ◎ 大潮退却，巨头离场

随着"双减"政策的发布，"双减"政策的实施大幕正式拉开，国家教育部门连同其他部门积极开展"双减"政策的执行工作，再次针对教培领域的培训资料、收费、变相培训、备案转审批、广告、执法等内容密集发布监管政策。

面对监管部门系列"组合拳"的重拳出击以及行业发展的不确定性，在线教育行业发展受到巨大的冲击，各家企业纷纷通过业务调整来维持自身发展。

坚守，抑或转型，都是重要的抉择。

一是收缩甚至放弃相关业务。在线教育遭遇强监管后，头部企业将第一把火烧向了低幼赛道。2021 年 5 月 27 日，高途集团宣布放弃旗下"小早启蒙"业务。猿辅导与学而思也纷纷下架学前相关业务。随后，新东方、好未来、学而思网校、学而思培优、学大教育、卓越教育、四季教育等宣布停止 K9（小学到初中）学科培训服务。2022 年 1 月 20 日，北京市西城区"双减"工作专班办公室就学而思培训学校以"定制班形式"面向部分高一学生组织学科类培训的行为进行通报，认定该行为严重违反相关规定和"双减"政策要求。该通报引发了教培领域的再一次震荡，预示着以"义务教育"为主要面向的"双减"政策亦要延伸至高中阶段落实。同年2月8日，教育部发布的2022年工作要点中明确指出"高中阶段学科类培训严格参照义务教育阶段执行"。学而思网校、作业帮、新东方等多家在线教育机构陆续发布2022年春季招生名录，高中学科类课程已不在其中。除高中阶段外，学龄前在线教育在2022年春节之际亦面临新一轮的强监管态势。2022年2月16日，北京市教委发布《关于进一步做好教育移动互联网应用程序备案及管理工作的通知》（征求意见稿）。其中规定，面向学龄前儿童培训的教育移动应用一律停止运行。受监管的教育移动应用范畴包括"以教职工、学生、家长为主要用户，以教育、学习为主要应用场景，服务于学校教育教学与管理、学生学习和生活以及家校互动等方面的互联网移动应用程序"。新一轮监管风暴预示着"双减"政策要在学前教育、义务教育、高中教育阶段全方位落实。教培机构的转型已似箭在弦上。

二是在线教育机构迎来裁员大潮。近一年来，在线教育行业的人才需求经历了比较大的波动。受春节及市场环境影响，人才需求断崖式下跌。高途、作业帮、猿辅导、好未来等在线教育机构陆续裁员，甚至有的在线教育机构裁员比例达到50%。虽然各家企业以"人员优化"来加以回应，但在政策影响与业务调整的局势之下，因业务缩减而裁减人员是必然的趋势。

三是在线教育资本退潮。从2021年3月至今，行业内充斥着诸多关于在线教育监管政策的传闻、谣言。资本市场的反应向来敏锐，每一次传闻或者监管政策的落实都引发资本市场的较大震荡。2022年1月，胡润研究院发布《2021胡润中国500强》，按照企业市值或估值进行排名，列出了中国500强非国有企业；经历"双减"洗礼的教培产业成绩黯淡,据榜单显示,在 2020 年分别位居 26 位、45 位和 88 位的教培龙头企业好未来、新东方与高途三家企业,在 2021 年竟然均跌出榜单。

## 四、回归理性:合规发展之下的多重出路

"十四五"期间,建设高质量教育体系是推进中国迈入教育强国行列、为建成社会主义现代化强国奠定坚实基础的必然要求。党的十九届五中全会审议通过的《中共中央关于制定国民经济和社会发展第十四个五年规划和二〇三五年远景目标的建议》中明确指出:"发挥在线教育优势,完善终身学习体系,建设学习型社会。"在线教育是技术与教育融合而产生的新型教育形态,具有便利化、多样化、个性化的特点,在推进教育优质资源共享、促进教育公平、助力终身学习以及革新教育方式方面可以发挥极大的功能。因此,在构建高质量教育体系的进程中,在线教育不可或缺,依然是高质量教育体系的重要环节与补充。

### ◎ 契合"双减"要求,坚守公益合规发展

"双减"政策的落地及实施,引出诸多教培行业"消失"的结论与观点。实质上,"双减"政策是新时期全面、系统地治理校外培训机构的新举措,目的是在严格规范校外培训机构的基础上强调教育的公益性。

教育是公益性极强的事业。我国《教育法》明确规定了教育活动必须符合国家和社会的公共利益,以教育基本法的形式确立了教育公益性原则,要求从事教育活动的机构要以维护教育公益性为基本原则。在线教育是技术变革的结果,而在线教育终究是育人的活

动，应在遵循教育规律的基础上发展创新。在线教育不仅以科技的形式为公众提供知识与服务，还肩负着配置优质教育资源、促进教育公平、实现终身学习的重要使命。很长一段时间，在线教育无序发展滋生的乱象已严重消解了教育的公益性，资本的助推、疯狂的营销更是严重背离在线教育的初心与使命，冲击教育的本质与理念。

"双减"政策的实施，实质上是强制性地引导"一路狂奔"的在线教育回归教育的初心，推动在线教育由烧钱获客、依靠海量广告等粗放式发展模式向以尊重教育规律、强调教育质量、公平配置教育资源为导向的内涵式模式转变。"双减"并不意味着迫使在线教育归于消亡，而是积极保障在线教育的合规发展之路。2021年12月，广东省教育厅公示了线上学科类校外培训机构由备案改为审批的名单，包括学而思、作业帮、企鹅辅导、掌门教育等在内的14家在线教育机构"拟通过审批"，获得线上学科类培训办学许可证。2022年1月，北京市民政局公布的非营利线上学科培训学校增至10家，包括乐学东方、猿辅导、希望在线、途途向上、豆豆狐等在线教育机构；登记信息显示，这些机构的主营业务为中小学学科类线上培训，社会组织类型为民办非企业单位。"双减"之下，在线教育在不背离教育公益的基础上，依然可以在法律秩序的框架下获得良性发展的机会。

◎ **积极转型：蕴藏在变革中的新机遇**

2022年全国教育工作会议指出，新一年是新时代新征程中具有特殊重要意义的一年，教育工作要围绕中心、服务大局，做出实质性贡献。持续打好"双减"攻坚落实战，推进义务教育优质均衡发展，大力发展适应新技术和产业变革需要的职业教育，实施教育数字化战略行动等，是 2022 年教育工作的重心。

**向在线职业教育拓展**

职业教育是国民教育体系和人力资源开发的重要组成部分，是培养多样化人才、传承技术技能、促进就业创业的重要途径。近年来，国家先后发布《国家职业教育改革实施方案》《职业教育提质培优行动计划（2020—2023 年)》《关于推动现代职业教育高质量发展的意见》等重要政策文件，表明国家重点扶持职业教育发展的决心。

2022 年 4 月 20 日，十三届全国人大常委会第三十四次会议表决通过新修订的《职业教育法》，5 月 1 日起正式施行，明确了职业教育与普通教育是不同教育类型，具有同等重要地位，是国民教育体系和人力资源开发的重要组成部分，是培养多样化人才、传承技术技能、促进就业创业的重要途径。国家在强调提升职业教育地位的同时，也积极引导、鼓励资本向职业教育倾斜。中国的职业教育正在从工业时代的"供给式教育"向互联网时代的"人才式教育"转变。随着《职业教育法》修订的落实以及 K12 领域在线教育监管政策的趋严，资本的目光也转向职业教育赛道，在线职业教育将成为在线教育发展转型的新契机。

2021 年前 5 个月，职业教育领域就获得了总金额 42.9 亿元的投资，包括粉笔网、云课堂、课观教育、犀鸟教育、导氮教育等在内的在线职业教育企业纷纷获得投资者的青睐，职业教育迎来资本红利期。

相较于线下职业教育，在线职业教育将互联网模式融入职业教育中，在市场端以更高效的数字化管理模式解决运营效率问题，在用户端以成熟的线上教育模式完成了免费的用户习惯培养，是未来职业教育场景中必不可少的一环。未来，职业教育将会成为社会发展的"必修课",为现代化建设培养出新型多元化人才,满足经济发展的需要,实现人才进阶和社会进步的双赢目标。

**向素质教育转型**

1993年2月,中共中央、国务院制定发布的《中国教育改革和发展纲要》中指出:"中小学要从'应试教育'转向全面提高国民素质的轨道,面向全体学生,全面提高学生的思想道德、文化科学、劳动技能和身体心理素质,促进学生生动活泼地发展。"这是国家层面第一次明确提出了全面提高学生四方面素质的要求,从政策层面肯定和反映了素质教育理念,是素质教育思想形成的重要标志。[1] 也由此开启了基础教育以"发展素质教育"为导向的教育改革。素质教育的发展需要建立健全与其相适应的教育评价制度。2020年,中共中央、国务院印发《深化新时代教育评价改革总体方案》,强调:要系统推进教育评价改革,发展素质教育。扭转不科学的教育评价导向,坚决克服唯分数、唯升学、唯文凭、唯论文、唯帽子的顽疾。2021年3月,教育部等六部门联合印发《义务教育质量评价指南》,更是以发展素质教育为导向,提出完善评价内容,改进评价方法,着力克服"唯分数、唯升学"倾向,促进形成良好教育生态。

在"双减"政策落实的进程中,教育部办公厅发布的《关于进一步明确义务教育阶段校外培训学科类和非学科类范围的通知》明确了义务教育阶段校外培训学科类和非学科类的范围,体育(或体育与健康)、艺术(或音乐、美术)学科,以及综合实践活动(含

---

[1] 瞿振元. 素质教育:当代中国教育改革发展的战略主题. 中国高教研究,2015(5).

信息技术教育、劳动与技术教育）等按照非学科类进行管理，意味着非学科类培训的限制较少，依然有资本运作的空间。结合素质教育的持续推进以及国家教育评价制度的调整，在线教育行业可以在素质教育领域寻求发展契机。

**助力终身教育的发展**

20 世纪 60 年代，法国著名成人教育家保罗·朗格朗率先提出了"终身教育"的概念。其在《终身教育导论》中指出，"终身教育包括了教育的各个方面、各种范围，包括从生命运动一开始到最后结束这段时间的不断发展，也包括了教育发展过程中的各方面与连续的各个阶段之间的紧密而有机的内在联系"。联合国教科文组织分别于 1966 年、1976 年、2015 年先后发布《学会生存——教育世界的今天和明天》《教育——财富蕴藏其中》《反思教育：向"全球共同利益"的理念转变？》等报告，持续研究并倡导终身教育与终身学习的理念。2020 年，联合国教科文组织正式发布《拥抱终身学习的文化》报告，提出了在 2050 年前建成终身学习型社会的愿景。在这种构想的理想社会中，人人都是终身学习者，不论年龄、性别、种族、经济状况、社会地位如何，即不同身份和背景的人都可以进行积极且自由的学习；从学习方式和教育类型上看，在此种社会中，学习和接受教育的方式与类型是多样化的、可供选择的，不论是正式的、非正式的，还是在职场中、学校中、家庭中，均可以开展教育活动。随着以大数据为核心的新工业革命的兴起，现代社会正在转向以数字革命崛起为特征的知识型社会。这种转变正在以前所未有的力量影响着人们的生产、生活和学习方式，人们开始意识到只有不断学习才能保持与社会动态的平衡。由此，终身教育成为当前社会改革的动力目标，也成为重要的国际教育理念之一。

20世纪80年代起，我国开始引入终身教育思想并予以倡导和实践，经过多年的努力，围绕终身教育、终身学习、学习型社会建设的政策日益健全、制度日益完善。互联网技术的兴起、在线教育的出现为全民终身学习的实现带来了契机；通过网络技术和移动学习，成人学习者可以利用碎片化的时间开展学习。随着开放教育资源运动的深入推进和在线教育的繁荣发展，继续教育已经不再受学习场所、学习时间的制约，也不再受教学主体的限制，人与人之间形成了互联互通的知识网络，知识付费服务日益受到青睐，学习者完全可以根据自己的需要，选择自己感兴趣的课程或者适合自己的学习资源进行学习，并获得相应的学习支持服务，最终取得继续教育的学历证书或学分，教学组织形式呈现灵活性、个性化的特征。在科技成为教育变革重要力量的推动之下，人人皆学、处处能学、时时可学的学习型社会，实现更加开放、更加适合、更加人本、更加平等、更加可持续的教育，面向每个人、适合每个人、更加开放灵活的教育体系会早日建成。

**助力课后服务**

"双减"文件中明确要求"提升学校课后服务水平，满足学生多样化需求。……大力提升教育教学质量，确保学生在校内学足学好"。可见，课后服务是"双减"工作的重要组成部分。教育部监测显示，截至2021年10月底，课后服务基本实现全覆盖。全国14.3万所应开展课后服务的义务教育学校中，99%的学校提供了课后服务，有效促进学生的学习回归校园。

课后服务是一项涉及众多参与主体的系统性、规模性教育服务工程。"双减"背景下，学校、教师、学生和家庭面临着新的挑战，如学生在校的时间延长、受制于学校已有的办学资源、学生的个性化学习需求难以满足、教师缺乏有效的工具提升作业设计水平、高质量的教学资源短缺等。目前，江苏、浙江等地已明确课后服务的性质为非基本公共服务，课后服务允许市场化供给，且经费保障充足。这样的政策利好也吸引着多家教育公司陆续进入课后服务市场。

科技赋能教育是时代趋势。在落实"双减"、推动课后服务高质量落地方面，教育科技大有可为。2021年10月，科大讯飞便发布了"中小学课后服务管理平台"，覆盖机构管理、课程管理、选课排课、授课巡课、评价监管、财务管理的全场景，为各区域开展"课后三点半"服务提供综合解决方案，其课后服务综合解决方案已覆盖全国160多个区县的2 000多所学校。猿辅导推出To B（面向学校）品牌飞象星球；飞象星球推出"飞象双师素质课堂"，涵盖围棋、建筑、书法、魔方、机械等数十门课程。

## ◎ 政府与教培市场关系的重塑

在线教育是互联网技术高度发展后在教育领域形成的新业态。针对在线教育的法律监管应当符合我国近年来不断涌现的新业态、新技术、新模式的特点，应当按照对新业态包容审慎的原则进行监管。对于在线教育的包容审慎监管，要求监管者对新业态抱以宽容态度，要站在促进创新的角度实施监管，不能让新业态因缺乏包容监管而无从发展，更不能将新业态"一棍子打死"。审慎监管原则是指政府对新业态监管要审时度势、谨慎干预，在充分考虑监管得失利弊之后再实施科学、合理、适当的监管。[1]

---

[1] 张效羽. 行政法视野下互联网新业态包容审慎监管原则研究. 电子政务，2020（8）：71-81.

### 分类基础上的精准管理

"双减"政策主要针对学科类的教培机构加强监管。而对于从事体育、音乐、美术、科技创新等非学科类培训的机构的监管也应持续跟进,需要探索和完善更加明确细致、具有可操作性的鉴定学科和非学科类别的标准和指标,从而有助于精准管理。

### 依法科学执法

在线教育执法制度是在线教育事中事后监管的重要环节。而教育行政执法已经发展为一项业务流程复杂、牵涉部门甚广、实施区域广大、社会影响深远的系统工程,需要多个行政领域、多个政府层级的执法力量发挥自身在行政执法资源方面的比较优势。因此,在线教育的执法权力的合理配置是在线教育监管的关键。此外,在线教育的执法模式还要改变传统的以"经营场所"为主的执法形式,以契合在线教育特点的方式来开展执法。

为了深入落实"双减"政策,教育部、中央编办、司法部三部门共同发布了《关于加强教育行政执法 深入推进校外培训综合治理的意见》,明确:到2024年,基本建成权责明晰、管理规范、运转顺畅、保障有力、监管到位的校外培训监管行政执法体系的重要目标。随着"双减"政策的深入实施,在线教育执法也将开创新的局面。

### 运用新型监管工具

政府动用规制工具介入市场、社会等领域,这在现代行政国家成为一个不必论证的命题。真正需要论证的问题是,政府在面对特定问题时,应当采用何种规制工具以及如何采用该规制工具。

在互联网新业态的驱使下,监管实践中涌现出诸多适合新业态特点的监管工具,如"互联网+监管"系统,可以有效促进政府监管规范化、精准化、智能化。智慧监管的运行工具包含信息技术工具、制度工具、教育培训手段、监管"金字塔"等多种政策工具。每一种政策工具都有其优点和缺点。没有一种政策工具具有足够的灵活性和弹性,能够成功解决所有的监管问题。因此,政府部门在处理不同的监管问题时,应使用不同的监管工具。

◎ 构建新型教育生态格局

"教育生态"指教育以及对教育的产生、存在和发展起制约和调控作用的多元环境体系。[①] 政府、家庭、学校、社会均是教育生态系统中的关键要素。数字化、网络化、智能化时代,政府、家庭、学校、社会之间的相互关系更加多元。2022年1月1日开始实施的《家庭教育促进法》为家庭教育提供了法治保障,将家庭教育由旧时期的传统"家事"上升为新时代的重要"国事"。《家庭教育促进法》中的多项规定亦是呼应"双减"政策的重要举措,其中,遵循未成年人成长规律,树立正确的家庭教育理念,是《家庭教育促进法》对家庭教育主体的基本要求;而要求县级以上地方人民政府应当加强监督管理,减轻义务教育阶段学生的作业负担和校外培训负担,并畅通学校家庭沟通渠道,推进学校教育和家庭教育相互配合,是落实"双减"规定的基本要求。各方主体在遵循人才培养规律的基础上同向同行,让教育回归常态、让家长回归平常心、让人才培养顺应规律,共同推进良好教育生态体系的构建。

---

① 穆铭. 高质量教育体系需要构建健康的教育生态. 人民教育,2021(9):40-42.

2022年春节,疫情还没有完全退去,时不时在各地出现的感染病例使得人们的活动仍然受限。在过去的半年多时间,子萱先后收到各个线上辅导班业务关停及退费的信息,也已习惯了不再"上网课"的学习模式。随着作业与课外培训的减少,子萱将更多的时间投入自己热爱的舞蹈与游泳的练习之中,学校的课后服务时间也增加了更多有趣的活动,睡眠时间以及与父母进行户外活动的时间也明显增加。虽然父母依然会有对于子萱未来升学的焦虑,但他们的心态与教育理念也在慢慢转变。他们认为,不应一味地关注孩子的学习成绩,良好的心态、健康的体魄、面对挫折时的积极态度等均是青少年成长过程中至关重要的因素。父母在因循教育规律、顺应孩子成长天性的基础上扮演好引导者的角色,孩子必将收获精彩的人生!

# 第六章 网约车：新旧产业冲突

北京时间2021年7月6日，星期二，毕业后入职位于北京望京某公司总部的26岁女孩红豆在这一天顺利结束了实习期，她决定下班后去换一个新手机，作为给自己的纪念和奖励。可是她没想到，此时自己作为新用户已无法在应用商店下载滴滴出行APP。周五晚上加完班已是十点半，她想在街头找出租车，无果，又火急火燎地开始尝试其他软件，无一例外地失望了。无比燥热的夏夜，红豆最终通过地铁、公交车和共享单车的组合方案，用了两小时，辗转回到通州的单身公寓。她给远在福建的男友阿点拨了一个微信电话吐槽了遭遇，之后打开高德地图、首汽约车、曹操出行等APP，开始了对"上班怎么打车"这个问题的研究……

网约车是"互联网＋交通"的典型代表，代表了新技术对各国出租车出行痛点问题的解决，也代表了新的生产关系对传统业态的冲击。在这个过程中，广大乘客"用脚投票"，用实际行动选择了网约车这种新型的"打车"方式，享受着更为安全、更为便捷的出行服务。一方面，传统出租车牌照的持有者和出租车司机也被新产业的汹涌浪潮冲击得找不到方向；另一方面，传统出租车行业也被新技术赋能，逐步完成数字化转型。在这个过程中，各国延续了上百年的关于出租车管理的规则无法快速适应新业态，各种力量、各种观点轮番上台，争议不断。在中国，这一问题更具有独特性。在网约车出现之前，我们的出租车行业仅限于巡游出租车，也就是扬招出租车，并没有专门类别的预约出租车；在大量出租车和公共交通无法覆盖的时间和地点，"黑车"客观上大量存在。网约车的出现使得中国的出租车行业实现了跨越式发展，以短短几年的时间，将闲散车辆的运力挖掘出来，补上了预约类出租车这一类别，满足了市场上的出行需求。中国以特有的发展模式和监管智慧，为新旧产业的冲突与融合发展提供了一种新的路径。就全球而言，未来公共交通愿景清晰美好，但是通往未来的路程却可能是千回百转、荆棘丛生。网约车无疑是社会巨变下新技术与规则和文化既冲突又融合的最典型案例，我们愿给读者娓娓道来。

## 一、Uber 的诞生及野蛮生长

### ◎ 冬天的故事：灵光乍现

　　Uber 诞生于 2009 年。当在巴黎参加会议的特拉维斯·卡兰尼克和加乐特·坎普走出会场时，他们发现在偌大的城市打车竟然是一件异常困难的事。于是，两个冻得瑟瑟发抖的年轻人决定研发一款手机应用来解决"打车难"的问题。两人回到美国之后，试探性地向朋友们提出"叫车服务应用"的点子，出乎意料地获得了大家的一致支持。

几乎每个人都觉得巡游出租车的体验相当差劲，但又别无选择。其实，在 Uber 出现之前，绝大多数国家和城市的出租车系统都是最保守、最具垄断性的行业之一，百余年来一直充斥着乘客的抱怨，而司机也满肚子委屈。Uber 敏锐地探知到这种失望感和需求，引发了波及全球的一场出行风暴，完全改变了私营交通运营的方式：首先，将移动应用和谷歌地图整合在一起，乘客在手机上设定地点，与最近的接单车辆在约定地点会合；其次，当到达目的地时，司机会通过信用卡收费，乘客不用现金支付和找零，不用给司机小费，也不用等着开出收据，这样就轻松跳过了传统出租车交通系统中容易产生摩擦的现金支付环节。

## ◎ 创业范本：估值增长最快的独角兽

2010 年初，Uber 最早在纽约进行测试时只有 3 辆车；次年 5 月，Uber 将业务扩展到旧金山。2013 年，Uber 将业务进一步扩展到印度。2014 年 3 月，Uber 正式宣布进入中国市场。

Uber 本质上是"双边市场"的服务提供商，一边联结乘客，一边联结司机，所以规模效应就显得特别重要。只有当用户觉得叫车很方便时，用户才会使用 Uber；而用户订单多，司机才会乐意用 Uber。借助移动互联网技术，供需匹配以最快速度实现，双边市场达成迅速。Uber 后来打开了低端市场，而且迅速做到了规模扩张，建立起了自己的商业领先地位和市场竞争壁垒。

经济的不稳定和通货膨胀同时也在给这家公司带来好处。Uber 透露，艰难的生活环境正在吸引更多的司机。自 2020 年发生疫情以来，该公司首次在第三季度末将活跃的司机人数恢复到 2019 年的水平。Uber 和它的竞争对手 Lyft 一直在努力解决长达一年的司机短缺问题，这种不平衡已经将乘车价格推到了历史最高位。①

## 二、环球法律大战

◎ **动了出租车的奶酪："Uber go home."**

Uber 最初是以出租车行业颠覆者的姿态出现在大众视野中的，自诞生之日起，就在蚕食传统出租车行业的利益。在其发展壮大的过程中，始终伴随着来自传统出租车行业的强烈不满甚至激烈抗议。2014 年 1 月，法国巴黎一名出租车司机攻击一名 Uber 司机；同年 6 月，欧洲主要城市出租车司机通过封路的方式对 Uber 进行抗议。类似这样的抗议活动在全球各地时有发生，部分甚至上升到暴力冲突层面。

在与传统出租车的竞争中，网约车公司有着天然的优势，如司机的工作时间更为灵活、没有高昂的行业管理费用等。如果说专车只是传统出租车行业下单方式的平台拓宽，司机都是职业司机，专车数量也是有限的，那么快车已经发生了质的改变，很多司机并非专职司机，而只是利用空余时间赚些外快的兼职司机，对兼职司机收取执照费用或者行业管理费显然不甚合理，而且这一类车辆是可以源源不断地进入网约车平台的。

---

① The Wall Street Journal："Uber Shares Surge on Gains in Quarterly Revenue, Adjusted Profit", by Preetika Rana. https：//www. wsj. com/articles/uber-q3-earnings-report-2022-11667276196？mod＝Searchresults＿pos17&page＝1.

但是，世界范围内大多数国家的出租车行业都由相关协会统一组织，如果是受雇开车，司机往往需要向出租车牌照持有者缴纳高额的管理费或营业许可费。Uber 的进入大大压缩了出租车行业的利益空间，出租车牌照持有者的收益层层下跌，纽约、旧金山等地最大的牌照持有者都已破产，而 Uber 低到可以忽略不计的准入门槛也让出租车司机群体觉得不公。传统出租车行业尚未到日薄西山的境地，特别是移动支付尚不发达的地区，对路边巡游出租车的需求依旧存在。

如何在为乘客提供更方便、更安全的出行服务的同时，还能维持原有市场的相对稳定，公平合理地解决在 Uber 合法性监管上的缺失问题，是各国政府以及以 Uber 为代表的网约车平台需要面对的极具挑战性的问题。①

## ◎ 司机："独立承揽人"还是"雇员"？

网约车司机应当被定性为"独立承揽人"还是"雇员"，成为争议的焦点。

这一问题的定性对司机利益具有实质性的影响。根据美国联邦和各州的劳工法律，"雇员"可以享有最低工资保障、因工作支出费用的补偿、加班补贴、失业保险、医疗保险等多项劳工保护待遇；"独立承揽人"则完全不能享受上述待遇。与此同时，Uber 在北美订单最多的洛杉矶、纽约、旧金山地区纷纷对 Uber 亮起了红灯。

首先是同处加州的洛杉矶和旧金山，出台了一项重新定义网约

---

① Rozen Noguellou & David Renders. Uber and Taxi：Comparative Law Study. Brylant Publisher，2018.

车司机身份的法案。2019年9月,加州正式签署通过了法案,要求Uber把网约车司机当作正式员工来对待。更关键的是,一旦司机被划为正式员工,"共享"的概念随之破碎,Uber的运营模式也将被改写。走过不少弯路的Uber努力尝试妥协退让,并表示愿意通过协商来保障司机的各项权益。但在"正式员工"的界定上,Uber表现出了前所未有的坚定态度。2020年11月,Uber和曾经的竞争对手Lyft联手获得重大胜利——它们之前提出的提案被加州公投通过了。[①] 这意味着网约车司机将成为加州上述法案的例外,网约车平台公司仍然需要负担网约车司机的燃油、车辆维修和保险开支,但网约车司机不享有失业津贴、最低工资以及成立工会等正式员工所享有的权利。

对司机劳工权益的保障,不仅在美国各州成为不可遏止的趋势,在世界其他地方同样如此。关于网约车平台企业与司机之间的关系到底应该如何在法律上界定,争议不断。

◎ 乘客:"最安全的搭车"?

自从Uber在美国2010年上线以来,与平台相关的各种盗抢、性侵案件时有报道。2014年12月,印度新德里一名女性深夜搭乘Uber网约车时被司机强奸。事发时,这位Uber网约车司机还处于保释期,并且3年前就曾被指控涉嫌强奸。对于这起因司机审查缺

---

① 加州公投,加利福尼亚州22号提案(2020年)(Proposition 22,简称Prop22),全称为"豁免基于应用程序的运输公司和快递公司向特定驾驶员提供员工福利"。该提案将基于应用程序的运输公司和快递公司之驾驶员定义为"独立承包商",而非"员工",以豁免这些公司按照AB-5法案(Assembly Bill 5)向驾驶员提供员工福利。同时,该提案的通过还在某种程度上使相关条款免受立法监督——根据该提案,只有八分之七的立法机构成员表决一致才能修改它,这个比例几乎是一个"难以逾越"的门槛。

漏造成的恶性事件,抗议声浪日益高涨,印度民众爆发大规模示威。2015年4月,美国休斯敦一名男性司机因被指控强奸一名醉酒的女乘客而被捕。Uber对乘客的人身财产安全主要通过司机背景审查、双向评价系统、督促车主购买足额的商业保险等方式保障,但是仍然有提升的空间。

　　Uber还解决了对司机服务质量予以监督的难题。在传统出租车领域,由于乘客与同一辆出租车相遇的概率极低,除了非常严重的服务质量问题或者安全问题,乘客很少采用投诉的方式来解决问题,对司机的服务质量实际上缺乏监督的手段。从全球来看,除了英国伦敦、日本和新加坡等少数地区出租车车辆状况良好、司机收入高、出租车定价高、相应的司机服务质量也很好以外,绝大多数城市的传统出租车都很难有合适的方法来对其服务质量予以监督。这也是很多乘客一旦尝试过Uber之后就更喜欢网约车平台的原因之一。

　　但是,随着订单数量激增,每日订单量冲上千万级别以后,双向打分系统不能完全发挥作用,也还有待完善。比如,双向打分系统在一定程度上可以降低搭乘陌生人车辆的风险,但因为嫌麻烦、不好意思,还是会造成一定程度的信息扭曲。在乘车过程中,不仅仅有乘客对司机的评分,司机同时也会对乘客进行评价。基于"互惠"心理或者担心司机日后骚扰,即使对服务质量并不满意,乘客也倾向于选择好评,或者更多情况下是不予理会,等待系统的自动评价。但是,无论怎样,双向打分系统都是一种利用移动互联网和平台技术的巨大进步,司乘双方都开始有所忌惮,正常情况下都不会随心所欲。司机会努力提高服务水平,避免因低分而导致的派单减少甚至被开除出平台;而乘客也会更好地表现,以免被列入平台

"黑名单"。

### ◎ 浮动定价与价格垄断

网约车在很大程度上缓解了传统出租车行业的垄断，使得"乱要价""绕路"等侵害乘客利益的行为大大减少。Uber因为破除了传统出租车行业的痼疾而受到广大乘客的欢迎。

随着网约车平台的不断壮大、联合，平台的行为也时不时引起争议。比如Uber的浮动定价：乘车价格是实时变化的，运价会随着供求关系而发生变化。尽管这符合供需关系的规律，但可能会在特定情况下导致价格暴涨。比如，美国西海岸时有飓风来袭，过高的浮动车费就引起民众的强烈不满[1]，还可能违反美国的反垄断法[2]。

依照美国联邦与各州法律，网约车的数量和运价不受管制；仅在政府宣布进入紧急状态时，网约车服务的运价受到政府特别管制。理由在于，在网约车服务市场上，乘客能够获取到较为充分且公开透明的信息，并据以选择不同的租车服务，因而缺乏运价管制的必要性。

### ◎ 上市了，还得"勒紧裤腰带"过日子

2019年5月10日，Uber在纽约上市，这对任何一家公司来说

---

[1] BOSKER B（October 31, 2012）. Uber Rethinks New York "Surge Pricing," But Doubles Driver Pay. HuffPost. https：//www.huffpost.com/entry/uber-new-york-driver-pay_n_2051971.

[2] 美国的反垄断法禁止价格垄断，即商品或服务提供者之间共同商定价格。Sanjukta Paul & Nathan Tankus. The Firm Exemption and the Hierarchy of Finance in the Gig Economy, 16 U. ST. THOMAS L. J. 44（2019）. Available at：https：//papers.ssrn.com/sol3/papers.cfm?abstract_id=3426230.

本应当是一个好消息，华尔街投资银行甚至给出了 1 200 亿美元的高估值。但股价最终收在 41.57 美元，低于 IPO 定价 7.6%，这一跌幅成为美国历史上最大的首日跌幅。[①] 裁员风波、股价动荡、自动驾驶业务推进缓慢困扰着彼时的 Uber，与 Lyft 的价格战也使得亏损呈扩大趋势。上市后，面对持续的亏损，Uber 开始"勒紧裤腰带"过日子，多次裁员来维持基本业务。

Uber 的持续亏损及其在全球面临的各种法律麻烦，渐渐拖住了其前进的脚步。2018 年 3 月，不幸发生了：一名行人在与 Uber 自动驾驶汽车的碰撞事故中丧命。同年年底，才重启了相关测试，同时限制了测试的时间和车速。2020 年 12 月，Uber 以 40 亿美元的价格将其自动驾驶业务也售出放弃了。

◎ **"给个名分"**

将网约车纳入有效的监管体系的前提是承认网络约车的合法性。网约车是共享经济的典型模式。一方面，网约车平台提供有偿的预约客运服务。传统出租车订车除了"招手停"之外，还可以通过电话平台进行调度；而网约车平台实质上是承担了之前电话平台的工作，信息处理能力更为强大，而且派车速度实现了质的变化，乘客等待的时间大幅减少，可以更为方便地安排出行。另一方面，网约车平台公司是轻资产公司，整合了私家车的闲置运力，并通过信息技术手段与民众的出行需求匹配。这点尤其符合共享经济、绿色出行的特点，大大提高了私家车的使用频次，为全社会的节能环保贡献了不可忽视的力量，而且对提高普通人出行的质量做

---

① UNGARINO R（May 14，2019）. Uber tanked 11% after logging the biggest first-day dollar loss in US IPO history. Business Insider. https：//markets.businessinsider.com/news/stocks/uber-technologies-inc-stock-falls-after-brutal-ipo-2019－5－1028195064.

出贡献。无论是否拥有私家车，都可以通过网约车平台来享受便捷出行，这在 Uber 没有成功运营之前是不可想象的。

在网约车平台兴起之前，传统出租车特别是巡游出租车的数量是多年不增加的，机动车出行的供需严重不匹配；总有传统出租车无法覆盖的时段和地点，没有取得牌照的车辆承载出行服务在全球是普遍存在的，这种"黑车"现象有大量的客观出行需求为支撑，因此屡禁不止。但是，与此同时，"黑车"没有对司机的背景审查和过程监控，乘客的权益得不到保障，一旦发生纠纷或者事故，就很难妥善解决。

各国各地政府需要客观看待移动互联网和平台技术的发展与普及，承认私家车从事网约车服务的合法性，这是政府进行有效监管的前提。否则，在传统出租车的运力与民众需求的巨大鸿沟之下，"黑车"或者其他方式的法律规避模式还将花样翻新、继续存在下去。

"网约车该管"是个共识，但"如何管"却是个难题。要想管好网约车，就必须先将网约车平台纳入监管体系之中，明确界定网约车的法律地位。2013 年，美国加利福尼亚州公共事业委员会通过州立法确认了网约车平台的合法地位，将网约车平台定义为"交通网络公司"（见图 6-1）。交通网络公司不得拥有自己的车辆，只承担信息提供和调度的职能；由公共事业委员会向交通网络公司颁发营业许可并进行监管；交通网络公司调度的车辆只能预约，不能沿途揽客；根据车型严格控制载客数量等。网约车平台公司地位的认定对保护乘客安全、解决事故赔偿责任问题意义重大。加利福尼亚州要求 Uber 等网约车平台定期对车辆进行检查，同时对司机的吸毒或者醉酒驾驶的行为实施零容忍政策。2014 年，美国科罗拉多州、华盛顿哥伦比亚特区的立法机构也通过立法实现了本地区网约车的合法化。截至 2022 年 11 月，美国已有 48 个州在立法上承认网约车的合法地位。①②

图 6-1　一辆 Uber 网约车驶过加州公共事业委员会

在英国，传统出租车行业要求政府加强对网约车平台限制与监管的呼声甚高。伦敦交通局在各利益集团的游说中寻求平衡，其总体愿景是形成现代化、可持续的包含传统出租车与约租车的新业态，作为伦敦公共交通网络的重要组成部分。在综合考量利弊之后，伦敦交通局决定用合理监管来替代限制，重点解决进市场公平性、网约车安全性的问题。在澳大利亚，每个提交申请的 Uber 司机都要经过联邦警察以交通综合犯罪数据库为基础的背景调查，司机的驾驶历史也会被各州交通管理局调阅。悉尼的 Uber 服务区域，

---

① 除阿拉斯加州、夏威夷州两个州以外，位于北美大陆加拿大以南、墨西哥以北地区的"美国本土"48 个州先后完成了网约车合法化的州立法，其中爱达荷州、得克萨斯州是网约车禁令解除最晚的州。数据来自 Wikipedia，"Legality of ridesharing companies by jurisdiction". https://en.wikipedia.org/wiki/Legality_of_ridesharing_companies_by_jurisdiction. 同时参见 Gov. Kay Ivey joins push for statewide regulations for Uber, similar companies. Mar. 06, 2019. https://www.al.com/news/2018/01/gov_kay_ivey_joins_push_for_st.html.

② 同时参见：孙晋，袁野.共享经济的政府监管路径选择——以公平竞争审查为分析视角.法律适用，2018（7）。

不论是顺风车还是超级多座，都有严格的法律规定 Uber 司机获得执照的最低要求，这些最低要求并不会因为服务类型而有所不同。

各地对网约车平台的监管主要体现在两个方面：一是司机资格审核。尽管网约车司机无须向政府或者监管部门提出申请，但网约车平台应对司机及车辆信息进行严格审核。就司机而言，要求拥有驾照，司机通过刑事背景和驾驶记录审查，部分地区要求司机必须有三年以上驾龄。就车辆而言，平台需要按照规定对车况进行全面安全检查，并对车辆年检进行审核和留存记录，禁止重装车进入网约车运营平台。二是乘客权益保护。为解决事故赔偿问题，各州法律对车辆投保进行了专门规定。比如，加入平台的车辆在提供服务期间要有不低于 100 万美元的商业保险，并且要在网络上对投保信息进行公示；还要对责任保险、举证责任进行规定，以填补立法空白。华盛顿特区则对于弱势群体的保护有较为详细的规定，包括：平台不得对残障人士乘坐网约车增加收费；网约车司机在车辆条件允许的情况下须装载残障人士的代步器械；平台应确保在其网站和手机 APP 上提供盲人、聋人、有严重听力障碍人士可用的软件设置。

那么，网约车平台应当如何应对不断调整的监管政策呢？

网约车平台在与监管者的博弈中走过不少的弯路。比如，Uber 不仅是一家网约车公司，从其发展规划来看，Uber 几乎"无所不能"：送餐、送快递、运送冰淇淋、鲜花，甚至舞龙、舞狮等业务均有涉足。现在还主要是由交通和物价部门监管的 Uber，不知何时就可能切入一个新的领域，创造又一个"监管空白"。这些服务通常会横跨多个传统领域，衍生出全新的模式，需要两个甚至更多个部门联合监管、协同作战。这对于政府来说是相对陌生的模式。一般来说，政府的各个不同部门都是各司其职，部门之间不仅壁垒森严，而且难以进行部际协调。

## 三、超越 Uber 的中国网约车

### ◎ 打车：从黄包车到出租车

还记得老舍作品《骆驼祥子》中主人公拉着人力黄包车的背影吗？尽管全凭蛮力，配置也不复杂，但人力车仍然算得上是我国出租车的前身。1903 年的哈尔滨，不足 10 辆的"营业小汽车"开始奔驰在这座洋溢着异国风情的城市，让习惯于慢腾腾的市内交通的哈尔滨人惊诧不已，并感受到了现代西方文明的气息，也开启了我国出租汽车行业的历史——现代意义上的"出租汽车公司"诞生了。

然而，原始的出租汽车并没能撼动人力车"龙头老大"的地位：当时的出租汽车实在太过稀有、昂贵了。1922 年，一辆二手的福特轿车在北京的成交价为 8 000 大洋，对于年薪 20 大洋的低收入阶层而言，买一辆二手轿车比如今买一套住房还要困难得多。与之相比，当时的人力车服务价格公道，并且有源源不断的失业农民提供廉价劳动力，实在是更好的选择。

在其后的一段时间，由于工业发展的制约，汽车行业的发展在我国始终没能得到突破。到了 1930 年，我国汽车的总保有量为 3.85 万辆，其中却没有一辆国产汽车的影子。尽管私家车由于汽车数量的缺乏失去发展空间，但受到自行车等其他交通方式的影响，人力车逐渐退出了历史舞台。

20 世纪 70 年代初，北京和上海、广州等大城市各类外事活动增多，出租汽车又一次出现在城市的大街小巷，但其中的大多数都是为外宾服务。以广州为例，出租车专门负责接待来穗的外国元首与高级官员、参加交易会的外商、海外华侨、港澳同胞等，被誉为广州市的"国宾车队",需要外汇券才能乘坐(见图6-2)。而且,当时的出租车经营方式也多以定点候客为主:乘客到站找车,司机接单载客。而司机完成一趟接待任务后,必须空车赶回服务点等候下一次的出车指示,不允许中途载客。因此,在当时,普通市民若想体验出租车服务,恐怕难度极大。

图6-2 华南首支"国宾车队"

70年代末至80年代初可称得上是我国出租车行业重新起航的时间节点。广州市汽车公司从香港市民"打的"中得到启发,决定改变一直以来"路上空驶的士不载人"的"行规"。1978年4月春,"广交会"① 期间,近万张中英文《告来宾信》发到了国内外乘客手中:"在没有汽车服务点的地方需要用车时,如遇空车可招手示意叫车。"这是国内出租汽车行业的第一次改革,打破了历年来传统的封闭服务方式和老旧经营格局。随后,"招手即停"服务迅速在全国铺开。

1992年起,民间资本被允许进入出租车市场。此时,由于经济的快速增长、城市化进程的加快、技术的完善、人们出行需求的

---

① 中国进出口商品交易会,简称"广交会"。

增长等条件均已成熟，我国出租车行业进入了高速发展的阶段。

经过了短期的爆发式发展，传统出租汽车行业步入了平稳发展时期。尽管城市人口数量日趋增多，但为了缓解交通压力、减少环境污染，出租车的总量仍然波动不大。在这个阶段，各地关于出租车最多的争议是牌照垄断和出租车定价问题。[①] 与此同时，"黑车"在出租车、公交车不能覆盖的时间段和地段大量存在。与"黑车"有关的新闻热点是"钓鱼执法"引发的。[②]

◎ "老前辈" 易到用车

时间来到了2010年5月，周航创立了中国第一家网约车公司——易到。这种想法源于一次他在上海虹桥机场的打车经历：苦等了一个多小时却被告知排错了队。他想开发一种新模式：能够满足所有乘客无论走到哪里都有专车提供服务的商务需要。此前，他恰好读过调查记者王克勤的《北京出租车业垄断黑幕》，也看过一篇介绍新西兰出租车模式的文章。为了印证自己的想法，他开始同著名经济学家茅于轼探讨出租车是否具备公共产品的属性、车的数量以及动力模型之间是何关系，最终二人得出了网约车可行的肯定结论，易到也顺理成章地成立了。

有趣的是，易到用车的成立时间与Uber相比晚了一年零两个月，二者几乎可以说是同时横空出世。而在其后两年，中国网约车

---

[①] 取消出租车牌照管制 可增200万人就业．[2009-02-18]. http：//www.infzm.com/contents/24023.

[②] 张晖、孙中界两起上海"钓鱼执法"案是引爆该热点的典型案例。参见：上海"钓鱼执法"案张晖胜诉．[2009-11-20]. http：//zqb.cyol.com/content/2009-11/20/content_2944876.htm. 又见：上海钓鱼执法事件．[2009-10-14]. https：//special.caixin.com/event_1014/. 对案件的行政法分析参见：姚天宇，王勇．"钓鱼执法"的行政违法性及其规制．政治与法律，2012 (6).

未来的两个巨头快的、滴滴才加入了这一战场。① 无独有偶，Uber 的开发理念也源于创始人的一次出行难经历。尽管同时降生，两个品牌的命运却是大相径庭——易到先是在中国市场逐渐被边缘化，接着创始人失去控股权、出局，已逐渐消失在大众的视线中。

◎ **超越 Uber 的滴滴**

2012 年 8 月、9 月，快的打车与嘀嘀打车软件先后上线，并开通了预约服务，即可预订非当日的出租车。然而，这一时期的网约车服务仍以出租车为主要载体。2013 年 5 月，打车软件的快速增多引发了市场参与主体的低价竞争。2014 年 1 月，嘀嘀与微信达成了战略合作，开启微信支付打车费"补贴"营销活动，网约车行业的"补贴大战"开始了。同年 3 月，Uber 正式进入中国市场。5 月 20 日，北京小桔科技有限公司将"嘀嘀打车"更名为"滴滴打车"。

随着 Uber 2014 年 8 月将私家车接入平台，网约车价格显著下降，吸引了一批批乘客；也由于企业进一步融资，给予司机的补贴力度逐步加大，平台也吸引了广大私家车司机。网约车大战正式打响。滴滴和快的也推出快车服务，允许私家车接单。

2015 年 2 月，迫于来自共同的对手 Uber 的巨大压力，中国两大网约车巨头滴滴、快的进行了合并。与此同时，早已拉开帷幕的"价格战"也达到了顶峰：平均每月烧掉 10 亿元——此次烧钱大战可以用惨烈来形容。举一个小例子：2015 年 3 月，滴滴推出"全民

---

① 滴滴出行的运营主体北京小桔科技有限公司成立于 2012 年 7 月 10 日。滴滴出行起初称作"嘀嘀打车"（后因商标权属争议改现名），最初仅提供出租车预约服务，后来不断扩展业务领域。快的打车所属的杭州快智科技有限公司成立于 2012 年 5 月，在我国南方城市的网约车市场具有统治地位。后来，两者于 2014 年开启了著名的"补贴大战"。2015 年 2 月 14 日，快的打车与滴滴打车宣布进行战略合并。同年 9 月 9 日，滴滴打车更名为滴滴出行并启用新 logo。

拼车"活动，拼车封顶价为每程9.9元。从地处北京海淀区中关村的天使大厦到东城区的广渠门家园，车程距离约24公里，原价需要51.94元；如果在当天选择拼车，活动价仅为1.8元，一单对乘客的补贴高达50余元。费用的减少意味着订单数量的大幅增长。

　　滴滴没有满足于订单数量的增长，随后开始了服务多元化的探索（见表6-1）。2015年6月，滴滴顺风车服务正式上线；一个月后，滴滴开始内测"合乘拼车"系统。

表6-1　滴滴出行不同种类出行服务

| 业务名称 | 业务内容 |
| --- | --- |
| 滴滴快车 | 一种优惠出行服务，主打灵活快速的响应速度和经济实惠的价格，包括优享、拼车等。 |
| 礼橙专车 | 主要面向高端商务约租车群体，致力于以高端车型、优质服务为乘客提供品质出行体验。 |
| 快的新出租 | 滴滴出行初始业务的线上召出租车平台，为传统出租车行业提供全新的司乘链接模式。 |
| 滴滴顺风车 | 定位于共享出行服务，通过算法智能匹配，可以让路程相似的通勤者和私家车主拼车出行，让通勤变得更加经济、便利。 |
| 滴滴企业版 | 为企业提供出行服务及出行管理解决方案。企业开通账号，员工即可使用企业版APP叫车，由企业账户直接支付。 |
| 滴滴公交 | 提升城市公共交通分担比，推动巴士行业的变革发展，提供实时公交、包车、班车服务。 |
| 滴滴代驾 | 为车主提供便捷、专业、可信赖的司机服务。利用智能的调度和派单体系，让车主享受到快速响应及接驾的代驾服务。 |
| 滴滴豪华车 | 由取得"司务员"称号的职业司机为宾客提供服务，司机经过严格培训上岗，服务达到五星级酒店水准。主力车型选用一线豪华品牌中高档轿车。 |
| 青桔单车 | 来自滴滴出行的共享单车，实施全面免押金骑行。 |
| 滴滴货运 | 提供运货、搬家等货运服务，主打同城货运。 |

资料来源：业务范畴　出行服务，https://www.didiglobal.com。

2016年7月，交通运输部等多部委联合发布的《网络预约出租汽车经营服务管理暂行办法》[1]（以下简称为《暂行办法》）肯定了网约车的合法地位。对于网约车行业而言，这是一剂鼓舞人心的强心针，各平台加快了扩张的步伐。但是，这一部门规章也在相当程度上延续了对传统巡游出租车的管理办法，要求为平台、车辆和司机分别申请行政许可，缺任何一证都会陷入"黑车"的合法性危机。

与此同时，Uber和其他到中国开拓市场的外企一样，遇到了发展的严重瓶颈："本土化"的难题。2016年8月1日，滴滴出行宣布将收购Uber中国的品牌、业务、数据等全部资产。Uber黯然退出了中国，拱手让出市场。滴滴这家模仿Uber的中国企业在后续的发展中不断迭代平台技术和管理系统，最终超越Uber。但是，就在行业加速发展的同时，这种情况也为后续急转直下埋下隐患。

### ◎ 顺风车"All in 安全"

2018年是网约车发展的转折点，也是滴滴转型升级的关键一年。两起顺风车恶性事件引发了公众对网约车的质疑与责难。

5月5日，空姐李某在郑州航空港区回家途中乘坐了滴滴平台下的顺风车，被司机强奸后遇难。事发之后，滴滴发布了道歉声明，并宣布下线顺风车业务，经过整改后恢复。三个月后又发生一起恶性事件：8月24日，温州乐清女孩赵某在乘坐顺风车途中，被

---

[1] 此后，2019年和2022年，交通运输部、工业和信息化部、公安部、商务部、市场监管总局、国家网信办两次发布"关于修改《网络预约出租汽车经营服务管理暂行办法》的决定"，结合网约车市场出现的新情况新问题，对原《暂行办法》进行调整修改。参见：https://xxgk.mot.gov.cn/2020/jigou/fgs/202212/t20221205_3719525.html。

司机残忍杀害。事后曝出顺风车业务线早期宣传出现不当内容、司机审核不严和客服回应低效等问题。滴滴公司再度发表道歉声明，并宣布无限期下线顺风车业务，将安全作为核心的考核指标，组织和资源全力向安全和客服体系倾斜。

除了安全隐患使其焦头烂额外，滴滴还面临着来自政府监管的巨大挑战。首先是相关部门监管力度的加强。各地在《暂行办法》的基础上，对网约车的司机、车辆都提出了硬性条件，比如有些城市要求必须是本地人、本地车，大多数城市对车辆的轴距、排量乃至车价、车龄都给出限制。滴滴司机数量开始减少，合规成本逐渐变高。

接下来是随着竞争对手的增多，对手们也逐步开始抢占网约车市场份额，包括神州专车、首汽约车、曹操专车等租车公司这些老对手和顺风车平台"嘀嗒出行"等。网约车市场开始了重新洗牌（见图6-3和表6-2）。

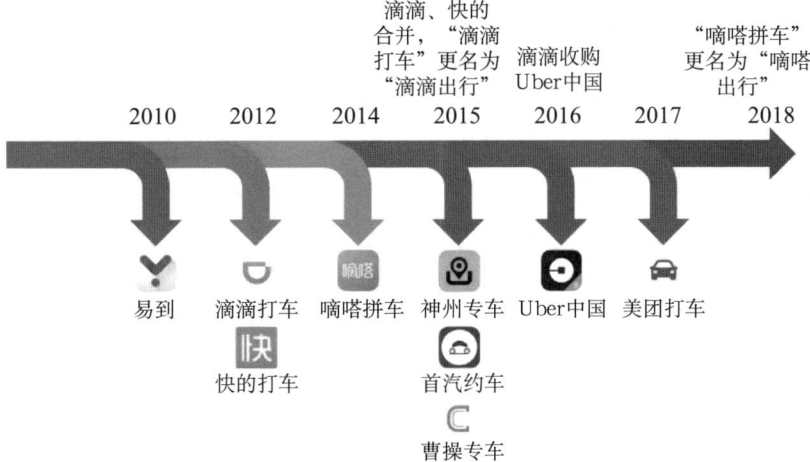

图6-3 网约车市场发展时间轴

资料来源：网络平台和笔者绘制。

**表 6-2 网约车市场发展分布**

| | | |
|---|---|---|
| 自营平台 | 滴滴出行 | 优势：多年发展和并购，成为行业第一，市场占有率达 81%，居于垄断地位。 |
| | | 劣势：始终处于舆论漩涡，如损害车主利益、安全事件、数据隐私泄露等。 |
| | Uber | 优势：创始于美国。2016 年，Uber 中国被滴滴并购。不同于滴滴完全系统派单，司机接单有选择权。 |
| | | 劣势：被滴滴并购后走下坡路。 |
| | 易到用车 | 优势：创立于 2010 年，后成为乐视旗下出行品牌，后被韬蕴资本收购。 |
| | | 劣势：资金紧张，用户较少，覆盖率低。 |
| | 神州专车 | 优势：采用"专业车辆、专业司机"的 B2C 运营模式，专车服务活跃用户覆盖率稳居国内专车市场前列，用户留存率达 67%，受中高端用户青睐。 |
| | | 劣势：大众覆盖率不高，车少，用户少。 |
| | 首汽约车 | 优势：主要在北上广深杭等一线城市运营，专车全部采用正规租赁公司车辆，和专业驾驶员合作，主打中高端商务车用车服务。 |
| | | 劣势：普及率不高，非大众出行首选。 |
| | 曹操专车 | 优势：吉利集团战略投资的平台，统一新能源车型，司机统一招募，专业培训，形象统一，品质感较强。 |
| | | 劣势：专车专业司机模式，费用较高。 |
| | 其他 | 嘀嗒拼车、斑马快跑等，属于出行行业二线阵营或地方性平台，未全面铺开，仅在少数城市运营，区域性用户较多。 |
| 聚合模式 | 高德地图 | 2017 年 7 月上线，最早推出一站式出行平台，主要为增强主营业务地图的用户黏性。目前已接入 60 多家合作伙伴。 |
| | 美团打车 | 2017 年上线，提供"出行+消费"服务的网约车服务平台，通过零抽成、低抽成迅速在南京、上海占领市场，市场份额达 30%，但目前拓展较慢，运营管理经验欠成熟。 |
| | 滴滴出行 | 2019 年 7 月加入聚合平台模式，深圳实测的合作平台包括 AA 出行、飞嘀打车、网路出行、阳光出行等。 |
| | 其他 | 租租车、百度地图等。 |

资料来源：网络平台和笔者绘制。

回到传统出租车行业的视角,又该如何看待风起云涌的网约车发展史呢?我国《暂行办法》针对网约车行业发展中的问题进行了规定,它表明了主管部门对网约车的支持态度,并为网络约车服务重新命名——"网络预约出租汽车",同时,将传统出租汽车重新定义为巡游出租汽车。二者相比,网络预约出租汽车的特点在于获得顾客的方式是根据顾客在互联网上发布的需求信息进行接单,而不是在街道巡游。这样的区分方式尽管不能够完全解决两者业务重叠的问题,但意图在传统出租车与网约车之间划定一条界线,维持相互并不冲突的两个市场,使两者能够和平相处、各司其职,只是看起来两者的冲突不可避免。

## 四、规则"旧瓶装新酒"?

### ◎ 传统出租车行业的传统监管

世界上绝大多数国家都对传统巡游出租车行业实行特许经营,从市场准入、数量、价格和服务四个方面进行监管。市场准入监管是对进入出租车行业实行颁发运营许可证制度,也就是审查营业资格;数量管制是为了避免市内出租车数量过多造成空驶占用道路资源、恶性竞争、环境污染和交通拥堵等乱象;价格监管是由于出租车属于公共交通,政府通过限定价格来保证服务的提供。同时,政府监管还涉及运营车辆买入、广告内容等方面。

涉及车辆服务,主要有三种经营模式:一是车辆+司机"人车合一"出租汽车经营模式;二是"人车分离"模式下的汽车租赁业务;三是"人车分离"模式下的代驾业务。由于既要审查车辆资质又需保证司机资质,针对"人车合一"的出租车经营模式,主管部门采取了最为严格的准入标准和多种类的管控手段。

在早期网约车摸索阶段，对二者的监管手段并不存在明显的区别，但是用传统的监管方式管理网约车这一新兴市场必然存在弊端。网约车业务模式的多元化意味着其很难被包含进传统的监管范围中。网约车的业务模式不限于上述三种类型，那么与之相对应，监管手段当然也需要更加丰富。然而事实上，网约车监管在行业实施了若干年之后，依然停留在以数量管控、入驻式检查、行政约谈、行政处罚为主的监管手段框架内，远无法应对网约车在时代与技术背景下带来的冲击，现有监管手段也并不能解决现实中网约车存在的交通安全问题、民事合同问题等难题。

但是，我们又不得不承认，网约车的监管措施框架都是以传统出租车监管方式为基础搭建的。网约车与巡游出租车二者相辅相成、相互融合又相互促进，彼此互不可分。总体上看，网约车监管思路可以概括为：贯彻包容审慎原则，以时间换空间，推动新旧产业融合。具体监管策略包括：第一，延续既有监管思路，又适当关照到平台经济特性；第二，完善配套制度，搭建联合监管体系；第三，逐渐消除部门规章和地方细则存在的合法性和合理性赤字，推动市场主体合规；第四，监管手段"软硬兼施"，不断缩小政策制定与执行之间的偏差。

回顾网约车在中国的诞生与成长历程，大体可以用几个关键词将其划分为这样几个阶段，分别是：2012—2014 年租车公司"代驾"，2014—2016 年网约车起步，以及 2016 年至今网约车普及。

### 租车公司"代驾"（2012—2014 年）

汽车租赁原本意味着"只租车不租人"，但随着社会对高端出行需求的上升，大众对司机的需求也水涨船高，汽车租赁公司开始以"代驾"名义在租车的同时也"租人"。具体操作方式为通过互联网技术将汽车租给消费者，驾驶员则以"代驾"的名义为消费者服务。这种高端租车代驾服务逐渐互联网化，也就形成了早期网约车的经营模式。总体上，主管部门并没有对这类网约车采取专门监管策略，对于汽车租赁公司通过"代驾"服务从事网约车的活动采取放任态度。①

**网约车起步：网约出租车和网约私家车（2014—2016 年）**

2014 年，滴滴和快的两个品牌主要是针对传统出租车开展互联网叫车服务。由于两家公司给消费者和出租车司机的补贴力度较大，吸引了大众的视线，网约出租车开始成为人们日常出行的重要选择。

在这个阶段，有关部门对出租车网约车的监管开始收紧，一系列专门针对网约车的监管措施出台，如 2014 年 7 月交通运输部颁发《关于促进手机软件召车等出租汽车电召服务有序发展的通知》，为了实现"电召服务信息可追溯、服务过程可监管、乘客权益有保障"，提出"将电召需求信息在运营商处调度运营过后，再统一在城市出租汽车服务管理信息平台上进行流转"。也就是要求网约平台在完成接单派单操作后，还须将信息录入更大的城市相关信息管理平台通知公告给更多的出租司机。这种多次处理方式虽然能够帮助政府准确地定位订单，但是约车平台的工作效率不免受到影响。

2014 年，Uber 来华开展网约车业务，在北京推出"人民优步"服务。"人民优步"主要整合闲置的私家车资源，费用明显低于出租车，因此一经推出就迅速普及。与此同时，滴滴、易到和快的等

---

① 宋心然. 中国网约车监管政策变迁研究——以倡议联盟框架为分析视角. 中国行政管理，2017（6）.

公司也先后允许私家车接入，使网约车市场迈进私家车参与运营的阶段。在这个阶段，交通部门高度关注网约车的监管问题，制定行政部门规章对网约车实施专门监管，并且试图阻止私家车司机兼职从事网约车服务。① 2015年10月，交通运输部制定的《网络预约出租汽车经营服务管理暂行办法（征求意见稿）》[以下简称《暂行办法（征求意见稿）》]包含了许多体现监管部门排斥私家车车主兼职从事网约车服务的内容，将网约车纳入出租车的管理范畴，规定网约车司机必须与平台签合同，并且提出申请通过考核；私家车若要办理专车，期限改为八年；以及司机不得在两个以上平台接入等一系列举措。这些对网约车新业态予以"一刀切"处理的规定引起社会广泛关注。不仅网约车平台和司机担心按照新规无法继续提供网约车服务，就连乘客也担心又要回到无车可打的过去。由此，来自社会各行各业关心新技术、新业态的人们积极参与到这一《暂行办法（征求意见稿）》的讨论中，形成了最近十年来规模最大、参与层面最为广泛的社会热点讨论之一。②

**网约车普及（2016年至今）**

尽管《暂行办法（征求意见稿）》对私家车兼职从事网约车服务采取明显排斥态度，但并未能阻止网约私家车迅速发展的脚步。乘客在"烧钱大战中获利"，司机则得以在工作之余利用私家车兼职从事网约车服务贴补家用。双方都不希望对网约私家车进行严苛管制。在这种背景下，对《暂行办法（征求意见稿）》质疑的声音越来越大，该办法迟迟未能出台。

---

① 傅蔚冈. "互联网+"与政府规制策略选择. 中国法律评论，2015（2）.
② 宋心然. 中国网约车监管政策变迁研究——以倡议联盟框架为分析视角. 中国行政管理，2017（6）.

2016年7月,《暂行办法》颁布,同时还发布《关于深化改革推进出租汽车行业健康发展的指导意见》[①],将网约车纳入监管,与推动新旧产业融合同步推进。《暂行办法》号称是世界主要经济体国家第一份以"国家法律"形式给予网约车合法地位的文件,该办法的法律位阶属于政府部门规章,允许私家车车主在满足一定条件的情况下兼职从事网约车服务,制定了一系列安全保障标准。与之前严格管制的保守态度相比,政府对网约车的监管政策有所放宽。《暂行办法》第一次采用了"平台经营者"的表述,对网约车平台、网约车、司机的准入标准做了规定,要求三证齐全方可经营,并在具体规定中又留下多处所谓由地方做出规定的"授权"。

◎ 地方细则出台

《暂行办法》出台后,各地纷纷制定本地的网约车细则。截至2022年10月,全国已有277个城市(包括4个直辖市和273个地级市)出台了地方网约车细则。地方网约车细则分别对网约车平台公司、从事网约车运营的司机和车辆设置了准入条件。

对网约车平台公司的要求主要是在当地设立分支机构。[②] 要求网约车平台公司在当地设立分支机构可能涉嫌限制公平竞争。国务院在《关于在市场体系建设中建立公平竞争审查制度的意见》中明

---

[①] 国务院办公厅印发《关于深化改革推进出租汽车行业健康发展的指导意见》.[2016-07-28]. http://www.gov.cn/xinwen/2016-07/28/content_5095590.htm.

[②] 在277个地方网约车细则中,有151个要求网约车平台在当地设立分支机构,占到了总数的一半以上。各省市对分支机构的要求差异很大:广西、浙江和江西分别只有一个城市不要求平台设立分支机构。此外,郑州、西宁、昆明、柳州、三亚、萍乡、淄博、丽江等城市甚至要求网约车平台在本市设立企业法人。此外,四川绵阳、陕西汉中和西藏日喀则三个城市并没有对网约车经营者的准入门槛做出规定,其中绵阳只规定网约车平台需要进行相应的申请,但没有明确规定具体的申请条件,汉中和日喀则没有明确规定平台公司的准入门槛。

确禁止地方政府"强制外地经营者在本地投资或者设立分支机构"。因而,有些地方网约车细则在修改后删除了相关要求。如2018年5月芜湖就修改了其细则①,将"在本市设立分支机构"修改为"在本市设立相应的服务机构"。

地方网约车细则对提供网约车服务的燃油汽车的要求主要包括车籍、轴距、车价、排量、车龄等方面。这些规定的合法性和合理性都有探讨的必要。②

第一,车籍限制。99%的地方网约车细则均要求网约车应具有所在地的车籍,而且必须是所在城市的车籍,同一省级行政区域内周边地市的车籍不符合要求;仅有大庆、辽阳和阜阳三个城市的网约车细则未对网约车的车籍做出要求。

第二,轴距限制。轴距是指汽车前轴中心到后轴中心的距离(见图6-4)。对于乘用车来说,由于乘用空间布置在前后轴之间,所以轴距是影响乘坐空间的重要因素,长轴距使乘员的纵向空间更大,可以获得更宽敞的腿部和脚部空间。值得注意的是,对轴距的要求并不与城市经济发展水平成正比。在对轴距要求最高的城市中,没有传统的"一线城市"北上广深,而多是三四线城市。比如,位于东北的辽宁省各地,几乎清一色规定车辆的轴距下限在2 700毫米。

但此种严苛标准是否必要?以生活中的车辆为例:售价19.88万~26.38万元的2020款宝马1系的轴距是2 670毫米;售价26.68万~32.98万元的2020款宝马X2的轴距是2 660毫米;售价20.68万~23.18万元的2017款大众途观的轴距是2 684毫米。这些车辆均不符合轴距"≥2 700毫米"的要求,因此无法在

---

① 《芜湖市网络预约出租汽车经营服务管理实施细则(暂行)》(芜政办〔2018〕14号)。

② 王静. 中国网约车的监管困境及解决. 行政法学研究,2016(2).

第六章 网约车：新旧产业冲突

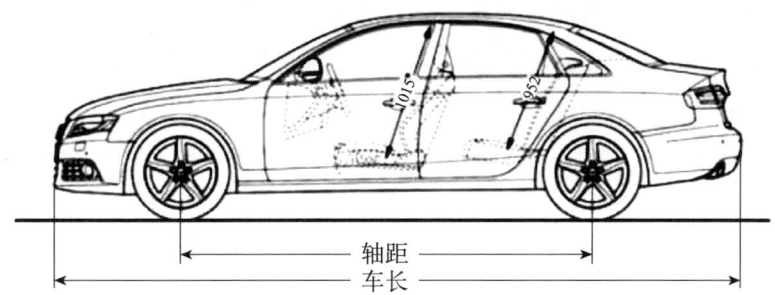

图 6-4 汽车轴距示意图

很多城市提供网约车服务。毫无疑问，这些车辆的价格和用户体验都高于市场上大部分网约车。此时若告诉一位兴致勃勃、准备加入网约车市场的宝马车主，其车辆由于"档次不够"而没有资格成为网约车，恐怕难以令人信服。对轴距的高标准要求也许是出于提高网约车用户舒适度的考虑，但若放开标准，给予用户自主选择权也未尝不可。

第三，车价限制。各地网约车细则对网约车整车车价也有要求，意图是网约车服务的价格要高于巡游出租车。值得关注的是，各地对网约车车价的表述方式不一，包括"裸车价""出厂指导价""计税价""含税价""车购税最低计税价格"等提法，这意味着各地的计算方法也各有不同。

第四，车龄限制。各地网约车细则中还有对车龄的限制，即车辆在申请从事网约车经营时的新旧程度而非从事经营后强制退出经营的年限——对于后者，《暂行办法》第 39 条规定了 60 万千米或 8 年的标准。各地标准不一，不少地方规定只能是两三年甚至是 1 年，这意味着几乎只有新购的车辆能从事网约车服务。

第五，新能源车限制。新能源车是网约车市场的新生力量。一些地方的网约车细则规定新增网约车只能是新能源车。新能源车提供网约车服务,同样要满足一定的轴距、续航里程等标准。将一定的续航里程作为新能源车提供网约车服务的准入条件,在坊间不无争议。前面提到的轴距、车价、车龄等标准,至少看上去与乘坐舒适度相关,在某种程度上提供了与传统出租车"差异化"的体验,但续航能力则很难用同样的理由说服大家。毕竟,"里程焦虑"主要由网约车司机承担,消费者根本感受不到续航里程对网约车服务质量的影响。

第六,司机限制。地方网约车细则往往要求驾驶员具有某些"本地属性",北京、上海等地方要求具备本地户籍,更多城市要求具备当地户籍或者居住证。地方网约车细则对驾驶员"本地属性"的要求,是很多网约车平台公司的"合规难点"。在北京、上海这样的一线城市,受教育程度不高的外来人员取得本市户籍的难度相当大;而满足"本地属性"要求的居民,又很少有从事网约车服务的意愿。除了"本地属性",天津、兰州、广州、郑州等22个城市还对网约车驾驶员的文化程度提出了要求;还有很多地方设置了网约车驾驶员资格考试。

第七,司机资格考试。最初,各地司机资格考试的题目相当"任性"。试举几例:"黄宗羲是哪个朝代的?""'冒得宁客造孽'是何意?""无锡新女婿哪一天到丈母娘家拜年?"……这些题目可能涵盖当地的地方历史文化、风土人情、风景名胜、方言;另外,英语也可能成为考试内容。以至于网友吐槽,能够通过相关测试的驾驶员必定是"文能提笔安天下,武能马上定乾坤"的天才,只开网约车实在是屈才了。[1] 在"任性"的考题面前,考试通过率不出意

---

[1] 除了黄宗羲 网约车考试还有哪些奇葩试题?. [2017-07-29]. https://www.guancha.cn/society/2017_07_29_420515_2.shtml.

外很低。据有关媒体的统计，开考初期，各地网约车考试平均通过率仅在20%左右。广州首场考试19人当中只有2人考过，南京首场考试76名考生中仅10人通过，厦门通过率仅为10%。

相关情形被媒体曝光后，交通运输部将巡游出租车驾驶员从业资格考试和网约车驾驶员从业资格考试"两考合一"。从业资格考试试题满分为100分，全国公共科目考试试题和区域科目考试试题各占50分，两个科目均得分40分及以上为合格。考试内容上，要求各地立足于出租汽车驾驶员的基本要求和职业特点，突出安全和服务方面的应知应会知识，避免出现与出租汽车运营服务基本要求不密切或者难度过大的内容，试题应当简洁明了、通俗易懂。此后，各种偏题、怪题逐渐远离网约车驾驶员从业资格考试的考场，相关考试才走上了正轨。

◎ **交通保险纷扰**

随着网约车市场的发展，相关的各类纠纷不断增多，其中，交通肇事保险纠纷占了相当高的比例。最高人民法院曾公布一个案件，涉及私家车辆如果接入网约车平台接单应该投何种保险。[①] 为

---

[①] 张涛是一名网约车司机，在某日接到了一份订单，于是驾驶自家轿车拉了一乘客。行驶途中，张涛驾驶的汽车与程春颖驾驶的电动自行车发生碰撞，导致后者急性闭合性重型颅脑损伤。经鉴定，程春颖因颅脑损伤致轻度精神障碍、日常活动能力部分受限，构成九级伤残。早在四个月前，张涛为肇事车辆投保了交强险及保额为100万元的商业三责险，保单上标注的使用性质是"家庭自用汽车"。案件的争议在于：保险公司是否应该在商业三责险范围内赔偿程春颖的损失？如果肇事车辆不涉及网约车运营，答案显然是肯定的。但本案中，法院认为，由于张涛驾驶"家庭自用汽车"从事网约车运营，导致发生交通事故的危险程度也显著提高，因而应当将这一情况及时通知保险公司，保险公司可以选择增加保险费或者解除合同。而张涛没能及时履行通知义务，所以保险公司在商业三责险内不负赔偿责任。程春颖诉张涛、中国人民财产保险股份有限公司南京市分公司机动车交通事故责任纠纷案．最高人民法院公报，2017（4）．

了避免出现类似的问题，《暂行办法》规定从事网约车运营的车辆应登记为"预约出租客运"，而且网约车平台公司应当保证提供服务的车辆"具有营运车辆相关保险"，至于具体投保何种保险，则由地方出台相关细则进行规定。就一线城市而言，北京、上海和深圳的网约车细则都要求网约车应当投保商业保险；广州则规定"鼓励"购买，并未强制推行。其中，北京规定第三者责任险和乘客意外伤害险赔付额度不得低于100万元，其他三地则未做具体规定。

总体而言，各地的规定更倾向于要求网约车按照营运车辆投保。据相关数据，营运车辆保险要比私家车的保费高出2倍左右，而其投保的私家车保险又很可能遭到拒赔，令许多网约车司机苦不堪言。

◎ 上市与"受审"：风云变幻的2021年

2021年是网约车行业又一次转折变化的年份。第一季度实现55亿元净利润的良好开局，滴滴出行终于将上市提上议程。6月10日，滴滴出行向美国证券交易委员会提交了最高1亿美元的IPO申请，并计划在纽约证券交易所或纳斯达克上市，股票代码为DIDI。① 6月30日，滴滴出行宣布于纽交所挂牌上市，而此时距递交IPO申请仅仅有半个多月的时间。滴滴并未举办媒体发布会，也没有举行上市敲钟仪式，直至美股开市前才对外宣布即将挂牌的消息。

上市仅两天后，国家网信办发布公告称，将对滴滴启动安全审

---

① 滴滴提交赴美上市申请．［2021－06－11］．https://cn.nikkei.com/china/ccompany/45042-2021-06-11-09-37-26.html.

查。7月4日，相关审查结果表明滴滴存在严重违法违规收集个人信息问题，即日起滴滴遭全网下架；此外，除核心业务"滴滴出行"外，"滴滴系"旗下的25款APP也被要求下架。7月16日，七个部门联合进驻滴滴，开展网络安全审查。

旨在通过赴美上市实现深耕无人驾驶领域、拓展海外市场等远景目标的滴滴出行受到网络安全审查，是困扰着互联网行业的数据跨境安全问题的一个缩影。在7月4日滴滴遭到APP全网下架仅一天后，同属满帮集团的运满满、货车帮，以及BOSS直聘被实施网络安全审查，更加印证了数据跨境安全问题已得到监管机构的高度重视。然而，中美在相关法律法规和执法细节上千差万别的要求与难以匹配对接的制度文本，使得这些已在美上市，或者计划赴美上市的中国企业面临进退两难的窘境。①

作为我国网约车行业的领头羊，在中国拥有近5亿年度活跃用户和千万层级活跃司机的滴滴出行被认为掌握着数量可观的用户隐私数据和汽车交通运输、地理信息，在涉及货运等丰富业务的同时，又握有货运交通和公共通信服务领域的海量关键数据，在跨境上市面临信息披露和海外监管执法中一旦出现敏感信息处理不慎的情况，或将出现数据安全问题。

此后几个月的时间里，滴滴出行再也没有发布过任何新的公告。然而，滴滴的沉寂却在不经意间搅活了网约车这个曾经经历数次"大战"形成既定格局的市场。为了争夺到滴滴下架可能会流失

---

① The Washington Post. "SEC halts IPOs of Chinese companies until they disclose more to investors", July 30, 2021. https：//www.washingtonpost.com/business/economy/sec-halts-ipos-of-chinese-companies-until-they-disclose-more-to-investors/2021/07/30/bc901616 - f125 - 11eb-a452 - 4da5fe48582d _ story.html.

的用户以及舆论热点带来的新用户，一时间，屈居于滴滴身后的包括曹操出行、T3出行等多个网约车品牌纷纷看到了千载难逢的机遇，召集员工连夜加班，力图在领头羊下架的空窗期内实现挖司机、抢客户、拓城市等目标，并且迅速行动，试图从网约车市场中切分一块蛋糕。① 高德打车订单数量呈百万级上涨，首汽约车、去哪儿专车、曹操出行和美团打车订单量环比增长率均超过 23%，增长迅猛。②

然而，靠补贴维持订单量、把持用户选择终究只是权宜之计。由于精耕市场的时间过短和层次过浅，许多新用户和新注册司机在"薅羊毛"之后，并未选择停留。由于合规率低、服务差、导航不准确、技术平台水平参差不齐等原因造成的投诉率过高也在困扰这些试图分一杯羹的竞争者们。网约车市场的进入门槛其实并不低，而留住乘客、赢得人心终究还是要靠科学的运力调配、强大的技术支持、完善的合规方案和优质的用户体验，众多竞争者距离真正"强起来"还有很长的路要走。③

2022年，"靴子"终于落地。7月21日，国家网信办正式公布了对滴滴的处罚决定，依据《网络安全法》《数据安全法》《个人信息保护法》《行政处罚法》等法律法规，对滴滴公司处人民币 80.26 亿元的"重罚"，对董事长兼 CEO 程维、总裁柳青各处人民币 100 万元罚款。处罚决定中提到，"经查实，其在 8 个方面存在 16 项违法事实，如通过违法手段收集用户人脸识别信息、精准位置信息、亲情关系信息等，严重侵害用户个人信息权益"。

---

① 毛振华. 网约车市场"一家独大"格局生变. 经济参考报，2021-07-23.
② 孙奇茹. 网约车战事生变 新一轮抢客潮起. 北京日报，2021-07-13.
③ 吴晓宇. 滴滴"消失"的174天. 未来汽车日报公众号，2021-12-24.

值得关注的是，国家网信办还明确指出，在网络安全审查中，滴滴公司被发现存在严重影响国家安全的数据处理活动，以及拒不履行监管部门的明确要求，阳奉阴违，恶意逃避监管等其他违法违规问题，给国家关键信息基础设施安全和数据安全带来严重的安全风险隐患。[1]

这两年无疑是网约车行业发展的又一次转折点，"合规元年"带给互联网平台企业们的不仅仅是一时的动荡和一家的兴衰，更是决定整个行业整体发展走向的一次行之有效的"纠偏"。政府监管之于市场经济活动是必然的并发挥正向作用的。

## ◎ 新格局新趋势显见：监管何为？

网约车市场也在系列"组合拳"之下，呈现出诸多新格局新趋势，平台模式多元化便是其中最明显的例证。聚合平台正逐步分食市场份额。不论是乘客、司机，还是交通管理部门，都意识到：聚合平台成为不可忽视的存在。虽然滴滴仍旧是行业领头羊，占据着近7成的市场份额，然而自2021年7月滴滴接受审查以来，其他平台发力提升占有率，向一家独大的局面发起挑战。

从客运出租汽车行业的发展阶段来讲，先后经历了传统司机—乘客模式、网约车平台模式以及聚合平台模式三种类型。聚合平台模式下，在乘客（用户）、司机、网约车平台经营者三方主体之外，

---

[1] 国家互联网信息办公室对滴滴全球股份有限公司依法作出网络安全审查相关行政处罚的决定．[2022-07-21]．http：//www.cac.gov.cn/2022-07/21/c_1660021534306352.htm；国家互联网信息办公室有关负责人就对滴滴全球股份有限公司依法作出网络安全审查相关行政处罚的决定答记者问．[2022-07-21]．http：//www.cac.gov.cn/2022-07/21/c_1660021534364976.htm．

又引入了聚合平台经营者。聚合平台的形成，源于用户面对多项网约车平台打车时的信息筛选的时间成本增加。

近300家网约车混战，乘客并不可能同时安装如此多的打车软件，也无必要。聚合打车模式在这种情况下应运而生。① 2017年，高德地图率先推出聚合打车模式，本身不提供运力，而是进行"交易撮合"，为其他网约车平台提供流量和入口，在这个过程中收取一部分信息服务费，实现流量变现。② 美团APP上也采用了自己运营与聚合打车两种模式组合的方式。优势在某种意义上是显而易见的：聚合平台提升了人们的出行效率，大家不用下载多个APP，就能让约车更方便；同时打破数据孤岛，构建了一个更为融通的互联网和统一的市场秩序，为用户提供便捷的服务。

相较于网约车平台，聚合平台经营者仅按照用户的筛选指令提供相关网约车平台发布的信息，当用户选定目标信息后，聚合平台则需要在页面展示网约车平台经营者、司机、车辆等信息。需要注意的是，聚合平台经营者并不参与现实中的车辆派遣，不制定服务价格，不向用户收费；聚合平台只进行信息流的工作，车辆和司机的信息依然由网约车平台经营者提供。

网约车监管信息交互平台公布的2022年7月份数据中，除公布了网约车平台订单的合规率外，还首次包含了聚合平台的合规率。7月份，订单合规率由高到低分别是携程用车、美团打车、高德打车、滴滴出行（含花小猪出行）、百度打车。通常认为，网约车平台扮演承运人角色，而聚合平台扮演的是信息服务和中介服务

---

① 李豪，肖青，陈炆炜．聚合模式下网约车平台竞争策略研究．重庆理工大学学报（社会科学），2021（3）．

② 聚合平台成网约车非法运营"据点"．https：//baijiahao.baidu.com/s? id＝1740667458711033049&．wfr＝spider&for＝pc．

的角色，两者存在实质性差异，承担的责任也有很大差别。聚合平台实际聚合的是网约车平台而非网约车司机，有责任对其聚合的网约车平台进行资质审核。但由于司机和车辆的注册归属为网约车平台，聚合平台是无权对网约车平台内的车辆、司机的信息进行数据提取和审核的，即聚合平台没有能力做"穿透式规制"，在法律上存在一定的空白之处。① 此外，聚合平台在保护用户和网约车平台的交易安全方面还应负有三方面责任，首先是对网约车平台资质的审核责任，其次有确立交易规则、防范交易风险的责任，再次是聚合平台应当采取合理有效的措施防止损害扩大。②

事实上，聚合平台经营者具有多重法律地位，即受到我国《民法典》第1194～1197条、《电子商务法》第9条、《消费者权益保护法》第44条等多部法律条款的规制。多重法律规制造成的多重法律地位，使得在探讨法律责任配置的过程中，要关注具体案件中的各类因素适用具体法律，厘清适用逻辑。网约车交通事故引发的各方主体的责任边界划分也存在难点。无论是对用户还是对网约车平台，聚合平台始终提供的是信息服务，而不提供实体客运服务。聚合平台负有审核网约车平台经营者信息的义务，但审核范围并没有明文规定；聚合平台作为连接网约车服务的入口，为用户提供真实、可靠、合法的承运服务信息，应当承担好守门人的职责。但是，在审查范围上，聚合平台不对车辆和司机负审核义务，因为此二者的审核义务的主体是网约车平台经营者。综上，因聚合平台审查网约车平台经营者的审查范围和深度的不明确，会导致聚合平台

---

① 杨立新，李怡雯．网约车聚合平台经营者的注意义务与侵权责任．法律适用，2022（6）．
② 互联网大厂入局，网约车聚合平台风口再起，公众打车更便捷吗．http：//m.mp.oeeee.com/a/BAAFRD000020220901718571.html．

于交通事故中责任配置模糊。①

面对聚合平台的冲击和2021年滴滴下架事件带来的行业洗牌，有观点认为，网约车市场将出现"去龙头"现象，多平台共存是今后的发展趋势。② 在很长一段时间内，网约车市场将不会有另一个巨头。之前，滴滴出行之所以会占据龙头地位，是由于当年补贴大战后快的与滴滴的最终融合，而且当时正处于玩家们进入网约车市场的机会窗口期。如今，红利期已过，加之国内各种规模的网约车平台多达近三百家，未来还会有许多非网约车企业入局，网约车对安全和合规的管理也充分体现了企业的经营水准和能力。进入和稳定经营的门槛其实是很高的，想要再出现龙头企业，可能会十分不易。

针对聚合平台这一网约车市场的新"主流"，地方立法已经嗅到实践需求并有了动作。2022年12月1日起，《济南市客运出租汽车管理条例》正式施行。③ 该立法文件不仅明确了聚合平台定位为"为网约车经营者与乘客提供信息中介、交易撮合服务的第三方网络聚合平台"，还首次提出：第三方网络聚合平台为网约车平台与乘客提供信息中介、交易撮合服务，应当审核网约车平台是否取得经营许可，未取得的网约车平台不得接入。网约车经营者承担承运

---

① 黄美玲. 网约车交通事故各方责任如何划分？这座城市为聚合平台监管"打了个样". https://mp.weixin.qq.com/s/zQqf0DG5PZ5KIsnGxQoq1w.

② 网约车监管更严苛，2022年网约车行业龙头不再. https://www.163.com/dy/article/H4OOHBTM0547K1F9.html.

③ 新修订的《济南市客运出租汽车管理条例》正式施行。该文件于8月25日由山东省济南市第十八届人民代表大会常务委员会第二次会议通过，并于9月21日经山东省第十三届人民代表大会常务委员会第三十八次会议批准公布。参见：http://jnjtj.jinan.gov.cn/art/2022/10/12/art_15124_4769912.html.

人责任,对网约车驾驶员和车辆资质进行审核。

作为全国首部明确聚合平台监管方式的地方性法规,该文件为全国各地网约车聚合平台的监管做了良好的文本示范,不得不说是一种令人欣喜的进步。同时应当认识到,下一阶段网约车行业治理的重点需要立足于信息数据。在网约车聚合平台经济的萌芽阶段,限缩其责任范围是合理的,但也需要关注其通过掌握大量数据可能形成的垄断行为、不正当竞争行为和数据安全风险。除通过立法手段完善以外,有关监管部门还需要在日常执法活动中对前述风险予以特别重视并采取相应的管控监督措施。

## 五、困局待解之题

◎ **合法性赤字与合规困局**

交通运输部2016年出台的《暂行办法》及后续的修改"总体上体现了中国政府对网约车采用了严管的思路。网约车准入门槛很高,实现合法的成本很高,实际上延续了巡游出租车的管理模式"[1]。在中央部门规章的影响下,地方网约车细则更是存在着合法性赤字[2]:一是法律位阶不足,除了北京、深圳、重庆、广州、上海和青岛等少数几个地方是以地方政府规章的形式立法,绝大多数地方是由地方交通主管部门以规范性文件的形式做出规定,不符合《中华人民共和国立法法》和《规章制

---

[1] 王静. 网约车给中国出租车行业及其监管带来的变革. 行政管理改革,2018(10).

[2] 王静. 中国网约车新政的变革方向. 行政法学研究,2018(4).

定程序条例》的有关规定，制定规范过程也不够公开、公正，权威性不足。二是普遍存在增设行政许可条件、减损公民权利和增加义务的问题。

目前，这些问题仍然存在。如明显违反《中华人民共和国行政许可法》第十五条第二款规定的有关网约车驾驶员户籍的限制[①]，依然存在于一些地方网约车细则当中。在这种情况下，企业合规的难度极大——尽管在杭州、三亚等一些城市，网约车政策正在逐渐变得比较宽松，越来越多的网约车可以合法运营，逐渐实现了网约车合规化。[②]

同时，相关监管策略也制造了牌照数量和服务能力的悖论：很多公司因为规模小所以顺利晋级获得牌照，却没有能力向用户提供服务；而另外一些公司具有提供服务的能力，却拿不到牌照。原因在于，市场规模大的公司，存量的车辆和驾驶员有很大一部分不符合当地的规定，而当地监管部门会以此作为获得牌照的前提条件。[③]作为地方监管的样板和风向标，北京和上海两市长期以来坚持将户籍作为网约车驾驶员的资格要件，这几乎使这两地的网约车合规经营成为"不可能完成的任务"[④]。这一对司机户籍的不

---

① 《中华人民共和国行政许可法》第十五条规定："地方性法规和省、自治区、直辖市人民政府规章，不得设定应当由国家统一确定的公民、法人或者其他组织的资格、资质的行政许可；不得设定企业或者其他组织的设立登记及其前置性行政许可。其设定的行政许可，不得限制其他地区的个人或者企业到本地区从事生产经营和提供服务，不得限制其他地区的商品进入本地区市场。"

② 王涵. 网约车合规之路. 民主与法制时报，2019 - 10 - 27.

③ 罗欢欢. 网约车牌照为何变成一门生意？. 南方周末，2018 - 11 - 02. http：//www.infzm.com/contents/141048.

④ 银昕. 网约车"新生"？如何在运力合规与出行需求间找到平衡. 中国经济周刊，2019 (3).

合理限制已经引起全国人大的关注，已经被列入备案审查有待纠正的问题之一。①

◎ "严于制定，宽于执行"?

为缓和地区综合治理与公共服务供给之间的冲突，不少地方政府一方面制定严格的地方网约车细则，安抚巡游出租车群体，稳定城市出行秩序；另一方面通过弹性执法避免网约车供给的大幅波动，弥补公共交通供给不足，体现出"严于制定，宽于执行"的特征。②

更多城市正在加入调整地方规定的行列，这也意味着有可能随着网约车监管的日趋成熟，政策制定与执行之间的偏差得以缩小：一方面，一些地方网约车细则的标准逐渐放宽。例如，杭州、三亚等城市网约车政策逐渐放宽，越来越多的网约车可以合法运营，网约车平台公司逐渐实现了合规经营。另一方面，中央和地方监管机关逐渐加大了执法的力度，不仅增加了约谈的频次，也多次向网约车平台公司开出百万级罚单。因而，政策制定与执行之间的鸿沟逐渐弥合，这也将之前被"宽于执行"所遮蔽的合规难题推到了台前。

近几年，中央和地方监管机构综合运用数量控制、入驻式检查、行政约谈和行政处罚等多种手段进行监管。其中，数量控制包括"软性限制"和"硬性限制"，目前仅有少数城市运用；入驻式

---

① 沈春耀. 全国人民代表大会常务委员会法制工作委员会关于2020年备案审查工作情况的报告. 中华人民共和国全国人民代表大会常务委员会公报，2021 (2).

② 郑路，蒋理慧. 政策制定与执行之间的偏差何以产生？——以地方政府对"网约车"的管理为例. 江苏社会科学，2019 (4).

检查主要是针对2018年两起顺风车刑事案件所引发的对网约车安全性的担忧；行政约谈作为一种柔性监管方式，在网约车监管中被频繁运用，也有越来越多的规范性文件涉及约谈的内容；行政处罚作为一种具有强制力的政府规制手段被广泛运用，但由于地方网约车细则中存在合法性和合理性赤字，基层执法机关被迫选择性执法，"以打促规"。

"严于执行"后，现有监管制度所造成的成本逐渐显现。

首先是行政成本。在网约车的行政监管实践中，打击"黑车"非法营运是重要工作之一，运动式集中整治是十分显著的特征。诸如每逢节假日，在机场火车站和商业密集地区等地集中"抓黑车"，检查网约车违规载客等。集中整治其实也暴露出常态化监管过程难以满足实际的监管需求，需要耗费大量资源集中力量对特定问题展开全面的整顿。[1] 然而，行政机关的集中整治往往也会激发官民矛盾。例如，在江西一起案件中，行政执法人员在机场停车场出口检查非法营运车辆，看到盛叶锋驾驶的轿车疑似非法营运，便让其靠边停车，但是盛叶锋直接开车上了机场高速，行政执法人员驾车将其逼停并发生冲突。经调查，盛叶锋只有网约车驾驶证，没有网约车运营证。同时，由于其父亲之前被确诊处于肺癌晚期，盛叶锋在案发时逃脱处罚的很大原因是经济困难不想被罚款。最终，两位行政执法人员出具了谅解书，使盛叶锋被酌情从轻处罚。[2] 在查处"黑车"中发生的纠纷矛盾不断，使得这一执法活动的开展面临很大的压力。

---

[1] 唐亚汇.中国共享经济的实践与规制研究.上海：上海社会科学院，2019：87.
[2] 江西省南昌市新建区人民法院，(2019) 赣0112刑初39号刑事判决书.

其次是社会成本。为了迎合地方网约车细则关于企业分支机构、车辆轴距、车价、车龄、续航里程等诸多限制，网约车行业的市场主体付出了巨大的成本，也引发了诸多社会矛盾。同时，过于严格的地方网约车细则将基层执法人员置于不得不"选择性执法"的境地，制造了寻租空间，并诱生出网约车牌照申请代办市场和网约车牌照的买卖市场。①

面对这些问题，国务院办公厅于 2019 年 8 月出台了《关于促进平台经济规范健康发展的指导意见》。在"优化完善市场准入条件，降低企业合规成本"的部分，该意见提出：进一步简化平台企业分支机构设立手续；合理设置行业准入规定和许可；指导督促有关地方评估网约车、旅游民宿等领域的政策落实情况，优化完善准入条件、审批流程和服务，加快平台经济参与者合规化进程。但相关政策在执行过程中存在明显的偏差。在该指导意见发布当月，至少有十个地方政府约谈了在当地从事运营的网约车平台公司，该月也成为约谈最频繁的月份，约谈的内容集中在要求网约车平台公司限期整改，实现合规经营，至于"优化完善准入条件、审批流程和服务"则被有意无意地忽略了。

可见，政府如何升级治理思路、优化规制手段、有效地降低监管成本，任重而道远。

## ◎"零工经济"

以网约车为代表的共享经济，直接针对社会需求没有满足的某

---

① 罗欢欢. 网约车牌照为何变成一门生意？. 南方周末，2018 - 11 - 02. http：//www.infzm.com/contents/141048.

一痛点提供了更为方便、更高质量的服务，符合"大众创业、万众创新"的"众创"精神。这种互联网商业模式创新突破了常规的法律变革方式，绕开了烦冗的、"厅堂议事"的正式立法程序，规避了中心化的建制化议程。但是，从传统出租车的角度来看，网约车的进入是"坏孩子"的直接破窗方式，属于强行地实施对正式规则的直接改写，不具备正当性；从政府监管部门的角度来看，也是给既有制度规范和监管体制出了大大的难题。①

其中，对其最大的质疑之一就是"零工经济"。零工经济是伴随着互联网平台革命兴起的。之前，尽管也会有众多劳动者通过打零工维持生活，但由于他们分散在社会各处，没有形成平台的聚合效应，对时长、频率和人数都无法统计，所以此类就业形式没有被过多关注。互联网平台兴起之后，零工经济迅速崛起，规模也不断扩大，劳动者获得就业的可能性更大，零工经济从而渗透到社会生活的各个方面并成为国家经济的重要组成部分（见图 6-5）。② 有观点认为，共享经济就是有剥削性质但没有雇佣劳动关系的零工经济，是新自由主义背景下资本主义雇佣劳动常态的还原。③ 也有观点认为零工就业对缓解家庭和社会就业压力、创造就业机会是有益的，甚至因其灵活方便的特点，可称其为"灵工经济"④。

---

① 马长山．智慧社会建设中的"众创"式制度变革——基于"网约车"合法化进程的法理学分析．中国社会科学，2019（4）．
② 丁晓东．平台革命、零工经济与劳动法的新思维．环球法律评论，2018（4）．
③ 崔学东，曹樱凡．"共享经济"还是"零工经济"——后工业与金融资本主义下的积累与雇佣劳动关系．政治经济学评论，2019（10）．
④ 在自由市场体系中，临时职位是常见的。企业组织与独立工作者签订短期合约，这样的产业生态被称为零工经济。零工经济是共享经济的一种重要的组成形式，是人力资源的一种新型分配形式，是由工作量不多的自由职业者构成的经济领域，利用互联网和移动技术快速匹配供需方，主要采取群体工作和经应用程序接洽的按需工作两种形式。

**图 6-5　零工经济雇员的典型：外卖送餐员**

零工经济首先带来的冲击是劳动关系的认定——如果雇主与雇员之间的关系被认定为劳动关系，雇主就必须承担许多强制性义务，如：工资不能低于当地最低工资标准，工作时间不得超过法定时间，合同期限必须符合法律规定，雇主解除劳动合同时应给予劳动者经济补偿，等等。而如果雇主与雇员之间的关系没有被认定为劳务关系，那么雇主所承担的法律责任和雇员所享有的权益将大大缩减。网约车平台公司在收益分配上处于绝对支配地位，能够利用平台内的兼职驾驶员劳动力价格更低的优势，迫使平台内的专业驾驶员降低劳动力价格，从而引发劳动力市场一定程度的失灵。① 一旦脱离传统劳动法律的保护，雇员面对共享经济平台强大的派单权、定价权和调配权，就像面对巨浪的一叶叶扁舟，缺乏最基本的议价能力。但是，在世界格局面临巨大调整、经济下行压力不断增大的背景下，是要有一份工作，还是要有一份劳动权益保障充分的工作，对很多普通人而言，无疑是选择前者。因此，在就业自由与

---

① 许飒，等. 网约车与巡游出租车抽成比例研究——基于网约车司企分配模式视角的分析. 价格理论与实践，2019（10）.

就业保障之间要取得平衡是很难的。一味强调就业保障，对雇员的权利保障采取绝对化的态度，就可能使得劳动者更难获得就业机会，丧失就业自由。共享经济消除了传统的雇主和雇员之间的严格区分，转而将每一位劳动者以及服务提供者理解为创业者，传统劳动法的很多规则必须随之适应新的变化。其他国家的劳动力市场情况与我国明显不同，无论是大洋彼岸发生在加州的Uber司机的诉讼案件和地方法案，还是欧洲国家的做法，都无法照搬照抄。

网约车司机劳动法律问题的解决是一项系统工程，道阻且长，但各方都在努力推进中。2020年，国家发展改革委等13个部门联合印发了《关于支持新业态新模式健康发展 激活消费市场带动扩大就业的意见》，提出了强化灵活就业劳动权益保障，探索适应跨平台、多雇主间灵活就业的权益保障和社会保障政策。2021年4月，滴滴宣布成立网约车司机生态发展委员会，将"安心收入和从业保障"作为网约车司机权益保障的核心，针对司机劳动者权益保障、司机收入稳定透明、平台规则公平合理等方面进行探索和提升。滴滴探索多种方式，试图确保司乘双方安全，包括安全中心建设、驾驶员入职流程监控、高额安全专项经费保障等，投入金额高达数十亿元。

网约车平台企业依赖抽成比例，但是尚未实现运营赢利。如何既维持平台正常运转又给司机更多让利，如何在短期目标与长远目标之间寻求平衡，或许佣金抽成制可以再做完善，毕竟这一环节是实实在在可以给予司机可感知的实惠并获取更高社会美誉度的。

除此之外，在应对审查危机的同时，网约车平台还应当推出更多扎实举措完善网约车司机工伤保障，探索以平台为主要义务主体的养老保险费缴纳模式或商业保险购买模式，构建司机失业保障渠道。

如何既为司机提供更为充分的权利保障，又尊重司机的就业自由、维持平台经济的活力和可持续发展？从这一点讲，中国由于庞大的网约车司机群体的劳动关系问题，进入法律规则和企业规则的"无人区"。就业保障与就业自由在现阶段的中国还没法完全兼顾的情况下如何尽量平衡，无疑对制度设计提出更高要求。平台应当积极寻求与政府主管机关的沟通与协作，乃至在通过实践探索建立起有中国特色的网约车司机权益保障举措和体系等方面，都需要结合中国自己的国情探索出一条自己的道路。

◎ 新能源车、无人驾驶？

目前的网约车市场，是一个发展环境更加复杂、竞争更趋激烈的纵向生长空间。随着各地网约车新政的出台与执行，市场不断规范化，游兵散勇和小作坊式的生存空间进一步被压缩。

路途虽然艰险，但前路依然光明。通过"互联网＋出行"、"AI＋出行"、共享新能源汽车等与其他行业领域紧密结合的链条，中国出行市场的下一个黄金十年也指日可待。而其中得到最多期望的，应属新能源汽车领域。

可以预见的是，在下一轮网约车行业的竞争中，技术迭代和服务品质优化将成为重中之重。而新能源汽车的出现，就是技术迭代的具体表现之一。新能源互联网新格局的形成、交通互联网新格局的形成以及它们和互联网的"三网融合"，会是未来最大的趋势和变革之一，而新能源互联网与交通互联网变革的交互点就在新能源汽车。

为什么说新能源汽车是网约车未来的发展趋势？归根结底还是成本。新能源汽车从诞生起，就戳中了车主的敏感神经。众所周知，作为网约车司机，是否能赚钱，影响因素之一便是车是否能够省油。网约车新能源化同时代表了国家产业政策的方向。随着碳达峰、碳中和目标的提出,各国对世界生态保护的承诺进入实质落实阶段,汽车行业的转变势在必行。未来的汽车市场,将是新能源汽车的天下,并由此引领带动整个汽车行业的转型。"英国将于2040年起停止销售汽油和柴油汽车来减轻空气污染。到2050年,行驶在英国道路上的汽车将全部实现零排放"[1]。正如英国环境大臣迈克尔·戈夫所言:"禁售决定迫在眉睫,因为汽油和柴油汽车已经给人类造成了严重的健康问题、破坏地球环境、影响下一代的生活。"法国政府也宣布将采取多项措施,鼓励公民用新车或二手车取代1997年以前生产的柴油车或2001年以前生产的汽油车;从2040年开始,法国将全面禁止采用内燃机动力的汽车上路。作为汽车工业的发源地,德国在汽车环保领域同样走在世界前列;此前,德国联邦参议院曾以多票通过决议:自2030年起,新车只能为零排放汽车,禁止销售汽油车和柴油车。至此,以德、法、英三国为代表的欧洲多国已先后列出了禁售燃油车的时间表,荷兰和挪威更是将燃油车的禁售期限定在了2025年。[2]

与此同时,我国也启动了该项计划的研究。2016年,国家出台《关于深化改革推进出租汽车行业健康发展的指导意见》,明确提出,为减少空气污染,鼓励新能源汽车的使用。各地网约车"新政"也大力推广新能源汽车。以佛山为例,2019年8月规定更新或新增的网约车均须使用新能源车辆。[3] 将视线转移至深圳,数据显

---

[1] 氣候變化:英國禁售柴油和汽油車將提前實施.[2021-02-04]. https://www.bbc.com/zhongwen/trad/uk-51378711.

[2] 欧洲多国宣布全面禁售燃油车时间表.[2017-08-15]. http://www.sohu.com/a/164773237_117181.

[3] 佛山市交通运输局官网,http://jtys.foshan.gov.cn/gkmlpt/content/2/2702/post_2702993.html#374.

示，2017—2021 年度深圳市共推广纯电动巡游车 17 110 辆[①]，在营新能源汽车总量已经超过了传统燃油车，运营纯电动巡游车数量居全球第一。新能源汽车购置补贴、专项摇号购置补贴、放宽混动小汽车指标申请条件等优惠措施已在网约车市场加快推进，新能源汽车更新换代初显成效。

交通领域的共享化、新能源化已是大势所趋。在国家政策的大力扶持下，新能源汽车在运营领域的普及将大大领先于私家车领域，而目前正处于红利期。未来的新能源汽车市场与共享汽车市场的结合已成为行业热点，对于出行企业和汽车厂商来说，谁能够弯道超车，谁就能赢得未来十年的发展机遇。

更值得期待的是基于人工智能和移动互联网技术的"无人驾驶"，即 L4 级别以上的自动驾驶。无人驾驶的商业化落地的第一个领域就是网约车，目前在美国旧金山已经上线。而以百度 Apollo 为代表的国内科技企业也不断发力，目前已在北京市、湖南省长沙市、河北省沧州市等地开放共享无人车出行服务[②]，乘客已经可以打到 L4 级别的无人驾驶网约车，甚至是没有安全员的无人驾驶车。正如网约车平台所设想的，"未来有两大目标，一个是共享汽车、新能源，另一个是无人驾驶"[③]。网约车、无人驾驶和新能源的结合，将使得各国所头痛的司机权益保护等问题不复存在，历史将因为新技术和新产业的发展不断进步。

---

① 深圳市交通运输局官网，http://jtys.sz.gov.cn/zwgk/jtzx/tzgg/content/post_9369609.html.
② 无人车"槽点"不少 自动驾驶离大规模商业化落地还有多远. [2021 - 05 - 19]. https://www.zgswcn.com/article/202105/202105191341391144.html.
③ 程维. 2017 年夏日达沃斯论坛发言稿, 2017 - 06.

# 第七章　无人驾驶：锚定安全

"每当周日下午，我都会和家人们相约在车中，由汽车安全、平稳地拉着我们到美丽的郊外，孩子们享受着窗外新奇的美景，我和夫人则惬意地喝茶、看书。"

这段关于无人驾驶的文化构想最早出现在美国20世纪初的科幻小说之中，而美国当时的科学杂志《科学美国人》在1918年的1月刊中便借此构想发布了无人驾驶的第一幅概念图（见图7-1）。[①]

小说中的畅想与图片上的构思在当时看来，可能仅是创作者们无厘头的文化幻想，但文化与科技的进步乃是历史规律。正是这些天马行空的"文化幻想"，在经历了技术变革的洗礼后渐渐发展成

---

[①] BECKER J. A brief history of automated driving-part one: the driverless car era began 100 years ago, in Apex AI, May 13, 2020. https://www.apex.ai/post/the-history-of-automated-driving-part-one-the-driverless-car-era-began-100-years-ago.

**图 7-1　《科学美国人》1918 年刊登的"无人驾驶"构想图**

资料来源：*Scientific American*，January 5，1918.

了触手可及的现实，无人驾驶也是如此。无人驾驶的文化构想来源于人们对交通出行更安全、更便捷的生活追求。但正是这些看似不切实际的畅想为科学家们的技术研发提供了理念指引，进而让无人驾驶技术逐渐成熟。

然而，随着无人驾驶技术的产业化与商业应用，新型安全事故也开始出现，这引发了人们对无人驾驶安全风险的关注。自动驾驶乃至无人驾驶可以为社会所接受，除了技术本身，伦理、法律和政策的支持乃至民众在心理和文化上的支持也至关重要，为了安全而诞生的无人驾驶起码得表现得比人更靠谱才可以。2022 年，英国发布《互联和自动出行 2025：在英国释放自动驾驶汽车的效益》，明确了自动驾驶汽车的安全门槛，相当于"合格且谨慎的人类驾驶员"。现有的安全风险能否解决，以及是否有完善的治理体系应对未来的安全风险，决定着无人驾驶的技术能否成功落地。而解决无人驾驶的安全风险问题，一要靠技术本身，二要靠法律和伦理等规则。世界各国纷纷开始从多个角度创设治理无人驾驶风险的相关规则。在无人驾驶的技术与规则应运而生后，它们又为新的社会文化奠定了基石。

据此,无人驾驶便完成了由文化延伸为技术,再由技术引发出规则,最终再由技术和规则落回至文化的过程。有意思的是,"汽车"的英文——automobile,源于希腊词源 autos(自我)和拉丁词源 mobilis(移动)的结合,这仿佛是造词者早已将无人驾驶的文化构想暗藏于词源之中,即只有能无人驾驶的汽车才算得上真正的 automobile。

## 一、从文化创意走进现实生活的无人驾驶

### ◎ 源于"安全"需求的无人驾驶构想

"马路"之所以称为马路,是因为最早的道路就是为了马车而铺设的。自从社会生活的主要交通工具从马车转向机动车,"人类驾驶"便成为一种象征自由与控制的文化符号。[1] 直至今天,人类驾驶仍作为一种代表自由的文化符号活跃在电视广告和影视作品之中,我们所熟知的《速度与激情》系列电影便是典例。而"无人驾驶",则源自大量交通事故引发的机动车文化变革;其作为一种与人类驾驶相对立的文化构想,在 20 世纪 20 年代的美国开始发展与传播。当时,在工业革命的推动下,美国的社会生产力呈指数级增长,这使得风险和潜在自我威胁的释放达到了前所未有的程度。[2] 在道路交通领域,就体现为机动车生产的工业化,美国车辆的数量大幅增长、机动性大为增强,这一方面满

---

[1] MCQUILLAN M. Roland barthes: or, the profession of cultural studies. London: Palgrave Macmillan, 2011: 56-98.
[2] 贝克. 风险社会:新的现代性之路. 张文杰,何博闻,译. 南京:译林出版社,2018: 3.

足了人们希望通过驾驶车辆来获得出行自由的现代化需求,但另一方面,也使得人类驾驶引发的道路交通安全事故频发。交通安全本身成为人们亟须解决的社会问题(美国是最早实现机动车量产和商业化使用的,见图7-2)。

**图7-2 美国纽约市第五大道1900年(左)和 1913年(右)的道路对比**

资料来源:"Fifth Avenue in New York City on Easter Sunday in 1900", by an unknown photographer, 1900, National Archives and Records Administration, Records of the Bureau of Public Roads, https://www.archives.gov/exhibits/picturing_the_century/newcent/newcent_img1.html. Library of Congress Prints and Photographs Division Washington, D. C. 20540 USA, https://www.loc.gov/pictures/resource/ggbain.11656/.

据统计,美国在1918年至1922年间因交通事故死亡的人数就已经超过了第一次世界大战中死于法国战场的人数,20世纪20年代共有约20万人因驾驶员错误驾驶而死亡,其中大部分是路边的行人。[1] 随着社会发展,因人类驾驶失误引发的道路交通风险,并未因车辆技术进步和交通规则发展而得到缓解,反而愈发严重。至2021年,世界卫生组织发布的《道路安全行动十年全球计划》显示,每年因交通事故死亡人数已达135万人,交通事故成为全球第八大死因,若不采取行动,今后十年将会造成1 300万人死亡、5

---

[1] NORTON P D. Fighting traffic-the dawn of the motor age in the american city. Cambridge: MIT Press, 2008: 21-25.

亿人受伤；到 2030 年，交通事故将会上升为全球第五大死因。[1] 而在这些大量的交通事故中，有 80% 都是由驾驶员的各类驾驶失误所引发的。[2]

因此，利用机器来代替人类驾驶的构想便应运而生。机动车文化也吹响了从追求出行自由转向追求安全交通的变革号角，由此诞生的无人驾驶便成为象征安全的文化符号。例如，由美国胡迪纳无线电控制公司于 1925 年开发的"美国奇迹"无人驾驶概念车在当时就引起了轰动。虽然它是通过无线电远程控制，而非真正意义上的无人驾驶汽车，且该技术思路也难以进行产业化和商业应用，但它作为政府和企业用于宣传安全驾驶理念的工具，通过十多年的商业巡演将代表安全的无人驾驶构想传遍了美国[3]（见图 7-3）。

自此以后，无人驾驶作为一种象征安全的文化符号，频频出现在各种科幻小说和电影里。虽然它在不同的作品之中呈现出不同的样貌，但它都被描述为严格遵守交通规则、有效降低事故率的未来科技代表。[4] 美国著名的交通安全教育电影《最安全的地方》便是典例。在这部影片中，导演通过描绘一辆无人驾驶的车辆是如何安全、合规地行驶，来讽刺人类驾驶的随意性与危险性（即只有车辆上无人时才是安全的），并告诫驾驶员应当像机器一样遵守交通规则。

---

[1] 世界卫生组织. 道路安全行动十年全球计划（2021—2030）. https://www.who.int/teams/social-determinants-of-health/safety-and-mobility/decade-of-action-for-road-safety-2021-2030/.

[2] 陈雪梅，高利，魏中华，李潜飞. 驾驶员因素与交通事故率的关联性. 北京工业大学学报，2007（7）：697-701.

[3] KRÖGER F. Automated driving in its social, historical and cultural contexts//Autonomous Driving: Technical, Legal and Social Aspects, cham: Springer Berlin Heidelberg, 2016: 43-44.

[4] ASTIER C, TODOROV T. Introduction à la littérature fantastique. Études littéraires, 1971, 4 (1): 127-129.

**图7-3 一辆在美国街道安全行驶的无人驾驶汽车**
资料来源：KRÖGER F. Automated driving in its social, historical and cultural contexts//Autonomous Driving: Technical, Legal and Social Aspects, cham: Springer Berlin Heidelberg, 2016: 44.

在此，无人驾驶车辆成了一个遵守交规、注重安全的道德模范。[1]

随着人性因素造成的交通事故风险不断增加，追求安全理想的人们对无人驾驶的文化构想也在不断延伸与演变（见图7-4），而正是这些文化构想为无人驾驶的技术发展提供了最初的设计思路。例如，美国插图画家塞尼斯塔构建出了一幅以导线牵引的无人驾驶概念图（见图7-5），这为无人驾驶的道路导线牵引技术提供了思路。而著名动画家迪士尼在美国20世纪50年代的电视连续剧《迪士尼的魔法世界》中描绘了未来无人驾驶汽车的功能系统：探测雷达、传感器、夜视仪和道路引导系统，并在1968年创作出了第一台拥有自我意识、能够自我决策的车辆——赫比。这些构思为以车辆智能化为最终目标的自动驾驶系统提供了原始思路。[2]

---

[1] KRÖGER F. Automated driving in its social, historical and cultural contexts//Autonomous Driving: Technical, Legal and Social Aspects, cham: Springer Berlin Heidelberg, 2016: 45-46.

[2] BECKER J. A brief history of automated driving-part one: the driverless car era began 100 years ago, in Apex AI, May 13, 2020. https://www.apex.ai/post/the-history-of-automated-driving-part-one-the-driverless-car-era-began-100-years-ago.

## ◎ 无人驾驶技术的研发变迁

无人驾驶的技术研发主要有两条技术路径：一条是以道路导线为构思起点的自动公路系统路径；另一条是以车辆智能化为最终目标的自动驾驶系统路径。

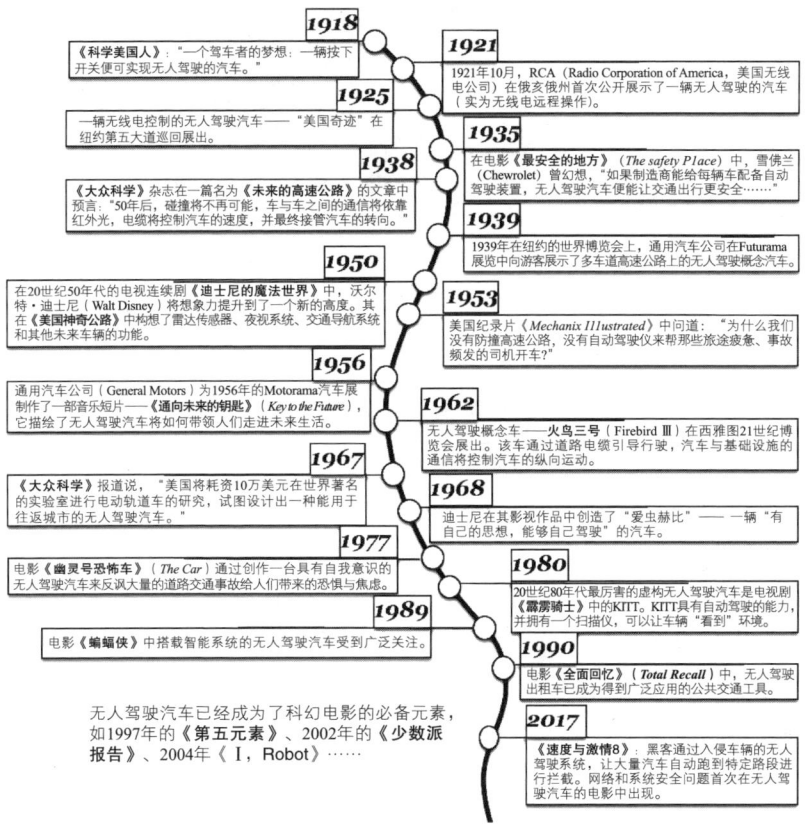

图 7-4　无人驾驶的文化构想发展

20世纪30年代中期，在文化构想的引导下，美国的城市规划者、建筑师、汽车制造商和政府交通管理部门一同开始设计实现无人驾驶构想的自动高速公路。他们在《大众科学》《大众机械》等

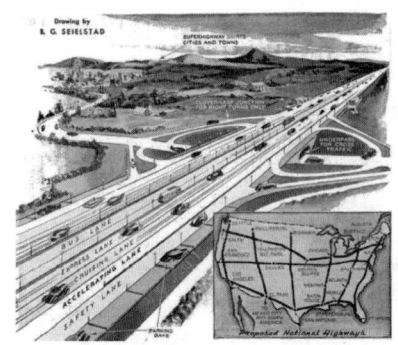

**图7-5　无人驾驶的道路牵引技术构想插图**

资料来源：KRÖGER F. Automated driving in its social, historical and cultural contexts//Autonomous Driving: Technical, Legal and Social Aspects, cham: Springer Berlin Heidelberg, 2016: 47.

科学杂志上发表了大量的技术设计，例如通过埋入地面的电磁线来自动调控车辆的速度和方向等。[1] 美国通用汽车公司基于这些技术设计在1939年的纽约世界博览会上展出了第一个实现无人驾驶构想的"魔术高速公路"模型（见图7-6），并预言这将会是20年后的城市道路。[2]

依据这个模型首次提出"自动高速公路"概念的设计师是诺曼·贝尔·格迪斯，他于1940年出版了著作《神奇的高速公路》，在书中论证了研发无人驾驶技术对减少交通事故、保障出行安全的重要性，并详细解释了如何通过道路的导线牵引来实现无人驾驶。他认为，许多已经在飞机上使用的无线电通信技术，可以帮助实现

---

[1] KRÖGER F. Automated driving in its social, historical and cultural contexts//Autonomous Driving: Technical, Legal and Social Aspects, cham: Springer Berlin Heidelberg, 2016: 49-50.

[2] BECKER J. A brief history of automated driving-part one: the driverless car era began 100 years ago, in Apex AI, May 13, 2020. https://www.apex.ai/post/the-history-of-automated-driving-part-one-the-driverless-car-era-began-100-years-ago.

**图7-6　摄影师拍摄的"魔术高速公路"模型**

资料来源：KRÖGER F. Automated driving in its social, historical and cultural Contexts//Autonomous Driving：Technical, Legal and Social Aspects, cham：Springer Berlin Heidelberg, 2016：47.

汽车在保持适当车距的情况下前行，我们所需要做的便是改造道路，让车辆彼此连接起来，并让每辆车再与控制道路交通流量的中心基础设施连接起来，最终由中心基础设施统一调控。[①] 在这本书的技术构想指引下，美国通用汽车公司和美国无线电公司在20世纪四五十年代一直共同研发自动高速公路的比例模型，即首先利用无线电通信来控制车辆的纵向与横向移动，然后通过中央交通控制塔来管理整体的交通流，并在车辆的前后安装磁性线圈，以此让道路可以感知车辆的磁场，最后通过调整道路混凝土下面的电缆电流来控制车辆。对此，美国电力公司在广告中声称："在未来，你的车辆将会沿着电动高速公路行驶，我们会通过嵌入道路上的电子设备来让车辆自行调控速度与方向，这将会是最安全的出行，依靠电力，不会有交通堵塞、碰撞或是疲劳驾驶。"

20世纪60年代，在政府各个部门都对无人驾驶技术高度关注

---

[①] GEDDES N B. Magic motorways. New York：Random house, 1940：59-103.

后，美国俄亥俄州立大学将"自动公路系统"作为其重要研究课题进行研发，该课题研发持续了将近 20 年。到了 1986 年，学术界、政府机关和企业共同创办了行业组织[①]来专门研究如何提高自动公路系统的运力并增强其安全性。1991 年，美国国会依据法律[②]要求美国运输部在 1997 年以前开发出自动公路系统和车辆的原型。此后，美国联邦公路管理局成立了国家自动公路系统联盟，该联盟的目标是在 2002 年至 2010 年在美国部署自动公路系统，并进行原型演示。然而，由于美国运输部的预算限制，该联盟在 20 世纪 90 年代末停止了一切活动。由于以道路牵引为构思起点的自动公路系统对道路基础设施的整体要求很高，当时尚无法解决技术可行性和经济可行性之间的冲突，美国便渐渐开始放弃这条通往无人驾驶的路径，转向不依赖于道路导线等大量基础设施革新的、以车辆智能化为目标的自动驾驶系统路径。[③]

自 1968 年迪士尼在其电影中描绘了一辆拥有自我意识的无人驾驶汽车后，研究者们便开始尝试将其文化创意作为新的无人驾驶技术实现路径。而该路径的基本思路是通过不断迭代现有车辆的驾驶辅助系统，最终形成一个无需或极少需要人类介入的自动驾驶系统，从而替代人类驾驶员，以此调和无人驾驶构想的技术可行性与经济可行性，让技术变革可以随着社会发展而逐步推进。[④] 因此，通往无人驾驶目标的自动驾驶分级体系便由此诞生。目前，国际上

---

[①] 加州先进运输和高速公路合作组织。

[②] 《美国多式联运效率法》。

[③] WETMORE J M. Wetmore, reflecting on the dream of automated vehicles//Visions of hands free driving over the past 80 years. TG Technikgeschichte，2020：43-94.

[④] BECKER J etc. Bosch's vision and roadmap toward fully autonomous driving// MEYER G, BEIKER S（eds）. Road Vehicle Automation. Cham：Springer International Publishing，2014：49-59.

普遍接受的是美国汽车工程师学会的分级标准。该分级标准获得了包括美国国家公路交通安全管理局在内的广泛认可。在此之前，美国国家公路交通安全管理局曾发布自动驾驶系统的五级分类标准，但在其最新发布的《为未来交通做准备：自动驾驶3.0》报告中，已经采用了美国汽车工程师学会的六级分类标准。该标准分级的核心在于自动化的程度不同，重点体现在转向与加减速控制、对环境的观察、激烈驾驶的应对、适用环境范围上的自动化程度，从而将自动驾驶系统分为L0—L5：

（1）L0 无自动驾驶：由人类驾驶员全权操控汽车，汽车会对特定情况进行提示或警告。

（2）L1 驾驶辅助：系统会收集部分驾驶环境信息，能对方向盘和刹车进行一定程度的干预，例如自适应巡航控制系统、自动紧急制动，驾驶员占据驾驶主导位置。

（3）L2 半自动驾驶：实现数种功能的自动控制，例如自动巡航控制或车道保持功能，或者自动变道功能，驾驶员和汽车分享控制权。

（4）L3 有条件自动驾驶：在一般情况下，由自动驾驶系统完成所有的驾驶操作。当遇到紧急情况时，系统需要人类驾驶者在适当时候接管操作或进行应答。

（5）L4 高度自动驾驶：在L3的基础上，人类驾驶员只需在某些复杂地形或者天气恶劣的情况下对系统请求做出决策，其他情况下系统能独自进行车辆驾驶。

（6）L5 严格意义上的无人驾驶：车上没有方向盘、刹车装置、油门，系统可以应付所有道路和环境条件。[1]

---

[1] SAE International，J3016 _ 201806：Taxonomy and Definitions for Terms Related to Driving Automation Systems for On-Road Motor Vehicles（Warrendale：SAE International，15 June 2018），SAE J 3016 - 2018 - Taxonomy and Definitions for Terms Related to Driving Automation Systems for On-Road Motor Vehicles（ansi. org）.

因此，搭载 L4 级别（包含）以上的，即 L4 和 L5 自动驾驶系统的车辆在通常情况下才被认为是无人驾驶，L1、L2 和 L3 只能说是自动辅助驾驶技术（见图 7-7）。

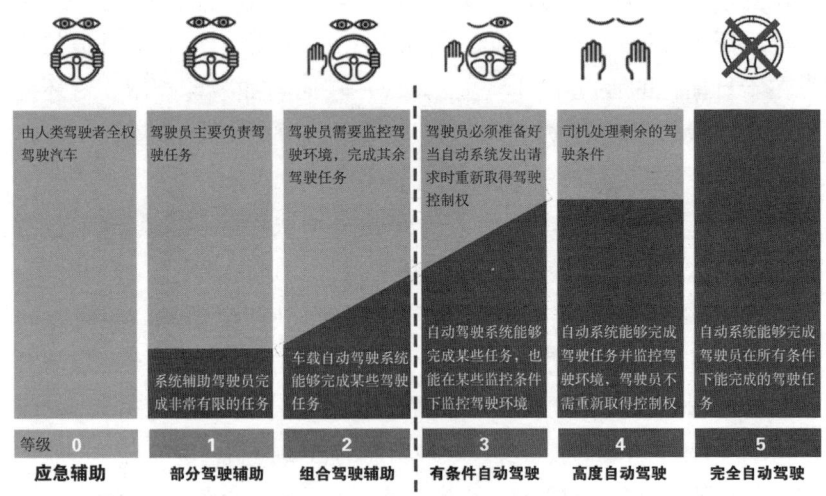

图 7-7　自动驾驶技术分级图

基于上述分级标准，我国工业和信息化部于 2021 年 8 月发布了国家推荐性标准《汽车驾驶自动化分级》（GB/T 40429—2021）。该标准基于自动驾驶系统能够执行动态驾驶任务的程度，以及任务中的角色分配和运行范围限制，将我国的自动驾驶系统分为 0 至 5 级。在该标准中，0 至 2 级的自动驾驶系统是辅助人类执行动态驾驶任务，驾驶主体仍为驾驶员；3 至 5 级的自动驾驶系统则是在设计运行条件下代替人类执行动态驾驶任务，当功能激活时，驾驶主体是系统。相较于其他标准，我国的分级标准基于国内外发生的相关交通事故强化了安全性因素，如对 3 级的自动驾驶系统提出了"适时采取减缓车辆风险的措施"的技术要求。而该分级标准的出台明确了我国自动驾驶系统的分级原则、分级要素、各级别的含义,以及相应的技术要求,有效解决了我国自动驾驶系统分级的规范性问题。①

在20世纪中期,微电子学的兴起也为自动驾驶系统的研发提供了机遇,因为这意味着车载计算机的量产和商业化应用将成为可能。直接干预车辆行驶的自动驾驶辅助系统也于20世纪70年代推出,这为研究者们提供了巨大的研发动力。1977年,日本筑波机械工程实验室一团队对外公布了第一台通过计算机视觉控制的无人驾驶汽车,它可以通过两个摄像头采集与处理道路上的信息,该团队对此又继续研发了近20年,于1994年和丰田一同制造了一台能在道路上自动行驶并识别车道标记的无人驾驶汽车。1979年,美国斯坦福大学人工智能实验室在月球探险车——斯坦福车——的基础上研发出一台能够自行规划路线的无人驾驶车辆。20世纪80年代,无人驾驶技术已成为许多国家学术和产业研究的重大课题,各国为促进技术交流纷纷开展了自动驾驶系统研发的公共竞赛。1986年,德国慕尼黑联邦武装部队大学首次将数字处理器直接搭载在车载计算机上,研发出一台五吨的无人驾驶货车——VaMoRs,该车还是第一台使用动态模型进行视觉自动导航的车辆。此后,欧盟于1987年至1994年,专门针对基于计算机视觉的无人驾驶技术设立了欧洲高效与安全交通项目,以此鼓励该项技术的发展。德国这个团队在此项目的支持下,与梅赛德斯-奔驰共同开发了两款新型无人驾驶概念汽车,这两款车在1994年法国举行的公共竞赛中自动行驶了1 000多千米,且在繁忙的道路交通中达到了130千米/小时的时速,成为计算机视觉系统首次能够自动生成变道和超车的重要

---

① 参见《GB/T 40429—2021〈汽车驾驶自动化分级〉正式发布》,来源:汽车标准化研究所,https://mp.weixin.qq.com/s/wiOsmFnAxlHaKj-Q5Rcj1Q。

里程碑。自此以后，以车辆智能化为最终目标的自动驾驶系统研发也成了各国落实无人驾驶文化构想的主要技术路径（见图7-8），各国对此的公共竞赛也一直持续至今，且日益受到社会各界广泛关注。

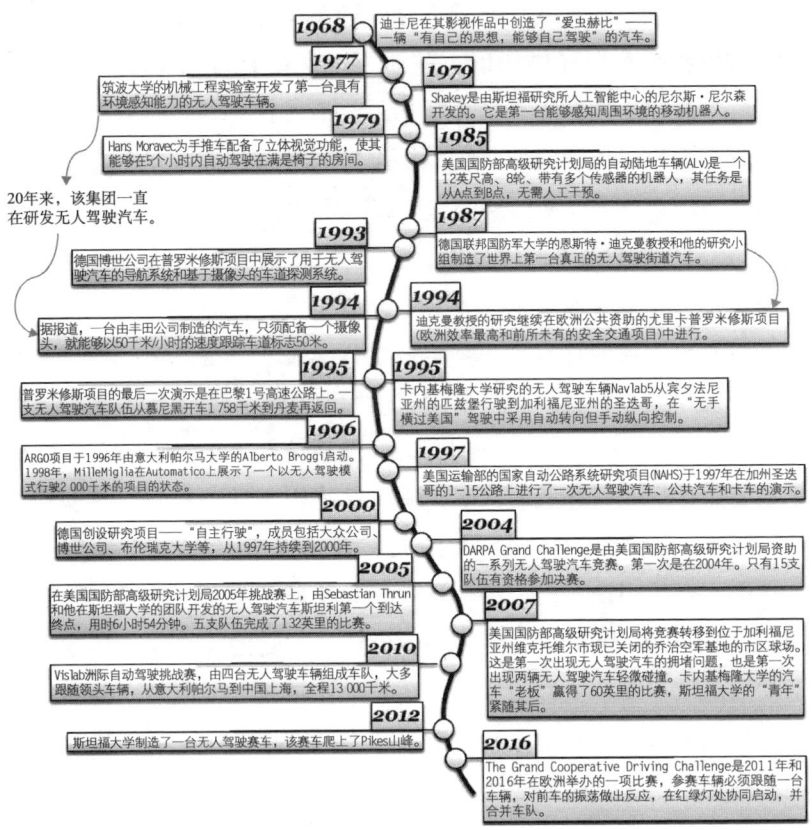

图7-8 自动驾驶系统的技术研发历程

◎ 人工智能时代下的无人驾驶技术产业化

随着大量关于无人驾驶技术的公共竞赛出现在公众视野之中，

汽车企业开始对这些技术研发的产业化和商业化应用产生兴趣。由美国国防部高级研究计划局①资助举办的系列无人驾驶挑战赛便是典例。2004年,美国国防部高级研究计划局为了完成美国国会2001年提出的"到2015年,美国三分之一的作战地面车辆要是无人驾驶的"规划目标,决定设立奖金丰厚的无人驾驶车辆比赛来激励技术研发与产业开发,即DARPA大型挑战赛。该挑战赛吸引了全球最顶尖的技术专家和产业企业共同合作参与,如斯坦福大学的研发团队与汽车制造商大众汽车、大型汽车供应商和芯片制造商博世一同合作参赛;卡内基梅隆大学的研发团队与汽车制造商通用汽车、大型汽车供应商大陆和"汽车之眼"(Mobileye),以及英特尔、谷歌等高新技术企业的顶尖团队,也以此赛事为源头开始了无人驾驶技术的研发。这些赛事有力地助推了无人驾驶技术从学术研究向产业开发的转化,也让大量投资者对L3以上级别的自动驾驶汽车产业化充满了期待。

自动驾驶系统的产业研发在这些无人驾驶赛事受到广泛关注之前一直停留于L2级别以下,如自适应巡航系统(ACC),这一功能系统于20世纪90年代末就作为豪华级车辆的驾驶辅助功能系统推广至市场;几年后,以雷达传感器驱动的碰撞警告系统(FCW)面世;2000年,许多车辆引入了车道偏离警告系统(LDW)等。到了2013年,梅赛德斯-奔驰以更安全地驾驶出行为亮点,首次推出了达到L2级别的自动驾驶仪。此后,特斯拉等车企相继推出了L2级别的系统。然而,最早开始对L3级别以上的自动驾驶系统(无人驾驶系统)进行产品开发的并非这些传统车企,而是互联网

---

① 美国国防部高级研究计划局(Defense Advanced Research Projects Agency,DARPA)是美国最重要的基础科研资助和管理机构之一。

科技巨头——谷歌。2009年1月,在美国国防部高级研究计划局挑战赛一年后,代表谷歌参赛的研发团队与十多名工程师开始了谷歌无人驾驶汽车的产业研发,并成立了其旗下的自动驾驶汽车公司——Waymo。大约一年后,一支由七辆搭载传感器的普锐斯汽车组成的小队出现在了旧金山湾区高速公路上,这是无人驾驶汽车产业研发的首次道路测试。此后,宝马、奥迪、大众、通用、日产、本田、福特、沃尔沃、丰田、现代、捷豹路虎等传统车企相继开始从L1到L5循序渐进地朝着自动驾驶研发进军,百度、英特尔等互联网科技企业也跟随谷歌的步伐开始研究无人驾驶系统。无人驾驶技术也由此正式走上了产业化的道路(见图7-9)。

发展至今,无人驾驶汽车已经开始进入我们的日常生活之中。2017年4月开始,谷歌为美国亚利桑那州的居民提供自动驾驶出租车服务。2018年,Waymo商用项目在亚利桑那州获批。2020年10月,美国凤凰城面向一般公众推出了没有安全员的Robotaxi,用户可以通过其叫车服务软件获取无人驾驶出租汽车服务。2021年9月,Waymo商用项目获得了加州公用事业委员会的许可,可以向加州的乘客提供配备安全员的无人驾驶服务,但是不能收费;10月,服务扩展至洛杉矶。

在我国,百度自2013年开始研发无人驾驶汽车,已在世界范围内的30多个城市进行开放道路测试并在10多个城市提供无人驾驶出租车服务。2017年,百度阿波罗自动驾驶开放平台正式上线;同年,科技部公布了首批国家人工智能开放创新平台名单,依托百度公司建设自动驾驶国家新一代人工智能开放创新平台。2020年4月,百度在长沙向大众开放自动驾驶出租车试乘服务。2020年12月,北京市自动驾驶测试管理联席工作小组向百度颁发了首批5张无人化路测通知书。2021年,百度将Apollo Go升级,推出了自动

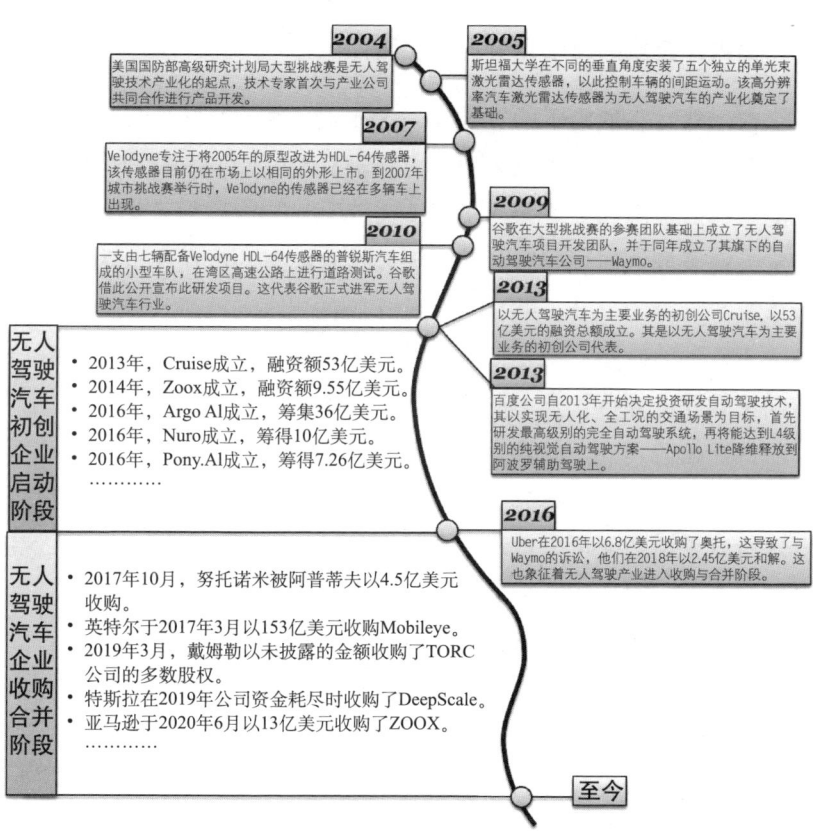

图 7-9 无人驾驶技术的产业化历程

驾驶出行服务平台——萝卜快跑。百度已在北京、上海、广州、长沙、重庆、沧州等多个城市开展 Robotaxi 载人服务。此外，百度还在北京等地陆续获得夜间及特殊天气高速公路测试资质，自动驾驶出行服务的应用范围、场景持续扩大。滴滴旗下的自动驾驶公司也在 2021 年 4 月 8 日发布了全球首部自动驾驶汽车连续五小时在上海道路上无人接管行驶的视频，并于 5 月 17 日与广汽埃安达成战略合作，开始全速推进全无人驾驶新能源车的量产。

### 国内外企业的自动驾驶产业化路径

在国外，谷歌旗下的 Waymo 公司是引领无人驾驶汽车产业化的先驱，该公司自成立以来便致力于研发 L4 级别的自动驾驶系统。目前，在旧金山和亚利桑那州等地，Waymo 的无人驾驶汽车已为特定人群服务。回顾来看，谷歌无人驾驶汽车的产业化分为两个阶段：第一阶段为 Pribot 第一、二代车型的出现与改进，该阶段主要专注于软件的研发；第二阶段为 Waymo 成为独立事业部后，开始转向于软硬件并行，自主研发激光雷达等硬件设备。

特斯拉公司当下量产的车型已基本配置 L3 级别的自动驾驶系统，并已经配置了支持完全自动驾驶的系统硬件，其声称后期只需要进行软件更新便可以逐步实现无人驾驶。特斯拉官网上显示，其基础车型 Model 3 搭载的 Autopilot 系统已能够实现自动驶入和驶出高速公路匝道或立交桥岔口、自动驶入和驶出车位、自动平行或垂直泊车、自动在高速公路变换车道等功能，并会在后续系统更新中不断引入新的自动驾驶功能。同样在特斯拉官网上发布的 Model Y 车型则进一步配备了紧急制动、碰撞预警和盲点监测等系统，其声称只需等监管部门批准便可以实现在城市街道和高速公路上无人驾驶。

在我国，清华大学、北京理工大学等著名高校在技术自主研发的基础上与国内高科技企业（中兴、华为、百度、腾讯、阿里巴巴）联合开发了多款自动驾驶系统，经由北汽、上汽、奇瑞、比亚迪等车企的协作，自 2015 年起逐渐在公众视野亮相。

在我国，百度公司一直瞄准无人化、全工况的交通场景，研发完全无人的自动驾驶汽车（L4 级别及以上的自动驾驶汽车）。2021 年 10 月的国家"十三五"科技创新成就展上，百度全无人自动驾驶汽车作为代表性成果进行展出。一方面，百度为主机厂商提供阿波罗自动驾驶技术解决方案，依托开放合作，大幅提升企业应用自动驾驶技术创新的能力和速度，加速整个行业产业化进程。百度与金龙、一汽、北汽、红旗、广汽、威马等多家车企合作量产自动驾驶乘用车。自动驾驶出租车、自动驾驶干线物流、无人配送、无人巴士、封闭园区物流、无人矿卡都是典型的自动驾驶应用场景。另一方面，百度将多年积累的自动驾驶技术创新端到端整合，成立了造车公司——集度，把最先进的技术第一时间推向市场。百度认为，除了聪明的车，还要有智能的路，车路协同能让自动驾驶行车更安全、行驶范围更广泛、落地更经济。车路协同是中国比其他国家更早实现自动驾驶规模落地的关键之一，也是中国自动驾驶的特色所在。

　　阿里巴巴公司则将研发重点落在实现货物运输车辆的无人驾驶之上，其统合了无人驾驶技术的两条实现路径——自动公路系统和自动驾驶系统，推出了"车路协同"的研发方案。阿里的无人驾驶研发团队认为，车辆的智能化会受到车身传感器的重重局限，如：受车速和车高对计算机视觉范围的影响，单车传感器难以观察到前方或后方车辆之后或之前的道路状况；此外，车辆为了能自身应对复杂路况，需要搭载大量昂贵的计算单元与传感器，导致单车成本过高。因此，阿里团队便试图重拾自动公路系统的技术路径来解决单车智能化的产业化困境，其计划通过集约式设计的公路使得无人驾驶汽车更加安全高效，并降低其制造成本。车路协同的核心技术之一是感知基站，其类似于手机的无线发射基站，在车辆与道路、车辆与车辆之间搭建信息。2018年，阿里巴巴与我国交通运输部一同成立了车路协同联合实验室。目前,阿里巴巴的无人驾驶运输车辆通过车路协同方案已在杭州通过了多次开放路段测试。

此外,滴滴公司基于其海量的网约车数据与真实路测数据,于2021年4月推出了"滴滴双子星"硬件平台(见图7-10)。该平台在保持整体造价的情况下,增加了全车传感器数量并大幅提升了算力,以此为无人测试阶段奠定硬件基础。

然而,在无人驾驶技术的产业化过程中,大量的新型安全风险开始萌发,既有的规则体系难以解决新技术带来的风险问题,各国都面临着创新发展与安全秩序之间的矛盾,人们对无人驾驶引发的安全风险担忧正在日益增加,无人驾驶引发的安全风险成为全球最为关注的话题之一,源于"安全"文化构想的无人驾驶概念再次与安全问题相遇。

## 二、无人驾驶技术引发的新型安全风险

无人驾驶技术在产业化过程中引发了一系列的安全事件,正是这些安全事件让人们意识到,以"更安全的交通出行"为愿景的无人驾驶在实现大规模产业化和成熟商业化之前,也面临着许多安全风险问题。我们单纯依靠技术发展是无法实现寄托于无人驾驶概念中的安全文化构想。如何实现无人驾驶的风险治理,将是我们必然要面对的问题。

◎ **车敢跑,你敢坐吗?**

2016年1月20日,我国京港澳高速河北邯郸路段发生一起追尾事故,这是特斯拉自动驾驶汽车的全球首例致死事故。

当时,一辆配备L3级别自动驾驶系统的特斯拉轿车直接撞上

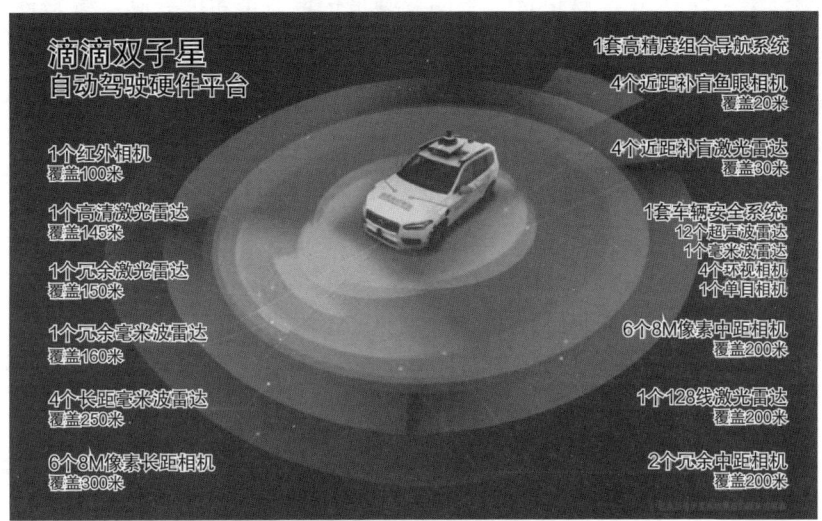

**图 7-10 滴滴双子星自动驾驶硬件平台**

资料来源：双子星闪耀！滴滴全新自动驾驶硬件平台来啦．滴滴出行，2021-04-19．https://mp.weixin.qq.com/s/7QbGYwFzoIQVwFnNId4dGQ．

了一辆正在作业的道路清扫车，特斯拉轿车当场损坏，驾驶员不幸身亡。经交警认定，在这起追尾事故中驾驶员负主要责任。事故发生后，驾驶员的家属将特斯拉的国内经销商告上法庭。驾驶员的家属认为，事故发生时的车辆速度并不快但没有任何刹车痕迹，而驾驶员高雅宁生前也在军队中担任过大型军用车辆的驾驶员，并多次向父亲提及特斯拉的自动驾驶功能。据事故后行程记录仪中的视频分析，事故发生时，特斯拉处于"定速"的状态，但未能识别躲闪而撞上前车。①

无独有偶，就在该事件发生后不到半年，无人驾驶致死事故再

---

① 详见："自动驾驶"之祸．法治在线．[2018-04-19]．http://tv.cctv.com/2018/04/19/VIDEjLTh0DWEmTtieTeAjOL4180419.shtml．

次发生。2016年5月7日，美国驾驶员约书亚·布朗驾驶一款特斯拉2015 Model S型轿车经过佛罗里达州威利斯顿西郊高速公路的时候，与一辆从垂直方向开来的拖挂卡车相撞。驾驶员当场受到致命伤害并死亡。随后从该车提取的数据显示，碰撞时刻特斯拉轿车处于"自动驾驶"状态，但自动紧急制动系统并没有提供任何预警或在碰撞时刻起作用。对于为什么没有识别出拖挂车，特斯拉的官方解释是："当时，特斯拉车辆行驶在一条双向、有中央隔离带的公路上，自动驾驶系统虽然处于开启模式，但此时一辆拖挂车从与特斯拉垂直的方向穿越公路。而在强烈的日照条件下，该自动驾驶系统都未能识别出拖挂车的白色车身，因此未能及时启动刹车系统。由于拖挂车正在横穿马路，且车身较高，这一特殊情况导致特斯拉从拖挂车底部通过时，其挡风玻璃与拖挂车底部发生撞击。"[①] 2016年8月2日，特斯拉汽车的自动驾驶系统再次引发了交通事故。而这起事故发生的过程，与前两例如出一辙，也是在启用自动驾驶跟车功能的过程中，特斯拉的自动驾驶系统没有识别出前方的障碍车辆，导致直接撞向前车，所幸该事故中并未造成严重的人员伤亡。

特斯拉L3自动驾驶系统引发的这些交通事故中，"自动驾驶"是L3级别的自动驾驶技术，还不是真正意义上的无人驾驶，准确地讲，只是"自动辅助驾驶"。这些案件中，驾驶员都存在严重的误解，错把还需要人来操控的车辆当作无人驾驶车辆。在邯郸高雅宁案件之后，特斯拉修改了其广告宣传和用户手册，将"autopilot"的译名从"自动驾驶"修改为"自动辅助驾驶"。在美国社交

---

[①] 特斯拉致死车祸调查报告：全程37分钟驾驶员仅25秒手握方向盘. TechWeb. https://cloud.tencent.com/developer/news/166284.

媒体上曾经有很多驾驶员发布自己在特斯拉车内对车辆不管不顾、睡觉、看手机的视频,把特斯拉车当成无人驾驶来使用,因此才酿成惨祸。所以,上述案件还不是真正的无人驾驶安全事故。

但两年之后,L4级别的自动驾驶系统还是发生了严重的交通事故。2018年3月18日晚上,美国亚利桑那州49岁的女子赫茨伯格在美国凤凰城郊区坦佩,被Uber的沃尔沃自动汽车撞倒死亡。事发时,该车辆正处于无人驾驶模式。此事故被认为是世界首例L4级别自动驾驶汽车事故致人死亡事件。警方在随后的调查声明中称,该车当时正朝北行驶,而该女子正在距离人行横道尚有109米左右的位置从西往东横穿马路。警方发布的视频显示,该车系统并没有识别出受害人,因此未进行减速或转向来避让。虽然Uber后来已与受害者家属达成和解,但其也因此事暂停了无人驾驶汽车的道路测试和多个无人驾驶项目。后期调查也显示,Uber在无人驾驶技术测试中存在诸多违法违规之处,其激进的测试策略为严重事故的发生埋下了隐患。技术本身是中立的,但是使用技术的人却存在缺陷和弱点,如果不能控制好使用技术的人,技术既可能造福人类,也可能加害于人类。这一安全事故给所有无人驾驶的从业者敲响了警钟,安全问题从来都是技术发展和落地的大问题,是"天大的问题"。

当下量产的自动驾驶系统无法实现安全无人驾驶,是因为还存在诸多需要突破的技术问题。例如,现有自动驾驶系统的可靠性无法满足多样化交通场景的安全需求,现有自动驾驶系统所面临的感知长尾问题限制了车辆运行的设计域,实现高等级自动驾驶系统量产所需的数据量不足,高等级自动驾驶系统所需的高昂经济成本阻碍了无人驾驶技术的广泛普及,等等。

首先,现有的自动驾驶系统难以满足多样化交通场景的安全需求。许多低等级自动驾驶系统所商用量产的自动紧急制动系统（AEB）在夜晚或者遇到矮小行人的情况下难以及时做出正确应对，雨天、隧道等场景也会干扰该系统的正常运行。而高等级自动驾驶系统则难以获得使其做出准确预测的精准路况信息。一方面是因为，目前道路设施是以人类驾驶员为对象进行设计和建设的，高等级自动驾驶系统依靠机器视觉来高效、精准地获取道路信息的难度过高，且车辆感知器容易因受到遮挡、天气等因素影响而失效。另一方面，则因为自动驾驶系统所依赖的电子地图精准度不足。高精度电子地图是当下自动驾驶汽车实现无人驾驶的关键。然而，目前各国关于地图测绘的法律规定要求绘制电子地图需要取得相应资质，且应安装插件进行数据偏转以保证国家地理信息安全。而这种地图偏转会导致损失约 20 厘米的相对精度，考虑到安全无人驾驶对地图的精度需求应当在 10 厘米以内，目前符合法律规定的电子地图是无法达到无人驾驶的精准度要求的。[1]

其次，车辆感知长尾问题限制了车辆运行设计域。车辆感知长尾问题是指车辆感知识别的精准度受到传感器安装位置、探测距离、视场角等一系列车辆硬件限制，导致车辆在繁忙路口、恶劣天气、逆光等感知识别难度极高的场景中难以获得精准道路信息。车辆运行设计域则是指系统功能的运行条件，包括其能在什么样的环境、路况和时段正常运行，车辆运行设计域是保障自动驾驶系统安全控制车辆的重要手段，也是无人驾驶技术普及化需要不断突破的边界。而现有的车辆运行设计域因自动驾驶系统的感知长尾问题受到严重限制，导致研发出来的自动驾驶系统因安全保障限制只能适

---

[1] 专家：高度自动驾驶地图相对精度需达 10 厘米．[2018 - 04 - 30]．http://companies.caixin.com/2018 - 04 - 30/101241551.html? cxw=Android&Sfrom=Wechat.

用于少数特定场景，如公园等。感知长尾问题目前难以通过车辆智能化的技术路线来解决。

再次，实现高等级自动驾驶系统量产所需的数据量不足。目前，可产业化的自动驾驶系统是依靠深度学习建模来识别道路和行人的。Waymo 在 2022 年路测超过 1 000 万英里，自动驾驶模拟测试里程达到了 100 亿英里。此外，基于深度学习的行人识别系统准确性也是一大挑战。目前，现有的行人数据规模对于实现高精准度的行人识别系统量产来说还远远不足。[1]

最后，高等级自动驾驶系统所需的高昂经济成本阻碍了无人驾驶技术的广泛普及。为了能够实现在多样化的道路和场景中安全运行，自动驾驶系统需要非常多的传感器硬件和高成本软件，这些都会为无人驾驶的量产带来巨大成本。如目前 L4 级别的自动驾驶系统需要配置 6 至 12 台摄像头、3 至 12 台毫米波雷达、5 台激光雷达以及 1 至 2 台计算平台等硬件，加上车端的冗余传感器系统、高精度地图等软件。[2] 目前，成本仍然偏高，导致高等级自动驾驶系统仅能应用于高端车的生产，而无法广泛应用于各种类型的车辆。

因此，融合自动公路系统和自动驾驶系统的"车路协同"模式将会是无人驾驶技术规模商业化落地的必然趋势。通过道路基础设施的智能化来配合车辆设备的智能化，一方面可以大幅降低无人驾驶技术实现的经济成本，另一方面则能大幅增强无人驾驶技术的安

---

[1] 张新钰，高洪波，赵建辉，周沫. 基于深度学习的自动驾驶技术综述. 清华大学学报（自然科学版），2018，58（4）：438－444. DOI：10.16511/j.cnki.qhdxxb.2018.21.010. Waymo 路测突破 1 000 万英里，实现全天候完全自动驾驶！. https://cloud.tencent.com/developer/news/326016.

[2] 清华大学智能产业研究院、百度 Apollo. 面向自动驾驶的车路协同关键技术与展望（2021）：9. https://baijiahao.baidu.com/s?id＝1703793994170031695&wfr＝spider&for＝pc.

全性。因此，美国、日本和我国在继续推动自动驾驶系统的技术研发时，也对车路协同的落地模式给予了高度关注。美国联邦公路管理局为促进车路协同的落地模式，开发了专门的平台。[①] 美国联邦通信委员会则专门为车路协同提供了特定专用频谱。日本则在全国高速公路上安装智能交通路端节点设备，以为自动驾驶系统提供自适应巡航、盲区监测、道路汇集援助等服务。我国交通运输部2019年7月发布了《数字交通发展规划纲要》，来推动交通基础设施全要素、全周期数字化。2021年4月，我国将北京、上海、广州、武汉、长沙、无锡六个城市作为智慧城市基础设施和智能网联汽车协同发展第一批试点城市。

在此需要注意的是，无论源于安全构想的无人驾驶技术如何发展，都无法做到完全零事故，交通安全风险将会是人类社会需要持续面对的问题而无法单纯依靠科技发展来解决。根据现有研究发现，一些涉及无人驾驶汽车的交通事故完全是由于人工接管后的不可控行为所致，纵使是以安全为第一追求的自动驾驶系统也无法完全避免人的主观恶意。面对无人驾驶从文化构想转为技术现实的变革浪潮，我们不能寄希望于技术发展完全应对交通安全风险，得直面无人驾驶时代下的交通安全风险治理。

### ◎ 无人驾驶引发的网络安全问题

2016年9月，腾讯科恩实验室便实现了通过"远程无物理接触"的方式侵入特斯拉汽车的自动驾驶系统，即无须物理接触实车或劫持特斯拉手机APP就能远程操控车辆；入侵成功后，研究人

---

① 协同式驾驶出行应用研究项目平台（cooperative automation research mobility applications，CARMA）。

员能够解锁车辆、调控车辆功能并控制行驶中的紧急刹车。科恩实验室针对特斯拉漏洞的攻击是通过特斯拉车辆的控制器局域网络总线实现的，控制器局域网络总线连接着车内的所有机械以及电子控制部件，是车辆的中枢神经，理论上此攻击可施加于全球任意一辆使用同一套系统的特斯拉车型。[①]

2020 年 7 月，特斯拉公司遭遇黑客勒索软件威胁，这再次引起了人们对自动驾驶系统网络安全问题的高度关注。此次事件源于一位 27 岁的俄国人通过贿赂社交软件上认识的特斯拉员工，试图将其自制的勒索病毒传入特斯拉公司的内部网络。只需该员工在公司内部接收一封邮件附件或是插入该黑客提供的 U 盘，黑客便可以通过瘫痪服务器、窃取内部数据等方式向公司勒索酬金。所幸这名员工向美国联邦调查局告发了这一阴谋，该黑客才并未得手。但据媒体报道，在 2017 年时，便有黑客利用特斯拉的自动驾驶系统漏洞接入了与特斯拉无人驾驶汽车车队相连的主服务器。而这次的雇员对公司网络进行攻击也是最为危险且难以防范的情形，已有多家公司遭受勒索却束手无策。[②]

目前，针对无人驾驶汽车的网络攻击方式渗透到了自动驾驶系统的每一个层级，包括传感器、操作系统、控制系统、车联网通信系统等。由于各类传感器是当下自动驾驶系统进行道路与行人识别的主要依赖，所以最直接、最便宜的网络攻击方式便是攻击传感器。还有当无人驾驶汽车在城市街道、高速公路等场景中行驶时，

---

[①] 范泉涌，金茂菁，黄玲，王薛超，曹耀光．无人驾驶汽车的安全问题及对策．IoVSecurity．[2020 - 06 - 07]．https：//mp．weixin．qq．com/s/kd28afi3UKUFfJjabUI3vg．

[②] 朱朱．特斯拉员工拉响黑客勒索警报 自动驾驶系统安全风险再凸显．大数据和人工智能法律研究院．[2020 - 09 - 04]．https：//mp．weixin．qq．com/s/zfAYDTnkBK-PZZkZPR9Zeuw．

车、车路与车人之间都会建立通信联系，黑客可以通过这些通信网络来进行侵入。

德国公布的一项研究报告显示，在保险公司评估无人驾驶汽车行业的风险时，网络安全已经成为最受它们担忧的事情。在接受该公司调查的企业风险经理当中，有55％的人将网络安全看作无人驾驶汽车面临的最大问题。仅有一成的保险公司已经制定出相应的战略计划，而有四成的保险公司表示不会为了无人驾驶汽车的来临在保险模型上进行战略性投资。这些保险公司强调，在社会大规模使用自动驾驶汽车之前，用户接受度和各项安全标准是需要解决的问题。①

◎ 无人驾驶中的数据安全

无人驾驶数据安全是最重要的，因为无人驾驶汽车的高效运行离不开大量的数据收集与分析，但这些数据在多个层面都面临着大量安全风险（见图7-11）。

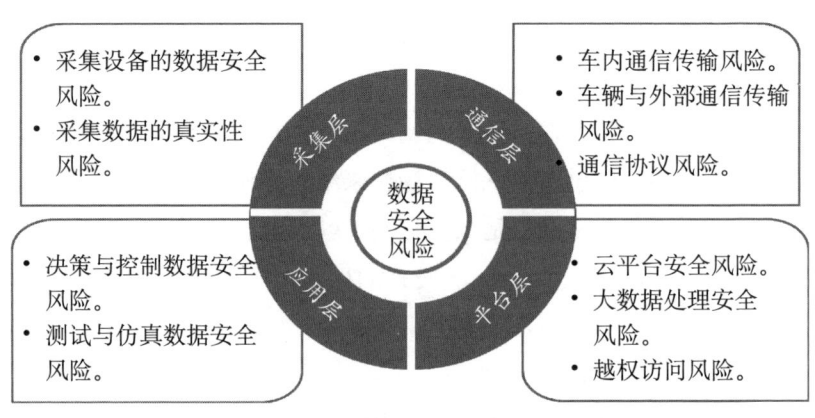

图7-11　无人驾驶汽车的数据安全风险

---

① 调查发现网络安全是无人驾驶汽车面临的最大风险．[2016-07-21]．https://mp.weixin.qq.com/s/x8pWcRWUPzxboyhpq7oOzA.

在采集层，一方面，当下的实验室测试车辆、道路测试车辆和封闭园区的接驳车大部分都是二次改装车，而这些二次改装的非工程化作业让自动驾驶系统的数据采集设备、中央处理器和线缆等暴露在车体以外，比如摄像头、雷达、激光设备、组合惯导系统等，这有可能导致这些组件的丢失或损坏进而造成数据丢失，而系统里的数据也可能会被窃取或更改。另一方面，目前的无人驾驶汽车无法对所有传感器收集数据的真实性进行检测与确认，这导致攻击者可以通过传感器传递虚假数据，进而污染感知数据，使得系统算法无法识别或错误识别。

在通信层，车内节点之间的通信、车与外部的通信和接口通信协议都有可能引发无人驾驶汽车的数据泄露或篡改。首先，在无人驾驶汽车内部，节点与节点之间的通信，攻击者可以通过身份伪造等方式恶意攻击或威胁数据安全。其次，当无人驾驶车辆与外部进行数据流通时，需要通过车外通信网络（蓝牙/WIFI等短距或4G/5G/C-V2X[①]等远距通信）传输数据，这导致数据在通信链路上被窃听或遭受中间人攻击。最后，伴随多种无线通信技术和接口的广泛应用，无人驾驶车辆通常部署着多个无线接口实现WIFI、蓝牙、5G、V2X等多种网络的连接，从而满足数据获取和传输的要求。而此类通信协议的安全漏洞会直接威胁到数据传输的安全。

平台层作为无人驾驶数据汇集、存储、计算、管理的中心，为无人驾驶车辆、道路设施、应用等提供数据处理、支持、更新等服务。作为无人驾驶数据汇聚和远程管控的核心，平台层除了

---

[①] 所谓V2X，与流行的B2B、B2C如出一辙，意为vehicle to everything，即车对外界的信息交换。

面临传统大数据、云平台所面临的安全风险之外,无人驾驶数据的处理流程也会面临新的安全风险。首先是云平台安全风险,由于无人驾驶汽车的大量数据会在云平台进行处理和流转,云平台自然也就成为黑客攻击的重点。[①] 其次,由于无人驾驶过程中必然涉及各类数据分析处理,如大量车辆状态监控数据、路测数据、测试仿真数据、感知数据中的视频和图像,以及激光雷达产生的点云数据等。这些非结构化数据在大数据平台上进行批处理或流处理时,对不同级别的数据如果没有相应的细粒度访问控制机制,就会存在访问权限过大、数据遭到滥用的风险。最后,公司内部人员或黑客都有可能越权访问来绕过安全机制,进而非法获取无人驾驶汽车的数据或对数据进行篡改,对车辆与用户隐私安全造成威胁。用户从各种服务平台上获取的音乐等数据也容易被加入病毒,进而破坏、删除、改写无人驾驶车辆的数据。

应用层则主要涉及决策与控制数据和测试与仿真数据的安全风险。首先,决策与控制数据主要用于车辆的控制,黑客可以通过破坏存储在云端的数据的可用性和完整性,进而让其无法用于车辆控制,引发车辆安全事故。无人驾驶汽车对这些数据的分析也主要是依靠机器学习的算法,这些由大量代码构成的算法模型在一定程度上也增添了决策与控制数据的安全风险,黑客可以注入恶意代码使得算法产出的数据出现偏差,进而导致车辆控制失误。其次,测试与仿真数据是指无人驾驶汽车上路前的实验数据和上路后的参考数据。这些数据虽然不会直接决定汽车的控制决策,但依旧会给无人

---

① 云平台往往作为突破车辆控制的第一道关口,易受到 DDOS 攻击、僵尸网络、非法授权访问、审计存储空间消耗等网络威胁,或利用手机 APP 入侵云平台服务端,从而控制并获取大量的车辆数据。

驾驶带来安全风险。例如，测试与仿真数据中包括了障碍物信息、交通规则信息、历史驾驶信息等，这些信息会对自动驾驶系统的决策精准性产生影响，如果此类数据被篡改则会隐蔽性地对无人驾驶车辆行驶造成干扰。

◎ 我的信息我做主？

由于无人驾驶汽车的运行需要采集大量数据，这些数据的公开、泄露都极易危及公民的个人信息安全。例如，自动驾驶系统会记录汽车的位置信息、乘车人信息等涉及公民位置和身份的敏感数据，而这些数据往往在很多时候都需要进行传输或公开，导致公民隐私受到威胁，甚至有可能危及国家安全。2021年4月发生的特斯拉维权事件便体现了行车数据与公民隐私之间的关联（见图7-12）。一方面，无人驾驶汽车的产品研发、质量监测、责任认定等都需要对汽车的行驶数据进行传输或公开；但另一方面，这些行车数据的公开会导致公民的隐私受到威胁，人们的出行信息很容易泄露。

对于无人驾驶汽车引发的个人信息安全风险，人们对无人驾驶汽车普及后产生的大量行车数据如何被合理使用产生担忧，特别是如果这些数据被用于商业或营销目的，甚至可能落入不怀好意之人的手中。或许，现在就给出"最糟糕假设"或就行车数据将被如何使用下结论可能为时尚早，但在技术研发和技术产业化的过程中，提前布局，做好防备，将公民的个人信息安全问题考虑在内的重要性毋庸置疑。

302　中国新经济：创新与规则

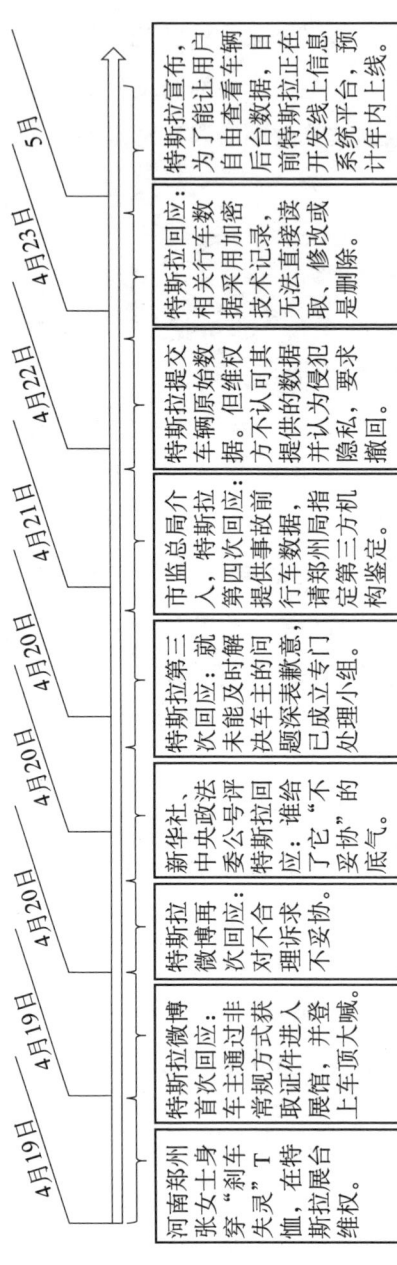

图7-12　特斯拉维权事件始末

## 三、作为安全风险治理工具的无人驾驶规则

### ◎ 电车难题再翻新——无人驾驶引发的伦理反思

对于无人驾驶，我们为何要先谈伦理规则问题？在这里必须指出，无人驾驶作为一项承载着人们安全愿景的技术，对其应用的伦理反思应是先于工业制造、先于社会应用甚至先于法律政策的。

以当下实现无人驾驶的主要技术路径——基于人工智能的自动驾驶系统——来说，要让人工智能来替代人类，实现车辆自主驾驶的前提是，至少要能够与人类驾驶员做得一样好，否则就不具有替代的正当性。不同于能在驾驶过程中随机应变的人类驾驶员，自动驾驶系统必须在程序设计之初，尽可能全面地设想车辆未来可能会面临的伦理选择，以避免出现程序漏洞，导致违背人类伦理的结果。例如，相关报告指出，美国每年有超过一百万起车祸是由于突然出现野鹿让驾驶员来不及反应所致[1]，而无人驾驶汽车搭载的自动驾驶系统可以通过事先预设好的决策脚本迅疾地做出反应来规避野鹿。只是此时我们需要提前通过程序设计，选择让汽车向左避开——可能会阻碍反向车辆造成交通堵塞或是对头车相撞，还是向右避开——可能会撞出车道导致翻车与车内人员死亡。此时可以看出，无人驾驶的碰撞难题必然会涉及复杂的伦理选择：物与物的碰撞、人与物的碰撞和人与人的碰撞。根据普遍接受的碰撞伦理，两

---

[1] CURTIS P P, HEDLUND J. Reducing deer-vehicle crashes. Report funded by the Insurance Institute for Highway Safety. Cornell University，Ithaca.（2005）. Accessed 8 July 2018.

个碰撞对象都为财物的,优先保护价值高的财物;在人与物的碰撞情形中,优先保护人。这两种类型的碰撞不属于真正的伦理困境,真正的伦理困境涉及人的碰撞选择。

例如,在无人驾驶汽车面临无法避免的事故时,是否要以保障乘客安全的最大化来牺牲路人或交通秩序?与此类似的伦理困境还有,假设车辆遇到紧急情况,其必须要选择撞向一辆安全性较好的较重车辆(例如卡车或吉普车),或是撞向一辆安全性较差的较轻车辆(例如摩托车或 Mini Cooper)。如果为了车内乘客的安全性考虑,汽车应撞向较轻车辆,车内乘客受伤率会更低,但此时会造成被撞车辆的乘客伤亡,此时总体伤亡率更高;若为了总体降低伤亡率,汽车应撞向较重车辆,总体伤亡率更低,但车内乘客受伤率更高。此外,假如有几个人因违反交通规则引发了无法回避的事故,违法者是否会因为其违法行为而减小自动驾驶系统在决策时的衡量权重?这些大量的伦理选择便是无人驾驶汽车普遍应用前必须解决的伦理问题。

而这些无人驾驶所涉及的伦理问题均可以用一个传统哲学上的思想实验来分析,即著名的"电车难题"(见图 7-13)。这个著名的思想实验是由菲利帕·福特于 1967 年在一篇讨论堕胎的著名论文中首次提出。[①] 这个思想实验的大致内容是:一辆疾驰的电车即将撞向 5 个在轨道上的工人,你可以选择拉动闸杆让电车转向另一条只有 1 个工人的轨道,你是否愿意?这是一个比较初级的电车难题,卡姆又称其为"电车司机的两项选择案例"。

基于学者对传统"电车难题"的不断讨论,这个思想实验发展

---

① FOOT P. The problem of abortion and the doctrine of the double effect. 11 (5) Oxford Review 5-15 (1967).

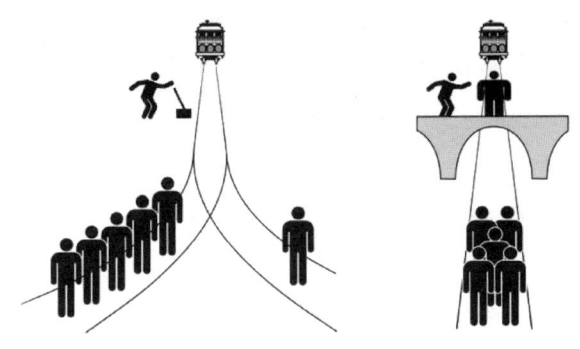

图 7-13　电车难题

成了两种基本形态：一是旁观者能否改变方向，二是电车司机能否改变电车方向。① 这种分类基于选择者的身份和利益，将电车难题进一步进行了细化。在"安全旁观者"的场景中，后果主义通常成为优势选项。哈佛大学于 2003—2004 年对全球 120 个国家的 5 000 余人进行调查，发现 89％ 的人做出了后果主义选择。至此，后果主义似乎成为回应"电车难题"困境的最受公众认可的道德原则。

然而，当被调查者的身份发生变化，由"安全旁观者"转换为"潜在牺牲者"（即电车司机或乘客）时，其后果主义倾向又逐渐产生了内在分化。一旦身份转变，纯粹的旁观者成为电车的司机或乘客（"电车难题"中的"潜在牺牲者"）时，人们做出的选择就不一样了。这一情境中较有代表性的有简·果戈尔提出的"隧道难题"，即当驶入隧道，失控的无人驾驶车辆面临直行撞死行人或转弯撞墙牺牲本车乘客的两难处境时，自动驾驶系统应当做出何种选择。伯尼法等人在对类似"隧道难题"等涉及机动车驾乘人员成为"潜在

---

① 朱振. 生命的衡量：自动驾驶汽车如何破解"电车难题". 华东政法大学学报，2020（6）：20-34.

牺牲者"的实验调查中，总体得出了与经典"电车难题"实验相似的结果：76%的被试者在面对自动驾驶车辆中的1名乘客与10名行人的两难困境时，仍坚持了牺牲自己（乘员）拯救多名行人的后果主义选项。

伯格曼在进一步的实验中发现，被试的这一后果主义倾向随着事故相关的行人数量增加而上升：当车辆前方有2人时，52%的人选择自我牺牲以拯救行人；前方有3人时，愿意自我牺牲的比例上升到57%；当人数上升至6~7人时，这一比例达到70%。可见，"群体"意义上的后果主义依然成立。不过，我们需要注意，截至目前实验还只停留在"说"的层面。一旦从"说"到"做"，情况就不一样了。当被试者在调查中被问及有多大意向购买实验中的后果主义自动驾驶车辆时，被试者的后果主义偏好陡然下降：在0~100购买意向区间，对后果主义算法的自动驾驶车辆的购买意愿的中位数为19，与前文大比例支持后果主义算法的倾向背道而驰。①

在无人驾驶即将到来的时代，"电车难题"已不再只是一个思想实验，而成为无人驾驶在广泛普及前必然需要解决的伦理困境。因为再完善的无人驾驶技术也会面临极端情况下的碰撞选择，是牺牲自己还是选择撞人，是撞一个人还是撞多个人、撞老人还是撞小孩、撞遵守规则者还是撞不遵守规则者。

无人驾驶汽车的制造商们也需要新的伦理规则来引导他们做出选择。因为如果社会不制定统一的道德规则，完全交由汽车制造商们决定，他们在相互竞争的情况下会以乘客的安全性作为最高原

---

① 隋婷婷，郭唏. 自动驾驶电车难题的伦理算法研究. 自然辩证法通讯，2020 (10)：85-90.

则，但这会以损害路上行人的安全为代价。如此做不仅会使面临危险时的行人安全成为问题，而且会导致汽车制造商背负过重的伦理责任，最终反而会阻碍无人驾驶技术的产业化。

为了给制定统一的无人驾驶伦理规则提供数据参考，麻省理工学院媒体实验室的研究员们开发了一款无人驾驶道德困境场景的调查游戏①，以此来征集全球网民在不同场景中的道德选择（见图7-14）。

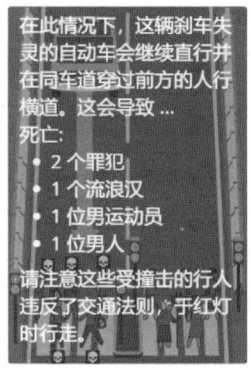 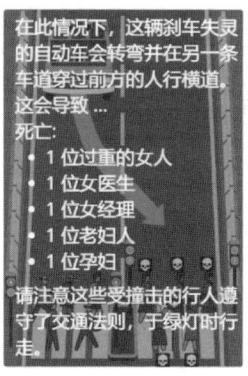

图7-14 "道德机器"调查游戏的页面截图

资料来源：https://www.moralmachine.net/hl/zh。

该调查名为"道德机器"，其统计了13个无人驾驶汽车的失控场景，被调查者需要在两组车辆中选择一种，以保护特定人群的生命安全，包括富人和穷人、男人和女人、老人和青年人群等。"该研究在18个月内收集了来自233个国家和地区的近4 000万份调查。报告显示，推婴儿车的行人、儿童和孕妇是被调查者最愿意保护的人，相比之下，无家可归者、老人和肥胖的人则容易被'牺牲'，违法者则在最不愿意保护的榜单上排名第二，仅次于猫，但

---

① 调查游戏网址：http://moralmachine.mit.edu/。

却逊于狗。此外,不同文化背景的受访者也表现出不同的选择偏向。该研究称,东亚集体主义背景下的受访者相比西方,更愿意保护老年人;来自贫富差距大的国家的受访者更倾向于牺牲穷人;有强大政府机构的国家的受试者更倾向于自动驾驶车辆撞向非法横穿马路的人;几乎所有国家参与者都倾向于保护女性,但这个偏好在女性地位较高的国家参与者里更加强烈。"① 由此可见,面对无人驾驶带来的伦理困境,人们很难达成一致的选择共识,这就给各国制定统一的无人驾驶伦理规则带来了困难。

目前,德国是全球唯一一个提出无人驾驶伦理规则的国家。2017年8月28日,德国提出,无人驾驶的基本伦理是在无人驾驶的选择场景中,对人的保护必须始终是最高优先事项,应优先于财产保护和动物保护;同时,还要求无人驾驶汽车在面对无法回避的事故时,不能够以任何身份特征为基准区分潜在受害者,这些身份特征包括年龄、性别、身体或精神素质等,即无人驾驶不应对极端情况预先做出设置,以回避伦理困境的问题。

对于无人驾驶引发的这些伦理困境,荷兰学者斯文·尼霍尔姆与吉利斯·斯密兹认为无人驾驶伦理问题不同于传统电车难题,因为前者是一种切实可能出现的场景,我们必须为未来的汽车算法提供抉择依据,而后者是一种思想实验,仅涉及价值判断,不涉及实践。

具体来说,首先,前者涉及制造商、车主、监管部门等多个相关主体共同决定如何设计无人驾驶汽车的"事故算法",而后者只涉及个体的道德判断,并且前者的道德选择将直接决定事故

---

① 自动驾驶电车难题调查 人们更倾向于"牺牲"罪犯老人胖子. [2018-11-06]. http://companies.caixin.com/2018-11-06/101343272.html?cxw=Android&Sfrom=Wechat.

的道德责任和法律责任。其次，前者是一种对未来可能事件的预先设计或者说应急计划，拥有充足的讨论时间；而后者是一种即时性选择，大部分情况下没有深思熟虑的反应时间。再次，在认知情境方面，前者是在高度不确定性下的风险评估和决策，后者面对的是确定的并且已知的事实。最后，在道德原则方面，后者只涉及撞向多数还是少数（或强者还是弱者）；前者则涉及各种各样的利益选择，如"道德机器"中描绘的那样，这就不再只是义务论与功利主义的冲突，还包含了如何认定社会公平、平等等问题。[①]

由此，为无人驾驶汽车的事故算法设计一套伦理规则，将会比古典的"电车难题"需要更多的深思与预见，这将是无人驾驶汽车引发各类利益冲突的根源。

面对这一算法难题，法国图卢兹经济学院的让-弗朗索·伯尼芬教授等2016年在《科学》上发表了一篇实证研究文章，发现无人驾驶的伦理规则制定已经迫在眉睫。他们采用了"实验伦理学"的方法对无人驾驶汽车的事故算法涉及的人类价值观问题展开大量网上调查。调查结果显示：首先，人们普遍要求无人驾驶汽车的事故算法应由三类主体共同参与决定，即政府提出汽车制造商可选择的编程类型、制造商进行具体编码、车主作为消费者可选择购买不同算法和厂商的车型。其次，社会大众的道德选择是会随着场景而发生变化的。在面对撞向更多路人还是牺牲自己的选择时，大部分人倾向于功利主义的事故算法，即拯救更多的生命，但在选择购买何种算法的自动驾驶汽车时，人们又绝对倾向于购买以乘客安全为

---

[①] NYHOLM S, SMIDS J. The ethics of accident-algorithms for self-driving cars: an applied Trolley Problem?. Ethical Theory and Moral Practice. 2016, 19（5）：1275 - 1289.

最优解的事故算法汽车，而非功利主义算法的车。[①]

对此，或许有人会问：既然在面临选择困境时，我们不信任人工智能做出合乎人类伦理的控制选择，那我们为何不简单地让其停下汽车，或将控制权交还给车内人员呢？我们将会在这里谈到，当无人驾驶车辆面对紧急情况时，简单的刹车制动或交回控制权并非明智的选择，反而可能是一种违背伦理的逃避责任方式。无人驾驶汽车引发的伦理反思，将会是既有规则治理困境的根源，更是制定无人驾驶规则的逻辑起点。

其一，让无人驾驶汽车立即刹车制动来回避一切突发事故，是否最佳选择？

对此，许多实证研究表明，在多数情况下，汽车制动即刹车并非最好或最安全的操作。例如，在雨天或雪天等情况下路面车辆极易打滑，汽车制动反而可能会使得车辆非常危险，或者在面对一些小的障碍物或坑洼时，汽车绕开障碍物或是进行其他操作会比突然制动更加安全。况且在速度较快、汽车较多的情况下，汽车制动是需要时间与距离的，这很容易引发大范围追尾事故。因此，通过让无人驾驶汽车制动来回避道德选择，不但可能避免不了车祸，反而可能会造成更加严重的交通事故。

其二，遇到伦理选择时，是否能让无人驾驶汽车统一采取将控制权交还给车内人员的模式？

这种模式貌似很人性化，但更加具有逃避责任的嫌疑或者根本无法实现。一些模拟实验证明，人类驾驶员需要长达40秒以上的反应时间来获得掌控汽车的意识，这远远超出了典型事故情景所需

---

[①] BONNEFON J. The social dilemma of autonomous vehicles. Science. 2016, 352 (6293): 1573-1576.

的 1～2 秒的反应时间，实际上会使得控制权无法转移给车内人员。特别是在未来无人驾驶车辆的乘客大概率是没有操作车辆的能力的情况下，控制权的转移更是无法实现。而且，从商业化的角度来考虑，也不会有人选择遇到事情就立马把"皮球"踢回给乘客的无人驾驶汽车。

因此，针对无人驾驶技术引发的伦理困境，当下社会必须要给出相应的伦理规则来引导技术发展。一方面，是为了避免无人驾驶汽车做出违背人类伦理的控制选择；另一方面，也是为了从根源上解决无人驾驶汽车引发的各类利益权衡问题，为无人驾驶政策、法律等其他规则的制定提供价值导向。

◎ **规则落后于发展**

大多数国家都意图通过无人驾驶技术的发展和产业化实现对制造业的升级改造。各国对产业发展的推动，首先是要对落后于技术和实践发展的规则予以变革。无论是美国、德国、日本等传统汽车产业大国，还是中国等后发国家，都在积极修改和完善法律、伦理和产业政策等规则。比如德国，虽然无人驾驶技术的进展慢于美国和中国，但是在立法和伦理等方面却在不断地加速。2021 年 5 月，德国新《自动驾驶法》通过，重点关注商业运营场景，通过补充现有的《道路交通法》和《强制保险法》，允许可随时远程接管的 L4 级自动驾驶汽车在规定区域开展商业试运行。规则亟待变革的原因包括：

在交通规则方面，首先，无人驾驶改变了人与车之间的关系，对于驾驶员驾驶资质的认定规则不再适用。《中华人民共和国道路交通安全法》（以下简称《道交法》）第 19 条规定"驾驶机动车，应当依法取得机动车驾驶证"，这一规定和其他国家对人类驾驶车辆的规定是一样的。但是，随着未来无人驾驶技术落地，车内已经没有了驾驶员，而按照现在的法律规定，无人驾驶系统无法成为有资格的主体。其次，无人驾驶汽车的车辆上路的规则有待完善。①《道交法》规定了机动车的行驶规则，《道路机动车辆生产企业及产品准入管理办法》规定了机动车产品的要求。但是，这些规定都是针对人类驾驶车辆制定的，无人驾驶汽车的国家安全技术标准、智能等级标准、车辆改装的限制等还在陆续出台中。再次，无人驾驶汽车的道路建设标准也存在限制和缺失。无人驾驶汽车的行驶如果配备智能的道路系统，将可以使商业化速度加快。虽然我国在技术进路上也在同步推进智能车联网，但在《中华人民共和国公路法》《公路工程技术标准》《道交法》等现行法律法规中尚没有针对智能车联网道路系统建设的高级别的法律规则和相关标准。另外，高精度地图也是无人驾驶汽车不可或缺的组成部分。但现行的《中华人民共和国测绘法》《地图管理条例》对高精度地图的应用也还是存在诸多限制。

无人驾驶汽车肇事时，责任认定方面也面临着法律适用困境。如侵权责任，传统人工驾驶的情况下责任承担的主体就是驾驶员，但无人驾驶的情形下承担侵权责任的主体尚需进一步探讨。法律规定了"机动车交通事故责任"和"产品责任"制度，但无人驾驶中"驾驶"与"使用"存在职能分离，造成潜在责任主体的多元化，责任承担主体不明确。但是，无人驾驶车辆中操纵汽车的是无人驾驶系统，可适用《民法典》"侵权责任"编中关于产品责任制度，即对事故负有直接责任的是驾驶汽车的产品或服务提供者。因为产品存在缺陷造成他人的财产或人身损害的，被侵权人包括乘客和其

---

① 2021年，公安部发布《道路交通安全法（修订建议稿）》，首次从法律上对具有自动驾驶功能的汽车进行道路测试和通行做出相关要求，并探索对违法和事故责任分担进行规定。但最终修改法律时未予保留。

他人，可以向产品的生产者即厂家请求赔偿，也可以向产品的销售者请求赔偿，所以，可以由无人驾驶汽车的提供者对由于产品质量或安全缺陷导致的问题进行赔偿。再例如刑事责任，在我国刑法中，是否构成犯罪是用"四要件说"来判断：主体要件、客体要件、主观要件、客观要件。无人驾驶情形中首先不存在主体要件和主观要件。其次，客观行为的判断是：违反交通运输管理法规，因而发生重大事故，致人重伤、死亡或者造成重大公私财产损失的行为。但是，"无人违反"也就"无人导致"，简单套用传统的刑事责任认定存在困境，需要结合无人驾驶系统的技术水平和具体情况再做判断。

保险规则方面，同样存在亟须完善之处。无人驾驶技术尚不成熟，可能会引发事故，并造成人身和财产的损害，因此保险制度不可或缺。但是，目前法律没有将正在测试中的无人驾驶汽车纳入承保范围。英国、德国等国家已经启动对无人驾驶保险制度相关法律规则的起草工作，未来趋势是通过合理健全的保险制度设计为无人驾驶技术及其商业化提供充分保障。

另外，如前文所述，隐私保护和网络安全也是无人驾驶技术面临的两大问题。无人驾驶系统会收集大量的用户数据，其中包含用户的个人隐私和个人信息，无人驾驶系统的运作是依靠云端的计算系统与周围其他车辆甚至道路基础设施之间进行数据共享与协调。一旦系统遭遇黑客攻击，必然会导致用户数据泄露，可能会威胁到用户的人身和财产安全。我国《网络安全法》《数据安全法》等法律规定还有待结合无人驾驶的具体情况来进一步细化。

◎ **规则更新变革**

面对无人驾驶技术引发的既有规则治理困境，各国政府纷纷开始从伦理规则、道路测试规则、商业化规则、保险规则和侵权责任规则等几个方面开始进行立法或改革，以此为无人驾驶技术的落地提供适宜的制度环境。

**产业政策**

近年来，美国一直积极在产业方向提供指引和支持，推动自动驾驶技术的产业化。2016年9月，美国运输部国家公路交通安全管理局首次公布了长达116页的《联邦自动驾驶汽车政策》，首次将自动驾驶安全监管纳入联邦法律框架内。2020年1月，美国运输部发布了新的自动驾驶汽车政策《自动驾驶4.0》，提出整合38个联邦部门、独立机构、委员会和总统行政办公室在自动驾驶领域的工作，为州政府和地方政府、创新者以及所有利益相关者提供美国政府有关自动驾驶汽车工作的指导，主要包括优先考虑安全，保障、推动创新，确保一致的监管方法，促进行业参与者、联邦及各州地方政府、标准制定组织等主体之间的协作和信息共享，以确保美国在自动驾驶技术领域的领先地位。3月，美国智能交通系统联合计划办公室公布《智能交通系统战略规划2020—2025》，强调自动驾驶、车联网已从研究阶段进入加速部署和应用阶段。

2021年1月，美国运输部发布《自动驾驶汽车综合计划》，该计划定义了实现自动驾驶系统愿景的三个目标，包括促进协作和透明度，现代化监管环境（主要是消除创新汽车设计、功能和操作等方面的不必要的监管障碍，并开发针对安全性的框架和工具，以评估自动驾驶系统的安全性能），以及为运输系统做准备。2021年10月，美国加州还颁布《自动驾驶客运服务试验和部署计划书》，这份计划书将自动驾驶所有活动分为四种——有人自动驾驶试验、无人自动驾驶试验、有人自动驾驶部署、无人自动驾驶部署——形成四种不同计划的监管规则，规定试验阶段不准向乘客收取票价费用、部署阶段可以向乘客收取票价费用。

欧盟2018年出台了《通往自动化之路：欧洲未来出行战略》，公布了自动驾驶时间进度表：欧洲计划到2022年前实现所有新车均配备通信功能的"车联网"模式，到2030年步入以完全自动驾驶为标准的社会，目标是使欧洲在完全自动驾驶领域处于世界领先地位。2022年8月，英国数字、文化、媒体和体育部数据伦理与创新中心发布《负责任的自动驾驶汽车创新》政策报告，提出相关监管建议，以支持英国2025年实现自动驾驶汽车商用的路线图。

我国长久以来都重视并擅长通过产业政策来推动产业发展。2017年4月发布的《汽车产业中长期发展规划》就明确提出新能源车与智能网联汽车的发展愿景。2017年7月出台的《新一代人工智能发展规划》明确把自动驾驶汽车作为重点产业，提出地方先行先试，探索自动驾驶汽车的规制。2020年2月，国家发展改革委等部委联合发布《智能汽车创新发展战略》，也提出到2025年实现有条件自动驾驶的智能汽车达到规模化生产，实现高度自动驾驶的智能汽车在特定环境下的市场化应用。

**伦理规则**

为了促使无人驾驶技术得到广泛应用，法律法规不得不直面无人驾驶技术带来的伦理抉择问题。德国政府在2015年出台的《自动和联网驾驶战略》中便设立了无人驾驶汽车道德委员会，授权其设立无人驾驶汽车相关的伦理标准。2018年，该委员会发布了世界首部无人驾驶的伦理准则，其规定了无人驾驶应用时必须遵守的基本价值原则：道路安全优于出行便利；个人保护优于其他功利主义的考量；法律对技术的规制方式需要在个人自由与他人自由及他人安全之间取得平衡；对人身权益的保护必须优先于对动物或财产权利的保护。该准则还要求，不得对必须在不同人群的生命之间做出选择的极端情况进行标准化设定或编程；汽车必须安装存储驾驶数据的黑匣子；对于道德模糊的事件，必须由人类掌握控制权；事故责任必须明确；等等。

其他国家虽然也出台了各自的人工智能道德原则文件，但并未出台无人驾驶的具体伦理规则。① 美国在《联邦自动驾驶汽车政策：加速下一代道路安全革命》《自动驾驶系统2.0：安全愿景》等文件中也强调了伦理道德的作用；我国在《新一代人工智能发展规划》中也提出了建立人工智能的伦理道德框架，但未专门针对无人驾驶的伦理抉择问题发布具体伦理规则。

**道路测试规则**

道路测试作为各国政府应对无人驾驶技术落地的规则共识，目前已进入许多国家的法律体系之中。

美国是无人驾驶汽车技术立法最超前的国家。2011年，内华达州便通过了使自动驾驶汽车合法化的法案，颁布了一系列的相关管理法规，其中包括自动驾驶汽车概念的确定及申请路测的流程。该法案为无人驾驶规定了特殊的行驶等级制度：无人驾驶汽车能进行货物或乘客运输，只能进行测试（但其他地方的实践中已有所放开）；规定了测试许可证制度，无人驾驶汽车必须由管理部门统一审核并颁发许可证才能上路；将行驶的环境分类成已测试和未经测试这两类环境，车辆的系统必须具备资质才能在未经测试的环境中行驶。2014年，加利福尼亚州车辆管理部门通过了一项公共道路

---

① 例如，欧盟起草了《人工智能伦理指南》，并发布了《伦理原则和民主先决条件》；英国在发布的《人工智能：未来决策制定的机遇和影响》《英国人工智能发展的计划、能力与志向》等文件中明确了人工智能的伦理原则。

无人驾驶车辆测试的规定，宣布自 2015 年起允许无人驾驶汽车上路。目前，美国 19 个州已允许自动驾驶汽车运营，40 多个州允许测试。2021 年 3 月，美国亚利桑那州颁布的《自动驾驶车辆法》，对 L3 级和 L4 级自动驾驶车辆上路行驶做出了非常宽松的规定。只要车内有驾驶员，自动驾驶汽车就可以在亚利桑那州的公共道路上行驶，无需其他手续。

我国在无人驾驶汽车的道路测试方面也不断推出法规，在各部门各地出现了无人驾驶道路测试的规则竞赛。2017 年 12 月，北京市交通委员会、交管局、经济和信息化委员会联合印发了《北京市关于加快推进自动驾驶车辆道路测试有关工作的指导意见（试行）》和《北京市自动驾驶车辆道路测试管理实施细则（试行）》。这是我国无人驾驶道路测试的第一个指导性规范。2018 年 3 月，上海发放全国首批智能网联汽车开放道路测试号牌，这标志着无人驾驶汽车正式走出封闭园区。同月，北京发放无人驾驶车辆路测牌照。此后，重庆、杭州、深圳、武汉、广州等城市也相继出台支持无人驾驶汽车开展路测的文件。到 2018 年 4 月，工信部、公安部、交通运输部联合印发《智能网联汽车道路测试管理规范（试行）》，对无人驾驶汽车道路测试的条件等做出规定。2019 年 12 月，北京首次允许无人驾驶车辆进行载人和载物测试。2021 年 4 月，北京正式决定开放高速公路场景，开展自动驾驶测试试点；5 月，北京市高级别自动驾驶示范区为美团、京东、新石器等首批企业颁发无人配送车身编码，给予配送车相应路权，开展适用于无人配送车辆上路行驶的通行规则和交通管理模式的探索；10 月，北京正式开放无人化测试场景，首批向百度、小马智行两家企业颁发无人化道路测试通知书。各地道路测试规则的出台热潮一直持续。2022 年 4 月，北京市在国内首次允许自动驾驶车辆"方向盘后无人"（见图 7-15）。

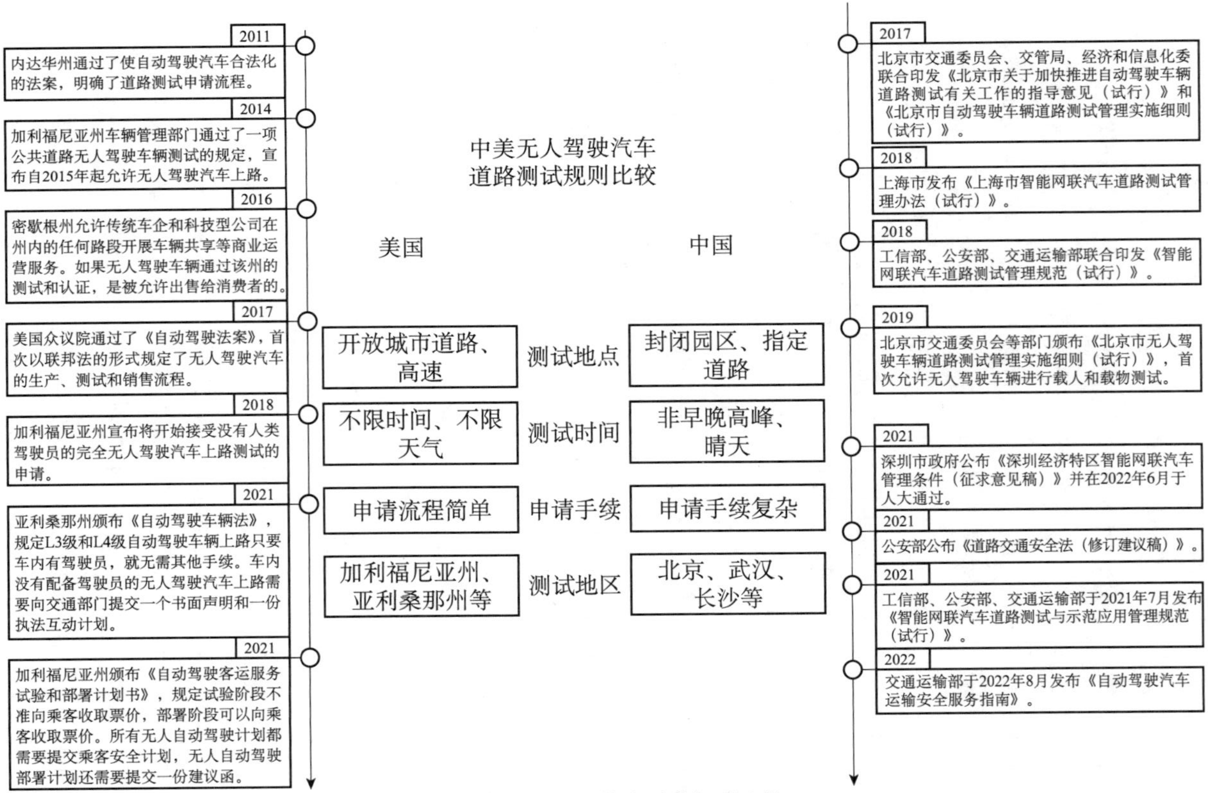

## 中美道路测试规则比较

**中国时间线：**

- 2017：北京市交通委员会、交管局、经济和信息化委联合印发《北京市关于加快推进自动驾驶车辆道路测试工作的指导意见》和《北京市自动驾驶车辆道路测试管理实施细则（试行）》。
- 2018：上海市发布《上海市智能网联汽车道路测试管理办法（试行）》。
- 2018：工信部、公安部、交通运输部联合印发《智能网联汽车道路测试管理规范（试行）》。
- 2019：北京市交通委员会等部门颁布《北京市无人驾驶车辆道路测试管理实施细则（试行）》，首次允许无人驾驶车辆进行载人和载物测试。
- 2021：深圳市政府公布《深圳经济特区智能网联汽车管理条例（征求意见稿）》，并于2022年6月于人大通过。
- 2021：公安部公布《道路交通安全法（修订建议稿）》。
- 2021：工信部、公安部、交通运输部于2021年7月发布《智能网联汽车道路测试与示范应用管理规范（试行）》。
- 2022：交通运输部于2022年8月发布《自动驾驶汽车运输安全服务指南》。

**中国（分类）：**
- 测试地点：封闭园区，指定道路
- 测试时间：非早晚高峰，晴天
- 申请手续：申请手续复杂
- 测试地区：北京、武汉、长沙等

**美国（分类）：**
- 测试地点：开放城市道路、高速
- 测试时间：不限时间、不限天气
- 申请手续：申请流程简单
- 测试地区：加利福尼亚州、亚利桑那州等

**美国时间线：**

- 2011：内达华州通过了使自动驾驶汽车合法化的法案，明确了道路测试申请流程。
- 2014：加利福尼亚州车辆管理部门通过了一项公共道路无人驾驶车辆测试的规定，宣布自2015年起允许无人驾驶汽车上路。
- 2016：密歇根州允许任何传统车企和科技型公司在州内的任何路段开展无人驾驶车辆共享商业营销服务。如果无人驾驶车辆通过该州的测试和认证，是故允许出售给消费者的。
- 2017：美国众议院通过了《自动驾驶法案》，首次以联邦法的形式规定了无人驾驶汽车的生产、测试以及销售流程。
- 2018：加利福尼亚州宣布开始接受没有人类驾驶员的完全无人驾驶汽车上路测试的申请。
- 2021：亚利桑那州颁布《自动驾驶车辆法》，规定L3级和L4级自动驾驶车辆只要车内无驾驶员，就无需其他手续，车内没有配备驾驶员，就无需其他手续上路需要向交通部门提交一个书面明和一份执法互动计划。
- 2021：加利福尼亚州颁布《自动驾驶服务试验和部署计划书》，规定试验阶段获不准收取客收票价，部署阶段可以向乘客收取票价。所有无人自动驾驶部署计划需要向乘客安全计划，无人自动驾驶部署计划还需要交一份建议。

**图 7-15 中美道路测试规则比较**

此外，滴滴、百度等研发自动驾驶系统的企业也于2020年开始制定相关的团体标准来规范道路安全测试的评估方法、评估流程和分级标准等，如：2020年8月，滴滴牵头的《自动驾驶出租车运营规范与安全管理要求》团体标准正式立项；次年6月，滴滴、百度和同济大学等共同参与的《自动驾驶道路安全等级分级方法》通过团体标准立项等。工信部、公安部、交通运输部于2021年7月发布了《智能网联汽车道路测试与示范应用管理规范（试行）》，交通运输部还于2022年8月发布《自动驾驶汽车运输安全服务指南》。

其他国家对无人驾驶汽车的道路测试规则也相继进行了立法规定。英国交通部于2015年出台路测规范，还挑选了3个"试点"城市，允许无人驾驶汽车上路测试。德国联邦参议院于2017年发布相关法案，允许自动驾驶汽车在公共道路上测试，在自动驾驶车辆可以自行操控转向盘以及制动的情况下，驾驶员可以手离转向盘，上网、浏览邮件皆被允许。2021年2月，德国出台《道路交通法修正案（自动驾驶法）》，允许L4无人驾驶汽车在配备了远程监督员的情况下，在规定的区域内的公共道路上行驶。日本2016年颁布了《无人驾驶汽车道路测试指南》，并开始修订《道路交通法》和《道路运输车辆法》；2017年，日本允许在国内部分高速公路、专用测试道路上进行无人驾驶汽车测试；2019年5月出台的日本《道路交通法》修正案，允许L3级别的自动驾驶汽车上路。2020年6月，联合国颁布《自动车道保持系统（ALKS）条例》，ALKS用于高速公路拥堵路段的自动驾驶，最大行驶速度为每小时60公里。这是第一部自动驾驶国际认证法规。奔驰、奥迪、本田等都依据联合国的ALKS条例得到国际层面的认证，然后获得各国的销售和上路行驶批准。

### 产品准入和上路许可

无人驾驶测试之后,就是无人驾驶车辆的产品生产许可和上路许可。在这方面,美国在产品许可上做出突破性改变。2022年3月,美国运输部国家公路交通安全管理局明确自动驾驶汽车可以不再像传统汽车一样配备方向盘、制动装置或油门踏板等装置。

我国的无人驾驶产业发展路径目前还处在鼓励地方试点阶段,在多地试验基础上不断总结经验;在产品准入方面,率先在深圳获得突破。2022年6月,《深圳经济特区智能网联汽车管理条例》经深圳市人大常委会表决通过,在国内首次对智能网联汽车的准入登记、上路行驶等事项做出具体规定。广州市还出台政策支持自动驾驶的混行。同月,《广州市南沙区智能网联汽车混行试点区及特殊运营场景混行试点总体方案》正式通过,南沙区成为广州市首个智能网联汽车混行试点区。到2025年,在混行试点区域,机动车道上将有接近一半的车辆是自动驾驶汽车。沧州、重庆、武汉、苏州、合肥、郑州等多地也出台政策,明确支持自动驾驶公交车和乘用车开展商业化收费示范运营。比如,武汉将建设智慧智能交通基础设施及车城网平台,并探索智慧交通产业发展新模式。

### 责任认定与保险规则

由于无人驾驶技术无法实现真正的零事故,无人驾驶场景中的交通事故责任认定与保险规则将会是当下社会规则必须面对的问题。

2017年2月,英国政府出台全球首部涉及无人驾驶汽车保险的法案《汽车技术和航空法案》。次年，英国议会颁布可以说是全球首部正式调整自动驾驶汽车交通事故的责任保险法案，即《自动与电动汽车法案》，将自动驾驶汽车交通事故责任保险的受害人范围规定为因事故遭受损失的被保险人或其他任何人。这改变了传统交通事故责任保险将车内人员排除在受害人范围之外的规定，使保险框架由承保司机向承保汽车转变。该法案通过规定自动驾驶状态下发生事故的保险责任，对于人类驾驶事故和自动驾驶事故各自应当承担责任的不同场景进行划分。[①] 2021年4月，英国运输部对《高速公路法规》进行修改，明确了驾驶员的责任承担：对于正在自动驾驶中的自动驾驶汽车，驾驶员将不对自动驾驶汽车的行驶承担责任。

2017年德国联邦议会出台的《道路交通法》（第八修正案）确立了无人驾驶事故责任判定规则。如果事故发生在人工驾驶阶段，则由驾驶人承担责任；如果事故发生在系统运作阶段，或由于系统失灵酿成事故，则由汽车制造商承担责任。而关于事故的责任认定与赔偿，修正案并未变更德国现有法律，汽车所有人对由交通事故造成的损害严格承担责任，汽车驾驶人对由交通事故造成的损害适用过错推定原则，而汽车生产商并非《道路交通法》中的责任承担主体。对于由汽车的产品缺陷导致的损害，仍按产品责任的相关规定进行处理。

日本2018年规定，在无人驾驶系统造成事故损害时，继续适用由车辆所有者承担责任的规定，并确保保险公司在先行赔付后能够对机动车辆制造商行使求偿权。此外，该部分还规定了无人驾驶

---

① 于海纯，吴秀. 自动驾驶汽车交通事故责任强制保险制度研究：一元投保主体下之二元赔付体系. 保险研究，2020（8）：64-75. DOI：10.13497/j.cnki.is.2020.08.005：64-75.

汽车上的指示及警告责任；在刑事责任的认定上，规定要根据具体事实，对相关主体是否尽到了注意义务以及是否存在因果关系等进行判断。

我国目前对于无人驾驶汽车的责任认定和保险规则尚处于学术探讨和规则尝试之中。2021 年 3 月公布的《道路交通安全法》（修订建议稿）第 155 条第 2 款拟将道路交通事故责任的承担主体范围扩展至"自动驾驶系统开发单位"，但在正式发布的《道路交通安全法》中则删去了相关规定。2021 年 10 月，深圳召开的 2021 自动驾驶低速无人车商业应用标准发布会上，由深圳市智能交通行业协会组织多位企业和学者共同编制的《低速无人车城市商业运营安全管理规范》团体标准正式发布。该标准第三部分"商业运营管理流程、监管存证要求及保险流程"明确规定低速无人车城市商业运营需要购买保险。

## 四、未来已来：无人驾驶与新文化

随着无人驾驶技术的产业化和无人驾驶规则的体系化，无人驾驶走进了我们的现实生活。而"共享经济""智慧城市""碳中和"等各类新的文化构想也正以无人驾驶为基础开始发展。

### ◎ 驶向共享：无人驾驶与共享经济

随着社会经济的发展，私家车的数量不断攀升，各大城市的交通拥堵情况也愈发严重，很多城市为了缓解交通压力，不得不对私家车的购买和出行进行限制，采取了摇号购车、限号出行、收取拥堵费等措施。在道路交通压力与人民出行需求之间的冲突逐渐凸显的背景下，人们开始构思一种新的交通出行方式来协调两者关系，

"共享汽车"的设想也随之诞生。随着 Uber、Lyft、滴滴出行等网络预约出租车平台对拼车、顺风车服务的拓展与宣传,人们也更加接受车辆共享的出行观念。而无人驾驶汽车的产业化将会使得这种"共享汽车"的观念得到显著扩展与多样化,同时也将进一步模糊私人交通与公共交通之间的界限。

最早的共享汽车实践源于 20 世纪 80 年代的"站点共享汽车":车辆统一在设定好的基站点供用户使用,而用户也只能在其他基站点结束使用。从 2017 年开始,北京、上海、重庆、广州和深圳等地也纷纷开始铺设提供共享汽车的基站点,用户只需要持本人身份证和驾驶证便可立即注册使用。然而,此种汽车共享模式存在着许多限制:一方面,用户必须要到设定好的基站点才能使用汽车;另一方面,此种共享模式无法为没有驾照的用户提供出行服务。

在进入移动互联网社会后,基于网络平台的拼车模式成为另一条共享汽车的发展路径。网络平台公司利用私家车主的移动智能设备实现了用户之间的点对点对接,在数据收集与分析的基础上,将某个用户的出行行程与其他用户的出行行程相衔接。在我国 2018 年的春运期间,某拼车服务平台便为 3 300 万人次提供了拼车回家服务。① 滴滴出行为了宣传拼车观念,设立了"全民拼车日",以 1 折优惠来吸引用户使用其拼车服务。到 2019 年,已有 29 亿人次用过其拼车服务。

而无人驾驶技术将催化"共享汽车"由提倡理念转化为普遍实践的过程。一方面,无人驾驶技术将破除"站点式共享汽车"的限

---

① 拼车回家,"分享经济"新风景. 新华日报,2018 - 02 - 16. http://m. xinhuanet.com/js/2018 - 02/16/c_1122422457. htm.

制。用户无须再自行前往站点，而由无人驾驶汽车主动到指定位置接送用户。也打破了用户必须具有并验证驾驶证的使用门槛。另一方面，无人驾驶能解决当前共享汽车普遍存在的停车和调度难题，加速共享汽车的商业化。根据世界经济论坛预测，到2030年，42%的无人驾驶汽车（约占全球车辆总数的2%~8%）将实现共享；到2040年，53%的无人驾驶汽车（占全球车辆总数的7%~39%）将实现共享。百度自动驾驶出行服务平台"萝卜快跑"已在北京、上海、广州、深圳、阳泉、乌镇等10多个城市提供出行服务，其中重庆、武汉已实现车内无安全员的自动驾驶商业化出行服务。自动驾驶不仅覆盖北上广深超一线城市，也正在向中小城市有序推进。截至2022年第三季度，萝卜快跑的订单数已突破140万单，其中第三季度提供乘车服务47.4万次。此外，2022年百度还发布了Apollo第六代车型，Apollo RT6是百度面向未来出行自主研发、正向设计的量产车，整车针对乘客需求和无人驾驶出行场景进行了深度设计，不但具备城市复杂道路的无人驾驶能力，而且成本仅为25万元，相当于一辆普通新能源汽车的价格。

此外，随着无人驾驶技术与"滑板式底盘"（见图7-16）技术的融合发展，共享理念将有可能从"共享汽车"迈向"共享空间"。此时，无人驾驶汽车将会从仅满足公民移动出行需要的交通工具转变为满足多样化需求的移动空间。2021年11月的汽车前沿技术国际创新比赛——"Moving Forward"中，一家来自中国的企业——"PIX Moving"通过基于滑板式底盘打造的移动空间产品脱颖而出。该产品可以根据用户需求将汽车打造为小型办公室、咖啡厅、厨房、卧室等具有不同功能的移动空间，进而为"共享空间"提供技术基石。据悉，首款结合无人驾驶与移动空间理念的产品——Robobus 已通过欧洲运行安全、环境适应性和可靠性等测试，在 2022 年实现量产，将应用于欧洲部分旅游景区。与 Robobus 产品类似的是，我国轻舟智航也研发出了"龙舟 ONE 无人巴士"，其目标在于解决城市的"最后三公里"接驳问题，并已在苏州、深圳和武汉开启常态化运营。

图 7-16　滑板式底盘示意图

◎ 驶向智慧：无人驾驶与智慧城市

在过去的一个世纪里，机动车的工业化生产让城市居民的点对点出行急剧增加，交通拥堵成为城市治理面临的全球性问题。到 2011 年，交通拥堵让美国城市的整体出行时间增加了近 55 亿小时，导致美国 GDP 损失 1%，若不采取措施，这些数字将会在十年内增加至 1.5 倍。[①] 截止到 2021 年年底，北京机动车保有量为 684.9 万辆，每年交通拥堵给北京带来的经济损失高达上千亿元。

为了消除交通拥堵给城市发展带来的阻碍，一些科学家尝试依靠无人驾驶技术和信息基础设施建设，在智慧城市中构建一套"出行即服务"系统。该系统的设计理念打破了传统交通运输的思维模式，

---

① SCHRANK D，EISELE B，LOMAX T. TTI's 2012 urban mobility report. Texas A&M Transportation Institute，Texas，USA，2012：1.

以需求侧思维关注人的出行需求和体验，力求实现一体化联运。其核心在于通过一个智能平台来完成计划出行、路线规划和购票支付等所有交通服务，包含了一站式服务、个性化服务、公共交通为先、共享为基础、可持续发展、提高经济效益六大特征。自2015年以来，"出行即服务"理念在全球各国兴起，欧盟各国、美国、中国、日本纷纷推出符合其国情的"出行即服务"发展模式。而无人驾驶与共享汽车将会成为推动"出行即服务"理念发展的重要动力。随着无人驾驶技术的普及和共享汽车理念的推广，"出行即服务"力求以公共交通提供一站式出行服务的理念具有了实现可能性。有预测认为，基于自动驾驶的共享汽车快速发展，美国的客运车辆数量预计在2030年会从2.47亿辆减少至4400万辆，美国私家车保有量将下降80%。

无人驾驶、共享汽车、智能车联网技术的结合将使得城市交通更加智慧。通过无人驾驶汽车的共享，无人驾驶汽车的使用效率大幅提高，城市将不再需要以个人或者家庭为单位购买如此巨量的私家车，城市汽车的总保有量将显著减少，道路通行效率将显著提高。而且，无人驾驶汽车和智能车联网的结合将使得道路通行更具有"科技感"，速度更快，无效拥堵更少，出行体验更好。2022年6月，北京数字政通科技股份有限公司拟设立全资子公司"天津政通智行科技有限公司"，该公司将以"无人驾驶＋AIoT"技术为核心，整合我国现有的无人驾驶、共享汽车和智能车联网等技术资源，研发具有智能网联和物联感知特性的L4级别无人驾驶车辆及相关装备，致力于打造城市治理大数据采集挖掘应用场景和城市管理移动控制中台能力，开展城市服务更新升级，创新无人驾驶全景化城市服务模式。

除了革新私人交通，无人驾驶技术更为智慧城市中的公共交通建设提供了重要机遇。无人驾驶将大幅降低公共交通的运营成本，无人驾驶公交汽车、地铁将会根据城市人口流动在不同时间段的不同需求量自动化、精准化确定运营时间，甚至能够提供高度灵活的公交按需服务。对此，阿拉伯联合酋长国首都郊区的城市——马斯达尔已经率先试点了基于无人驾驶的公共交通工具PRT。PRT是一种类似于出租车的无人驾驶汽车，乘客可以通过手机预订服务，并在几分钟内上车。PRT在固定轨道上行驶，乘客可以去往离自己目的地最近的站点下车。

此外，无人驾驶给城市空间的布局和扩张也会带来前所未有的影响。一些学者认为，无人驾驶在增强了城市交通的便利后将大幅降低人们的交通出行成本，交通的可达性也会促进居民和企业向郊区迁移，城市向郊区扩张的趋势会进一步加剧，更多居民将会在郊区定居。同时，无人驾驶能够让城市土地更好地得到利用，因为无人驾驶汽车能在统一控制下有序行驶，这将大幅减少城市行车车道的数量并降低宽度需求，城市车道之间的隔离带也会减少和缩小，未来城市的空间利用率将会得到提高（见图7-17）。[1] 对此，已有学者专门分析了无人驾驶技术对美国佛罗里达州城市道路的影响。[2] 百度公司目前已将无人驾驶应用到了城市环卫之中。2018年，北京海淀公园中引入了无人驾驶清扫车——百度"蜗小白"（见图7-18）。

---

[1] 罗亚丹. 从交通基础设施到绿色基础设施：无人驾驶城市中的柔性未来道路. 景观设计学，2019，7(2)：92-99.

[2] CHAPIN T et al.. Envisioning Florida's future：transportation and land use in an automated vehicle world，01/01/2015，in https://fpdl.coss.fsu.edu/research-projects/envisioning-floridas-future-transportation-and-land-use-automated-vehicle-world.

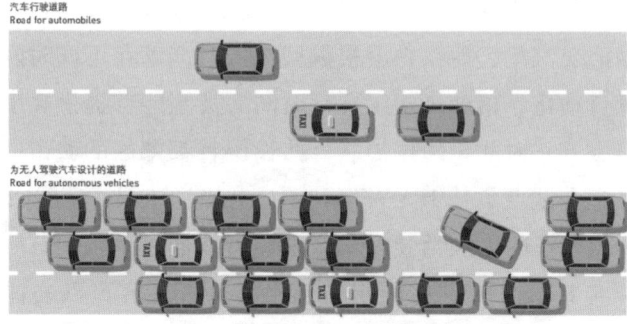

图 7-17　无人驾驶对城市道路的影响

图 7-18　无人驾驶清扫车"蜗小白"

资料来源：https://www.idriverplus.com/wrjsqsc_wxb.

## ◎ 驶向绿色：无人驾驶与"碳中和"

随着全球自然灾害愈发频繁，各国政府都渐渐开始注重自然生态保护，而"碳中和"作为一种应对温室效应的环保理念，在机动车尾气排放方面获得了许多关注。根据联合国发布的《2021年排放差距报告》，新的国家气候承诺加上其他缓解措施，使世界朝着21世纪末全球气温上升2.79℃的目标迈进，但这依旧远远高于《巴黎协定》的目标，并将导致地球气候的灾难性变化。为了实现《巴黎协定》确定的在21世纪将全球变暖控制在1.5℃以内的目标，世界需要在未来 8 年将每年的温室气体排放量减半。

而机动车燃烧化石燃料时的二氧化碳排放作为温室气体的重要来源，受到各界普遍关注。调查显示，美国城市机动车消耗的石油在十年前就超过所有行业的一半，产生的二氧化碳排放量也占总排放量的近 20%。① 据国际能源署调查，公路车辆的排放量占据了交通运输业总排放量的四分之三。② 碳排放量在"碳中和"理念的引导下成为许多国家对机动车制造和使用的限制标准之一，也成为许多高新技术车企的宣传理念。

首先，无人驾驶技术的普及将会大幅减少私家车数量，增加公共交通使用量，进而减少碳排放。尤其是在无人驾驶、共享汽车和"出行即服务"理念共同发展的未来，大多数人将会选择以公共交通的方式出行，这将减少新车销量和汽车保有量，进而减少碳排放。2030 年将会有 42% 的无人驾驶汽车是共享汽车，而到 2040 年将会有 53% 的无人驾驶汽车实现共享。③ 其次，配置自动驾驶系统的新能源汽车相比于配置自动驾驶系统的燃油车具有更好的精准控制和用户体验，将会推动新能源汽车的普及，进而减少碳排放。最后，无人驾驶技术将会大幅增强道路交通的流动平稳性，降低车辆加速与减速的频率，进而大幅减少汽车尾气排放。根据现有的实证研究，汽车尾气的排放量与道路交通的流动速度、流动平稳性直接关联，平均车速低于 20 公里每小时或者频繁地加速与减速都会大

---

① UNEP Copenhagen Climate Centre. The emissions gap report 2021，26/10/2021，in https://www.unep.org/resources/emissions-gap-report-2021.

② BCG 中国气候与可持续发展中心. 中国碳中和通用指引. 北京：中信出版社，2021：137-141.

③ 李彦宏. 智能交通：影响人类未来 10—40 年的重大变革. 中国交通报，2021-12-03 (001). DOI：10.28099/n.cnki.ncjtb.2021.003176.

幅增加汽车的尾气排放。①

　　此外，就机动车的自身总重量而言，车体越重，消耗的能源也就越多，各类气体的排放量也会因此增加。就现有的人类驾驶汽车而言，汽车框架的重量往往是消费者衡量汽车安全性的标准之一，车身越重的汽车往往因具备更好的耐撞性而获得消费者的喜爱。在无人驾驶汽车得到普遍使用后，道路交通的安全性问题将会得到缓解，无人驾驶汽车不再需要通过增加汽车框架的重量来保障事故中的乘客安全，进而可以让车辆变得更加轻盈，减少尾气排放。② 除了这些因素，更高效的行程规划设计、共享车辆观念的普及等无人驾驶汽车的各项正外部性都有利于减少汽车尾气的排放。无人驾驶汽车将会成为未来实现"碳中和"理念的重要技术路径。

---

① BARTA M etc. Vehicle automation and its potential impacts on energy and emissions//MEYER G，BEIKER S. Road Vehicle Automation，Cham：Springer International Publishing，2014：103 – 112.

② MORROW W R Ⅲ etc. Key factors influencing autonomous vehicles' energy and environmental outcome//MEYER G，BEIKER S. Road Vehicle Automation，Cham：Springer International Publishing，2014：127 – 136.

# 第八章　生物科技：伦理归来

如果把生物体的基因比作一块一块的积木，当人类拿过"上帝的手术刀"控制并精心组合基因时，是不是就能"拼"出各种各样的生物体？在这个精心组合的过程中，我们终将直面一个经典而又永恒的生命之谜：我们是谁？我们从哪里来？我们又要去往何处？

生物科技由于其专业性，普通人很难涉足其中，大部分人对生物科技信息的直接了解通常来源于基因编辑和转基因食品。近年来，我国的基因编辑技术发展迅速。而基因编辑被大众所熟知是在2018年11月26日，贺建奎和他的团队宣布，在中国出生了一对双胞胎，这对双胞胎成为世界上第一例通过基因编辑技术诞生的人，这一事件导致基因编辑技术方面的伦理与法律问题一时间成为最热话题之一。相比较而言，转基因技术更被大多数人所熟知，市场上销售的转基因食品不少。在生物科技不断发展,而相应的伦理和法律规制尚未做好准备时,生物安全风险的预判与沟通至关重要。对世界不同国家的比较研究还发现,人们对新科技的接受和容忍程度亦不尽相同,其中有着复杂而微妙的文化和社会心理因素。

我们需要知晓人类控制基因的历史,了解转基因技术、克隆技术和基因编辑等生物科技的发展历程,才能从宏观上对人类控制基因的发展历史有一定的认知(见图8-1)。

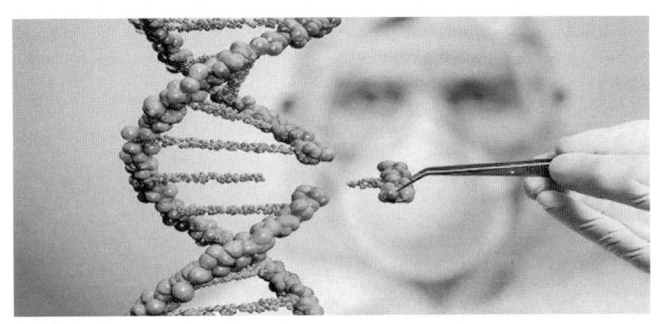

图8-1 基因编辑示意图
资料来源:http://www.fjii.com/yw/2018/1129/195884.shtml.

# 一、科技改变人类

## ◎ 敲响转基因大门:"手术刀"对准植物

科学家在将上帝的手术刀对准人类之前,首先对向了低等生物。20世纪70年代,当伟大的科学家赫伯特·博耶和斯坦利·科恩完成大肠杆菌DNA重组这一天,转基因技术成功的大门被正式敲响。

转基因技术最早应用于医学领域，成果来自当时世界上科技最发达的国家——美国。1982 年，美国通过 DNA 重组技术，利用大肠杆菌表达了外源的胰岛素蛋白，这是世界上第一次出现转基因药物。欧洲也不遑多让，20 世纪 90 年代在荷兰诞生了世界上第一头投入实践应用的转基因牛，其乳腺能够特异性表达人体促红细胞生成素基因，生产用于治疗贫血的人体促红细胞生成素。上述研究表明利用转基因工程技术可以对不同类型的生物进行基因重组，人类可以改变生物的遗传特征。

中国人口众多，粮食需求量大。为了满足这一需求，人类开始通过转基因技术在粮食作物中引入外源基因，从而增强了粮食作物的抗虫抗药性，提高了其光合作用转化率，最终提高了单位面积下的粮食产量。1985 年，还是华盛顿大学三年级研究生的陈章良[①]，在其博士生导师的指导下，首次在全世界范围内成功利用植物基因工程新技术将大豆储藏蛋白的基因转移到矮牵牛上。虽然这一成果属于美国，但陈章良是主要的参与者。所发表成果的文章最后的注解中说明除一部分经费来自美国能源部外，陈章良的博士经费来自中华人民共和国。[②] 同年，中科院水生生物研究所朱作言院士在德国的科学杂志《应用鱼类学》上发表关于转基因鱼的论文，这一研究很快受到国际学术界的关注和认可。

到了 1990 年代中期，中国纺织行业的发展面临困境，关键的问题出在了主要原料棉花上。当时，我国棉花产量大幅度减少，严重阻碍了纺织业的发展，而产量减少的原因就在于抗性棉铃虫问题日益凸显。为了解决这一问题，人们想了很多办法，如喷洒农药

---

① 陈章良（1961—　），福建福清人，生物及基因工程专家，中国农业大学原校长。
② 沈立荣. 转基因的真相与误区. 北京：中国轻工业出版社，2018.

等,均无济于事。而美国孟山都公司利用转基因技术成果解决了这一问题,使得棉花抗虫性增强,产量大幅度提高。但要想利用美国的转基因成果,要支付1 000多万美元的专利费。中科院和农科院会同其他科研机构立即汇集专家学者,如火如荼地开展中国自己的转基因抗虫棉研究。中国农科院生物技术研究所最终成功研发,拥有了具有自主知识产权的转基因抗虫棉,所合成出的抗虫BT蛋白与孟山都的专利技术成果并不相冲突。从此以后,中国的棉花种植业翻开了新的篇章。①

**转基因的误解与恐慌——"质疑"转基因食品**

脱氧核糖核酸(DNA)技术是先进而复杂的生物技术。转基因技术即重组DNA,在20世纪90年代发展势头正旺时也受到了很多质疑。在当时,转基因工程食品经过多年的研发已经得到了各国尤其是欧美国家的认可,逐渐实现商业化量产。1996年,当转基因作物上市时,英国突然爆发了疯牛病,接着是二噁英污染、禽流感和口蹄疫等一系列食品安全问题。"民以食为天",民众对普通食物的食品安全一直比较敏感,更不用说对于刚刚出现的转基因食品了。

此后,"质疑"成为转基因食品的胎记,争议的声音一直伴随着转基因技术的发展,甚至出现了对转基因食品的集体抵制现象。1997年,一艘从美国到荷兰港口的转基因大豆船被拦截,环保组织将船上的转基因大豆抛入海中。2016年,美国国家科学院、工程和医学研究院联合发布了一份研究报告,得出结论:"没有确凿证据表明商业种植的转基因作物与传统作物在健康风险方面存在差

---

① 王大元. 转基因技术,中国一度领先世界. 北京科技报,2015-08-24.

异。转基因食物只不过是把一种食物上的基因转移到另一种作物上。"[①] 然而，45.5%的消费者认为科学家的观点不可信。[②] 但质疑本身是推动社会进步的动力，能引发更多公众的关注和讨论，让不同的思想和声音碰撞出火花，进而推动科学研究发现问题并解决问题（见图 8-2）。

**图 8-2　漫画：该选哪个？**
资料来源：http://www.zrthao.com/shehui/83718.html.

### 对转基因食品安全的误解

事实上，自 1996 年以来，包括美国、巴西、阿根廷、中国和印度在内的 28 个国家已经批准种植转基因作物。[③]

到目前为止，人们成功研制出的基因工程药物已经拯救了数亿人的生命。但是，作为基因工程"双胞胎兄弟"的转基因食品就没

---

① 人民网. 盘点国际上权威组织对转基因的态度. [2020-01-06]. https://m.gmw.cn/baijia/2020-01/06/33458980.html.
② 果壳网. 公众为什么质疑转基因？. [2018-09-03]. https://m.sohu.com/a/251638562_119097. 数据来源于食品工程博士崔凯在《我是科学家》节目中的演讲.
③ 国际农业生物技术应用服务组织. 2018 年全球生物技术/转基因作物商业化发展态势. 中国生物工程杂志, 2019（8）.

有那么幸运了。

2015年，英国环境、食品和农村事务部大臣欧文·帕特森发表了公开讲话："欧洲正在失去良机，全球转基因作物种植在欧洲的比例不到0.1%。当世界其他地区率先种植转基因作物并从新技术中获益时，欧洲就有落后的风险。"[1] 一位著名的环保人士和反转人物马克·莱纳斯曾经在1996年写下被认为是第一篇"揭露转基因食品的邪恶"的文章，并组织了几十人袭击孟山都办公室，多次组织摧毁转基因试验田。然而，2008年之后，马克开始意识到自己对转基因技术一无所知，开始致力于研究科学文献，逐渐认识到转基因是一种科学的、对环境有益的技术，不应成为政治议题。最终在2013年举行的牛津农业会议上，马克发表演讲并坦率地表示道歉。[2]

**转基因食品何去何从**

要求公众了解转基因的科学原理是不可能的，但是有一些更简单的常识应该被人们了解：首先，转基因是一种生物技术，尊重和听取生物学家的意见至关重要；其次，食品、药品和化妆品的销售和使用已经是全球化的，不同国家对转基因的态度和管制趋势相去甚远。尽管各方陷入了一场不间断的逻辑辩论，但沟通仍是解决问题的最佳方式。

今天，地球上生活着数百万种不同的生物物种。在经历几亿年

---

[1] 英国环境、食品和农业大臣：转基因可能比传统作物更安全. [2013-07-01]. https://www.guancha.cn/Science/2013_07_01_155077.shtml. 参见欧文·帕特森2017年6月20日在洛桑研究所发表的关于"绿色革命"的演讲。

[2] 周琼媛. 你为什么要忏悔？反转基因斗士的"自赎"背后. [2013-02-21]. https://www.moa.gov.cn/ztzl/zjyqwgz/sjzx/201302/t20130226_3227114.htm.

的进化之后，许多物种有着复杂多样的基因组，但所有物种都拥有同一套严格的遗传密码，这也是转基因技术得以实现的基础。如今，转基因技术可以在物种间引入外来基因，大大提高了育种的效率。虽然转基因产业出现的时间与漫长生物史比起来尚短，但是转基因农作物的产业化应严格采取安全隔离措施，尽可能避免基因漂移，是可控的、可识别的、可追溯的。中国作为世界上人口最多的国家，要以最可靠、最高效的方法解决粮食安全、化学农业污染和种子产业国际竞争力等问题，转基因是途径之一。在科技迅速发展的今天，转基因技术必定会越来越先进而安全。

◎ **披着羊皮的羊："手术刀"挥向动物**

在自然界的食物链当中，从来都是高等动物吃低等动物。人类在改良植物的过程中，已经将手伸进了动物领域，而对动物的探索更多是对生命本身的好奇和继续追问生命的"永生"。[1]

英国罗斯林研究所在1997年宣布了一项震惊世界的成果：他们已在1996年7月成功地用乳腺上皮细胞作为供体细胞移植克隆出小羊"多莉"（Dolly），这是世界上第一例利用成年体细胞核获得的克隆动物，它翻开了生物克隆史上崭新的一页，突破了利用胚胎细胞进行核移植的传统方式，使克隆技术有了长足的进展（见图8-3）。但多莉的体质很差，患有多种疾病，被称为"穿着羔羊服装的老羊"。

第二年，多莉生下小羊"邦尼"，而三代有基因关联的克隆动物也被创造出来。同年，日本也宣布用牛的输卵管细胞克隆得到克

---

[1] 王福涛. 克隆技术的发展历程及其启示. [2009 - 03 - 01]. http://blog.sciencenet. cn/home. php? mod＝space&uid＝117288&do＝blog&id＝217811.

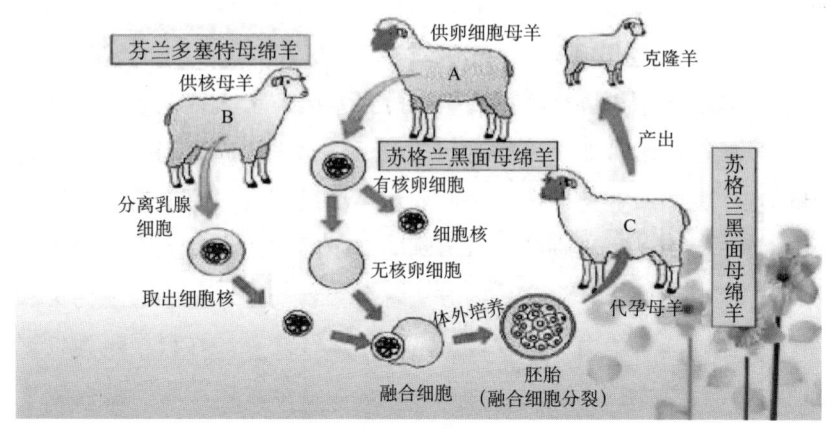

图8-3 克隆羊多莉的产生过程

资料来源：https://www.xkyn.net/cankao-nxcbnkxvkxxlzvcbnv.html.

隆牛。但在当时由体细胞克隆出的动物与普通动物之间是否有差异，还不得而知。这一疑问在2000年6月得到解答。我国生物胚胎学家张涌[①]用体细胞克隆出了山羊"阳阳"；一年后，"阳阳"与世界上首批胚胎细胞克隆山羊交配，产出一对儿女"欢欢"和"庆庆"。"阳阳"的生产证明了体细胞克隆羊和胚胎细胞克隆羊具有与普通山羊一样的生育繁殖能力。1998年，克隆技术又得到重大改进，美国夏威夷大学在用胚胎细胞克隆老鼠时，采用了"火奴鲁鲁"技术，即以化学液体代替"电激活"，使细胞受到的损伤减小，这极大地提高了克隆的成功率。

克隆技术在这一阶段日益表现出"取代上帝"的特点。在此之前的克隆研究基本上是在探求生命的"永生"，并未以"修改生物自身的基因，改变生命物种性状规律"为目的。2001年，美国密苏里大学用核移植技术克隆获得了可供异种器官移植入人体的转基

---

① 张涌（1956— ），西北农林科技大学二级教授，博士生导师，中国工程院院士。

因克隆动物——基因敲除克隆猪。科学家 2000 年克隆出首例灵长类动物——恒河短尾猴。2002 年 3 月,克隆基因与人类接近的兔子也获得了成功。

在小羊多莉诞生之前,对动物的克隆首先是从低级生物开始的。德国生物学家在 1928 年进行了首次核移植实验并获得成功,克隆技术创生。1962 年,英国生物学家宣布用非洲爪蟾的体细胞成功克隆出了蝌蚪。1972 年,美国科学家将两种不同的 DNA 片段成功地连接,重组成一个新的 DNA 分子。至此,克隆高级生命的主要技术困难都已基本解决。

1977—1979 年,德国科学家克隆出老鼠,但是老鼠带有疾病。1981 年,瑞士研究人员利用胚胎移植技术终于培育出健康的老鼠。1984 年,英国科学家克隆出一只羊,这是第一例得到证实的用胚胎移植技术克隆出的哺乳动物;1986 年,又利用不同来源的胚胎细胞克隆出牛。频繁进行的克隆实验也加快了胚胎移植技术的完善速度。在克隆技术迅速发展、克隆研究如火如荼的背景下,美国联邦最高法院裁定,人造组织及生物具有专利价值。这使得克隆研究迅速商业化,民间对克隆研究的投资越来越大,这在一定程度上加快了克隆技术的发展步伐。

然而,人类总是对生命充满好奇,"设计生命"在克隆技术发展历程中的色彩也似乎越来越浓。从低级动物到高级动物,经过一次又一次实验的成功,人们开始将自己的好奇心放在人类自己身上。早在 1962 年成功克隆出非洲爪蟾时,就有人提出将此项技术应用于人。1990 年,人类基因组研究计划项目启动。1993 年,人类胚胎克隆成功。在商业目的与物种进化研究的推动下,克隆技术向人类克隆方向发展的趋势日益明显。1997 年,美国医生理查德·锡德宣布了他的克隆人计划,同时他认为自己的计划并不是什么实验，而是一个营利产业的开端，不过研究一直都没有什么大的进展。

好景不长，1997年，反对发展克隆技术的声音出现了，数百名美国人来到美国国家科学院示威，高呼"我们不要克隆！""不要碰我的基因！"等口号，这是人们第一次对克隆技术提出抗议。1998年，世界上第一名试管婴儿路易斯诞生，加上美国作家戴维·罗威克的科幻小说《按照他的面貌：克隆一个人》发表，一场关于克隆伦理的大讨论在全球范围内展开。19个欧洲国家在法国巴黎签署了《禁止克隆人协议》，认为克隆人有损于人的尊严，违背社会伦理道德准则，克隆人是不人道、不可接受的。这是人类第一份禁止克隆人的法律文件。但克隆人的尝试不仅没有被真正禁止，反而愈演愈烈。

一个多国联合科学小组在1998年采用将人的一个腿部体细胞与奶牛的一个卵母细胞相结合的办法成功克隆出了人的胚胎，但出于伦理原因，该胚胎很快被有意销毁。2001年11月，人体胚胎再次被该联合科学小组克隆出来。他们通过将人的卵母细胞中的DNA取出，然后植入体细胞的遗传物质，再让其发育到早期胚胎状态的方式，获得了一个人类早期胚胎（但还处于细胞层面，并不具有生命）。而因坚持研究克隆人被媒体称为"科学疯子"的三位科学家——美国"克隆基金"主任布里吉特-布瓦瑟利耶、肯塔基州列克星敦大学激素学院院长帕诺什·扎沃斯和意大利科学家塞韦里诺·安蒂诺里——不久也宣布，他们将联手开始克隆人类。这三人的行为遭到国际社会的普遍反对。

2001年8月，支持与反对克隆人的科学家们在美国国家科学院进行了有史以来科学界第一次就人类克隆问题展开的正面交锋。伦理因素对克隆技术进一步发展的影响越来越大，这种影响甚至是决定性的。目前，克隆人是否已经降临人间，是一个待解开的谜。2002年4月初，英国媒体报道称，前文提到的意大利科学家、医生安蒂诺里宣布，已经有三位妇女顺利怀上克隆胎儿。

## ◎ 基因编辑与生殖辅助技术：人类把"手术刀"朝向自己

2018年11月26日，世界艾滋病日前夕，贺建奎团队对外宣称，一对名为露露和娜娜的基因编辑婴儿于11月在中国健康诞生，这对双胞胎是世界首例免疫艾滋病的基因编辑婴儿，至此，基因编辑被普通人所熟知，社会舆论被瞬间引爆。这对双胞胎的基因经过修改，使她们出生后即能天然抵抗艾滋病。

其实，早在贺建奎事件之前，中山大学生命科学学院教授黄军就已经拿起了基因的剪刀对向人类早期胚胎。[①] 2015年4月，黄军就团队成功修改了人类胚胎的DNA，为治疗一种在中国南方儿童中常见的遗传病——地中海贫血症——提供了可能。因这一研究，黄军就入选全球知名科研期刊《自然》杂志2015年度对全球科学界产生重大影响的十大人物。

但同样是对人类胚胎的修饰，为何黄军就和贺建奎的命运完全不同？原因就在于黄军就等人使用的是医院丢弃的异常胚胎，他们对这一技术有着清醒的认知，试验了86个废弃胚胎细胞，最终只有28个的基因被成功编辑修改，因此他们暂停了对正常的胚胎进行编辑。贺建奎则截然不同，他是对正常的胚胎进行了编辑，且基因编辑活产婴儿也已诞生，已经触碰到转基因研究的伦理底线。

---

[①] 黄军就，中山大学生命科学学院教授，2015年4月发表了全球第一篇有关利用CRISPR技术修改人类胚胎基因的报告。

### 曲折发展的基因编辑技术

国外与中国的情况类似。鉴于基因编辑技术在生物医学基础研究、人口健康、农业育种和工业生产等方面发挥了重大作用，欧美许多发达国家和地区都对基因编辑研究进行了重点投入。美国就联同欧盟开展了"小鼠全基因敲除计划"研究，开发免疫细胞产品。2015年12月，美国国家科学院和医学院联同中国科学院、英国皇家学会联合在华盛顿召开"国际人类基因组编辑峰会"，会上主要针对基因编辑技术的发展、现状和未来可能存在的风险，以及该项技术涉及的伦理、法律、社会影响和管理规则等问题进行了研讨；而会议最大的争议问题则是对于有医学用途的人类胚胎基因编辑技术，国际科技界究竟应当是继续发展，还是应当采取措施禁止该项技术的发展。

对于上述问题，多数学者和专家均认为，虽然基因编辑技术存在一定的风险和不确定性，但鉴于该技术为人类治疗诸多疾病带来的巨大潜力和好处，应该在严格规范的前提下，鼓励和支持基因编辑研究。[1] 经过激烈讨论和深入研究，此次会议最终就未来人类基因编辑技术的发展发布了国际峰会声明。声明首先明确强调，强化基因编辑技术的基础和临床前期研究显然是十分必要的，但该项研究应当严格遵守相关法律或伦理要求，在法律和道德的监督下开展。同时，声明指出，如果是对早期人类胚胎或生殖细胞进行了基因编辑，这样被修改的细胞就不得用于怀孕目的。对于那些争议较小的体细胞基因编辑研究，鉴于体细胞基因组并不会遗传至下一代

---

[1] 周琪. 基因编辑在中国. [2016 - 08 - 12]. https://www.cas.cn/zjs/201608/t20160812_4571003.shtml.

的细胞,其仅仅影响接受者个体,监管机构在批准时应权衡它们的风险和潜在好处。现已存在许多修改体细胞基因序列这样的基因编辑研究的有前景、有价值的临床应用,一些已提出的应用实例包括修正镰状细胞性贫血患者的红细胞或编辑免疫细胞的基因以提高其抗癌能力等。而对于争议较大的生殖细胞基因编辑研究,声明明确指出任何把生殖细胞编辑技术投入临床使用的行为均是不负责任的,除非这一技术的安全性和有效性问题都得到了妥善解决,且关于这一技术的临床应用也得到了社会的普遍共识。不过,声明也指出:"随着科学知识的进步和社会认识的发展,对生殖细胞编辑的临床使用应定期重新评估。"①

基因编辑是在临床或科学研究中有目的地移除、更改基因,从而达到特定目的的遗传操作,对疾病研究具有重要的价值。

生物科技的发展是一部惊心动魄的历史。二战刚刚结束不久,科学技术迎来高速发展时期。美国生物学家保罗·伯格率先对基因的遗传问题进行了研究,是他最早通过观察细菌发现了遗传重组现象。20世纪70年代,伯格利用哺乳动物实验,再次发现了该现象。然而,最为关键的人体内的遗传重组能不能用于手动遗传操作问题,此时却未得到解决。

巧合的是,一位意裔微生物学家鲁里亚在1952年的一次实验过程中发现了同一噬菌体对不同菌株具有不同的感染能力。他给这种现象取名为"细菌限制—修饰"现象。可惜的是受当时的科学技术和时代背景所限制,鲁里亚只发现了该现象,却并不知道该现象到底是如何发生的。

---

① 人类基因编辑国际峰会为基因编辑研究开绿灯.[2015-12-04]. http://www.xinhuanet.com/world/2015-12/04/c_1117361733.htm.

时光逐步推移,"细菌限制—修饰"现象经过了多位学者的解释和假设,然而其研究却始终难有更深的进展,直到美国科学家汉密尔顿·史密斯和丹尼尔·内森斯发现了限制性内切酶。将限制性内切酶称为"上帝的手术刀"也不为过,这一研究的发现使得停滞已久的基因编辑技术迅猛发展。[1]

到了20世纪70年代,诺贝尔化学奖得主保罗·伯格完成了壮举。他将DNA和噬菌体DNA用限制性内切酶切开,又通过基因连接酶把它们合二为一。该实验本无特别之处,但其是在体外完成了DNA的分离和重组,这是人类历史上第一次在体外人工组合两个不同来源的DNA。之后,两位美国科学家赫伯特·博耶和斯坦利·科恩完成了大肠杆菌的DNA重组,这一天值得我们铭记,这是人类基因工程的敲门砖。在这三位科学家的创举下,生物科技取得了迅猛进步,人类开始可以通过自己的双手来控制甚至改造DNA。至此,基因编辑成为可能。

到了20世纪80年代,基因编辑登上历史舞台。意大利遗传学专家马里奥·卡佩基承继前辈伯格的观点,认为同源重组不仅可以在细菌和动物身上人工完成,在高级动物——人类身上也可以完成同源重组,并且通过细胞实验证实了这一构想。卡佩基先找到一个缺乏新霉素抗性的细胞系,再把新霉素抗性的基因打入细胞内,最终细胞恢复了抗性,完成同源重组。同一时期的美国科学家完成了珠蛋白的同源重组实验,进一步证实了基因的可替换性。这项技术现在被称为"基因打靶"。经过长时间的改进与完善,基因打靶技术术在当代生物科技领域发挥了重要的作用,这项技术也为基因编辑

---

[1] 李湛,刘亚洲.基因编辑技术与其带来的医学突破.[2020-11-27]. https://mp.weixin.qq.com/s/BXmlj66_LQg7880oYjY45A.

打下了基础。1986 年，瑞典科学家将上述两项技术融会贯通，将一个抗药性基因通过基因打靶和同源重组技术导入了一个缺乏抗药性的基因中，结果细胞获得了抗药性。

万事开头难，同源重组介导的基因编辑技术问世后，科研人员要做的只是弥补技术的缺陷。而后，随着科技水平的提高，重组核酸酶介导的 ZFN 技术、TALEN 技术以及 RNA 介导的 CRISPR/Cas9 技术相继问世，基因编辑技术已经发展到几乎可以在任意位点进行靶向切割。尤其是 CRISPR/Cas9 技术因其高效率、低成本的优势，目前是基因编辑领域研究的重点技术。

中国在基因编辑领域的自我进步首先体现在对基因编辑原理及机制的系统研究和发展上，而这主要归功于中国科学院生物物理研究所王艳丽研究组和哈尔滨工业大学黄志伟研究组两大团队的贡献，他们对多种复合物等潜心分析、钻研，为我国了解基因编辑原理机制提供了宝贵的经验和价值。

同时，中国科学院动物研究所周琪研究组于 2013 年首次实现了大鼠多基因快速同时敲除，并建立了多种实验模型。在中国科学院广州生物医药与健康研究院赖良学研究组的潜心研究下，亨廷顿病猪模型成功构建。在生物界，食蟹猴、猕猴等灵长类动物与人类具有很相似的遗传生理特性，为人类疾病研究提供了良好的范例。

在植物领域，我国科学家借助 CRISPR/Cas9 技术，利用拟南芥、水稻、小麦、玉米等多种植物开展了研究，并成功实现了基因编辑，这为农作物的改良以及植物领域基因编辑的研究工作奠定了良好的基础。

2016 年，《科学》杂志报道了中国率先开展的世界首个人类 CRISPR 临床试验。当时，研究者计划将 PD-1（一种重要的免疫抑制蛋白）敲除的 T 细胞注射到化疗、放疗和其他治疗手段均无效的转移性非小细胞肺癌患者体内，以促进机体针对癌细胞的免疫反应。中山大学黄军就研究组首次在不能存活的人类三核受精卵中应用 CRISPR/Cas9 技术对 β-地中海贫血症的致病基因进行了基因编辑。但由于该项研究涉及人类胚胎编辑，故在全世界范围内引起了广泛讨论，使得科学界和全社会对其应用前景和可能涉及的伦理风险产生了关注。

为加强我国在基因编辑技术领域的研究以及该项技术在动植物改良及基因治疗等医学方面的应用，不断提升我国在基因编辑领域的国际竞争力，有效防范该项技术存在的潜在风险，我国先后搭建了多个交流平台，召开多次基因编辑的研讨会，对技术和伦理问题展开全面深入探讨，为该领域的研发提供了良好的环境。①

**辅助生殖技术登上热搜**

为应对我国快速迈入老龄化社会所暴露出来的问题，我们国家的人口政策不断进行调整。国家鼓励并放开生育三孩的政策已实施，北京、上海、广州等地积极响应国家号召，纷纷出台相关配套措施，公布新的生育假。这一举措在一定程度上为适育夫妻排除了生育三胎后所产生的抚养与照顾等方面的顾虑，为生育三胎的夫妻提供了制度性的保障。然而在工作、生活节奏较快，压力较大的当下，对于夫妻双方来说，是否生育三胎，取决于对生育成本的考量；同时，夫妻双方因受年龄、情绪、压力等诸多因素的影响，在计划生育三胎时还要关注生育能力的问题。2021 年 5 月，《柳叶刀》

---

① 陈一欧，宝颖，马华峥，伊宗裔，周卓，魏文胜. 基因编辑技术及其在中国的研究发展. 遗传, 2018（10）：900-915.

在线发布的一份报告指出，1993年我国不孕不育率尚不足3%，2007年已增至12%，2010年达到15%，2020年又上升到18%左右，这意味着我国有近4 800万对的不孕不育夫妇。

为解决上述不孕不育的问题，在临床上通常采用辅助生殖技术、药物治疗和手术治疗的方法，其中辅助生殖技术是治疗不孕不育的主要手段。辅助生殖技术指的是运用医学技术和方法对配子（精子和卵子）、合子（受精卵）、胚胎进行人工操作，以此达到受孕目的的技术。该项技术包括人工授精和体外受精—胚胎移植及其衍生技术两大类。体外受精—胚胎移植也称作"试管婴儿"技术，是辅助生殖技术市场的主导力量，当前我国每年约有30万名新生儿是通过这一技术诞生的。①

而"试管婴儿"这一技术，也在一代又一代地不断更迭与发展。目前，"试管婴儿"技术已发展到第三代，该项技术已由从前解决不孕不育的问题逐渐转化为解决优生优育的问题。第三代试管婴儿的技术也称为胚胎植入前遗传学检测技术，该技术在精子与卵子结合形成受精卵发育成胚胎之后，在植入母体子宫之前进行运用，对基因、染色体数目及结构是否异常进行检测。通过运用这项技术进行检测，能够排除掉一些存在缺陷或有问题的胚胎，筛选出基因、染色体数目及结构不存在异常的胚胎植入母体子宫，以此来提高怀孕率，并从根本上阻止染色体异常的患儿出生，从而达到优生优育的效果。随着我国婚育年龄的逐渐推迟以及三胎政策的正式出台，第三代试管婴儿技术将以此为契机迎来更多的机遇，这对于每一对追求优生优育的夫妻来说，无疑是一种福音。

---

① 林山月. 辅助生殖上热搜了！第三代试管婴儿技术迎来"世纪机遇". [2021-09-16]. https://med.sina.com/article_detail_103_1_105849.html.

### ◎ 生物医疗与人工智能：技术与产业的碰撞

在当今社会，我们不再纠结吃什么来解决温饱的问题，而是更多关注吃什么更有营养、能让我们身体更加健康的问题。当人们的目光聚焦在健康层面，一旦开始关注若健康出了问题当地医疗资源究竟如何、所具备的医疗水平能否保障自己健康之时，人们自然而然就会对当地医疗技术及医疗标准提出更高的要求。然而，鉴于各个地方经济发展参差不齐，医疗技术水平难免存在高低之分。为解决这一问题，尽可能平衡医疗资源的分配及解决医疗技术差异等问题，人工智能应用于生物医疗产业，让技术与产业发生碰撞，擦出火花，为医疗领域的发展带来新的生机与机遇。

当前，人工智能在生物医疗领域的应用主要体现在药物研发、临床辅助诊断、医疗影像等方面。第一，对于药物研发而言，利用传统的科学方法开发一种新的有效的药物，需要较长的时间成本及金钱成本，但即便这样，最终形成的药物能够被监管部门批准的也少之又少。而采用人工智能技术研发新的有效的药物，可以先收集数量庞大的生物样本，如癌症患者的血液、尿液等，再收集患者的详细临床表现，对样本进行测试，并将测试结果及患者的临床表现一起输入人工智能系统，则该系统可以找出造成疾病和健康组织差异的分子，研究者通过改变或替代系统所显示的这些分子进行新药的研发。[①] 相较于传统科学方法，人工智能技术可以在缩短开发时间的同时节约金钱成本。

第二，在临床辅助诊断领域，人工智能技术更多是出于降低人

---

① 聂金福．人工智能在生物医疗领域的应用和机遇．软件和集成电路，2017（4）．

力成本的考虑。对于肿瘤等一些专科疾病的诊断难度系数极高,医生需要花费大量的时间和精力,对相关领域文献进行检索,阅读海量的文献,从而学习国际上最先进的肿瘤治疗经验。医院每天人满为患,每个人都急于求助医生解除疾病折磨,在这种情况下,医生既要花费大量时间和精力进行学习,又要提高诊疗效率与诊疗质量,这无疑是对医生的重大考验。同时,我国目前各地或同一地方各家医院诊疗水平参差不齐,导致同一个患者在不同的医院接受诊疗后,得出的诊断结果及诊疗方案大不相同。人工智能技术的应用则恰恰可以解决上述问题。人工智能系统可以在数秒钟内阅读患者的影像和文字病历资料,检索上百万已发表的科学文献及治疗指南,并从中迅速提炼总结出适合癌症患者的精准诊断和治疗方案,这极大地提高了诊疗效率,并能够在一定程度上平衡各地参差不齐的医疗水平。在医疗影像领域应用的原理也大致类似。

## 二、负责任的科学:控制"潘多拉"

不可否认的是,无论是转基因技术,还是克隆、基因编辑技术,它们都是"双刃剑"。人类接过"上帝的手术刀",内心产生恐惧和忐忑是必然的。科学家的科技探索因而须更加审慎,要最大限度防范技术所带来的风险。在这个过程中,需要身披盔甲;这身盔甲是法律也好,是伦理规范也罢,都需要帮助科学家抵制诱惑、守住底线。

### ◎ 让科学家承担责任

法律是以国家强制力为坚强的后盾,对行为主体施加规范的制度。一旦对技术的控制措施上升到法律层面,每个人都必须遵守,若有违反,将会受到法律的制裁。因此,要将伦理道德与法律规范相结合,确保生物技术的健康发展。

在人类胚胎基因编辑技术安全性、有效性尚不明确的情况下,贺建奎私自招募 8 对夫妇志愿者,实施国家明令禁止的以生殖为目的的人类胚胎基因编辑活动。贺建奎团队为规避艾滋病病毒携带者不得实施辅助生殖的相关规定,通过伪造伦理审查书,策划他人顶替志愿者验血,指使个别从业人员违规在人类胚胎上进行基因编辑并植入母体。① 该事件发生后,值得思考的是,贺建奎对这一技术可能产生的潜在风险是否知情?若不知情,为何秘密从事这样的临床试验?科学研究跨越伦理、法律和政府监管红线的原因究竟是什么?

贺建奎事件逐渐披露后,我们可以看出贺建奎在整个试验过程中,表现出其在伦理、监管和法律方面的漠视和无知。而这样失范的科学研究终究受到了法律的制裁。2019 年 12 月 30 日,深圳市南山区人民法院一审公开宣判,贺建奎、张仁礼、覃金洲三名被告人因共同非法实施以生殖为目的的人类胚胎基因编辑和生殖医疗活动,构成非法行医罪②,分别被依法追究刑事责任。③

基因编辑技术的进步使得编辑步骤更容易执行,因此人类基因

---

① 广东初步查明"基因编辑婴儿事件". 光明日报,2019 - 01 - 21.
② 非法行医罪是指未取得医生执业资格的人非法行医,情节严重的行为。关于其量刑标准,我国《刑法》第 336 条有明确规定。
③ 法院根据三名被告人的犯罪事实、性质、情节和对社会的危害程度,依法判处被告人贺建奎有期徒刑 3 年,并处罚金人民币 300 万元;判处张仁礼有期徒刑 2 年,并处罚金人民币 100 万元;判处覃金洲有期徒刑 1 年 6 个月,缓刑 2 年,并处罚金人民币 50 万元。"基因编辑婴儿"案一审宣判 贺建奎等三被告构成非法行医罪. [2019 - 12 - 31]. https://baijiahao.baidu.com/s? id=16543617675745169468&wfr=spider&for=pc.

组编辑可能比传统基因治疗更难以控制，且对患者基因的操作和递送所需的实验室和医疗设施提出了更高的要求，在此情况下各国均要求相关机构应确保对该项技术的管理监督到位。迄今为止，包括我国在内的很多国家已成功制止了未经授权而使用基因治疗的个案，其有效的监管框架和机制为负责任的基因编辑提供了强有力的指引。

**美国：多管齐下，严格限制中促发展**

20 世纪 70 年代，基因技术的突飞猛进让人类感到恐慌。1975 年，在美国加州的阿西洛马①召开了一场关于重组 DNA 技术安全性的重要会议。会议确立了重组 DNA 实验研究的指导方针，方针明确要求在实验设计阶段就要考虑潜在的生物危害等风险，明确相应的控制措施。与此同时，美国国立卫生研究院在 1976 年建立了重组 DNA 技术研究试验的组织管理体制和严密的生物与物理防护制度，对这类试验进行有效的控制与管理。其后，美国又修订准则，逐渐放宽了限制，以期在满足必要的安全、健康和卫生要求的前提下，促使基因技术尽可能迅速地发展起来。

应该说，美国当前在生物技术领域的领先地位同上述立法发挥的规范与指引作用分不开。但是，科学家、监管机构和大众对技术的认知与态度也是在不断变化和发展的，比如治疗性克隆和提取胚胎干细胞领域的研究及监管政策就是来来回回、兜兜转转，在收紧和放宽之间来回游离。但总体而言，对于人类胚胎基因编辑技术的研究，美国正在逐渐为其松绑，但这并不意味着彻底取消对人类胚胎基因编辑技术的限制，只不过相较而言，对该领域的限制有所放

---

① 同样是在阿西洛马，2017 年初提出人工智能原则 23 条。

松。2005年,美国国家科学院出台了《人类胚胎研究指导原则》并于2007年、2008年修订,明确强调从事该领域的研究工作,必须成立"干细胞研究监督委员会",而委员会的成员不仅要包括干细胞等相关生物领域的专家,还应当包括法律、伦理等领域的专家以及公众代表。研究机构计划从事提取人工授精胚胎的干细胞、通过细胞核转移技术克隆新的胚胎(即治疗性克隆)、通过动物模型检验胚胎干细胞效能时,还应当经过委员会的同意。在此基础上,2009年美国国立卫生研究院发布《人类干细胞研究指导原则》。

**欧洲:对基因编辑技术的应用态度不一**

如前文所述,基因编辑技术可用于治疗特定疾病,但若出错,会造成非常严重的后果。因此,在基因编辑技术的应用上,各国有着不同的考虑。

英国对基因编辑技术的临床应用持相对开放的态度。这一开放的态度首先体现在2015年英国通过专门的法案批准线粒体DNA替代疗法新技术上,旨在通过该项技术预防某些严重的遗传性疾病,这标志着英国政府允许在某些技术的基础上对人类基因进行必要的编辑。2018年7月,英国纳菲尔德生物伦理委员会发表报告称在充分考虑科学技术及其社会影响的条件下,通过基因编辑技术修改人体胚胎、精子或卵细胞细胞核中的DNA在伦理上可接受。报告发表后,立即引起了人们对英国乃至全世界人类胚胎基因编辑行为的广泛讨论。

与英国不同的是,德国一直以来以谨慎著称,对于基因编辑技术的应用予以严格的限制。然而,虽有强制性的法律为基因编辑技术的发展镇守大门,但实践中仍然存在突破现有规则的事件。胚胎遗传基因鉴定技术，此前在德国被视为非法。一名医生在2005—2006年间为三对夫妇做胚胎遗传鉴定时发现胚胎带有遗传病，因此处理了带有遗传病基因的胚胎，但后来这位医生因为自身巨大的心理压力而自首。2010年，德国法院判决该医生无罪。这一判决结果在德国引起了轩然大波，并直接推动了2011年《胚胎植入前诊断法》的通过，该部法律正式许可了移植前基因诊断技术，规定在确认胚胎"极有可能患有严重遗传病或成为死婴及流产"的情况下，可以不把胚胎植入母体内而让其死亡，但它仍然守住了一条底线，即以生殖为目的的基因编辑技术仍然是被禁止的。截至2017年，德国对于基因编辑技术仍然持反对态度，全面禁止针对胎儿性别、遗传特质、遗传疾病等方面的基因检验和编辑。[1]即便是在动植物领域，基因编辑技术广泛应用于动植物育种改良的情形下，2020年8月德国科学家团队仍在呼吁扩展对农业基因编辑技术的风险评估内容，其理由在于该技术存在脱靶效应。

**亚洲：对基因编辑应用审慎保守**

日本通过制定相关领域的法律以规范基因技术在临床治疗方面的应用。2002年，日本政府立法明确可以采取监禁和罚金的方式对违反基因生产的违法者予以处罚；同时，根据违法的程度和造成后果严重性的不同酌情裁量。2013年，日本政府修订了《药事法》，促进了基因技术在临床上的应用。但日本在基因编辑技术的法律规范层面仍然是空白的，其更多的关注点放在细胞治疗临床方面，在基因编辑技术上并没有明确和系统的规定。2016年，日本生命伦理专门调查委员会发表声明称限制基因编辑技术进行临床应

---

[1] 王康. 人类基因编辑多维风险的法律规制. 求索，2017 (11)：103-104.

用，但可以进行相应的科学研究。这一规定明确了基因编辑技术的适用范围。

与此同时，由于宗教和文化的影响，亚洲其他国家对于基因编辑技术在临床上的应用同样采取了较为审慎的态度。如韩国立法严格限制基因编辑技术在人类胚胎上的应用；以色列也不例外，严格禁止基因编辑技术在人类胚胎上的应用。

对于中国来说，将基因编辑称为中国的"掌上明珠"一点也不为过。如果说我国的基因编辑进步是果，那么因就离不开国家在政策和资金上的大力支持以及默默无闻、辛勤耕耘的科学家们。我国陆续颁布了关于基因编辑的管理办法和指导原则，以此支持我国基因编辑的研究和发展：2003年颁布的《人胚胎干细胞研究伦理指导原则》和2019年国务院通过的《中华人民共和国人类遗传资源管理条例》，这些文件对于带有基因修饰的人的胚胎体外发育时间均给予了明确的规定，即人的胚胎体外发育不得超过14天且不能用于体内移植等。我国对基因编辑的态度始终同国际伦理相协调、相一致。若只有政策和资金的支持，不将这些政策落实到位，也无法看到中国基因编辑技术的发展。而这些政策的落实与实现依靠的则是我国科学家前赴后继为基因编辑所做的努力。这种默默耕耘之后的进步更激动人心，特别是在基因编辑的系统发展和机制研究、构建基因编辑动植物模型和基因治疗方面取得的成就。例如，被称为"基因剪刀"的CRISPR技术被我国科学家用于建立大鼠、猪等一些经济价值较高的动物基因修饰模型，从而起到改良动物育种的作用，这一技术在国际上开了先河；除此之外，利用CRISPR技术进行人类胚胎基因编辑，以此寻找通过基因技术治疗人类疾病的方法，亦是由我国科学家完成的，这在国际上尚属首次。

## ◎ 基本共识已经达成

2015年年底，在华盛顿举行的首届"国际人类基因组编辑峰会"上，世界各国基因编辑领域的专家主要就在基因编辑技术迅速发展的当下，是否应该以法律禁令的形式限制基因编辑技术在人类胚胎领域的发展进行了充分的研究和讨论，最终达成了基本的共识，即禁止基因编辑技术在人类胚胎领域的发展，且各个国家已存有相关法律禁止这一技术在人类胚胎领域应用。

值得一提的是，峰会在达成上述基本共识后，还讨论了这样一个问题：在满足某些极其严格的特定条件的情况下是否可以突破现有规则，将基因编辑技术应用于人类胚胎领域。鉴于基因编辑技术的优势所在，当时的与会者一致同意，在满足极其严格的特定条件的情况下，并在法律严格的监督下，可以将这一技术应用于人类胚胎领域的研究，但有一个底线是绝不可以触碰和逾越的，即人工修饰的胚胎不能用于繁殖目的。

除此之外，峰会还声明：随着科学技术的发展以及人类对科学技术的认知和理解水平的不断提升，我们应当定期评估基因编辑技术的发展，适时调整相关规则，不可故步自封。

## 三、科学的责任：伦理与法律

贺建奎事件发生后，国内122位学者发布了"联合声明"，对此事件进行谴责，并指出这一事件对中国科学，尤其是生物医学研究在全球的声誉和发展均构成巨大的打击，对中国绝大多数勤勤恳恳搞科研创新又坚守科学家道德底线的学者们极不公平。贺建奎本身对于项目伦理问题的忽视，表明了个别从事高风险项目研究的前沿科技研究人员在科技伦理方面的素质缺乏。而在通过法律的规制让失范的科学变得负责任的同时，道德规范作为一种固有的自律约束，可以使得"上帝之路"上的科学更加负责。

◎ **生物伦理正在趋同**

如今，大部分国家均立法要求建立科学研究的伦理委员会。这种委员会通常是由医学专家、伦理学家、法律专家等组成的独立组织，主要的工作是检查实验方案是否符合伦理道德，并保护受体的各项权益。各国由于国情和文化背景不同，伦理观亦存在差异，在一国符合伦理观的实验也许在另一国不被接受，因此一种趋同化的伦理观是大势所趋。

而要想有一种趋同化的伦理观，首先需要建立一项全球通用的伦理审查制度，推动这项制度产生的只能是国际组织。该项制度最早可追溯至第二次世界大战，当时德国纳粹分子借科学实验和优生之名，通过人体实验杀死了600万犹太人、战俘及其他无辜者，这些人被纳粹分子统称为"没有价值的生命"。德国战败后，纽伦堡法庭通过了《纽伦堡法典》，法典中规定了人体实验的基本原则。但真正建立起全球伦理审查制度的是《世界医学协会赫尔辛基宣言》（简称《赫尔辛基宣言》），该宣言在1964年第18届世界医学协会联合大会上通过，涉及大量人类受试者的医学研究伦理原则和制约人类受试者的生物医学研究的因素，目的是尊重人权和防止人造人的出现。《赫尔辛基宣言》与《纽伦堡法典》相比，更加全面、具体和完善，它是人类历史上关于人体试验的第二部法律文件，虽经历了多次修订，但至今仍然具有实际操作性。为了对治疗性人体试验作出特殊规定，宣言在2000年被修改：只有在潜在的预防、诊断或治疗的价值被证实的情况下，才可以实施治疗性人体试验。

基本原则中,"知情同意原则"更加突出。同时,为了防止受到第三方的干扰,世界医学协会多次强调其独立性。

美国、日本和欧盟三方的政府药品注册部门和制药行业在1990年发起的"人用药物注册技术要求国际协调会议"(ICH)①,发布了优良临床试验规范,详细规定了伦理委员会的设立、人员构成、审查方法和范围。这些立法行动确立了伦理委员会在涉及人体医学研究中的法律地位和作用,也为建立和完善人类生物科技技术伦理审查制度奠定了良好的基础。

尽管各个国家的政治、经济、文化等诸多方面存在差异,但对于科学技术伦理这一问题,各个国家能够达成最基本的共识并形成统一的评价标准。而这样的共识和标准就形成了我们所看到的常以宣言和公约形式出现的国际科学准则,这样的准则有一个共同的特点,即普遍接受性。只要是加入公约中的国家,对于公约中明确规定的内容均是普遍接受的,且公约中的内容对各个国家在某些领域的研究可以起到指引、限制和约束作用。如国际医学科学组织理事会和世界卫生组织于1993年在日内瓦制订的《涉及人类受试者的生物医学研究国际伦理准则》(2002年修订),该准则在对《赫尔辛基宣言》进行补充的基础上,对伦理审查办法进行了规定,此后成为一部指导各国如何进行伦理审查的准则;除此之外,随着克隆羊多莉的诞生,1997年在巴黎召开的联合国教科文组织第29届大会通过了《世界人类基因组与人权宣言》,该宣言明确表明了强烈反对利用克隆技术繁殖人类的态度;对于具体开展各项技术研究的科学家而言,同样有着著名的国际准则为他们在研究过程中应秉承

---

① 2017年,中国国家食品药品监督管理总局成为ICH正式成员。2018年3月,国家食品药品监督管理总局并入国家市场监督管理总局,设国家药品监督管理局。

和遵守的道德和伦理规范提供指引,主要有《科学家宪章》和《关于科学研究工作者地位的建议》等。[①]

1999年,新世纪即将来临之际,联合国教科文组织和国际科学理事会联合发起并组织在匈牙利首都布达佩斯召开了一次世界科学大会,大会的主题是"21世纪的科学——新的承诺"。主题包含两层意思:一是各国政府、民间社团等对科学发展支持的承诺,二是科学家对社会大众所做的承诺。大会通过了《关于科学与科学知识应用的宣言》(1999年),强调了科学家的道德责任和伦理规范。

2000年,世界卫生组织发布了《生物医学研究审查伦理委员会操作指南》,为伦理委员会的章程、组成、操作程序和伦理审查体系的制定与建立提供了基本的指导。

进入20世纪以来,联合国一直致力于研究禁止生殖性克隆人的立法工作,但随之而来的问题是不同国家关于是否禁止治疗性克隆人这一问题始终不能达成一致。因此,为了在各国之间达成共识,2005年联合国法律委员会发布《联合国关于人的克隆宣言》,选择通过不具有强制执行力的宣言对该问题进行规定,明确要求各个国家均不允许有任何违反人类尊严的克隆人类的行为。我国则认为合理使用治疗性克隆技术有较多利好之处,对于治疗疾病、保障人类生命健康安全具有重要意义,只要在使用过程中加强管理、严格审查,对于可能造成的危害和负面影响完全可以规避。基于上述考量,中国对于《联合国关于人的克隆宣言》中的规定持反对态度。英国和日本的立场与中国保持一致。在各国命运一体化的发展形势下,主流的科学理念和价值观会直接影响较多国家的政策制

---

① 陈凡,秦书生,王健.科技与社会(STS)研究[2010年第4卷].沈阳:东北大学出版社,2011.

定。以英国为例，在疯牛病暴发之后，科学界和伦理界形成的价值观念对其他国家影响深远。①

## ◎ 法律与政府监管紧随其后

在国际伦理规范的影响和指导下，各国均要求建立伦理委员会，以完善生物医学伦理审查制度，确保人的尊严、安全和权利，进而规范生物医学研究的有序发展。

**功不可没的伦理委员会**

美国无论是在立法上还是在基因编辑技术伦理规范方面均保持领先地位。美国是较早建立伦理委员会的国家，相继形成了各项制度规定。例如，研究人员进行人体试验必须先获得受试者的同意；研究项目如果会对受试者造成危害，必须经过专家委员会审查后方可进行。1974年和1981年分别出台的两部联邦法律《保护受试者法》和《保护医学研究受试者联邦法》确立了伦理委员会制度，该制度已被多次修订，成为当前美国生物科技研究的重要组成部分。这两部法律对伦理委员会进行了规范，由于其立法阶层较高、内容具体、可操作性较强，为监管伦理委员会的法制化奠定了基础。2009年11月，新的生物伦理顾问委员会确定了审议新兴技术的社会影响的五项伦理原则：公众受益、负责任的管理、学术自由和责任、民主评议、公正和公平。这些原则旨在阐明和指导公共政策选择，从而确保在道德方面能够以负责任的方式开发包含合成生物学在内的新兴技术。

英国和瑞典非常重视临床研究的伦理审查，它们对伦理委员会

---

① 王子彦，环境伦理的理论与实践. 北京：人民出版社，2007.

的监督基于统一的国家立法和专门的监管机构。2004年，英国颁布了《人体医学临床试验法规》，瑞典修订了《涉及人的研究伦理审查法案》，为监督两国各自的伦理委员会提供了法律依据。

**非政府组织的伦理委员会**

在伦理监督上，各国都建立有符合各自国情的特定机构，此类机构多数为非营利性的非政府组织，这样既可以提高社会的自我监管能力，又可大大降低政府的监管成本，促进行业领域的专业性和灵活性发展。

英国设有伦理研究委员会，该委员会是由具备专业学术头衔的专家教授自发组织成立的非政府组织，内部责任分工明确，对行业领域严格监管，同时承担英国伦理委员会的主要职能。

瑞典采取由一个独立的中央伦理委员会和六个地方伦理委员会组成的伦理审查制度。中央伦理委员会负责审查研究机构提出的申请并根据法案的规定做出决定，地方伦理委员会根据地理分布审查各地区的研究机构提交的申请。如果地方伦理委员会不同意申请人提交的申请，则申请人可向中央伦理委员会提出申诉。

美国伦理委员会有着严格的准入制度和专业认证体系，无论民间机构或组织成立非营利性还是营利性伦理委员会式的组织，都需要向人类研究保护办公室的伦理委员会登记备案，严格的登记准入制度促进了伦理委员会的规范发展。此外，美国在建立伦理委员会认证体系时，召集7个机构，组建形成美国人类研究保护项目认证协会。[①]

---

[①] 安丽娜. 我国伦理委员会的变迁、现状与监管研究. 山东科技大学学报（社会科学版），2019（3）：26-40.

**专职专业的监管机构**

为统一协调各部门及其监督工作，专业的监督机构应运而生，这使得监督职责在具体的监管权下得以有序行使。相关政府部门、专业机构的工作人员和研究学者对存在的潜在风险进行全面审查，从而降低风险，保证两用性研究监管的有效落实。美国伦理委员会受到多重组织的监管，无论是本国的还是在其国内注册及申请注册的外国伦理委员会，均要接受人类研究保护办公室的监督。同时，美国食品和药物管理局也有权对其进行定向监督检查，其监督职责及管理措施的行使主要来源于联邦法律。

在英国，行使类似监管职权的部门为国家伦理委员会管理机构，主要负责相关法律法规的制定、研究伦理的规范、行政规划及管理工作。该管理机构的具体组建工作、人员调配、资金预算等事项由其卫生行政部门负责。

**不断加强对高风险科技的政府监管**

面对新技术的出现，如何有效对其进行监管，使其在正常的轨道上运行？这对于传统政府的监管能力是一项巨大的挑战。对于高风险技术的监管，对高风险技术进行分类分层是有效监管的前提。除此之外，还需要通过确定宏观架构、基本职能、资源配给与评价机制来保障政府的行政监管效力的发挥。

政府正在摆脱单纯以经济建设为中心的监管结构，通过优化配置资源，加强对高风险技术的监管力度。在责任的落实上，由于条条块块的行政机制还没有调整到条块互动、无行政管理疏漏的状态，因此调整监管部门行政机制，尽量堵死被监管对象可钻的监管漏洞，是落实监管责任的核心要义。

除了政府的监管，还应当加强对高风险科技的内部管理。而内部管理是除政府监管外，由大学、公司、医院等机构自行开展的管理。相较于政府监管来说，上述机构的管理更多是一种事前管理，管理到位与否，直接决定了机构从业人员和机构组织本身从事的行为是否合法、合规。只有大学、公司、医院等机构的事前管理和行政机构的事后监管相互配合，才能对高风险科技开发的风险进行有效防控。

## 四、拥抱科学、对话未来

◎ 老龄化社会与人类命运

随着我国社会老龄化程度的不断加深，无论是基因编辑，抑或是人工智能、辅助生殖技术，在这些技术和应用这些技术的研究人员一切准备就绪，伦理和法律也均已就位的情况下，我们仍然要拥抱科学、对话未来，力争依靠科学减缓老龄化社会前进的步伐。

第七次全国人口普查数据显示，我国 60 岁及以上人口为 26 402 万人，占 18.70%（其中，65 岁及以上人口为 19 064 万人，占 13.50%）；与 2010 年相比，60 岁及以上人口的比重上升 5.44 个百分点。因子女在外工作、生活等，许多老人为留守老人、空巢老人，生存现状堪忧。同时，因自身条件所限，老年人很难及时获取卫生、营养、用药及免疫知识，预防自身疾病发生的概率大大降低。此外，对于老龄人群而言，阿尔茨海默病是高发主要疾病之一，该疾病多表现为记忆障碍、失语、失用、失认、视空间技能损害、执行功能障碍以及人格和行为改变等全面性痴呆，但迄今该病病因未明，严重影响了老龄人群晚年生活的质量。

然而，近年来，我国生物技术的快速发展，为改善老龄人群普遍存在的上述问题带来了曙光。2018 年，美国癌症基因图谱成功绘制，对癌症如何产生、在何处产生、为何产生等问题进行了深入剖析。同时，细胞图谱的绘制，全面研究了人体细胞的类型、形态、空间位置、功能等，这些研究大幅度地提高了人类对生命的认知水平，并为老年疾病的预防与治疗提供了更加科学先进的理论基础。此外，通过合成生物学、基因编辑、组织器官制造及脑机接口等技术，对相关器官及细胞进行改造和再生，可以有效阻断疾病发生且对损伤机体部件进行合适替换，如通过基因重组技术用微生物批量生产大麻素、胰岛素，以干细胞及 3D 生物打印技术促进器官再造。随着生物技术的发展，对于老年人多发的主要疾病之一——阿尔茨海默病，在立陶宛考纳斯大学研究人员的研究下，也找到了预测的方法，提高了预测的准确度，准确度接近 100%。[①] 这些技术的研究与应用，在提高老年人身体健康水平的同时，也为老龄人群的晚年生活提供了更多的幸福感与安全感。

◎ AI＋医疗与生命科学：促进健康，赋能未来

新冠疫情给世界各地医疗健康行业带来强烈冲击，人工智能技术与医疗行业本身产生了难以想象的化学反应。当人工智能用于医疗健康行业时，不是一加一等于二那么简单，二者的融合为医疗行业的革命性进步指明了新的发展方向和发展趋势。

2021 年，世界人工智能大会健康高峰论坛在上海隆重举行，

---

① Daisy. 人工智能预测阿尔茨海默症，准确率超 99%. [2021 - 09 - 07]. https://m.thepaper.cn/baijiahao_14380261.

以"数字健康·智享未来"为主题,就疫情进入平缓期的后时代人工智能等新一代信息科学技术在医疗数字化转型应用前景、思路创意、未来前景等广泛关注的领域展开激烈讨论。中国工程院院士钟南山在会议中强调:"中国的医疗卫生战略将以健康为中心,代替以治疗为中心。医疗工作中重点要放在上游,让人们健康、少得病、不得病,或者只得小病。人工智能等新一代的信息技术赋能了医疗、健康、公共卫生领域,推动了全球医学基础研究、临床应用研究以及药物器械的研发,进一步提升人类对疾病的认知和理解,这方面更能体现以健康为中心的发展战略。"①

由此可见,在人类健康意识不断增强,迫切需要改进医疗技术和医疗标准的当下,人工智能技术在医疗机器人、疾病辅助诊断、药物开发等领域的应用已得到充分肯定。接下来的核心要务则是加强人工智能与医疗领域的深度融合,推动生命健康产业和人工智能产业高质量健康发展。

◎ **你还将是你**

在人类接过上帝的手术刀精心编辑基因的过程中,我们到底能不能像堆积木那样拼出各式各样高质量的生命体,关键在于其中的度如何把握。而这个度如何把握,就在于我们如何在遵守法律规定和严守伦理道德底线的要求下做好生物技术的发展。

人类是否能够健康生活,享受这人间的繁花似锦,是由人类的免疫系统决定的。人类手上拿着的手术刀对向人类也好,对准植物

---

① 上海徐汇. WAIC 专题 | 2021 世界人工智能大会健康高峰论坛成功举办! 数字赋能,开启医疗新时代. [2021-07-10]. http://m.thepaper.cn/baijiahao_13531752.

也罢,在对此做出限制和规范的同时,并不能保证这场手术安然无恙。正如新型冠状病毒疫情下重症病房的医生,为了挽救患者的生命,可以引入人工心肺系统,但是人类创造出的系统并非一定能救活我们自己。即便如此,当法律和伦理都做好准备的时候,我们依然要拥抱科学,找到更多的办法,挽救更多的生命,创造更多的价值。

# 第九章　短视频：流量为王

"我仰望你看过的星空，穿过百年时空再相逢……"

2021年6月，人民日报微博视频号发布了《错位时空——纪念五四运动·建党一百周年特别版》的短视频，视频一经发布便迅速登上微博热搜，抖音、微信视频号等短视频平台纷纷开始转播。该视频结合抖音热曲《错位时空》，配上重大革命历史题材电视剧《觉醒年代》的画面，以歌曲MV的形式致敬为祖国的解放和人民的幸福做出牺牲的革命先驱，在传播主流价值观的同时也增强了新闻的趣味性。短短3分23秒的视频让我们沉浸于中国百年的奋斗史中，更让我们领会到了100年前我们同龄人的爱国热情与奉献精神（见图9-1）。

近年来，除了一些品牌商家和平台用户，各大新闻媒体也纷纷入驻抖音、微信视频号等短视频平台，结合时下新鲜的视频素材和

图 9-1 《错位时空——纪念五四运动·建党一百周年特别版》截图

时政热点,发布了多种趣味十足但又不失新闻庄重性的短视频,通过大众喜闻乐见的形式提升了新闻的传播效果和影响力。

新媒体时代,短视频已渗透到人民生产、生活的方方面面,俨然成了民众关注时事、进行娱乐和社交的重要媒介。通过短视频,人们可以在很短的时间内获取多种信息。具有商业头脑的短视频博主借助短视频平台积极发展直播、电商带货等业务,实现了流量变现。短视频正在以前所未有的速度改变着人们的交往和生活方式。然而,短视频快速发展的同时也出现了不少问题。那么,我们应当如何界定短视频的边界,以期创造出健康的短视频环境呢?

## 一、数字经济背景下的短视频平台

著名艺术家安迪·沃霍尔说过:"在未来社会,15 分钟内,每一个人都能获得成功。"但现在看来,仅仅依靠十几秒的短视频,就有人能获得成功。心理学研究证明,人类存在着"生动性偏见",具有视觉显著性的信息似乎更容易左右人们的判断,视觉接收到的信息带来的冲击往往更加直接、有效。20 世纪 90 年代兴起的电视直播凭借着显著的视觉冲击效果，占据着时代的潮流，而彼时的手机还只是通信工具。直至 2002 年，诺基亚在中国国内市场上市了第一款可拍照的手机，引发了手机功能从通信功能向娱乐功能的转变；2005 年，吐槽电影《无极》的微电影《一个馒头引发的血案》将短视频推向大众，为短视频的草根化打下了基础；2014 年普及的 4G 网络解决了流量限制问题，短视频的发展借助流量的红利进入多元化的时期；在 2011 年到 2014 年期间出现了微视、秒拍、快手等微视频应用，手机网络视频占据了时代的潮流，但是短视频始终被人诟病的是经济变现问题；从 2015 年到 2016 年，直播的大火解决了短视频的收益问题，短视频的产业链初步形成。丰富的互联网资源吸引了资本的大规模投入，抖音、快手、头条等平台得到飞速发展。抖音的海外版 TikTok 在全球获得成功。2022 年 4 月，抖音及其海外版 TikTok 以超过 6 200 万下载量，蝉联全球移动应用（非游戏）下载榜冠军。图文和视频的组合，加上迎合本地特征的本土化，在给人们带来慰藉的同时也逐渐俘获了全球用户的心。截止到 2022 年 10 月，TikTok 全球日活跃用户数突破 10 亿。直到今天，短视频改变了人们获取信息的方式，电视广告被 15 秒的创意广告所取代；短视频对传统的营销模式产生了冲击，群众娱乐、购物凭借智能手机即可完成；短视频能够带给群众对美好生活的向往，艺术家、科学家与孩子们零距离接触，名流大咖的教学变得唾手可得；短视频也带来了新的法律挑战，新的网络监管刻不容缓。在这个流量为王的时代，短视频正以一枝独秀的风头领跑潮流。

## ◎ 异军突起：短视频的诞生

每个时代总会有其独特的艺术和文化的主流表现方式：从远

古时代的壁画和诗歌,到中古时代融合了美术和音乐的戏剧,再到现代更加生动形象和传播更加广泛的电影和电视剧。随着网络通信技术和移动终端通信的发展,即时性较强的短视频迅猛发展。

网络短视频是一种以视频形式存在的短期影视存在方式。所以,在视频社会化时代,以快手、抖音为代表的短视频平台也越来越多地参与到当代文化知识的生产和传播中,极大地改变了过去以文字和印刷为基础的文化知识生产和传播方式,短视频已成为移动互联网除图文、语音之外的"第三语言"。"正是现代社会中影像生产能力的逐步增强、影像密度的加大,它的致命程度,它所涉及的无所不在的广泛领域,把我们推向了一个全新的社会。"[①] 同时,4G 网的普及和 5G 时代的到来也为短视频行业的纵深发展提供了契机。目前,我国的各类短视频平台主要有"今日头条"、抖音、快手和哔哩哔哩(B 站)等。

网络短视频的诞生也衍生出了一批视频处理制作软件。这些软件可以编辑和处理视频,为大众提供更优质的服务和更多元化的视觉体验。这意味着每个单独的个人都可以成为编剧、导演、演员,甚至更进一步自编、自导、自演。这种新兴的文化传播方式,在我国也催生了一些短视频制作的团队,也催生了各个艺术领域的短视频制作者,比如厚大法考和 B 站合作推出的"罗翔说刑法",为法律知识的普及做出很大贡献。视频不仅能够迅速地记录和反映社会时事和突发性新闻,而且能够以灵活多样的方式传播历史、医疗、体育、文化等知识。

截至 2022 年 6 月,我国短视频的用户规模增长明显,达 9.62

---

[①] 费瑟斯通.消费文化与后现代主义.刘精明,译.南京:译林出版社,2000.

亿，较 2021 年 12 月增长 2 805 万，占网民整体的 91.5%。[1] 短视频成为当下互联网最热门的内容形式之一。"视频社会化时代，更高质量、更专业的视频技术和视频环境正在推动精神需求整体升级。在弘扬传统文化方面，传统文化成为视频'网红'，各大传统博物馆入驻短视频平台，推陈出新，让文物活起来、火起来。在推动全民学习型社会建设方面，视频社会化推动了知识共享平台的打造，借助视频类平台增长知识已经成为一种习惯，知识范畴涉及生活科普、人文社科、科学技术等诸多领域。"[2]

腾讯、阿里巴巴、百度等互联网巨头也纷纷抢占滩头，制定其短视频领域的战略，这使得短视频领域不仅有散户还有大户，竞争更加激烈；而且，在流量变现的商业需求下，"短视频+直播"也已成为热潮。这种新型的传媒，对于本已趋于平淡的网络购物，不失为一针强心剂。如今，电商通过直播带货，已经是常规操作。有些具有商业头脑的短视频博主，利用自己已经成为 IP 的短视频账号，使得周边产品变现、广告变现。

"短视频消费的狂热归根到底由技术所驱动和策划，它张扬了新的视觉生产、复制及展示技术对当代人类文化生产与消费的组织作用。当然，这不意味着审美会完全退场，而是说，审美作为一种修辞的工具，成为技术延伸的外衣。对消费者说，能否通过短视频获得良好的视觉体验才是首要因素"[3]。所以，短视频和以"短视频+"为特征的新型表达想在互联网大潮中生存下来，就不仅要杜

---

[1] 中国互联网络信息中心. 第 50 次《中国互联网络发展状况统计报告》. [2022 - 09 - 31]. http://www.cnnic.net.cn/n4/2022/0914/c88 - 10226.html.
[2] 《中国视频社会化趋势报告（2020）》显示：视频加速万物互融. [2020 - 11 - 25]. https://baijiahao.baidu.com/s?id=1684772677514831201&wfr=spider&for=pc.
[3] 柴冬冬，金元浦. 数字时代的视觉狂欢：论短视频消费的审美逻辑及其困境. 文艺争鸣，2020（8）.

绝过度娱乐化，还要考虑知识化、增强美感和拓展思想深度。

◎ **流量时代：短视频跨界电商**

第 48 次《中国互联网络发展状况统计报告》数据显示，截至 2021 年 6 月，我国电商直播用户规模就已达到 3.84 亿。在这个流量时代里，短视频跨界电商成功通过直播的模式撬动了网络资源这块"金砖"，并且随着闭环模式的演进，电商直播也迎来更大的发展。

2022 年 2 月，快手发布公告：淘宝联盟商品和京东联盟商品链接将无法在快手直播间购物车、短视频购物车、商品详情页等发布。继抖音在 2020 年宣布切断第三方平台的供货外链之后，快手也正式切断了同第三方供货平台的联系，这意味着短视频平台的电商营销进入了闭环模式。[①] 所谓闭环模式，就是指短视频平台直接同商品来源建立供给链，不再通过淘宝、京东等第三方平台获得商品的供给。2020 年抖音切断第三方平台的供给链后，有媒体统计显示，抖音电商全年商品交易总额超过 5 000 亿元，比 2019 年翻了三倍多。闭环模式下的电商运营逐渐成为当下短视频平台赢利的主要手段。在信息时代，全新的电商跨界营销模式不断冲击着传统的线下销售。为什么短视频通过跨界电商能在流量的洪流里占得一席之地，并取得如此显著的成效？直播电商的营销模式又为何能够在流量时代茁壮生长？

一方面，网红视频作者拥有庞大的粉丝数量，为短视频跨界经营电商提供了基础。作为短视频领域的主角，网红视频作者们通过制作、分享具有自身特色的短视频，吸引到一批黏性足够强的粉

---

① 李静. 切断带货外链背后：快手电商"谋自立". 中国经营报，2022 - 03 - 07.

丝。或许这些视频不像电视广告那般鲜艳明亮，但是这些视频烟火气十足，将现实生活生动映照到观众心中，能让粉丝们感受到属于作者的独特生活气息。正是出于对某种视频内容和风格发自内心的真爱，此类短视频号对粉丝具有很强的黏性。当视频作者凝聚起数量庞大的粉丝，具有一定的影响力时，其便能够从中获得利益。网红视频作者拥有的粉丝数量越多，就越能吸引广告厂商来投放广告；反过来讲，在通过视频号"带货"时，粉丝数量越多，商品的需求也就越旺盛，商品的价格也会越便宜，优惠的商品价格又会吸引更多的网民成为粉丝。这种双边规模效应带来的利益会因为流量的集中而越来越大。

另一方面，电商直播的特殊营销模式为短视频的跨界提供了动力。一是评价形成好口碑。让我们回想一下，最近一次自己在网络上购买商品时，最关注的是国家质检局的标志，还是往期买家的评价？好评数越多，顾客的购买欲就越强。通过评价形成的好口碑逐渐成为当下人们购物所依赖的标准。二是直播的即时互动与展示更为直观。电商直播的主播们能够通过弹幕与消费者们实时沟通，依照弹幕的要求示范使用商品，消费者能够快速了解商品信息、明白商品属性，无形之中提升了消费者对商品的购买欲和对商家的信任度，在整个购买环节中获得良好消费体验的顾客自然会给予电商直播平台更多的好评。这就会导致同样的商品在线下和线上的交易数额产生极大差距，短视频和直播间所卖出的商品数量让人叹为观止。三是短视频和直播具有更强的娱乐性与吸引力。主播们同粉丝的积极互动以及自身的才艺表演能够进一步拉近同粉丝的距离。相比于看着电视广告里枯燥的商品介绍凭空想象，电商直播能让消费者们在消费的同时得到身心的放松，这种方式自然比电视广告更受欢迎。当自己平日里所喜爱的网红主播实际使用着商品，对它进行切实的评估时，你很难不心动。更不用说网红主播能通过消费券、优惠促销等方式进一步激发网民的购买欲望。

短视频的跨界电商开创了新的经济发展模式，但不同的短视频平台使用的是不同的算法技术，未来电商直播可能会朝着不同的方向发展。

以快手为例。快手短视频的算法是一种普惠方式，即降低热门制作人视频所占的权重，在一定程度上使流量不会只向头部网红倾斜，而是导向数量更为庞大的、具有发展潜力的视频作者，激发大家的动力，发掘更多网红。原本"通过粉丝基数吸引厂商—能够对商品议价—通过实惠的商品吸引更多粉丝"的闭环使得网红主播能够不断扩大自身影响力。而普惠算法将流量分配给人气不高的主播，就会控制网红直播间的人气、抬高末流主播的人气。

抖音短视频使用的则是算法推荐技术，即算法根据用户浏览内容的喜好，反复推荐相关内容以吸引用户。算法推荐技术能够更好地锁住流量（在这个流量为王的时代，把握不住流量，就不能从短视频的竞争中胜出）。但是，算法推荐技术也是一柄双刃剑，过高的流量集中在一个或者几个视频博主身上，就容易造成流量市场的垄断从而形成"寡头主播"。

◎ **短视频市场：三分天下**

市场上，为了获取用户注意力和流量，各视频类自媒体平台进行自我创新，增加短视频板块，推出各种类型的短视频，大量新的短视频平台也不断涌入，推动短视频市场呈现精细化、个性化、多样化的发展态势。

如今，提供短视频的平台多种多样，但就短视频平台的实际应用状况而言，快手和抖音在中国的短视频应用领域依然稳固地占据了第一梯队的位置。同时，视频号依托强大的微信生态优势，也加入短视频行业的激烈竞争中。

快手平台创建于2011年，起步最早，其在成立之初叫"GIF快手"，是一款可以创作、共享GIF图片的应用软件。2013年，快手转变成了一个记录并分享用户日常生活的短视频社交平台。快手面向普通群众，以其接地气的品牌形象满足了社会各个阶层的普通用户的表达需求，为用户提供了一个记录、分享自己朴实生活的平台。在这里，用户无须掌握各种专业知识和拍摄技术，只需要简单用视频记录下生活点滴即可。之后，快手发展直播、电商带货、品牌联合等业务，不断延伸下沉项目。

抖音是字节跳动2016年9月推出的一款音乐创意短视频社交软件，是一个针对全年龄用户的短视频社区平台。抖音起初的定位是一款提供唱歌跳舞等娱乐服务的创意短视频软件。2018年之后，抖音开始为用户提供知识普及类等形式多样、内容丰富的短视频，逐渐发展为一个综合性短视频生态社区。虽然抖音的发展时间较短，但它凭借着酷炫的技术、有趣的创意以及沉浸式的用户体验等优势，成为短视频领域的一匹"黑马"。同时，抖音因为时尚潮流的品牌形象，获得了众多年轻人的喜爱，成为用户最多的短视频平台。现如今，抖音已经渗透到我们生活的方方面面。

"视频号的产生，是微信这样一种社交平台为适应市场发展需求和动向所做出的战略性举措，标志着社交平台与短视频平台的深度交互。"[①] 2020年1月，腾讯为了缓解其他短视频平台带来的流量下滑危机，夺回自身用户被其他短视频平台蚕食的时间，推出了

---

[①] 朱雯. 解析"平台时代"视域下短视频平台的差异化生存：以抖音、快手、视频号为例. 上海广播电视研究, 2021 (2).

视频号这一短视频平台。在视频号上，用户可以发布不长于1分钟的视频或者不多于9张的图片，以此来实现对生活的记录与分享。这一过程可以直接在手机端进行操作。相较于前面两种短视频平台，视频号最大的特点就是借助微信庞大的用户群体和社交属性，建立起了"关注＋好友推荐＋机器推荐"的推荐机制。[①] 视频号在短短两年的时间里便获得了快速的成长，并在短视频领域展现出巨大的发展潜力。视频号正在成为微信生态的"流量枢纽"，它借助微信多入口实现了"公域＋私域"引流。虽然目前视频号还处在相对初步的发展阶段，但它在多个领域的潜力和价值日益凸显，势必会为短视频行业带来新的发展机遇。

目前，在日益激烈的短视频行业竞争格局下，快手、抖音遥遥领先，微信视频号来势汹汹，小红书等瞄准特定客户展开营销。但为了满足移动互联网用户的需求，留住当前的存量用户，各平台必然会实现从内容到形式等的多方面、多领域的垂直细分，推动短视频行业的市场格局朝着更加完善、成熟的方向发展。

## 二、短视频开疆拓土

### ◎ 一个"信任"社会的形成

短视频的出现为乡村发展带来了巨大的变化，短视频制作简易、传播迅速等特点使其成为乡村与外界沟通的桥梁。在短视频的助力下，乡村不再像以前一样在互联网"潮流"中销声匿迹，而是一跃成为短视频平台上最活跃的主角之一。互联网连接万物，以互

---

[①] 师刘杰，朱杰. 微信视频号：主流媒体视频化表达的新渠道. 新闻论坛，2021（2）.

联网为依托的短视频平台为万物提供展示场所,所以当短视频遇上乡村时,短视频很快就因其制作门槛低、传播性强、内容丰富等特点获得大量乡村人民的喜爱,从而成为乡村展示自己的窗口。

在短视频流行以前,提及乡村,也许人们的第一印象就是泥泞的小路、凶恶的大黄狗和"脏乱差"的环境。在人们以往的印象中,乡村似乎是一个贬义词,它总是被作为城市的对照:城市有多干净整洁和繁华,乡村就有多杂乱无章和落后。彼时,乡村缺少向外界宣传自己的平台,很多生活在城市里的人不愿意也不想真正地到乡村中去了解乡村,所以,关于乡村的刻板印象就如此留存在人们脑海中,甚至通过文学作品的形式进一步扩大影响范围。

大规模的转变出现在短视频流行之后。首先,短视频短小精悍、内容丰富,动态的视频为用户提供了相较于静态图片文字更好的视觉体验,并且它时间短、娱乐性强,适合在休闲的状态下观看,所以它很快就吸引了许多乡村人民的注意力,获得他们的喜爱。其次,由于短视频的制作过程简单,很多用户在平台上分享自己的生活,乡村人民在他们的启发下也开始拍摄、分享自己的乡村生活。最后,这些视频被短视频平台基于其运行机制向分布在各地的其他用户推送。

通过这一个个来自乡村人民的真实视频,那些对乡村保留刻板印象的人也开始了解到:原来,在经历多年脱贫攻坚战和中国基建拓展入乡村之后,不仅"县县通公路",而且"乡乡通公路""村村通公路",乡村泥泞的小路已经变成宽敞平坦的水泥路,"脏乱差"的环境也被乡村人民拾掇干净,再也不见以前让人避之不及的景象。这里还有城市中难以看到的成群的牛羊、一望无际的麦田、春天漫山遍野的野花野草和秋天挂满枝头的果实,这些承载着许多人童年记忆的欢乐画面通过视频传达给外界，唤醒了许多人内心深处对朴实舒适生活的向往，人们对乡村的刻板印象也悄然改变。短视频平台也成为展现近年来脱贫攻坚战和美丽乡村建设成就的最好载体。

◎ **电商与脱贫攻坚**

在没有互动短视频之前，农产品采取的一直是传统现实销售路径：农户直接销售、销售大户销售、合作组织销售、专业市场销售、销售公司销售。在互联网和电子商务大力发展后，短视频加上互联网进行网络销售和促销，形成了新兴的销售方式。在一些偏远的农村地区，一个区域内的农户种植的农产品品种往往一样，并且只能采取直接销售，就是将农产品卖给同村的居民，缺乏销售市场；只有一些产量不大、日常生活消耗大的产品——比如新鲜的蔬菜、水果——能很快地卖给周边地区。在传统的销售路径中，与销售公司合作销售、通过专业市场销售不失为好的方式，但最大的问题之一是农户自身获取不到对称信息，农产品的销售价格受到市场和中间商的影响，因而农户收益十分不稳定。近年来，农产品种植依托土地流转政策、科技加持等，品种越来越丰富，品质越来越好，产量也越来越高，但是销售渠道还没有畅通，农产品难卖的消息依然常常出现在新闻媒体上，农产品丰产不丰收的情形时有发生。例如：2018年，云南省赵家店百亩杨梅集中成熟上市，杨梅严重滞销，大姚县辣椒、大蒜、豇豆等大宗农产品滞销，卖不出去，丰产不丰收，给农民造成了巨大损失。同样是2018年，宁波市的海曙区龙观乡桃子滞销，全乡桃子总产量超过75万公斤，除了2万公斤品相较差的桃子由本地酿酒作坊低价收购以外，其余的均需农户自行到市场上销售。收购价格一降再降，但缺乏促销平台,因此出现产量猛增而销售不旺的现象。谷贱伤农,这些只是我国农产品销售难的冰山一角,一些未被报道出来的农产品滞销现象多之又多,最终也只能由农民承担损失,严重挫伤了农民长期种植的积极性。

农户作为生产者,销路这个短板解决不了,就不能通过种植农产品达到摆脱贫困的目标。在脱贫攻坚战中,短视频发挥了极其重要的作用。

短视频与电商结合销售农产品,发展出扶贫新模式,成为脱贫攻坚的一股新力量。短视频平台给予全国500多个国家级贫困县流量资源,提高当地优质农产品和特产的曝光量。比如2019年初,作为"辣条"之乡的湖南平江县,在"年货节"期间开展"扶贫辣条"活动,直播一周达到的销量相当于上一年销售的总额,带动了平江1 500余人次贫困人员的参与。截至2021年9月,超过1 900万人在快手平台获得收入,500多万人来自国家级贫困县区。2019年,各县市领导共同登上直播平台,和主播一起通过镜头向网友们推荐家乡的优质特产,1.54亿人次在快手"逛集市"。[①] 这只是一个短视频平台的年度扶贫成果。除了快手,同一时间抖音等各短视频平台也都开展了以直播带货等方式扶贫助农的活动,短视频为打赢脱贫攻坚战贡献了巨大的力量。

◎ 短视频炒热乡村旅游

"互联网+短视频"的电子商务销售方式,在提高了商品曝光量后,后续销售量的提高也需要一套成熟的管理体系来支撑,这就需要

---

① 1.54亿人次在快手"逛市集"直播卖山货成扶贫新模式.[2019-04-28]. https://baijiahao.baidu.com/s?id=1632052988989877673.

"新农村人"。青年人的驻守和回归给乡村带来新的希望,增强了乡村活力。除农产品销售外,短视频也为乡村旅游和乡村文化传播提供了新思路、新渠道。我国地大物博,很多美丽且富有特色的风景未被开发而鲜为人知。开发乡村旅游,是振兴乡村经济的重要内容之一。

2020年丁真爆火与四川理塘旅游业的兴盛,就是一个短视频传播带动乡村旅游和文化发展的鲜活案例。丁真被舅舅偷拍,在阳光下纯真的笑容被上传到互联网上,获得了大量的关注,也为其家乡带来了流量,其家乡四川理塘的旅游人次相较于上年翻了几番。

无独有偶,四川阿坝老营乡扶贫第一书记张飞在短视频平台上发了一条短视频——在海拔3 200米的云端餐厅吃饭的10秒视频——吸引了众多网友的目光。很多游客也因为这一条短视频去阿坝老营乡打卡,大大促进了当地旅游业的发展,为当地居民带来新的收入来源。

短视频成为全国乃至全世界人民了解贫困地区的窗口,带动各地区土特产、文化产品销售,为乡村旅游进行宣传,促进非物质文化遗产的传播,让各地的乡土风情文化被视频外的网友进一步地认识和了解,提升各地的知名度,形成各地不同的特色,使乡村旅游、农产品销售、乡村文化和民风民俗的传播互相影响,借助新理念、新技术,正在中国广袤的土地上探索出一条可持续的短视频脱贫攻坚之路。

## ◎ 今日话筒人人有

短视频的出现也给当下的信息传播流向和方式带来了改变。截至2022年12月,短视频用户规模达9.85亿人,使用率达92.4%。抖音、快手两大短视频平台月活量分别为6.72亿人、4.42亿人,整体市场前五中的同类APP也均隶属于快手系或字节系。每天都有数以亿计的人停留并关注在短视频上发生的事情,每天都有大量的信息通过短视频进行交流。短视频的交流和信息的吸收相对于其他方式有其独特之处。

短视频本身作为一个流量的聚集地,每天信息交流的频次之高、影响人数之多都是不可想象的。在短视频还没有如此便捷和发达的时代,虽然上网也是稀松平常之事,但能够畅游在网络海洋中还是需要达到一定的门槛。但当短视频时代到来,"人人都在网上,人人都是网民"才真正实现。获取知识和信息不以文字为主,而是以图片和视频为主,大大降低了交流的门槛。短视频搭上时代的列车快速发展,其原因除了我国网络基础建设全球最强、网络覆盖快速扩大、上网资费不断下降之外,还有短视频本身的方便、快捷、精短、门槛低等优点。在短视频平台中,除了分享知识与思想的"阳春白雪",也有满屏都是"老铁"的"下里巴人"。短视频激发了各类人群参与的热情,人们将照片和视频制作成短视频,将自己的生活真实地搬上网络,这种真实感更易获得大家的信任,而这份信任就是人与人之间信息、知识、观念传播所赖以的无形的纽带。

在新冠疫情防控期间,除了电视、报纸以及各地横幅、大喇叭等传统的宣传方法之外,短视频等媒介的宣传对疫情的防控也起到了积极的作用。网络的传播速度和影响范围是传统方式所不能比拟的。短视频结合图片、视频和文字,可以让大家生动直观地了解到各地疫情的实时情况,从而自觉遵守疫情防控要求。尤其是在疫情初期,各地居民都居家隔离,政府提倡不走亲不访友,工作和学习都变成了线上进行,在家的时间变得格外长,全国各地的上网居民人数也急速上升。不少短视频都在讲解简单易学的家庭美食做法,网络上兴起厨艺大比拼活动。网友们还发明居家小游戏,打发在家的时光。大家在网上观看学习这些视频,也使居家隔离的日子轻松了不少。

此外，短视频平台上还有大量具有教育功能的视频。比如，短视频平台上经常滚动播放各地警方制作和发布的防诈短视频以增强群众的自我保护意识，也配合宣传公安部门反诈软件的下载和使用方法。平台上也会发布讲解如何在火灾、地震等灾害发生时防范和逃生的短视频。

短视频内容丰富精彩，既有热闹非凡的日常生活介绍，也有富有知识含量和思想深度的内容传播。比如，一些知识主播会在短视频中以生动有趣的图文和视频讲解专业知识，探讨大家所关心的话题，传达自己的观念和想法。对于一些突发公共事件，信息传播从电视的单向传播变成了视频的互动式信息接收，短视频已经悄然改变了人们的生活方式和信息传播方式。

毋庸置疑，短视频的出现给人们的生活方式带来了积极的影响，但也带来一些不容忽视的问题。在短视频扶贫带动农产品销量、推动农村旅游经济发展和促进民俗文化传播的同时，也有一些无良主播打着扶贫的口号欺骗消费者；在短视频促进信息、知识、思想传播，让世界不断缩小的同时，一些谣言、谎言也充斥网络。我们需要继续发挥短视频的积极作用，也需要加强对短视频的治理，净化网络空间，降低甚至消除不良乃至违法短视频的负面作用。

## 三、隐患：下沉市场与普惠

◎ **短视频市场下沉及引发的问题**

消费水平的提升和消费方式的变化，使下沉市场出现在各互联网公司的视野中，成为短视频平台运营公司角逐的对象。所谓下沉市场，是指企业目标客户从一二线城市的消费人群转向三线及以下城市的消费人群，同时竞争市场由竞争白热化的一二线城市转向三线及以下城市的蓝海市场。[①] 主要体现为三个方面[②]：一是下沉至三四线城市用户。"小镇青年"成为短视频增量的重要引擎。二是下沉至各行各业。如卡车司机、外卖配送员等，他们用短视频记录自己的日常生活。三是下沉至中年和老年群体。早期的短视频创作门槛较高，用户偏向于年轻受众；随着内容泛化策略的施行，中年和老年群体占比有了大幅提升。以往下沉市场常常会因消费能力弱等原因被排除在企业竞争目标范围之外，如今却炙手可热，吸引了市场的关注。

下沉市场的选择具有两面性：一方面能够扩大经济效益，保证经济实体的影响力；另一方面形成平台文化的多样性，为多元文化的传播创造空间。但是，在下沉市场的背景下，短视频平台纳入了更多的用户群体，不同知识背景和素质的人群在平台上或为娱乐之目的，或为获取经济利益之目的，在不同行为模式下呈现多元文化，其中不乏传播低俗内容的流量用户，利用大众的猎奇心理获取点击量从而赚取利益，这种现象不仅对良好社会文化的形成有一定的影响，而且增加了相关主体的监管压力。

短视频平台的低俗内容是指将具有一定的猎奇性和娱乐性的内容加以炒作，而产生的不利于健康社会风气形成的内容，主要分为恶搞类、影响社会风气类、暴力色情类、价值观扭曲类等。[③] 这些内容

---

① 王崇锋，赵潇雨. 下沉市场的社交电商商业模式研究：拼多多之胜与淘集集之败. 财务管理研究，2020（3）：43-49.
② 易观千帆. 中国短视频市场商业化发展专题分析 2018.［2019-01-22］. https：//www. analysys. cn/article/detail/20018798.
③ 陈文跃. 网络低俗文化对大学生成才的影响及对策研究. 杭州：杭州电子科技大学，2010.

不仅违反道德规范，还违反社会主义核心价值观，无论对于短视频发布者还是对于平台而言，都应当杜绝。

恶搞类，主要是指以恶俗趣味为内容形成娱乐效果。有的通过截取拼接、重新配音等方式，篡改原作品的本意，歪曲、丑化经典文艺作品，将经典文艺作品的内容附加低俗趣味以达到获取流量的目的，甚至损害英雄烈士等经典人物形象，如将英烈人物剪辑成滑稽搞笑的角色，或通过重新配音污名化影视人物形象；有的通过危险的动作或者令人匪夷所思的行为抓取用户的好奇心，从而获取流量，如通过表演吞灯泡、生吃虫子等行为引发用户的观看欲望。这类作品对于用户特别是未成年人群体产生不良影响；在缺乏正确引导的情况下，未成年人基于好奇心可能会予以效仿，进而造成严重后果。

影响社会风气类，是指与社会弘扬的精神文化相背离的作品。如有些作品存在与社会弘扬的劳动精神相背离的巨额直播打赏行为，利用PK（对战）、互联通话等方式烘托直播空间气氛，通过互动直播引诱用户在线充值打赏，甚至出现未成年人巨额打赏的现象；又如通过一系列直播衍生品，造就粗俗化的文化，与社会弘扬的文化内容背道而驰。

暴力色情类，是指涉嫌传递暴力行为信息、淫秽信息的低俗作品。如通过隐晦的表达方式传递黄色信息以逃避短视频平台和相关政府部门的监管，更有甚者通过直播讲述黄色故事以增加粉丝数量；又如以殴打他人为直播内容，故意招致用户谩骂或好奇，从而达到反向"吸粉"的目的。严重的毁三观内容极度不符社会所弘扬的优秀文化主旋律。

价值观扭曲类，主要是指违背正确价值观的作品。如网红打造求婚、结婚、离婚等离奇剧本调动网友兴趣从而获得热度，进而带货赚钱。

短视频平台的低俗内容泛滥现象还有平台的问题。平台在内容筛选机制、引流机制、用户筛选机制等方面选择了下沉策略与做出了普惠选择，就要承担与此相应的内容风险和社会责任。在内容筛选和引流机制方面，短视频大多采用算法推荐，根据用户的个人兴趣爱好推送内容，这种算法推荐的缺陷是容易导致用户在短视频平台上的浏览内容只局限在一个或几个方面，无法拥有更大的拓展性视野，产生"回音壁"效应和信息茧房的问题。特别是，如果一位用户浏览过低俗内容，那么平台根据所认定的其"兴趣爱好"向其推送的内容就会倾向于类似内容，导致低俗内容的传播。短视频平台秉持用户至上的宗旨，但更应承担起相应的社会责任，通过自身的传播能力，弘扬正确的价值观和传递正能量，不应顺应用户喜好推送各种无底线的内容只为获取更多的流量。比如，利用"年轻妈妈怀孕""吃灯泡"等字眼和内容可能吸引大量用户观看，甚至打造出系列连续剧，虽然能产生引流的效果，但是不仅容易造成恶劣的社会影响，而且对平台自身的长期健康有序发展也是不利的。在用户筛选机制方面，平台普惠至三线及以下城市以及农村，让每一位用户的作品与产品能够产生发酵作用，从而吸引更多的用户群体，这种机制可以令短视频实现快速发展，保证平台活跃度，但是也会产生一定的副作用。

## ◎ 短视频和消费者权益保护

短视频平台的赢利模式之一是主播直播带货，这意味着短视频平台具有电商平台的属性。许多短视频平台自创立之初即奉行普惠原则，为大众进行直播创造了条件。在短视频直播平台上，我们经常能看见一部分用户对"自家"果园、"自家"生产的商品进行介绍，或者应某个品牌的邀约进行商品推广。但是，随着直播播主低门槛进入和泛滥，销售假冒伪劣商品、诈骗、传销等违法犯罪行为也获得了发展空间，消费者权益保护成为比较严重的问题。

短视频平台上侵害消费者权益的事件时有发生，如直播卖假货、宣传不实、夸大宣传。部分主播在直播带货中对所带货的商品的品质和标准的承诺往往经不起检验，消费者通常因从众盲目心理购买商品，之后才发现自己被误导，但在这种情况下，消费者想要进行维权就存在一定的困难。此外，消费者拿到购买的商品后，发现商品存在质量问题或者存在其他并不符合自己预期的问题时，退货的过程也会很困难，导致消费者的权益无法得到有效保护。

短视频直播卖货问题远不止于此。首先，消费者个人信息可能没有得到保护。消费者在购买主播带的货或者平台其他商品时，需要将自己的姓名、手机号码、家庭地址等个人信息透露给卖方，后续消费者会经常接到骚扰电话、收到垃圾短信等，甚至有时可能会出现账户被盗的情况。现实生活中，由于举证和索赔困难，遇到这种情况很难进行维权。虽然我国《个人信息保护法》《消费者权益保护法》（以下简称《消保法》）、《侵害消费者权益行为处罚办法》等都对个人信息保护做了规定，经营者收集、使用消费者的个人信息需要经过消费者的同意，但是在实践中，有些不良商家仍擅自将消费者的个人信息出售给他人，消费者的个人信息就存在被随意地泄露或者说是买卖的风险，不法分子可能利用这些信息进行诈骗、传销等违法犯罪活动，严重侵害消费者的合法权益。

其次，短视频平台上消费者的知情权未得到充分保障。消费者在整个消费过程中对商品的外观、性能、质量等皆是通过主播来了解，或者将用户对商品的评论作为参考。但是，一些不良商家为了提升销售量，谋取更多利益，在发布商品信息时进行虚假宣传，或者以次充好。经过商家和主播的一系列操作，次等商品被当作优等商品出售给消费者，待消费者收到货后，发现了质量问题再去找商家或者主播时，商家和主播已消失得无影无踪。例如，短视频展示某类水果并进行销售，消费者买的是大果，收到的却是小果或者质量很差的果实，消费者投诉后，商家就消失。某些直播间的主播在一个环节没把控好，可能就被不良商家钻了空子，导致消费者的权益受到侵害。再如，某个商品厂家请名人来直播带货，在直播之前利用粉丝黏性提前将商品卖给这部分粉丝，此后名人直播间出售商品的价格实际上更低，而提前买的粉丝又无可奈何，维权困难。这种商品详情不真实、商品虚假好评的情况严重侵害了消费者的知情权。

最后，消费者的反悔权不能得到有效行使。消费者在短视频平台购买的商品有一部分是无法进行退换货的。虽然《消费者权益保护法》中对于消费者的反悔权进行了规定，消费者有权在收到商品后的七日之内退换货，并且不需要任何理由，但是在短视频平台上部分不良商家利用例外条款中的例外规定"其他根据商品性质并经消费者在购买时确认不宜退货的商品，不适用无理由退货"，来对消费者的反悔权的行使进行规避。商家一般会在商品详情或者客服自动回复中注明该商品不适用七日无理由退货，但是这种提示是以非常隐蔽的方式展示的，消费者很难注意到，在一定程度上损害了消费者的反悔权，侵犯了消费者的合法权益。

◎ **受短视频影响的未成年人**

短视频发展至今获得了庞大的用户群体，其中包括许多未成年用户。短视频的碎片化、多样化和互动性内容深受未成年人的喜爱：短视频不仅拓宽和降低了获取知识信息的途径和门槛，促进了知识信息的良性循环，开阔了未成年人的视野，也为未成年人提供了自我表达的空间进而增强其自我表达能力和交往能力。但短视频对于未成年人来说同样是一把"双刃剑"，既能够助力未成年人的成长，也会为其持续发展制造阻力，具体来说其消极影响有如下几个方面：

**沉迷与上瘾**

部分未成年人沉迷短视频，出现上瘾症状。短视频中的图片、文字、音频、视频多维展现的效果能给未成年人带来强烈的视觉感官刺激，同时在算法推荐技术支持下短视频平台会持续性地为未成年人推荐其感兴趣的内容，进而大大提升未成年人对短视频软件的使用频率，自控力不足的未成年人会沉迷其中。

**信息茧房效应**

"信息茧房"概念是 2006 年由美国学者凯斯·桑斯坦在其著作《信息乌托邦：众人如何生产知识》中提出的，他认为在网络信息传播过程中，公众更偏向于选择他们感兴趣的话题，长此以往就会将自己禁锢在"信息茧房"中，接触不到更加丰富、更加多元的信息。[1] 未成年人在日常刷短视频的过程中，虽然能够获取到自身所需的信息知识，但未成年人自身的兴趣和平台的算法推荐技术，会使其重复性地观看相同或者类似的视频内容，同质化的信息在未成年人的视野中不断出现，切断了多样性信息的获取途径。在"信息茧房效应"的影响下，部分成年人无法辨识信息而形成偏见，未成

---

[1] 周靓. 短视频时代"信息茧房"效应的破与立：以抖音"网生代"未成年人用户群体为例. 新闻研究导刊，2021，12（11）：8-10.

年人因持续性地接收到类似的信息知识，更会因失去接收多元化信息的机会而变得视野狭窄，对世界的认知也会变得狭隘，从而面临思想观念被固化的危险。与此同时，视频信息的视觉冲击力和感染力相对更强烈，未成年人处于被动式的欲望刺激中，在视频内容所带来的短暂快乐与兴奋中逐渐失去对事物的深度思考和逻辑判断的能力，导致思维日趋浅层化和平面化，不利于其健康成长。

**弱化现实社交能力**

未成年人沉迷于网络视频之中的交流和沟通。未成年人会对其感兴趣的视频内容进行点赞、收藏和评论以表达自己的意见和看法，并花费更多的时间与注意力去和短视频社区中的粉丝及其他所谓的好朋友交往。长此以往，未成年人便会沉溺于网络社交，习惯于在短视频平台中向"圈内人"展示和分享自己的状态和心情，而在现实中却与他人的关系日益疏远。

**误导物质消费观**

在短视频中，部分主播为了获得更高的人气与更多的粉丝，会不断劝说观众点赞、充值送礼物、打榜、种草等，同时还会在视频中频繁展示如奢侈晚宴、豪华旅游等高档消费内容。这会对未成年人产生诱导作用。受到诱导的未成年人在消费需求增大的同时普遍还有超前消费、奢靡消费等错误的消费理念。而且，未成年人的消费行为与短视频浏览时间呈现正相关关系，即短视频浏览次数越多、时间越长，越容易产生不理智的消费行为。

**侵蚀主流价值观**

虽然短视频内容种类繁多，为未成年人接触新事物提供了广泛的渠道，但内容良莠不齐，部分视频依靠着猎奇、刺激、低俗和娱乐等特性来吸引注意力，这些视频使未成年人受到低俗化、娱乐化的束缚，极易丧失对善恶美丑、高雅低俗的基本判断能力。长期在低俗短视频熏陶下的未成年人的世界观、人生观和价值观会出现严重偏差。

## 四、规则之治

◎ 流量规范

互联网科技与经济的融合使流量经济逐渐发展壮大，"流量"一词也日益进入人们的日常生活中。根据中国互联网协会的界定，流量是应用服务商用来统计用户行为的方式，其基本指标包括独立IP地址数、独立访客数、页面浏览量、访问次数和访问时长。[①] 由此可见，流量代表着平台影响力、用户数量甚至平台的收益。

"流量为王"成为互联网行业的黄金法则。对流量的争夺成为互联网领域的竞争焦点，短视频平台也无法从流量竞争的漩涡中逃离。但是，对于短视频平台来说，流量既可以是目的，也可以是手段。短视频平台应当通过对流量进行规范，达到抑制流量营销乱象、优化平台环境的目的。

在价值定位上，短视频平台应当坚守主流价值方向，弘扬社会主义核心价值观。对于炒作热点、虚构事实、无视社会公共利益、用虚假的内容博人眼球获取流量的做法应当予以严禁。如2021年河南突降暴雨引发社会广泛关注，在此次事件中，许多人民群众都

---

① 我国首个互联网流量指标行业标准出台．［2011－08－13］．https://www.isc.org.cn/article/15563.html．

在关心着抗洪救灾进程,也有很多人对河南施以援手。然而与此同时,一些被利益蒙蔽双眼的短视频博主却闻风而动,在救灾现场惺惺作态,假装自己在帮助救援,企图通过这种虚假的宣传来获得关注。这些与社会主义核心价值观相悖的举动对社会风气造成了严重破坏,冲击着正确的价值观。

2019年1月,习近平总书记在十九届中共中央政治局第十二次集体学习讲话中就曾说过,"网络是一把双刃剑,一张图、一段视频经由全媒体几个小时就能形成爆发式传播,对舆论场造成很大影响。这种影响力,用好了造福国家和人民,用不好就可能带来难以预见的危害"①。

因此,作为拥有广泛受众的新兴文化传播平台,短视频平台应该明确自己的价值定位,坚守思想阵地,严格把关。要坚持以主流价值为导向,以平台为纽带,积极弘扬社会主义核心价值观,注重用小故事宣扬正能量,培养大情怀,传递优良文化和思想,塑造良好的短视频平台环境。

如前文所述,短视频平台可以通过流量统计用户行为,也可以运用算法根据用户访问次数和时长等流量基本构成指标推断用户喜好,进而向用户推荐内容。这也是下沉市场中出现文化分层的原因。虽然直播平台的发展开始驶入快车道,但是高速行驶要有规矩。有的主播为了吸引流量,把丑行恶习当作网络流量的保证和卖点,庸俗低俗媚俗充斥其间。平台不能为了流量而视而不见、听之任之。短视频平台应当对智能推荐算法进行有效管控,不能为了吸引流量获取利润而依着一部分用户的喜好向这些用户推荐低质量的

---

① 习近平主持中共中央政治局第十二次集体学习并发表重要讲话. 新华社, 2019-01-25. http://www.gov.cn/xinwen/2019-01/25/content_5361197.htm.

内容，任由劣质视频广泛流传，积羽沉舟。短视频平台在运用算法向用户推荐内容时，应该注重甄别用户喜欢的内容的质量，综合考量，即在考虑用户喜好的同时也要衡量视频的社会影响，并且依靠流量分配对平台上的短视频进行筛选和选择性推送。通过对低质量的视频进行"限流"与大力推送高质量视频并行的方式，减弱低质短视频的影响力，限制其传播范围，实现平台内容持续优化，从而尽量减少短视频平台进军下沉市场时造成的文化分层现象所带来的不利影响。

综上，短视频平台应当依法通过价值定位和算法运用两方面的措施实现对平台流量的规范，以社会主义核心价值观为指导，在正确的价值导向下，理性运用智能推荐算法，有效规范流量，净化短视频平台环境，维护短视频平台的健康生态。

◎ **短视频应有"过滤网"**

应对低俗内容泛滥，应在明确原因与标准的基础上探讨科学有效的措施。既要在泛滥原因的基础上找寻潜在的应对因素，也要在标准的基础上找寻应对标准，只有在对各种因素相互结合考虑的情况下，才能使应对低俗内容泛滥的方式和方法具有一定的科学性和实效性。

首先，短视频平台要建立集中整治与定期排查制度。平台必须建立制度，集中整治以低俗内容为主题的作品，清除违规账号，并设置严格的处罚措施打击低俗内容发布者。一方面，集中整治的方法能够快速震慑短视频平台用户，使其严格遵守平台使用规定，净化短视频平台的文化风气。另一方面，集中整治行动能够在短时间内提升短视频平台的内容质量。定期排查行动可以监督潜在的低俗作品创作者、新增低俗作品创作者，将低俗内容作品扼杀在摇篮中，切断低俗内容的产生根源，同时减少集中整治行动的压力，建立科学有效的整治制度。要将集中整治和定期排查制度相互结合，形成长效的短视频平台监管机制，建立起低俗内容的"过滤网"，并为政府有关部门不断更新改进监管方式和制度提供实践基础。

其次，平台要更新技术排查手段。目前，短视频平台的技术监管措施包括多种场景中违规内容的智能检测、建立低俗内容惯犯用户库等。平台要建立多种违规模型直接应用于内容检测，一旦发现低俗内容，可以将其标记，并列入违规用户库，再通过查重、比对等细化手段，实现精准识别低俗内容。但是"道高一尺，魔高一丈"，随着实践与技术快速发展，用户躲避监管的手段也越来越高级，凭借单一不变的技术手段难以实现精准及时的监管效果，需要通过集中整治和定期排查的实践积累，不断更新敏感关键词，不断更新技术和监管手段，才能使低俗内容发布者无法摸清低俗内容躲避方法，从而有效地整顿低俗内容的传播乱象。同时，可以尝试其他技术手段，如区块链技术，通过信息固定与识别功能，将低俗账号与低俗内容保存固定，从而实现后续监管的自动识别效果。

再次，开发研究教育功能和被教育机制。低俗内容泛滥的原因主要有：一是因为低俗内容迎合了网友的低俗趣味。在短视频平台下沉市场和普惠策略的影响下，短视频平台网友对于低俗趣味的接受程度较高，并且需求呈上升趋势。这也是助长低俗内容出现的因素，有市场、有流量的局面是低俗内容泛滥的主要原因，因此短视频平台的教育功能不可或缺。二是短视频平台的内容整顿还未真正贯彻到实处。基于用户量和平台活跃度的考虑，短视频平台对于全面打击低俗内容的决心不够坚定。基于此，短视频平台被教育机制不可或缺。短视频对用户教育功能可以设置在短视频平台的首页或者其他明显位置，将一些带有教育性质的抵抗低俗内容的词语穿插在流量之中，定时推送；也需要开展正能量工程，将流量侧重点安排在优秀短视频作品上，将一些无营养的内容通过平台的流量控制予以限流，对违法违规的内容予以屏蔽和删除。短视频的被教育机制可以通过相关部门约谈和行政指导等方式强化，不断提高平台主体的社会责任意识，促使平台主体在运营过程中树立良好的价值观并承担社会责任。

最后，合理界定低俗内容，严格处罚低俗内容发布者。短视频平台的低俗内容种类繁多，在用户不明确低俗内容的界定标准和处罚标准的背景下，用户很难自觉遵守相关的要求。大部分用户都是放任自由，哪一种作品类型获取的观看数量和粉丝量多，用户就会选择哪一种作品类型。在对短视频平台的规则之治中，政府首先要依法确定低俗内容的界定标准和处罚标准，并指导平台制定更为细致可行的管理规则，通过平台来引导甚至强制用户学习短视频相关规则，确立正确的平台使用规则。应不断利用短视频推送功能等告知用户相关标准，并考核把控短视频平台用户对规则的认知程度。

◎ **消费者至上与平等保护**

对消费者的合法权益进行保护是短视频规则之治的重要内容。无论是短视频用户个人、商家还是平台，皆有责任保护消费者的个人信息、知情权以及反悔权，共同构成了消费者权益保护格局。

首先，消费者应当提高对自己合法权益的维护意识。作为消费者，面对形形色色的诱惑，应当要有自控力，保持理性。尤其是在网络直播遍布日常生活的当今社会，要理性地购买直播间推荐的商品，可以选择信用较高的商家店铺，同时不能过于贪图便宜，以免因小失大。不能因为商家承诺对好评返现，就删除差评或者将差评改为好评，这样能够减少虚假评价的数量，保证其他消费者可以看到最真实的商品评价。对于在商品配送过程中可能出现的泄露信息的问题，消费者可以通过不写真实姓名、写附近快递驿站地址的方式保护自己的个人信息。消费者应当理性听取主播的推荐，不要盲目从众，同时要具备自我保护意识，在出现不正当的营销行为时，要勇敢地站出来维护自己的合法权益。

其次，各方主体要加强监管，保护消费者的个人信息。消费者个人信息的保护需要通过多种途径共同努力，商家、主播、平台以及快递行业的行为都需要进行规范监管。平台方要切实地履行保护消费者个人信息的义务，可以对部分商家进行抽查，检查其信誉及行为等；平台方要强化责任管理，采取有效的审查手段，严格把关经营者的经营信息、资质信息，禁止不合格的经营者进驻短视频平台。对于经营者的商品来源等都要严查，以保证商品质量。同时，对整个商品的质量要进行不定时抽检，对于质量问题影响较大的经营者要进行严格处罚。可以对直播带货节目进行分类，例如，划分扶贫助农、明星带货、主播推销等类别，针对不同门类分别实施有针对性的监管。平台还要加强协调机制的建设，积极处理消费者与经营者之间的争端，及时介入双方之间的纠纷，提升消费者的满意度。

再次，对商家建立信用评价制度以加强审核。消费者在进行网络购物的过程中，容易被眼花缭乱的虚假广告、虚假好评等冲昏理智，因此，对商家采取信用评价制度可以在一定程度上保障消费者的合法权益。网络平台应当加强对商家信用的审核，严格禁止不良商家、不法商家在平台上销售商品；同时，在商家申请销售时，平台应当适当收集商家的信息，可以收取一定金额的押金，防止商家出现强制关闭一家店铺后又换一个新名字再次开张的情况，避免

"狡兔三窟"。倘若商家发生了较轻的违规行为,可以对其进行适当的处罚。进而可以通过信用评价制度来构建健康有序的市场秩序。商品评价应当以真实的交易为基础,真实合理的评价对消费者有重要的参考价值。信用评价制度的建立和完善,既能够维护网络环境,又能够保护消费者的合法权益,提升平台监督管理的责任心,规范经营者的行为。可以对违规的商家进行一定时期的公示,以儆效尤;也可以让消费者更加全面地对该商家的商品进行了解,选择最好最实惠的店铺进行购买;对商家也起到了监督的作用,保证其不敢再犯。毕竟对于商家来说,店铺的信誉是极其重要的,它决定了店铺是否能够长久经营。

最后,政府应当加强对直播带货的监管。商家应当依法申请营业许可;而且,开展销售活动、进行直播的主播要实名认证。《互联网直播服务管理规定》明确了相关部门的监管职责和义务;同时,还对相关主体的"网络"准入进行了规范,即"通过网络表演、网络视听节目等提供互联网直播服务的,还应当依法取得法律法规规定的相关资质"。该规范特别对发布互联网新闻的在线活动进一步予以规范,具有新闻性质的直播也受该规范的规制。

在2020年"双十一"后,为加强对网络秀场直播和电商直播的引导规范,强化导向和价值引领,塑造行业健康生态,防范遏制低俗庸俗媚俗等不良风气滋生蔓延,国家广播电视总局对网络电商直播活动进行了规范,提出多项具体要求,包括:第一,网络电商直播平台要对开设直播带货的商家和个人进行相关资质审查和实名认证,完整保存审查和认证记录,不得为无资质、无实名、冒名登记的商家或个人开通直播带货服务。第二,平台须对相关信息的真实性进行定期复核,发现问题及时纠正。要对头部直播间、头部主播及账号、高流量或高成交的直播带货活动进行重点管理,加强合规性检查。第三，要探索建立科学分类分级的实时动态管理机制，设置奖惩退禁办法，提高甄别和打击数据造假的能力，为维护诚信市场环境发挥积极作用。第四，要求开展秀场直播、电商直播业务的平台进行登记备案工作，督导相关平台建立直播内容分级分类管理和审核制度，完善直播间、主播、审核员数量的结构报备、打赏控制等管理机制。

还要注意，由于目前的直播带货范围很广，国家对此缺乏有针对性的立法，且以一般的直播带货类型为例，涉及商家、主播、平台以及监管部门几方主体，会造成法律适用上的难题。例如，多方主体间的法律关系会受到不同法律的规制，如《电子商务法》《广告法》等法律以及《互联网信息服务管理办法》等行政法规，法律条文的分散规定也给执法人员的执法带来一定的困难。对此，有学者指出，首先应整合目前的法律规范条文以及不同部门之间的执法权限。国家互联网信息办公室、国家税务总局和国家市场监督管理总局于2022年3月发布的《关于进一步规范网络直播营利行为促进行业健康发展的意见》中也提出，深化协同共治，推动提升监管合力，并明确相关主体应"加强信息共享"，加强"联合奖惩"，以构建跨部门协同监管长效机制，对网络直播营利行为进行规范性引导，支持网络直播依法合规经营，推动网络直播行业在发展中规范、在规范中发展。

## ◎ 一切为了孩子

短视频作为一种新的知识信息传播的渠道和媒介，促进了未成年人的交往与成长，需要合理、客观地看待其优劣面，对其在发展过程中所产生的不利影响予以控制和消除，为未成年人创造一个符合社会主流价值观的短视频平台。当短视频成为一种在未成年人中广泛传播的文化元素时,其就具备了准公共产品的属性。社会各方主体(包括国家、家庭、学校、行业平台和未成年人自身)需要共同努力,协力创造一个良好的网络环境。

第一,转变治理思路,以预防控制为主。由于短视频的网络传播具有广泛性与迅捷性的特点,传统立法监管的滞后性弊端更加凸显,难以全面迅速地对短视频中所产生的问题加以有效解决,因而事前预防的方式更有助于防止未成年人沉迷于短视频。对此,各大视频平台在国家网信办的指导下纷纷上线"青少年模式"的防沉迷系统,对未成年人的访问时间和访问内容等进行限制,从而减少未成年人的使用时间。但是,"青少年模式"的强制性力度不足,用户可以自行选择是否开启"青少年模式",或者在开启"青少年模式"并设置独立密码之后通过卸载再重装的方式避免开启,此外还有各种破解方式如通过"身份证生成器"等使"青少年模式"失效。因此,要想让"青少年模式"真正生效并服务于未成年人,就不只是简单地限制使用时间和内容,还需要更加全面细致的规定和更加先进的技术手段予以预防和控制。

第二,细化法律责任,加大违法成本。有效的事前预防可以在很大程度上防止未成年人沉迷于短视频中,但并非能够完全防止出现相关问题,也需要事后的救济对未成年人予以保护,因此就需要加大对短视频平台和相关责任人的处罚力度——违法成本的增加将会使其慎重实施对未成年人的侵害行为。

第三,通过视频政务号弘扬主旋律价值观。各级政府和有关组织可以通过短视频政务号,对新闻和热点事件予以介绍,对公共话题及时评判和讨论,有针对性地以风格亲近化、主题年轻化和形式多样化的特点吸引未成年人,正面宣传和引导社会主义核心价值观。

第四，家庭和学校在净化和优化未成年人网络环境中起着不可替代的作用。家庭和学校是未成年人获取知识和得到成长最重要的场所，未成年人受到家庭熏陶和学校培育的影响更为深远。对家庭而言，一方面，承担教育责任的主体是父母，父母需要把握家庭教育的契机，了解孩子的心理动态，主动加强与孩子的沟通，培养父母与孩子之间的信任感，使未成年人无论何时何地都能够感觉到父母对自己的关注和爱护；在日常生活中应当多为未成年人创造丰富的实践活动机会，防止未成年人过度沉溺于短视频。另一方面，父母要做好表率，自己不做"低头族"，发挥榜样的作用，并与未成年人一起观看正面积极的视频内容。在学校方面，要注重积极开展未成年人的媒介素养教育。未成年人媒介素养教育的核心内容，就是教会未成年人正确使用媒介，提高对媒介信息的辨别能力和分析评价能力，保持清醒头脑，增强自律自控意识，自觉抵制网络上的不良信息。在教学过程中，可以将学校教育与短视频平台有机结合，开设媒介素养课程，并利用技术手段拓展媒介教育实践场地；同时，学校教师也需要提升自身的媒介素养能力，在熟练运用媒介技能的前提下借助短视频平台的内容，因势利导地对未成年人进行媒介素养教育。

第五，短视频平台在优化未成年人上网环境的过程中承担主体责任。一方面，短视频平台需要加强行业自律，从源头上预防低俗内容对未成年人的侵蚀。短视频平台应当严格规制短视频当中有可能危害未成年人的内容，出台保护未成年人的措施并依此拟定行业自律规范以规范行业行为。另一方面，完善机器审核为主、人工审核为辅的双重审核机制，建立健全投诉举报机制，优化推荐内容。机器审核明显提高了审核效率，但过于机械化且对一些复杂性问题缺乏统一标准，也难以妥善解决相应纠纷，因此需要扩大短视频平台的人工审核队伍。同时，在建立健全完善的平台投诉举报机制的前提下，积极、及时地对相关投诉举报进行处理，避免纠纷激化和积累。

第六，未成年人需要加强主动性，努力提高自制力、思辨能力以及时间管理能力。未成年人是祖国未来发展的重要力量，面对短视频平台中不良视频内容对其主流价值观所构成的挑战，"打铁还需自身硬"，践行德智体美全面发展的现代学生导向。未成年人要积极主动加强与父母、老师、朋友之间的沟通，不沉溺于短视频内容的短暂快乐之中，做到适度观看，合理控制娱乐时间；另外，要注重培养自我教育意识，理性看待各类事物；面对短视频内容的流行，要学会自我思考和辨别，自觉抵制短视频之中的庸俗内容，培养自己积极向上的健康的价值观。

"《主播说联播》，今天我来说一说全国两会，今年两会……"

2022年两会期间，"新闻联播"抖音号推出的《主播说联播》栏目持续发布了一系列与两会相关的短视频，这些视频用短小精悍的内容和简洁明了的画面向大众做新闻报道，帮助用户快速地了解两会热点，满足了用户的需求。主流媒体积极开拓创新，以时下观众最喜闻乐见的形式向用户传递了主流价值观点，通过轻松欢快的方式增强了新闻报道的趣味性，提升了新闻传播的影响力。这样的做法，既做好了主流媒体的本职工作，又赢得了当下年轻用户的喜爱，实现甚至是超越了短视频的预期作用和应有价值。

在流量为王的时代，短视频在各领域内蓬勃发展，各行各业都应当在自我创新的同时找好自身定位，在制作、管理、使用和传播短视频时承担起社会责任，促进短视频在合法合理的疆域和边界内绽放精彩！

# 第十章　共享经济：使用权上位

26岁的Jessica（李欣珊）研究生毕业了，在北京上地后厂村的写字楼里过着"995"的生活，但这并不能阻止她放飞自我的心。中午短暂的休息时间，她一边扒拉着外卖，一边在手机上看着小猪短租APP里那些或者面朝大海、或者隐于闹市的颇具情调的房间。疫情的蔓延使得她无法去往国外，但她还是想在马上到来的"十一"假期去南方走走。在东北小城里，她是小珊；在北京，她是Jessica；出走到南方，她又是另外一个人。她最终把目光停在长沙——这个早已在心里种草的网红打卡地。长沙有排了上万个号的网红餐厅、五光十色的夜生活，比北京更"潮"，更受年轻人喜爱。她才不会去旅店，她就想住到别人的家里去，住到那些年轻人喜欢的网红民宿去。

每日有上百万人同Jessica一样在小猪短租、Airbnb（爱彼迎)、途家等共享住宿平台上寻找民宿。他们的共同之处是不想住在传统的旅店，不同之处是他们想入住民宿的原因——有的人想要有趣的，有的人想要方便的，有的人想要便宜的，还有的人想能做饭的，以上各种需求都没法塞进传统旅店和旅馆里，但是在共享住宿里都能被满足。他们可以一个人住进别人家，分享别人家的一个房间甚至是客厅，可以一大家子住进整套房子，甚至几家人一起住进独栋别墅开个"轰趴"。

"共享住宿"仅是典型共享经济的一种。"共享经济"可谓近几年当之无愧的"热词"[①]——美国《时代周刊》将"共享经济"列为改变世界的十大想法之一；"共享"一词入选国家语言资源监测与研究中心"2017年度中国媒体十大流行语"；"共享经济"连续5年出现在中国政府工作报告中……仅仅几年时间，共享经济就出现在社会经济的各个领域，渗透到生活的方方面面。当我们谈起"共享经济"时，我们在讨论什么？哪些经济现象和市场行为属于"共享经济"？"共享经济"是如何兴起，又是如何发展起来的？小黄车消失在大众视野，Uber退出了中国市场，WeWork的估值在不断下滑，共享经济是在衰退吗？

## 一、共享经济的缘起

共享经济，是一种利用互联网、云计算、大数据等信息技术，将闲置、分散资源进行优化配置，提高资源利用效率的新型经济形态。可以说，共享经济是互联网技术发展和经济发展所催生的必然

---

[①] "热词"，即热门词汇，英文为buzzword。热词作为一种词汇现象，反映了一个国家、一个地区在一个时期人们普遍关注的问题和事物。热词具有时代特征，反映了一个时期的热点话题及民生问题。

产物。共享经济的出现，改变了使用权和所有权捆绑的传统交易观念，冲击了现有社会经济的分工，同时也挑战了政府的监管水平。

随着万千创业者与无数消费者的加入，共享经济的发展开始步入黄金时代；随着对共享经济认知程度的逐步提高，共享经济的特征及运作方式正在逐步明晰，更多的业态也正在进入共享的商业模式。

◎ 什么是共享经济？

### 始于"协同消费"的"共享经济"

共享经济是一个较为庞大和繁杂的概念。简单来讲，共享经济也可以被称为分享经济、合同/协同消费、协作经济、在线共享、人人经济等。

"共享经济"最早是以"协同消费"的概念提出的。[1] 1978年，美国得克萨斯州立大学的社会学教授马科斯·费尔逊和伊利诺伊大学社会学教授琼·斯潘思共同发表的文章中首次提出了"协同消费"这一概念，并将"协同消费"描述为一种新的生活方式和商业模式——拥有闲置资源的机构或者个人有偿地让渡资源使用权给他人，利用分享闲置资源再次创造社会价值、提高资源利用率的新型商业模式。[2] 协同消费的主要特点是：个体通过第三方市场平台实现点对点的直接的商品和服务交易，通过共同消费商品或服务增加收益或降低成本。[3]

---

[1] 吕本富，周军兰. 共享经济的商业模式和创新前景分析. 人民论坛·学术前沿，2016（7）.

[2] FELSON M, SPAETH J L. Community structure and collaborative consumption: a routine activity APProach. American Behavioral Scientist, 1978 (21): 4, 614 - 624.

[3] 程豪杰. 分享经济研究评述. 中国集体经济，2019（13）：55 - 60.

### 突出使用权价值的共享经济

从最初"协同消费"概念的提出及其含义可以看出，共享经济的基本理念是协同和合作，其价值观是让渡闲置资源的使用权，进而对闲置资源进行充分利用。也就是说，共享经济的实质是对使用权的共享。资源分配不均，供需不相平衡，无资源可用与资源过剩之间存在矛盾，从而产生了使用权和所有权分离的共享模式。共享经济突出使用权的特性，既盘活了资源过剩者的闲置资源，又满足了资源稀缺者对于资源的需求，还降低了自然和社会生产资源的负担。"使用即拥有"这一观念和模式，灵活、迅速地响应消费者需求，逐渐得到大众认可。[1]

瑞秋·波斯曼在其所著的《我的就是你的：协同消费的兴起》一书中对共享经济的理念进行了推广。波斯曼在一次 TED 演讲中对协作经济、协同消费、共享经济进行了阐述与比较[2]，他认为上述三个概念并不完全重合，相互交叉的部分显示出的共性在于：一是对分散或多元化的资源的整合；二是受到颠覆性的驱动力影响，包括技术的革新、理念的转变、经济意识的觉醒以及有限资源的压力；三是创新了资源的高效利用模式。而共享经济相比于协作经济、协同消费，最显著的价值观则体现在将资产的价值从所有权转向使用权。

### 不同定义存在对共性特征的强调

贾纳·埃克哈特则将共享经济定义为一个技术支持的社会经济

---

[1] 赵晓. 共享经济 2.0：谁将引领明天. 北京：经济日报出版社，2018：72.
[2] 波斯曼在 TED 演讲中所作阐述均由笔者听译。

系统，认为共享经济要包括五个关键特征：获取的临时性、经济价值的转移、平台调解的介入、消费者角色的拓展、众包供应。[①]

我们认为，与传统经济模式相比，共享经济具有五个基本特征：技术特征、主体特征、客体特征、行为特征、效果特征。对这些特征的理解有助于我们对共享经济形成完整而清晰的认知。

从技术上讲，共享经济的本质是通过互联网整合线上线下资源，在平台上聚集了大量客源及货源，供给方与需求方只要在平台上注册即可以最低成本获得对方信息，大大节省了寻找客户或供应方的时间和搜索成本；并且利用大数据技术、位置服务、在线支付等技术手段迅速准确地实现供需双方的匹配和交易的实现。共享经济的贡献还在于规则制定，平台制定整个分享过程中的交易规则，如时间约定、定价、交易双方的权责、反馈与评价机制、惩戒措施等，使得交易更加便捷，也更加安全。共享经济大规模爆发的直接结果是各式各样的陌生人相遇，展开广泛的交易，因此确保安全也成了平台非常重要的责任。

从主体上讲，共享经济是真正意义上的大众参与。普通个体只要拥有一定的资源和一技之长，就可以很方便地参与到共享经济中。共享经济的参与者可以是任何个人、社团、企业、联盟、政府等，参与者们为系统运转贡献着自己的力量，并从中获益。参与者的身份也不是单一和一成不变的，而是可能在多重身份之间频繁转换，时而是产品和服务的供给者，时而是消费者。这一特点使参与者个体的潜能与价值都得到最大限度的发挥。共享经济归根结底是人的经济。

---

[①] ECKHARDT G，HOUSTON M B，JIANG B，etc. Marketing in the sharing economy. Journal of Marketing，September 2019.

从客体上讲，共享经济实现了海量分散化社会资源的快速流动。现实世界中的资源是有限的、稀缺的，同时闲置与浪费现象普遍存在。在很多国家，过度消费带来的个人资源过剩的例子比比皆是。在中国，截至2021年9月，全国一共有2.07亿辆私家车，有66个城市汽车保有量超过百万辆，30个城市超200万辆，其中，北京、成都、重庆、苏州、上海、郑州、深圳、西安、武汉、东莞、天津11个城市已经超过300万辆。[1]但是，私家车利用率不足10%。共享经济就是要使这些海量、分散的资源通过网络整合流动起来，让其使用价值最大化，满足日益增长的多样化需求，实现"稀缺中的富足"。

从行为上讲，共享经济的核心是使用权分享。传统的经济活动大都涉及产品和服务所有权在交易双方之间的转移，而且这种所有权是排他性的。但在共享经济活动中，所有权与使用权是分离的，交易过程中，双方经常采用以租代买、以租代售等方式让渡产品或服务的全部或部分使用权。平台上闲置房间的租用，表面上看是人们在共享房间，实质却是在分割购买和租赁，是使用权的暂时性转移。

从效果上讲，共享经济追求的是用户体验第一。共享经济能大幅增进个性化体验。以出租车行业为例，其提供的是单一的车型、单一的价格、单一的打车方式，但是网约车能提供个性化的产品和服务，并大幅提升用户体验。共享经济还极大地提升了消费者的参与感，平台所提供的用户评价功能，使得用户不仅可以参与评价，而且其评价通常能够得到及时反馈，并对其他消费者的选择产生直

---

[1] 全国私家车保有量突破2亿辆 66个城市汽车超百万辆．[2021-12-19]．https://baijiahao.baidu.com/s?id=1655117078863134537&wfr=spider&for=pc.

接影响,这将推动平台与服务提供方注重提升用户体验、不断完善服务。

共享经济始于协同消费理念,丰富于不断创新的产业经济中。共享经济产业在各种领域之中,除了传统公认的共享经济鼻祖"共享出行""共享住宿"两个市场,还有中国率先兴起的"共享单车",以及大量涌现的"共享办公""共享充电宝""共享雨伞""共享工具"等,共享经济领域出现了越来越多的创新体。从供给的角度,共享经济可以分为六大类,即产品、空间、知识技能、劳务、资金和生产能力的共享;从需求端看,共享经济遍布衣食住行、教育、就业、养老、医疗等各个领域。当然,并非所有的新经济模式均符合共享经济的所有特征。但当我们以共享经济的话语体系来考察一个行业时,无论是审视它的优势还是审视它的弊端,无论是讨论它的过去还是讨论它的未来,都应该围绕共享经济最根本的价值——资源使用权的充分利用。

## ◎ 共享经济产生的机缘

共享经济从萌芽到大规模普及,有其特定的社会背景。可以说,共享经济是社会经济发展和互联网等信息技术手段进步相结合的必然产物,可谓生逢其时。

**共享经济的发展土壤:互联网技术**

共享行为由来已久。在共享经济发展为成规模的新型经济形态前,较为具有"共享"特征的行业是汽车租赁、设备租赁等"以租代买"行业。随着互联网的普及应用,出现了以共享文件和音乐为内容的早期共享平台,随后扩大至新浪爱问、豆瓣网等知识共享行业,传统汽车租赁行业也诞生了Zipcar这样借助互联网的共享租车平台。但共享经济真正被大规模、全行业应用和普及，离不开移动互联网、大数据、云计算等技术的加持；在信息技术浪潮的推动下，共享经济才正式步入了"万物皆可共享""人人皆可参与共享"的新纪元。

共享经济不仅是一次资源革命，也是一次信息技术革命。共享经济深刻改变了资源配置方式，而互联网等信息技术则负责不断为资源配置提供更高效、更优质的解决方案。

**共享经济的发展契机：经济危机**

共享经济真正兴起，始于2008年金融危机之后的美国。2008年全球金融危机的爆发刺激了需求、技术应用开发和政策出台三个端口。[①] 瑞秋·波斯曼在其所著《我的就是你的：协同消费的兴起》一书中将"经济危机频繁发生"列为共享经济的驱动力之一。金融危机的席卷使得美国民众资产缩水、收入下降或是失去工作，许多人为增加收入补贴家用或为维持硬性支出，愿意将家中的闲置资源放置于市场中进行交易，比如房间、车辆，这使共享经济迎来了快速发展的契机。为了适应需求端，使共享成为可能，针对性的应用技术也迅速进入市场。而政府为了重振市场信心，改善民众经济状况，也对此类产业采取了默许或者支持的态度。

2020年初开始的新冠疫情使世界经济下行压力加剧，甚至面临衰退风险。世界经济受到多维度打击。在此背景下，共享经济作为新业态、新模式展现出强大的适应性和包容性，为疫情下的经济复苏带来一线曙光。在中国，共享经济在保障民生供给、推动复工复产、扩

---

① 于凤霞. 共享经济在中国的发展节点、价值影响及未来趋势（上）.［2019-09-09］. https://www.sohu.com/a/339851046_274290.

大消费、提振内需等多个方面都发挥了重要作用。虽然共享出行、共享住宿等传统共享经济行业因疫情受到巨大冲击，但疫情也推动了共享医疗、共享办公、共享用工等共享经济的大幅发展。

**共享经济的发展保障：资本投入**

共享经济的迅猛发展，不但表现在共享经济所涉及的领域不断拓展，也表现在资本陆续涌入共享经济领域。2010—2013年全球涌入共享经济领域的投资额累计达43亿美元，而2014年和2015年两年的投资额则分别高达85亿美元和142.06亿美元。根据中国国家信息中心分享经济研究中心的数据，2016年中国共享经济的融资规模约为1 710亿元人民币，2017年达到2 160亿元人民币。虽然2017年后有所放缓，但是每年也有高达上千亿元的人民币涌入共享经济市场。共享经济对于资本的吸引实属必然，共享经济聚合用户和吸引流量的巨大威力必定会吸引本就趋利的资本的目光。反之，资本的投入有力地推动了共享经济的进一步发展。

## 二、共享经济的中国化

共享经济是在新一轮科技革命和产业变革中孕育出的新型经济形态，是创新、协调、绿色、开放、共享发展理念的深刻实践。在中国，共享经济承担着引领中国创新发展浪潮、优化配置分散资源、化解过剩产能、带动市场就业等艰巨任务，也在贯彻绿色发展理念、实现碳达峰和碳中和目标上有突出贡献，因此，共享经济的发展受到了党中央和国务院的高度重视。

勤俭节约是中华民族的传统美德，加之我国资源节约利用、环境保护形势十分严峻，党的十八届五中全会提出绿色发展理念，绿色发展与创新、协调、开放、共享等发展理念共同构成五大发展理念。为落实绿色发展理念，2016 年 2 月，国家发改委等十个部门发布《关于促进绿色消费的指导意见》（发改环资〔2016〕353 号），该意见指出"支持发展共享经济，鼓励个人闲置资源有效利用，有序发展网络预约拼车、自由车辆租赁、民宿出租、旧物交换利用等"。

2016 年 2 月，国家信息中心信息化研究部联合中国互联网协会分享经济工作委员会首次发布了全面反映共享经济在中国发展情况的年度报告——《中国分享经济发展报告 2016》。2017 年是共享经济在中国发展壮大的一年，"共享"一词也入选了国家语言资源监测与研究中心发布的"2017 年度中国媒体十大流行语"，共享经济所涉行业的不断增加、规模的不断壮大，也反映了共享经济这一新型经济模式对于中国人民生活及社会变迁的深刻影响。2017 年 2 月，国家信息中心分享经济研究中心在京成立，分享经济研究中心致力于分享经济发展理论与实践的研究，并为指导分享经济健康发展提供决策支持服务。此后，分享经济研究中心于每年年初发布上一年度的共享经济发展报告，系统分析上一年度中国共享经济发展的最新态势、面临的问题以及未来趋势。澄观治库持续关注共享经济，发布中国共享经济法律规制研究报告，对共享经济的法律问题和政府监管动态以及难点热点问题予以分析和解读。[1]

2016 年国务院政府工作报告中首次出现"分享经济"这一概念，并对这一新型经济形态给予了肯定及支持[2]；2017 年国务院政

---

[1] 详见澄观治库：《中国共享经济规制研究报告（2016—2017）》和《中国共享经济规制研究报告（2018—2022）》等。

[2] 2016 年国务院政府工作报告中提出："当前我国发展处于这样一个关键时期，必须培育壮大新动能，加快发展新经济。要推动新技术、新产业、新业态加快成长，以体制机制创新促进分享经济发展，建设共享平台，做大高技术产业……""支持分享经济发展，提高资源利用效率，让更多人参与进来、富裕起来。"

府工作报告提出"支持和引导分享经济发展,提高社会资源利用效率,便利人民群众生活";2018年国务院政府工作报告要求"发展平台经济、共享经济";2019年国务院政府工作报告肯定了共享经济引领世界潮流的重要位置;2020年国务院政府工作报告再次指出"发展平台经济、共享经济,更大激发社会创造力"[1]。"共享经济"连续被写入国务院政府工作报告,这表明中国政府对于共享经济的重视和对其前景的肯定,表明中国政府对于共享经济在中国发展的信心,也预示着共享经济未来在中国仍存在广阔的发展空间。国家发展和改革委员会组织编写的《中国共享经济发展报告》中给出了这样的判断:"我国已成为全球共享经济创新发展的主阵地和示范区"[2]。

◎ 从跟随到引领

　　智能手机的大规模普及和日益完善的信息基础设施建设为共享经济在中国的发展铺平了道路;新一轮科技和产业革命,供给侧结构性改革、经济转型、产业升级等的压力,"大众创业、万众创新"的浪潮,"互联网+"新理念新业态等的挑战为共享经济在中国的发展提供了前所未有的机遇;中国庞大的经济规模和巨大的人口红利更是为共享经济在中国的蓬勃发展提供了肥沃的土壤。如今,共享经济已经渗透至交通、住宿、教育、旅行、医疗等各个方面,中国人民的生活方式及社会发展的轨迹正在被共享经济所改写。

　　2019年以前,中国共享经济行业的市场交易规模及融资规模均在高速增长;2019年,受国际国内经济下行等因素的影响,共

---

　　[1] 在2018年以前,党和国家的相关文件中使用的是"分享经济"的表述,此后也统一使用"共享经济"。从历史脉络看,共享经济和分享经济指代的是同样的商业业态。
　　[2] 国家发展和改革委员会. 中国共享经济发展报告,2018-10:1.

享经济市场交易显著放缓、融资规模大幅缩水。可以说，2019年是我国共享经济深度调整的一年。然而，共享经济在2020年的春天并未等来整个行业的"第二春"，在突如其来的新冠疫情的冲击下，共享经济整体市场规模增速大幅放缓，同时造成了不同领域的发展高度不均衡的局面，但也催生了共享医疗、共享办公等共享经济行业的发展。

尽管共享经济连续经历了2019年的深度调整及2020年新冠疫情的冲刷，导致增速显著放缓，但是共享经济的部分行业仍能"乘疫情之势"而发展壮大，并在稳定就业方面发挥着积极的作用，共享经济平台也因与5G、人工智能和物联网等技术深度融合而得到飞速发展。

共享经济的概念及其相关产业虽然均源自美国，但中国却是共享经济发展最为抢眼的国家，这不仅体现在新冠疫情以前的高速发展，更体现在新冠疫情之后的快速洗牌、深度融合。在巨大的人口红利、旺盛的消费需求、庞大的市场份额、充足的资本投资、良好的政策和营商环境及强健的经济韧性等众多因素的共同作用下，共享经济迅速在中国爆红，许多行业甚至走在了世界的前端，并对共享经济的发展发挥了引领作用。

◎ 2.0版本：从闲置资源到分散资源

2017年7月，国家发改委、中央网信办等八个部门联合印发《关于促进分享经济发展的指导性意见》（以下简称"《指导性意见》"），该意见是中国政府支持和引导共享经济发展的顶层制度安排，明确释放了中国政府对共享经济发展的积极政策信号，标志着共享经济这一理念被正式纳入国家政策层面。值得注意的是，《指导性意见》中并没有采用西方提出的"闲置资源"的概念，而是采用了"分散资源"的概念。《指导性意见》中对"共享经济"概念的界定为:"分享经济在现阶段主要表现为利用网络信息技术,通过互联网平台将分散资源进行优化配置,提高利用效率的新型经济形态。"

共享经济的基础条件之一是具备闲置资源,因为共享经济本质上是对闲置资源的一种再分配,是对闲置资源利用方式的一种改变。在共享经济意义上,闲置的万物皆可共享;在互联网等技术的推动下,共享内容不断丰富,共享资源囊括了空间、知识、时间、数据、物质、服务等。只要消费者对某一事物有所需求,任何事物都可以成为共享经济意义上的资源,从而被共享。

《指导性意见》中所使用的"分散资源"一词表明,在中国共享经济所"共享"的并不仅仅是闲置资源,还包括了分散资源。这使得共享经济的概念得以扩充,共享单车、共享汽车和共享充电宝等新经济形态也得以纳入共享经济的范畴。在"大众创业、万众创新"的时代背景下,传统的商业模式正在被新型的共享经济商业模式所取代;通过第三方平台,分散资源由供给方整合提供给需求方,满足各自的需求,推动全社会投资和消费,为经济发展提供新的动力源。从这个意义上讲,发源于美国的共享经济是传统"共享经济1.0",而中国的共享经济在拓展了其内涵和外延的基础上聚焦于分散资源使用权的共享,使得共享经济大放异彩,可谓共享经济的升级版——"共享经济2.0"。

国家信息中心发布的《中国共享经济发展报告(2022)》开篇也是延续了这一定义,认为"共享经济"是利用互联网平台将分散资源进行优化配置,通过推动资产权属、组织形态、就业模式和消费方式的创新,提高资源利用效率,便利群众生活的新业态、新模式。

### ◎ 从共享经济到平台经济

"平台"是依托计算机硬件和互联网等技术为资源提供者和消费者搭建的交易环境。互联网平台的诞生让共享行为变得更丰富、更简单、更可靠，激发了社会群体参与共享经济的积极性。共享经济的发展壮大离不开平台的加持，因为没有什么方式比互联网更能促使共享行为形成社会群体的群聚效应。平台的出现不但快速聚合了海量闲散资源以及供需两端群体，还降低了供需双方之间的交易成本，同时也使闲散资源多次循环往复利用成为可能。对于资源提供者和共享经济行业而言，平台提供了开发、整合或重新利用闲散资源的机会；对于消费者而言，平台通过建立交易标准化流程可以在一定程度上化解陌生群体之间交易的信任危机，简化交易步骤，降低交易成本。

共享经济的经营模式就是去中介化到再中介化的过程。这一过程剔除了传统交易中成本高、效率低的中介机构，直接连接了供给端和需求端，再在中间加入了平台予以调解，由此催生了平台经济。共享经济就是利用了互联网平台为供给端和需求端搭建桥梁，为双方提供交易机会。可以说，共享经济催生了平台经济，反过来平台经济又促进了共享经济。

## 三、共享经济的蓬勃发展

共享经济产业诞生于大洋彼岸，兴盛于中国本土。从美国神话到中国故事，共享经济产业的蓬勃发展成为世界关注的焦点，而行业内的更迭换代、兴衰荣辱值得所有创业企业研究和深思。

## ◎ 从 Airbnb 到小猪短租：头部企业发家史

共享住宿是一种利用闲散房屋通过共享住宿平台为消费者提供住宿服务的共享经济模式。共享住宿，区别于传统旅店行业，可以满足租客对于住房的多样化需求，符合租客对于住房的个性化需求；同时，共享住宿也更专注于"人与住宿空间"关系和"人与人"关系的重建，致力于打造房屋提供者和住宿者之间平等、开放、互助的新型关系；此外，共享住宿也更注重住宿空间中本土文化氛围的塑造和住宿空间所体现的人文关怀。上述特性令共享住宿突出传统旅店行业的重围，成为新时代旅行者的"新宠"。

**Airbnb——气垫床与早餐，家与文化**

Airbnb 的故事开始于两个落魄青年——毕业于美国罗德岛设计学院的布莱恩·切斯基和乔·吉比亚本想着在旧金山大展宏图，然而事与愿违，连工作都没有找到的二人生活一度陷入困境，连房租都难以承担。无奈之下，他们在房间里支起了三张充气床垫，通过出租床位和提供早餐获取收入。因此，Airbed and Breakfast（气垫床和早餐）也就成为 Airbnb 名字的由来。他们观察到房屋照片的呈现会影响到客源。为了发展"旅店"事业，他们花钱为房屋拍摄更有吸引力的宣传片。客流量的增大，让二人意识到机会来了。2008 年，主打气垫床与早餐模式的 Airbnb 上线网络，任何用户都能将自己闲置的房屋发送到网站上寻找租房者。定位于"家"的概念，致力于给顾客"家"的感觉，突出本地化的特征，创造归属感，成为公司价值的关键组成部分。

### 小猪短租——有人情味儿的住宿

2015年，Airbnb进入中国市场。与此同时，中国本土的共享住宿也在逐步兴起，途家、住百家、蚂蚁短租、木鸟民宿、小猪等如雨后春笋般接连成立。到2019年，我国共享住宿市场交易规模约为225亿元人民币。在共享经济其他领域的增速普遍出现大幅下降的情况下，共享住宿2019年的增速仍能与2018年大致持平。① 然而，源自美国的共享住宿模式进入中国市场或被中国市场借鉴，极有可能经历水土不服而后进行改革的命运。经过几轮残酷的市场洗牌后，优质共享住宿玩家已经屈指可数。

小猪短租于2012年8月上线，后于2016年更名为"小猪"，经过10年的成长，已经成为共享经济领域的C2C代表性互联网共享住宿企业。"小猪"挖掘出潜力巨大的房屋闲置资源，搭建了一个诚信、安全的在线沟通和交易平台，并通过保洁、智能家居等服务网络，建立绿色的住宿平台大生态系统。截至2019年5月，"小猪"全球房源已覆盖国内400多座城市，以及海外252个目的地，拥有超过5 000万个活跃用户。②

"小猪"作为国内共享住宿的头部企业，被认为是中国版Airbnb。首先，"小猪"成立之初就选定了房东和房客供求匹配的C2C房源对接模式。其次，"小猪"又采取策略长期培育供给端，尽最大可能发挥房东的主观能动性。共享住宿最为重要的资源是房源，但只有房东愿意将自己的闲置房源分享出来，才能真正解决供给端问题。"小猪"不仅会对房东进行培训，还会为房东布置房屋提出

---

① 国家信息中心分享经济研究中心. 中国共享经济发展报告（2020）. 2020.
② 数据来源：小猪民宿官网，https://landlord.xiaozhu.com/guide/about.

建议，以求最大程度体现人情味儿。而后，"小猪"将目标聚焦至为用户提供更有文化和温度、更具体验感和个性化的房源——四合院、小洋房、绿皮火车房等特色房源，为用户提供多元有趣的住宿体验。最后，智能门锁和小猪管家为用户住宿安全保驾护航，从而打造出一个能够保证安全放心的住宿共享平台。

随着我国参与共享经济人数的增加，"小猪"开始突破纯平台模式，向"平台＋"模式进化，超越平台业务本身，搭建了包括摄影、保洁、商城以及智能软件等业务在内的共享住宿服务生态体系；此外，"小猪"也积极助力旅游脱贫，进军乡村民宿领域，与多地文旅部门达成战略协议，在助力脱贫攻坚、乡村振兴方面提供支持，包括支持民宿乡村品牌与扶贫示范建设点等。

**赢利，是一场马拉松**

Airbnb成立多年，尽管在融资上高歌猛进，但赢利问题仍是"阿喀琉斯之踵"。产生亏损的大部分原因为市场营销费用的急剧增加。除去传统电视广告和线上广告，Airbnb还会通过创办实体旅游杂志和制作纪录片的方式推广自身品牌。然而，市场营销投入的大幅提升恰恰反映出用户流失的问题，大额投入市场营销很可能是为了招揽新用户以弥补基础客户的流失。除去主营业务，Airbnb也在尽力开拓其他赢利渠道，但效果并不如人意。

除去高昂的市场营销费用外，还有其他因素在阻碍着Airbnb的赢利之路。首先，2020年初的新冠疫情引发的全球经济下行，严重影响旅游业，也影响Airbnb的预期与实际收益。2020年3月，Airbnb正在准备首次公开募股，估值大约在300亿美元，但是，突发疫情导致收入损失了八成以上。其次，伴随着共享住宿飞速发展而暴露出的行业问题，各国政府的监管政策日渐完善和严格。为解决饱受诟病的安全问题，各国政府不得不制定新的安全改善计划，斥巨资对服务进行安全升级。最后，走向海外也面临着水土不服及强劲本土企业的竞争，因此不得不提高自身的房源及服务质量。

但是，随着时间的推移，共享经济的强大生命力在 Airbnb 上得以展现，这场旷日持久的企业创新发展之路逐渐露出曙光。

自 2013 年起至 2018 年，"小猪"保持着每年完成一轮融资的速度，在加速布局海外市场，引入生物识别技术、智能设备系统、云管理体系等技术应用方面得到了资金保障。受疫情影响，2019—2020 年国内旅游业包括共享住宿受到巨大影响，特别是跨境游停止、国内长途旅游锐减。

在亏损与赢利方面，"小猪"面临着与 Airbnb 同样的问题。首先，近年来互联网流量红利逐渐消失，加之企业自身流量再造薄弱，导致"小猪"的获客成本日益走高。除了传统的投放广告、请明星代言等市场营销手段，"小猪"开始补贴房东和租户，吸引流量。其次，"小猪"也面临着房源质量参差不齐、用户体验感不佳、住宿安全等问题。这也导致"小猪"不得不从融资中抽出一部分用于提升服务品质，扭转不良口碑。此外，共享住宿行业的竞争力在于对房源的抢占，经营模式从轻资产向重资产的转变令本就赢利能力薄弱的"小猪"雪上加霜。

**共享住宿的发展优势**

*市场因素*

一方面，房屋空置率高为共享住宿发展提供资源基础。根据央行发布的《2019 年中国城镇居民家庭资产负债情况调查》，我国城镇居民家庭的住房拥有率高达 96%。其中，58.4% 的家庭拥有一套住房，31% 的家庭拥有两套住房，甚至还有 10% 左右的中国城镇居民家庭拥有三套及以上的住房。共享住宿的本质是充分利用闲置房源，实现房源共享。中国较高的房屋空置率为共享住宿发展提供了有力的资源支撑。

另一方面，中国旅游业快速发展刺激大量的住宿需求。随着人们生活水平的迅速提高和带薪假期的增加，多元化、多层次、个性化旅游消费需求日渐旺盛。消费者出行理念的改变使得共享住宿为更多消费者所接受和青睐。共享住宿可以为消费者提供更加个性化的服务——像 ins 或小木屋等风格鲜明的新型住宿体验、配备厨房等可满足家庭或群体入住的特殊需求等。

与同类行业相比存在明显优势

（1）共享住宿与传统旅店。Airbnb 究竟具有什么样的魔力，可以成为传统旅店行业的颠覆者？为何能在没有一间属于自己的房间的背景下，估值超越万豪国际旅店集团，甚至得到股神巴菲特的高度赞誉？

Airbnb 的颠覆之处就在于，共享住宿更注重住宿空间中本土文化氛围的塑造和住宿空间所体现的人文关怀，并认为出租人的人格魅力与社交氛围是共享住宿的"核心消费物"。事实上，从选择入住旅店到选择入住一位陌生人的家的转变是十分困难的，给予陌生人信任的这种心理层面的突破需要时间和环境的共同作用。除了在安全方面所付出的努力外，注重人文关怀的公司文化也是消除出租人和租客之间不信任感的有力武器。

就职于美国硅谷创业公司的华人女孩郑辰雨为了走遍世界，深入了解当地文化，开启了以民宿为家的生活——用一年 365 天的时间体验民宿，探索"家"的无限可能，认识有趣的房东。带着全部家当——两个旅行箱的郑辰雨在工作日的晚上住在公司附近的民宿，周末则住在公司附近以外街区的民宿，深度融入当地，感受不同民宿的氛围，了解不同房东的人生故事。就这样，郑辰雨住进了木屋、画廊、城堡，遇见了建筑师、音乐人、导演，并把这段经历写成了书（见图 10-1）。[①]

图 10-1　郑辰雨把 Airbnb 经历写成书

就这样，把人文关怀和文化内涵渗透至居住空间的共享住宿平台，将原本不具备感情色彩的产品和服务，变成了文化与情感兼具的绝妙体验。对于旅游出行的住户而言，共享住宿不但可以满足个性化住宿需求，而且可以获得文化与情感兼具的体验。住民宿除了能更深层地融入当地的环境，也让住户在旅游的同时体验到了在当地有"家"的感觉。

此外，Airbnb 实惠的价格以及超高的灵活度也是其突出旅店重

---

[①] 郑辰雨. 不租房的 606 天. 北京：中信出版社，2018.

围的原因之一。对于居住期限在 7 天以上、30 天以下的短租客户群体而言,共享住宿在价格和灵活度上也有明显的优势。住旅店费用过于昂贵,长租又达不到最低租期标准,共享住宿则是最佳的选择。

(2) 共享住宿与长租房。房源拥有者为什么选择短租经营而非长租经营?

一是,短租的收益更优于长租的收益。短租的价格由市场调整,随着节假日旅游旺季的增值而增值,更具有价格调整的灵活性。二是,短租经营期间,房源拥有者对房源可以实现动态地掌握,能够定期地整理和介入,可以随时了解房源的情况,也可在自住和经营模式间随意切换。

**行业困境与问题**

第一,共享住宿的标准缺失。与传统旅店相比,共享住宿没有特种行业许可证,法律法规在消防、食品安全、卫生标准等方面都没有对共享住宿做出标准约束,行业协会已经提出一些服务标准,但是还在进一步磨合和落实中,纠纷的解决还具有不确定性。

第二,房东与房客的信任危机。如果说信任是共享经济得以顺利发展的内在驱动力[①],那么房东与房客的信任危机就是共享住宿行业亟须解决的痛点之一。房东共享自己的私人住所,从而引发的个人安全及隐私问题不容小觑。2011 年,Airbnb 的一位房东的家被一位租客洗劫一空,从而使 Airbnb 陷入了空前的危机之中。然而,这种危机绝不是单向的,民宿中藏有摄像头的丑闻也被曝光,令租客焦虑十足。在中国,房东共享住宅,让陌生人出入自己的

---

① 蔡余杰,黄禄金. 共享经济:引爆新一轮颠覆性商业革命. 北京:企业管理出版社,2015:7.

家，房东难免会感到不安和恐惧。

第三，紧张的邻里关系。中国有句老话叫"远亲不如近邻"，这一俗语也体现出中国社区关系更为微妙的特点。共享住宿反对者最主要的担忧是住宅社区的商业化，相邻权问题比较突出，很容易导致社区关系紧张。此外，共享住宿也为物业管理带来了一定的挑战。安全隐患、环境卫生、噪声污染都是令左邻右舍和物业人员头疼的问题。如何协调共享住宿和社区居民之间的矛盾，也成为共享住宿行业亟待解决的问题。共享住宿引发紧张的邻里关系并不是中国独有的，国外共享住宿行业也深受此问题的困扰。社交媒体和网站上充斥着来自房主、客人以及邻居关于过度噪音、破败房屋、狂野派对、最后一刻取消预订和欺诈的各种抱怨。

第四，各地监管的差异。共享住宿行业挤占了传统旅店行业和长租行业的市场资源，动了部分既得利益群体的奶酪，加之其自身存在的缺陷，世界各地对共享住宿的监管采取了不同的态度。有的地方直接禁止，有的地方对共享住宿准入资格进行了较为严格的规定，有的地方因振兴旅游业、提升地方品牌形象的需要而对共享住宿采取了积极鼓励的态度。

**对行政监管提出挑战**

以传统旅店行业的监管制度为标准，监管民宿行业存在以下冲突点：

第一，特种行业经营标准高与民宿准入门槛低之间的冲突。即，传统旅店也是作为特种行业来予以监管的[①]，但是民宿的兴起

---

① 特种行业，是因经营业务的内容和性质由公安机关实行治安行政管理的行业，均应办理《特种行业许可证》，包括旅店业、刻字印铸业、旧货收购信托业、出入境服务行业等。

正是因为准入门槛相对较低，吸引丰富多样、数量众多的房源通过共享住宿平台得以展现。如果将共享住宿也按照传统旅店业来管理，设置与旅店业同等的许可审批和经营监管制度，会导致共享住宿行业难以存在，严重打击民宿经营者的积极性。①

第二，民宿经营者和共享者的义务不能等同。共享住宿是房源提供者基于闲散资源的所有权再利用，是为了盘活闲置的住宿资源，若将其等同于旅店业经营者，强加过多的经营者义务，将迫使大量将其作为副业的住宿共享者退出市场。

◎ 从四个轮子到两个轮子

### 从 Uber 的横空出世到滴滴与之平分天下

怀揣"Uber for Everything"的雄心壮志，这家新兴创业公司踏上了颠覆传统交通的征程。年轻人创立 Uber 的初衷，除了因为创始人在风雪交加的巴黎夜晚打不到出租车，也是因为糟糕的出租车服务、拥堵的城市交通、紧缺的停车场、令人焦虑的碳排放和能源危机……

Uber 的目标是成为一款解决打车难题的 APP，为乘客提供更高端和更私人的出行方案。首先将市场进行细分，进而将细分市场悉数作为自己的目标市场。除了向普通民众提供打车服务，Uber 还将其触角延伸至公司用车领域：公司员工使用该项服务，可直接

---

① 《旅馆业治安管理办法》（2020年修订）第3条规定，开办旅馆，其房屋建筑、消防设备、出入口和通道等，必须符合《中华人民共和国消防法》等有关规定，并且要具备必要的防盗安全设施；第4条规定，申请开办旅馆，应经主管部门审查批准，经当地公安机关签署意见，向工商行政管理部门申请登记，领取营业执照后，方准开业。《中华人民共和国食品安全法》第35条规定，国家对食品生产经营实行许可制度。从事食品生产、食品销售、餐饮服务，应当依法取得许可。

公费用车，省去了"先垫付，再报销"的烦恼。为了做大自己的蛋糕，Uber可谓使出了浑身解数，互联网技术、口碑效应、心理学理论等都被熟练应用。其一，借助高科技手段尽可能让乘客获得参与感与掌控感。与谷歌地图进行"捆绑"，使乘客能够实时掌控车辆动态（附近有多少辆车、最近的车辆距离有多远）。其二，利用了消费者猎奇的心理，在亮相之初保持了十足的神秘感并成功地运用了"饥饿营销"的手段——拥有邀请码才能使用打车服务，这一举措使得其在没有大量投放广告的情况下依旧吸引了无数订单，可谓一举多得。其三，得流量者得天下。通过高科技项目投资人、具有较大社会影响力的博主等客户，为自身提供了高曝光率及优质口碑；此外，通过"一键分享"就能够享受乘车优惠，成功点燃了带货能力强大的朋友圈功能，乘着社交网络的东风，迅速积攒了大量客户。

**共享单车：从炙手可热到烫手山芋，再到理性重生**[①]

从长沙回来不到一个月，Jessica供职的公司搬入了新的写字楼。明亮宽敞的工作环境令Jessica每天都动力满满，但是出了地铁站到公司还有1.5公里，步行累，换乘公交车绕。如果在过去，这真的是个问题，购买一辆自行车不难，但是要综合考虑携带、停放、搬家、使用率乃至丢失问题，拥有一辆自行车的成本比自行车能够带来的益处可能要高得多。很多人的的确确需要自行车，但又找不到充足的理由说服自己购买自行车，最后还是只能揣着一颗愤怒的心踏上暴走的路程。但是现在，地铁站外和公司楼下都有黄绿蓝色的共享单车，只要不是上下班最集中的时间，都能找到车，扫个码就可以骑走了。Jessica同时办理了美团、青桔和哈啰三家的月

---

[①] 详见澄观治库：《中国共享两轮车规制研究报告（2018—2022）》。

卡，赶上哪个骑哪个。就是北方冬天有时候风真大、天真冷，骑自行车不是种享受，但也好过走着。

2016年，短途出行这个问题被"永远"地解决了。打着"解决最后一公里出行问题"的口号，共享单车横空出世，猝不及防地闯入了大家的视野。现在的你我，下了公交车，再也不用承受继续暴走一公里乃至几公里的痛苦了。

**从炙手可热到烫手山芋**

共享单车是一种以自行车为载体、使用分时租赁模式的新型共享经济形态。共享单车提供服务的主要场所包括地铁站、公交站、商业区、住宅区、校园等人流量较大的地点。共享单车闯入人们视线之前，中国部分城市出现了由政府主导、分城市管理的有桩单车[①]。对使用者而言，使用有桩单车之前，不仅需要到指定地点进行身份认证及走押金缴纳流程，而且使用和归还都要到固定的站点，便捷度很差；对政府而言，投资与运营公共有桩单车都需要大笔资金，在缺乏盈利的情况下，持续运营和扩大规模的能力有限。

而对于共享单车来说，只需要在企业平台或APP上注册并缴纳押金后，用户即可扫码用车。2016年被称为共享单车元年。共享单车的崛起，用古诗"忽如一夜春风来，千树万树梨花开"来形容是再合适不过了。几乎一夜之间，各种颜色的共享单车像雨后春

---

① 有桩单车，即由政府出资建设、初衷为推行"绿色交通、低碳出行"理念的公共自行车。通常，在使用前需到指定地点办理开通业务，并缴纳押金。杭州市公共自行车租赁系统于2008年5月1日试运营，同年9月16日正式运营；截至2010年年底，服务点2 000余个、车辆约5万辆，日最高租用量达到32万辆次，日均车辆租用频率约6.4次。北京市公共自行车于2012年6月在东城区、朝阳区试运营；2013年5月，北京市建成公共自行车服务网点520个；2021年，北京公共自行车陆续退出运营，停车桩被陆续拆除。呼和浩特市公共自行车于2013年10月开始运营，累计建设了391个服务站，累计投放自行车13 140辆，累计办卡11.95万张，2021年4月停止运营。

笋般出现在中国城市的大街小巷,黄的、橘的、蓝的、绿的、红的、彩虹色的……这不禁让行人担心颜色要不够用了。

共享单车的兴起是中国共享经济崛起的代表。共享单车随用随骑、随停随还和便捷支付的优点,使得明晃晃的小黄车俘获了苦于"最后一公里"的出行者们。小黄车最初只在大学校园里使用,快速出现于街头巷尾,一时间"霸占"了城市的大街小巷。ofo 小黄车数量的激增以及高额的市场占有率很快就吸引了资本的目光。ofo 小黄车在资本的快速推动下占据了共享单车市场的半壁江山。

摩拜单车(以下简称"摩拜")最初于 2016 年 4 月上线推出。摩拜的出现有些"复兴自行车"的味道。中国本就是一个自行车大国,但随着中国的道路桥梁等交通设施的高速建设和汽车业的蓬勃发展,越来越多的人放弃了自行车。然而,在空气污染、交通拥堵、城市空间紧张等问题的背景下,摩拜似乎拥有了一个劝说大家"放弃"汽车、"重拾"自行车的合适时机。为此,摩拜自己建造了自行车工厂,针对传统自行车的弊端进行了改造——使用实心轮胎省去充气的步骤,采用五幅轮毂全铝车身强化了车身的质量,重新设计了车身结构,优化了骑行体验感。此外,摩拜选择安装智能锁,利用物联网技术,在后台呈现每一辆自行车的轨迹状态,这使得摩拜上线推出时就带有了"互联网+出行"的色彩。基于产品和模式的双创新,摩拜吸引了大量用户,2017 年完成 E 轮融资,融资金额达 6 亿美元。摩拜也积极推进其国际化进程,先后进军了新加坡、英国、日本等国家。

共享单车行业一时风光的景象吸引了众多共享单车企业加入,市场急剧饱和,引发了很多受人诟病的行业问题及社会问题。首先,共享单车市场严重饱和,共享单车投放后使用率极低,造成资源的巨大浪费,同时也会挤占城市公共空间,加重城市交通负担;

在修缮、回收、再利用系统不完善的情况下，一些单车可能就此变为废品，造成环境污染。其次，在严重饱和的市场环境下，各企业不免会采取大举扩张的市场战略，从而带来严重的经济负担，一旦资金链断裂将面临破产的风险，最终损害用户的利益。最后，共享单车行业竞争激烈，必然导致大量企业倒闭从而退出共享单车行业，对行业的整体塑造和长期发展可能存在负面影响。

ofo 的"暴雷"出现在 2018 年。在管理层决策失误导致资金链断裂、资本撤出、深陷合同纠纷、用户增长明显放缓等因素的共同作用下，ofo 开始陷入用户押金无法退回的风波。创始人戴威也被列入失信人员名单。摩拜同样面临着市场竞争激烈、缺乏清晰赢利模式、巨额债务、运营压力的问题。2018 年 4 月，摩拜被美团以 27 亿美元全资收购，后于 2019 年 1 月改名为美团单车。

随着 ofo 退出、摩拜被美团收购，近 20 家共享单车企业也纷纷破产，其中包括知名度较高的悟空单车、町町单车等。而存活下来的企业也陷入经营困境，一时风光无二的共享单车行业进入了寒冬。

共享单车行业的"第二次世界大战"

继 ofo、摩拜等共享单车企业退出历史舞台后，共享单车行业由"两强争霸"进入"三足鼎立"阶段，黄绿蓝再次占领了北京的大街小巷。经过野蛮生长而以惨淡收场的共享单车行业进入了较为成熟和理性的市场阶段。

青桔单车是滴滴自有的共享单车品牌，于 2018 年 1 月正式上线。青桔单车以"让轻出行连接美好生活"为愿景和源动力，致力于打造创新、低碳的大众普惠出行方式，力求为用户提供颜值高、体验好的出行服务。怀揣以上宗旨，借助滴滴这一超级平台，以及物联网、大数据、算法等技术，青桔单车很快在市场上占有一席之地，并获得了资本的青睐。

2018年，摩拜单车以 27 亿美元的价格卖身美团。2019 年 1 月，美团宣布摩拜单车更名为美团单车。摩拜单车卖身美团之际，日订单量已不足 1 000 万单。目前，美团单车已经成为三足鼎立中的重要角色，并为整个美团 APP 的服务版图提供了不可或缺的流量入口。

哈啰单车，英文名 Hellobike，创立于 2016 年 9 月。此时的共享单车行业还处于白热化的大战时代，哈啰单车选择上线国内三四线城市，采取了曲线救国的策略，成功避开了直接竞争。哈啰单车创立伊始就采取了以技术驱动产品和运营的方式，在水平仪、车锁等方面做出了创新。2018 年，哈啰单车成立两周年之际，将品牌升级为"哈啰出行"。此次升级之后，哈啰出行将其业务范围拓展到共享助力车、共享汽车、城市服务等领域，开启了"4+2"（四轮＋两轮）战略模式。根据"哈啰出行"官网数据，哈啰单车已入驻 400 余个城市。哈啰单车的成功既有车辆本身质量和骑行体验的因素，也有支付宝的引流作用，芝麻分达到一定数值可以免收押金在一定程度上吸引了用户。2021 年 4 月，"哈啰出行"正式在纳斯达克递交赴美上市招股书。青桔单车、美团单车、哈啰单车的对比参见表 10-1。

表 10-1 青桔单车、美团单车、哈啰单车对比

|  | 青桔单车 | 美团单车 | 哈啰单车（哈啰出行） |
| --- | --- | --- | --- |
| 依靠平台 | 滴滴出行 | 美团 | 支付宝 |
| 创立时间 | 2018 年 1 月 | 2019 年 1 月 | 2016 年 9 月（2018 年更名） |
| 使用方法 | 通过滴滴出行 APP；注册→找车→扫码汽车"青桔单车"微信小程序 | 美团 APP 为唯一入口 | 支付宝 APP/哈啰出行 APP |

续表

| | 青桔单车 | 美团单车 | 哈啰单车（哈啰出行） |
|---|---|---|---|
| 收费标准 | 无需押金；起步价1.5元，超出30分钟后，每30分钟收取1.5元 | 使用美团APP实名认证后，需测评是否需要押金；起步价1.5元，超出30分钟后，每30分钟收取1.5元 | 支付宝芝麻信用分达到一定数值免收押金；起步价1.5元，超出30分钟后，每15分钟收取1元 |
| 品牌理念/产品定位 | 让轻出行连接美好生活；打造创新、低碳的大众普惠出行方式；提供高颜值、体验好、兼具品牌价值的出行服务 | — | 智慧科技；轻松出行；为用户提供便捷、高效、舒适的出行工具和服务 |

重新洗牌后的共享单车企业也避免不了走上 ofo 的老路，也逃脱不了"被约谈"的命运。2020年9月，北京市交通委员会紧急约谈青桔单车运营企业，责令其于10月底前将违规投放的单车运出北京。

**共享单车向共享电动车跃进**

2017年，共享电动车①（电单车）悄然进入市场。共享电动车

---

① 共享电动车主要是指电动自行车、电单车，不包括电动摩托车。电动摩托车属于机动车，而电动自行车属于非机动车。电动自行车是在普通自行车基础上安装蓄电池作为辅助能源，并安装电机、控制器、蓄电池、转把闸等操纵部件和显示仪表系统的交通工具。在我国，电动自行车是"非机动车"类型之一。《道路交通安全法》规定"非机动车"是指"以人力或者畜力驱动，上道路行驶的交通工具，以及虽有动力装置驱动但设计最高时速、空车质量、外形尺寸符合有关国家标准的残疾人机动轮椅车、电动自行车等交通工具，"电动自行车在非机动车道内行驶时，最高时速不得超过十五公里"。《道路交通安全法实施条例》规定驾驶电动自行车"必须年满16周岁"。

的赢利能力明显优于共享单车。从 2020 年起，滴滴、美团和哈啰出行都看好此赛道，竞争激烈起来。共享单车最初设计的理念是解决"最后一公里"的出行难题，因此共享单车并不适合远距离、路况差的出行。在这种情况下，共享单车升级版——共享电动车——开始出现在人们的视野中。相比共享单车，共享电动车具备速度更快且省时省力的优点。如果说共享单车解决的是 2 公里内的出行问题，共享电动车服务的距离则可以达到 2~20 公里。共享电动车全国投放量在 500 万辆以上，基本上是"一二线城市禁止入内、三四线城市蓬勃发展"[1]。

共享电动车的出现还为此类电动车的安全贡献了力量。一方面，我国电动车市场鱼龙混杂，生产安全标准没有得到很好地遵守，很多电动车在出厂时就有安全隐患，还有不少电动车被改装，超过法定设计时速的 20 千米，甚至时速高达 60 千米。共享电动车从源头上把控，共享电动车企业所购置和提供的车辆在车辆的基本安全上有所保障。另一方面，电动车的安全隐患主要是电池质量问题，各地电动车电池事故的新闻不绝于耳：车辆所有人将电动车推回家中充电，在家中、电梯和楼道里发生燃烧爆炸，引发人员伤亡、财产损害。共享电动车的电池充电和维护由企业专业人员负责，大大减少此类电池安全事故。

---

[1] 2017 年，交通运输部、中央宣传部等部门发布《关于鼓励和规范互联网租赁自行车发展的指导意见》(交运发〔2017〕109 号)，其中明确"不鼓励发展互联网租赁电动自行车"。2017 年 10 月，上海市人民政府引发《上海市鼓励和规范互联网租赁自行车发展的指导意见（试行）》(沪府〔2017〕93 号)，其中写明"本市不发展互联网租赁电动自行车"。2018 年，北京市第十五届人民代表大会常务委员会第七次会议通过《北京市非机动车管理条例》，该条例第 3 条规定"不发展电动自行车租赁"、第 10 条规定"电动自行车经登记，取得本市电动自行车行驶证、号牌，方可在本市道路行驶"。

共享电动车在给广大人民群众带来更为便捷、安全的出行的同时，在快速发展中也出现了一些问题。除与共享单车相同的弊端——乱停乱放、违法载人——外，共享电动车还存在骑车人未达规定驾驶年龄、未在规定车道驾驶、超速驾驶、无证驾驶、无牌照驾驶等问题。此外，共享电动车还需要解决充电问题，设立充电桩也为城市规划提出了挑战；所消耗的废旧电池，在回收处理系统及方式不完善的情况下，也会对环境造成潜在危害。

## ◎ 在烧钱中成长的共享办公

除了共享单车之外，紧跟共享经济潮流的行业还有共享办公。共享办公，也可以称为联合办公、众创空间等，是一种为降低办公室租赁成本，旨在为从事不同职业或受雇于不同机构的人提供共享办公空间的共享经济模式。不同的公司或个人可以共享办公空间，各自独立进行办公。与传统封闭式办公空间不同的是，联合办公空间除了给公司或个人提供办公场所，还提供了跨文化、跨背景、跨身份、跨职业等跨界交流的机会，也在相当程度上助力万众创业。对于初创公司及小微企业来说，将资金投入既舒适又便捷的黄金位置及办公硬件上确有不舍，而共享办公于这些企业的最大优势就在于大大降低了办公室租赁成本——不仅省去了前期设计装修的费用，可以直接入驻办公，还可以选择落户在核心商圈的共享办公场所，且共享办公租期灵活，可按天租且无最低起租面积的要求。

新冠疫情肆虐全球，波及全球上百个国家。各行各业都受到了冲击，共享经济也不例外。由于共享经济的"共享"特性，共享办公行业的出租率出现断崖式下降，整体资金链十分紧张，没有资本加持的共享办公企业处于困难之中。

**WeWork：从"独角兽"到深陷泥潭**

谈及共享办公，就不得不提及联合办公的经典企业——WeWork。WeWork 于 2010 年创立于美国纽约。全球金融危机的席卷迫使一些企业不得不搬出租金高昂的写字楼，将根据地转移至性价比高的联合办公空间。借着金融危机的颓势，联合办公逆袭而上。WeWork 的主要商业模式是通过租赁黄金地段的商业地产，并将其改造成为共享办公空间，获得初创以及中小型企业的青睐。WeWork 可以算是共享办公浪潮中的独角兽[①]兼新巨头，强劲势头很快吸引了大批资本的注入，成为美国纽约最具价值的创业公司之一。2019 年，WeWork 公开向美国证券交易委员会提交了招股书。就在此时，出现了一连串令人意想不到的翻转剧情。首先是亏损日渐增大、估值不断下跌。随后又曝出创始人吸食大麻、出售公司资产牟取私利等一系列丑闻。另外，疫情期间，居家办公被人们接受，这也对共享办公产生了重大影响。疫情前，WeWork 共享办公空间的出租率为 72%；2020 年年底，出租率为 47%。2021 年 10 月，WeWork 在纽约上市，但是估值仅有 80 亿美元。

**优客工场和纳什空间：共享办公的中国探索**

2015 年被称作中国众创空间的元年。这一年，前万科副总裁毛大庆离职创业，建立了中国的联合办公空间优客工场。

作为国内共享办公的头部企业，优客工场一经创立就得到了资本的加持。优客工场的 A 轮融资达到 2 亿元人民币。短短不到半年

---

[①] 独角兽是神话中一种既高贵又稀有的物种。在硅谷，估值达到 10 亿美元的科技初创公司被称为"独角兽"（unicorn）。

的时间，优客工场宣布完成4亿元人民币的B轮投资，估值达到70亿元人民币。2017年12月的C轮融资过后，优客工场的估值达到近90亿元人民币。① 至此，优客工场仅用时两年就成为国内共享办公行业的首家独角兽企业。同年，优客工场完成了2亿美元的D轮融资。逢WeWork上市遇阻之际，中国本土共享办公企业优客工场却逆势而上。2019年12月，优客工场向美国证券交易委员会提交了招股文件。然而，突然来临的疫情使得优客工场的上市计划不得不延后。尽管赴美上市的进程被按下了暂停键，但是优客工场的业务革新没有停止脚步。2020年4月，优客工场宣布了"轻资产、重赋能"的战略转型。运营模式主要为自营和"轻资产"两种经营模式。自营模式主要提供标准化共享空间、小型办公空间和一站式定制服务。2020年11月，优客工场在美国纳斯达克上市。

国内外共享办公企业发展之路曲曲折折，在创新式解决空间优化使用问题、减轻企业办公空间负担、催生更多创业公司的同时，也面临着很多问题。

共享办公面临的首要问题是，如何突破赢利瓶颈的问题。与赢利瓶颈相生相伴的问题是赢利模式单一。WeWork和优客工场虽头顶业界独角兽企业的光环，并怀揣为创业提供更多机会的梦想，但其本质角色是"二房东"，即利用低价整租房源并对其进行装修规划，而后租给租户，从中赚取差价，归根结底还是"重资产"的商业模式。这极其考验一家企业的融资能力，因为企业首先需要现金租赁房源，其次，企业需要有能力将房源尽快租赁给他人。这种商业模式对于现金流有着超高要求，这也意味着融资必将是伴随企业

---

① 嘉宾商学. 优客工场终于正式上市，毛大庆从陪跑者到领跑者的蜕变.[2020-11-23]. https://baijiahao.baidu.com/s? id＝1684118462169232581&wfr＝spider&for＝pc.

发展的长期主题。然而，融资能力并不代表企业的赢利能力。虽然不缺少资本的加持，但其亏损却是在连年扩大。而且，租金的收回是极不稳定的，外部经济形势稍有变动便会无法保证赢利甚至亏本。规模的快速扩张和管理费用的高昂也令企业难以为继。2020年年初，突如其来的新冠疫情席卷了全球各行各业，成为压垮共享办公企业资金链的最后一根稻草，行业损失惨重。2021年春季，共享办公企业陆续被曝出大面积拖欠房东资金的负面新闻。最近几年，中小型企业生存艰难，面向这些企业的共享办公模式必定受到波及。失去中小型企业这一核心用户群体的共享办公行业，意味着租金无法收回，更意味着资金链的断裂，整个行业风险陡增。

## 四、共享经济会有"第二春"？

### ◎ 共享经济放缓

在经历了一路高歌猛进之后，以共享单车、网约车、共享住宿以及共享办公为代表的共享经济在2019年前后集体偃旗息鼓了。2019年前三季度，企业在融资难以为继时开始靠涨价度日。共享充电宝涨价、共享单车每小时计价上涨等新闻见诸报端。2020年暴发的新冠疫情进一步加深了危机，这不得不让人们开始思考共享经济能否再创辉煌。

有学者认为，共享经济想要实现可持续发展必须具备十个基本的前提条件——人、生产过程、价值和交易系统、分配、环境、能力、法律、交流、文化和未来。[①] 在共享经济飞速发展、更迭交替

---

① 蔡余杰，黄禄金. 共享经济：引爆新一轮颠覆性商业革命. 北京：企业管理出版社，2015：82-86.

的同时，上述条件也在不同程度地完善与更迭——高科技手段令闲散资源的重复利用更加科学高效，法律体系与行业自律逐步完善健全，信用体系逐渐形成。共享经济的未来始终是乐观的。但企业的盈利模式需要转变才能够找到盈利点获得长足发展，政府监管也需要在试点和松紧试行中找到平衡的模式，行业自律更要成为共享经济持续发展的有力保障。

## ◎ 企业盈利模式转变

2018年12月，在共享单车ofo（北京拜克洛克科技有限公司）的总部前，集聚了大量前来办理退还押金手续的用户。申请退还ofo小黄车押金的人数当时已超过1 000万。多年来，押金全部退还已无可能。作为共享经济新业态新模式的代表，共享单车自出现之日起就受到广泛关注。然而，经过一段野蛮快速发展，共享单车开始出现企业经营不规范、押金管理不透明等问题。在较短时间内，共享单车经历了一个从快速扩张到重新洗牌的过程。这一阶段，各路资本竞相参与，单车的数量快速增加、种类迅速增多，竞争集中于押金数量和使用价格；为抢占市场、吸纳大量客户，各种共享单车无节制地增加投放数量。随着资本的争先涌入、共享单车数量的快速积累，行业发展很快进入短暂饱和状态。面临"产能过剩"，洗牌正式开始。此后，多家共享单车企业出现资金链紧张和经营困难，有的企业开始退出，有的倒闭。随之，客户缴纳的押金退还成为难题。押金的收取方式、管理模式以及企业经营规范程度等，成为全社会关心的问题，也是共享经济模式曾经普遍面临的挑战。

共享单车后续进入"三足鼎立"时期，又在共享电单车领域展开竞争，让行业产生新的增量的机会越来越少。靠共享单车自身形成盈利的困难不小，更多是作为几家互联网巨头流量的入口留存。共享单车行业在经历动荡和洗牌后，进入有序健康发展的新阶段，共享单车企业自身管理以及政府监管逐渐摸索出经验。

共享住宿在国内外都曾面临生存问题，又在疫情之后受到冲击，正在慢慢复苏。很多城市对共享民宿的管理收紧，Airbnb 也在不断调整经营策略以应对监管，2022 年 7 月宣布退出中国市场。国内共享民宿也是如此，一边是疫情之后等待复苏的旅游业和民宿业，一边是不同地区对行业准入和安全等标准的更多要求，如何兼顾安全与发展是共享民宿行业要面临的问题。

共享经济正在调整商业模式，低毛利已经经不起高消耗，资本加持下的补贴大战再难持续。而普遍的涨价使得共享经济失去了价格红利。价格红利消失时，用户黏性似乎成了问题。通过"互联网＋资本"催生的繁荣的共享经济，正在放慢脚步探索未来路在何方。

共享经济的理念具有相当的超前性，还需要和商业模式结合探索出一条可持续发展之路。传统产业或者企业也需要学会用共享经济的思维去管理生产和运营，未来在既有痛点又有需求的领域寻找更大的发展空间。比如农业、教育、养老等领域，都可能成为共享经济的下一个风口。

◎ **政府监管渐成体系**

我国对共享经济各行业的管理监管模式基本为"顶层指导＋配套政策＋行业自律"，呈现"多主体参与、多手段相结合"的特点。党中央、国务院对于共享经济的顶层战略是十分明晰的。习近平总书记多次在会议讲话中提及"共享经济"并肯定了共享经济对我国经济发展的重要作用。"共享经济"也多次在政府工作报告中出现。

自 2015 年至今，中央陆续下发关于发展共享经济或其理念的部署和政策文件。自抗击新冠疫情以来，共享经济等新型消费为保障居民正常生活、推动国内经济恢复发挥了重要作用。特别是2021年3月发布的《中华人民共和国国民经济和社会发展第十四个五年规划和2035年远景目标纲要》中两次提及"共享经济"——"促进共享经济、平台经济健康发展"，"健全共享经济、平台经济和新个体经济管理规范，清理不合理的行政许可、资质资格事项，支持平台企业创新发展，增强国际竞争力"。

共享经济经过几年已经获得了长足发展，在涉及人数、地区和产值等各方面都蔚为可观。但是，相比较而言，共享经济仍然是新型业态，还面临多重困难和问题。共享住宿、共享单车、共享办公相对比较成熟，共享充电宝也形成一个独立的市场，共享汽车有过波澜又归于沉寂，其他共享经济形态还在逐渐成形中。各方主体都应当参与到新技术、新业态的发展中，他们既是商业模式的参与者，也是新规则的参与者。新业态的规则本身应当是有利于新业态发展的，也是可以兼顾多重目标和价值的。[①]

共享经济作为发展快速且创新活跃的新业态，存在各界认识不统一、现行制度不适用、政策保障不健全等问题。首先，共享经济各行业定义不明确且行业内涵宽泛，行业发展速度快且创新活跃，法律法规对行业"下定义"存在难度：定义范围过窄可能会抑制共享经济的发展势头，定义范围过宽则可能对政策制定提出更大的挑战。其次，市场主体众多，对不同主体间权利义务责任界定较难，尤其亟须为平台履责范围和追责标准制定规则。最后，共享经济作为新业态对现有社会治理体系和管理制度提出考验，共享经济跨界融合的特点决定了对其的管理监管不能再用"老办法""旧思维"，

---

① 详见澄观治库：《中国共享经济规制报告（2018—2022）》。

需要发挥监管部门的创新性与协调能力。

**共享住宿**

目前,国家层面仅提供了有关容许共享住宿业发展的政策性表态,尚未出台共享住宿业监管的专门性规范文件,缺乏具有可操作性的共享住宿业管理的全国性立法或法律解释。相比传统旅店行业,共享住宿的标准化、规范化存在一定的难度。新业态往往强调个性化,但这不等于忽视标准化,特别是包括安全、卫生、消防在内的硬性服务的标准化。以个性化为主要特色的住宿新业态,也会越来越重视标准化建设。共享住宿标准化不是行业固化,而是必要的规范;个性化也不是无序化,而是要彰显各自的个性特质。标准化与个性化并重,将促进行业更好地发展。共享住宿业未来需要解决"标准化"和"个性化"之间的冲突,探索更多的融合性。

国家陆续发布了多项与共享住宿相关的指导性意见,积极推动"互联网+旅游"跨产业融合,鼓励个人闲置资源有效利用,推广在线短租等数字化旅游服务,放宽在线旅游租赁等新业态的准入门槛,对新业态发展给予多维度政策扶持(见图10-2)。[①] 比如2020年7月14日,国家发展改革委等13个部门联合印发《关于支持新业态新模式健康发展 激活消费市场带动扩大就业的意见》,具体到"培育发展共享经济新业态",明确提出要鼓励"共享住宿"等,发展生活消费新方式,拓展共享生活新空间。

---

[①] 包括《国务院关于积极推进"互联网+"行动的指导意见》《国务院办公厅关于进一步促进旅游投资和消费的若干意见》《国务院办公厅关于加快发展生活性服务业促进消费结构升级的指导意见》《关于促进绿色消费的指导意见》《关于促进移动互联网健康有序发展的意见》《国务院办公厅关于印发完善促进消费体制机制实施方案(2018—2020年)的通知》等。

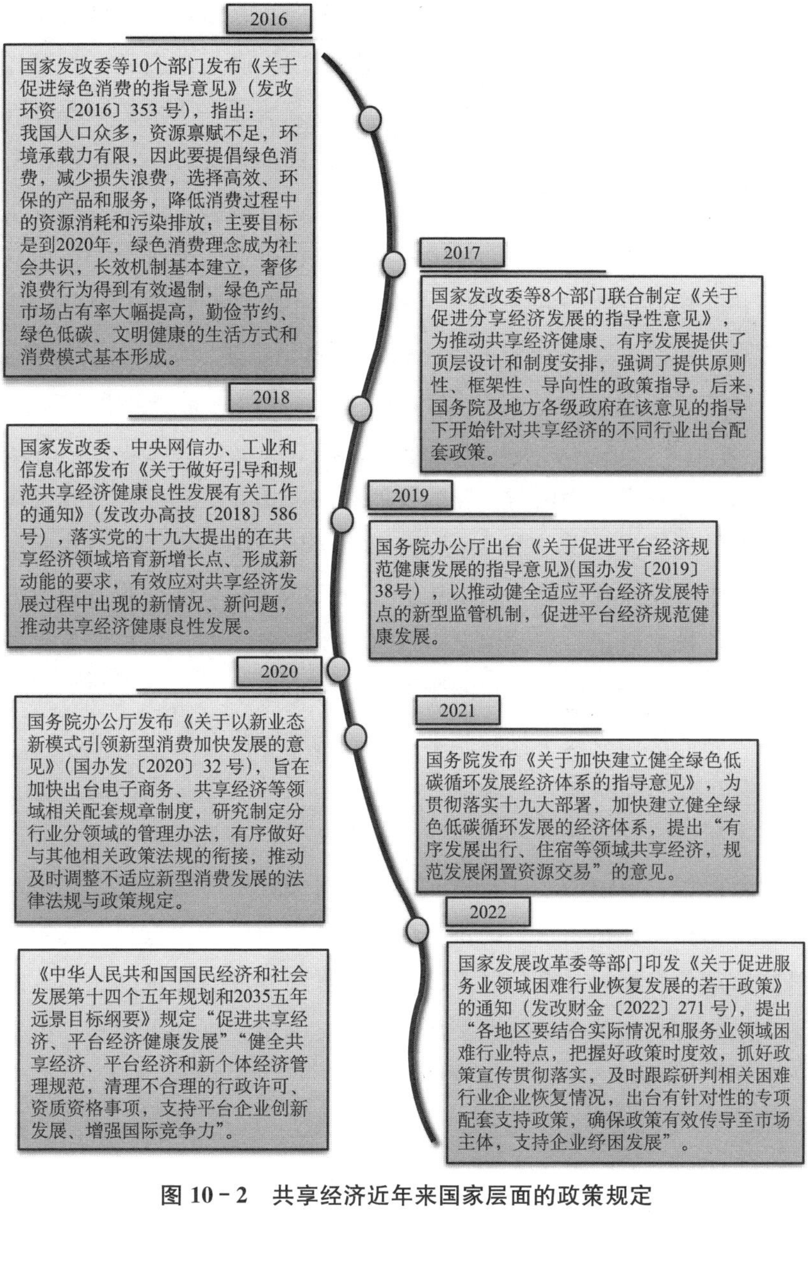

## 2016
国家发改委等10个部门发布《关于促进绿色消费的指导意见》(发改环资〔2016〕353号),指出:我国人口众多,资源禀赋不足,环境承载力有限,因此要提倡绿色消费,减少损失浪费,选择高效、环保的产品和服务,降低消费过程中的资源消耗和污染排放;主要目标是到2020年,绿色消费理念成为社会共识,长效机制基本建立,奢侈浪费行为得到有效遏制,绿色产品市场占有率大幅提高,勤俭节约、绿色低碳、文明健康的生活方式和消费模式基本形成。

## 2017
国家发改委等8个部门联合制定《关于促进分享经济发展的指导性意见》,为推动共享经济健康、有序发展提供了顶层设计和制度安排,强调了提供原则性、框架性、导向性的政策指导。后来,国务院及地方各级政府在该意见的指导下开始针对共享经济的不同行业出台配套政策。

## 2018
国家发改委、中央网信办、工业和信息化部发布《关于做好引导和规范共享经济健康良性发展有关工作的通知》(发改办高技〔2018〕586号),落实党的十九大提出的在共享经济领域培育新增长点、形成新动能的要求,有效应对共享经济发展过程中出现的新情况、新问题,推动共享经济健康良性发展。

## 2019
国务院办公厅出台《关于促进平台经济规范健康发展的指导意见》(国办发〔2019〕38号),以推动健全适应平台经济发展特点的新型监管机制,促进平台经济规范健康发展。

## 2020
国务院办公厅发布《关于以新业态新模式引领新型消费加快发展的意见》(国办发〔2020〕32号),旨在加快出台电子商务、共享经济等领域相关配套规章制度,研究制定分行业分领域的管理办法,有序做好与其他相关政策法规的衔接,推动及时调整不适应新型消费发展的法律法规与政策规定。

## 2021
国务院发布《关于加快建立健全绿色低碳循环发展经济体系的指导意见》,为贯彻落实十九大部署,加快建立健全绿色低碳循环发展的经济体系,提出"有序发展出行、住宿等领域共享经济,规范发展闲置资源交易"的意见。

## 2022
《中华人民共和国国民经济和社会发展第十四个五年规划和2035五年远景目标纲要》规定"促进共享经济、平台经济健康发展""健全共享经济、平台经济和新个体经济管理规范,清理不合理的行政许可、资质资格事项,支持平台企业创新发展、增强国际竞争力"。

国家发展改革委等部门印发《关于促进服务业领域困难行业恢复发展的若干政策》的通知(发改财金〔2022〕271号),提出"各地区要结合实际情况和服务业领域困难行业特点,把握好政策时度效,抓好政策宣传贯彻落实,及时跟踪研判相关困难行业企业恢复情况,出台有针对性的专项配套支持政策,确保政策有效传导至市场主体,支持企业纾困发展"。

图 10-2 共享经济近年来国家层面的政策规定

共享住宿提供非标准化住宿产品，房源类型多样、地域分布广泛。从别墅到家庭公寓，这些房源虽然有助于满足消费者个性多样化的入住需求和体验，但同时也增加了服务流程、质量控制等标准化、规范化难度。与传统旅店业统一化、标准化房舍不同，短租房屋在卫生、安全等方面并没有统一的标准，分散的个人房东服务水平参差不齐、服务质量缺乏保障，加快出台行业标准甚至法律法规确保共享住宿行业服务标准化、规范化刻不容缓。强化共享住宿领域监管和防范也离不开制定行业服务标准、自律公约等。2017年，文旅部发布国内首个旅游民宿行业标准《旅游民宿基本要求与评价》，分别从民宿的定义、评价原则、基本要求、安全管理、等级划分条件等多方面为民宿行业的发展提供了指导性意见，对我国民宿行业的健康发展具有重要意义。2018年，国家信息中心共享经济研究中心发布我国首个共享住宿行业标准《共享住宿服务规范》，针对入住核实登记、房源信息审核、卫生服务标准、用户信息保护体系等社会民众关心的焦点问题提出了规范要求，并结合智能安全硬件设施的使用等技术创新和未来发展趋势展开前瞻性引导。

共享住宿在我国农村和城市发展所面临的问题是不同的，在不同城市所面临的问题也是不同的。总体来讲，对共享民宿的发展还是要秉持包容审慎的态度，从人民群众对美好生活的向往、满足人民群众出行的住宿需求、提供灵活就业和创业机会、振兴乡村旅游和文旅产业发展等多个角度予以考虑，平衡发展与安全的关系，协调多重权力利益关系，协调多部门关系，为更美好、更丰富、更多元的住宿体验创造良好的经营环境。①

---

① 详见澄观治库：《中国共享经济规制报告（2018—2022）分报告——中国共享民宿规制研究》。

### 共享单车

就共享单车监管而言,目前承担具体监管职能的政府部门涉及交通运输、城市管理、规划、住房和城乡建设、市场监管、金融、教育、公安等,实践中出现多头监管的现象。如果政府各部门之间能够有效合作监管,就可以避免政出多门的现象。

就单车用户不文明用车行为而言,在共享单车行业发展初期,由于缺乏有效的监管手段,加上部分用户素质偏低,不文明用车行为十分常见,诸如故意毁坏、偷盗、私藏、擅自改装共享单车的现象屡见不鲜。相关规范性文件的出台,一方面通过宣传教育的方式引导用户文明用车,另一方面加大对不文明用车行为的处罚力度,包括提高使用费用、限制或者禁止使用、记入用户个人信用信息系统甚至追究相关法律责任等。通过加强对用户使用共享单车行为的监管,已经有效地减少了不文明用车行为的发生,极大地推动了共享单车行业健康、有序发展。

车辆停放难、调度难、维修保养难等问题长期客观存在,且各共享单车企业普遍缺乏对上述难题的解决能力。解决上述难题既要靠规则,又要靠科技,还要靠人力。就目前情况而言,虽然各地规范性文件普遍要求各共享单车企业通过电子围栏、电子地图等高科技手段,划定共享单车的停放区域,并采用手机APP端标注禁止停放区域,规范用户停车行为,但是在实践中,共享单车乱停乱放的现象依然十分严重,在城市人流密集区域和用车高峰时段"一车难求"的现象仍未得到有效缓解,街头巷尾的故障车辆仍然随处可见。

共享单车已经成为我们日常生活的重要组成部分。在全国绝大多数城市,共享单车取代公共有桩单车成为人们解决"最后一公里"出行问题的方案之一；在很多城市，共享电动车也在发挥越来越突出的作用。解决好共享单车服务质量、安全标准和有序停放的问题，就可以让这一行业继续发展下去。交通运输部和主管各部门多次颁发有关文件，对行业发展提出指导性意见。各地也结合地方实际情况出台很多的管理办法并采取多种手段。

早在2017年8月，交通运输部、中央宣传部、中央网信办、国家发展改革委等十部门共同起草了《关于鼓励和规范互联网租赁自行车发展的指导意见》，这是中央出台的最早的关于规范共享单车行业发展的规范性文件。该指导意见充分体现了"鼓励创新、包容审慎"的监管思路和原则，不仅获得了共享单车企业的支持，也获得社会各界的较多赞同。其中对共享单车行业存在的问题进行了系统规范，具有较强的操作性和推广性。为促进交通运输新业态健康发展，加强用户押金和预付资金管理，有效防范用户资金风险，2019年5月，交通运输部等六部门联合印发了《交通运输新业态用户资金管理办法（试行）》，主要内容包括用户资金管理、用户资金管理协议及报告机制、联合监管机制等内容，对押金收取、押金存管方式等做出规定。

从各地情况来看，共享单车的管理已经逐步摸索出方法，但是也存在一些问题，包括地方政府管理方法本身的合法性和合理性问题。[①] 比如，2021年以来，很多地方交通部门通过"红头文件"设置准入门槛违反《行政许可法》的问题，仅允许一家企业进入当地市场从而涉嫌构成行政垄断的问题，向企业收取道路经营费以及在管理过程中违法扣押车辆的问题，等等。企业也存在无序投入、围堵友商车辆、清理"僵尸车辆"不及时、车辆维护不到位等问题。

---

① 详见澄观治库：《中国共享两轮车规制主要法律问题分析》，2022年9月。

对骑行用户而言，乱停乱放甚至损坏车辆的现象仍然时有出现。

对共享单车而言，建构一个由企业、政府和用户乃至公众共同参与的治理体系，通过法律政策、行业标准、骑行伦理等的共同约束，方能实现共赢。

**共享办公**

共享办公的发展方向仍然是政府鼓励创新的重点领域。2015年3月，为加快实施创新驱动发展战略，适应和引领经济发展新常态，加快发展众创空间等新型创业服务平台，国务院办公厅发布《关于发展众创空间推进大众创新创业的指导意见》。该意见的重点任务是加快构建众创空间，针对众创空间的特点，降低其创新创业门槛，并要求科技部加强与相关部门的工作协调，研究完善推进大众创新创业的政策措施，加强对发展众创空间的指导和支持。

2015年，为进一步明确众创空间的功能定位、建设原则、基本要求和发展方向，指导和推动众创空间科学构建、健康发展，科技部印发《发展众创空间工作指引》。2016年，国务院办公厅发布关于加快众创空间发展服务实体经济转型升级的指导意见，提出要通过配套支持全程化、创新服务个性化和创业辅导专业化，促进重创空间专业化发展，同时在重点产业领域发展众创空间，鼓励龙头骨干企业围绕主营业务方向建设众创空间，鼓励科研院所、高校围绕优势专业领域建设众创空间。同年，为指导和推动专业化众创空间有序发展，科技部印发《专业化众创空间建设工作指引》，明确了专业化众创空间的内涵特征、建设条件和建设方向等内容。

对于共享办公而言，如何解决好重资产运营模式在后疫情时代的适应性问题，是未来获得可持续发展的重点。在共享办公空间的同时，能否探索出更多路径，提供更多更具有附加值的服务，是新兴业态与传统办公区域租赁相区别之处。后疫情时代，隔绝已久的人们终会发现：纵然在家中办公能节省办公经费和路费，但是人群共处一室所获得的感情、信息交流终归是线上办公所无法取代的，团队凝聚力的获得、创意的激发将是未来的终极目标。提供一个更为灵活的、更便宜的、更舒适的办公环境是共享办公的突围方向。

李欣珊在2022年春节回了趟东北老家——两个春节没回去了。和爸妈在家一起包饺子，一起看冬奥会的开幕式，看谷爱凌、羽生结弦的比赛，一起看电视剧《人世间》……时光仿佛倒流，回到了爸妈年轻时、自己小时候。欣珊思绪万千，觉得在家时她是小珊，在北京她是Jessica，未来自己还会有更多角色吧。

# 第十一章　在线旅游：双循环下的旅游出行

2000年，初春。作家萨尔完成了书稿并组建了自己的家庭，还有了一个可爱的女儿。他开着他的"哈德逊大黄蜂"带着妻女准备再进行一次公路旅行，找找当年的感觉。但是，萨尔发现，小女儿似乎并不喜欢这种走到哪儿玩到哪儿、住在motel（汽车旅店）的漫无目的的旅行。小女儿更想去加州新开的迪士尼乐园，想去住米老鼠主题酒店，这让萨尔不得不拿起电话，拨通了机票预订电话……①

---

① 萨尔是美国作家杰克·凯鲁亚克于1957年发表的长篇小说《在路上》（*On The Road*）（见图11-1）中的主人公。该小说讲述了萨尔和迪安·莫里亚蒂等三个年轻人沿途搭车或开车，几次横越美国大陆旅行的故事。萨尔最终选择了结婚，结束了公路旅行，但是惦念着充满活力、追求自由的伙伴迪安·莫里亚蒂。本章开篇和结尾的两个故事为本书作者用萨尔的名字进行的虚构。

图 11 - 1　《在路上》封面

互联网产业方兴未艾的 21 世纪初期，传统业态都或多或少地加入了互联网元素，以期获得新兴的产业动能，如网约车之于传统交通、短视频平台之于传统媒体、在线旅游之于传统旅游。

在线旅游是个新生事物，是信息时代互联网元素与旅游行业融合的产物，通过网络串联旅游消费者、旅游中介服务商、在线预订服务代理商以及实际旅游服务提供者，形成了新的旅游经营体系。这一体系不仅极大地改变了我们对旅游的认知，而且让出行更加方便、安全，进而也更加舒心。互联网因素不仅为产业提供了动能，在改变预订方式的同时，也向线下旅游链条延伸，产生广泛的辐射作用和深刻的影响力。

我们可以"货比三家"获得更为物美价廉的旅游服务，其中既有飞机、火车、巴士等交通服务，也有酒店、民宿、农家乐等住宿服务，还有景区、游乐场等游览服务，乃至餐饮服务等也深深嵌构于这个链条中。互联网平台汇聚了海量信息,供需双方通过互联网更容易找到彼此。此外,服务的标准化在信息化的过程中进一步推进。消费者也可以通过主观评价对服务质量进行动态监督。但与此同时,互联网技术也让在线旅游产业成为一只"薛定谔的猫",新技术对于传统业态规则的冲击让在线旅游产业的发展也陷入了争议频发的不确定状态。

## 一、启程:世界在线旅游的萌芽与发展

### ◎ 单一预订服务出现

在线旅游渠道和平台的技术基础发源于现代航空业。1952 年,当时领先的电子公司费伦蒂为加拿大航空的前身环加拿大航空开发了世界上首款计算机预订系统。此后,美国航空公司借鉴其经验,与 IBM 合作投资开发自己的计算机预订系统。在此基础上,其他航空公司也纷纷开发自己的计算机预订平台。从 20 世纪 60 年代开始,DATAS、Apollo、PARS、Amadeus 等系统纷纷诞生并投入使用。在当时,这些计算机预订系统的重点服务对象是旅行社。1991 年,旅馆预订网络公司(Hotel Reservations Network,HRN)成立,消费者可以通过电话进行酒店预订。一开始,该公司采用了收取佣金的方式,但由于大多数酒店不愿意支付佣金,公司随后发明了批发商模式。在该模式下,公司以净利价格支付给酒店费用,而以毛利价格出售给消费者服务,公司可以赚取毛利和净利价格之间的价差。

众多在线旅游网站诞生,为在线旅游产业的萌芽奠定了基础。1994 年,世界上第一个酒店综合名单网站 Travelweb.com 建立。

不久之后，该网站推出了直接预订服务。世界主流旅游出版社"孤独星球"（LonelyPlanet）也积极利用互联网发展线上业务，该业务的成功激励了其他旅游出版社纷纷向线上业务转型。

## ◎ 在线旅游平台崭露头角

20世纪90年代中后期，第一家网上银行First Virtual及其搜索引擎出现，为在线旅游产业提供了更多的技术支持，大众可以获取范围更加宽广的旅游服务信息并完成网上支付。在这一时期，全球范围内大量在线旅游平台公司纷纷成立。在线旅游平台是独立于酒店、航空公司、旅行社一类的市场方以及游客需求方的中介平台。1996年，微软创办Expedia（亿客行），提供机票、酒店和租车服务的在线预订。此后，众多模仿者纷纷进入在线旅游平台市场，在全球范围内掀起了创业与投资热潮。1998年，Priceline（普利斯林）创立，以客户自我定价系统模式向全球用户提供酒店、机票、租车、旅游打包产品等的在线预订服务。20世纪末和21世纪初，携程网、TripAdvisor（猫途鹰）、Orbitz等著名旅游平台也相继成立。

## ◎ 行业巨头跑马圈地

进入本世纪以来，国际上主流的在线旅游产台通过一次次并购，扩大自身业务边界、完善产业链，成就龙头地位，这也是互联网商业发展模式在在线旅游产业的体现。Priceline收购Booking.com（缤客）是其海外扩张的主要动作。Expedia也通过收购Travelocity、Orbitz等众多公司快速扩张。

目前，在线旅游市场的总体格局呈三足鼎立之势。在线旅游的马太效应和规模优势凸显。通过公司并购，已经形成少数头部企业把控市场的竞争格局。国外的 Priceline、Expedia，以及国内的携程占据了主导地位。2019 年，Booking、Expedia 的营收位居第一、第二，与其他平台大幅拉开差距，携程位居其后。美团未单独公布旅游或酒店部分的营收，而是将其与团购业务等一同归为"到店、酒店及旅游"，2019 年这部分业务在国际位居第四，在国内位居第二（飞猪、马蜂窝未上市，也未公布数据，故未加入排行）。同程艺龙大幅甩开老对手途牛。① 2020 年，受新冠疫情影响，跨境旅游占比大幅下跌，在线旅游公司 Expedia 和 Priceline 业务收缩。

经过多年发展，线上旅游的供销产业链条也愈加交错复杂。在线旅游平台属于在线旅游整体链条的中端，上端是可以给消费者带来旅游服务和产品的旅游资源，下方是可以给上层的旅游资源带来客流量的庞大消费群体力量，正是上层大量的旅游资源和下层多种多样的消费群体需求，成就了目前在线旅游平台行业极为宽广的业务范围以及市场规模，也形成了该行业日新月异的商业模式（见图 11-2）。②

图 11-2　国际主流在线旅游平台发展历程

---

① 新旅界. 全球 OTA 哪家强？财报表告诉你．[2020-04-16]．https://www.jiemian.com/article/4262302.html.

② 贺燕青，李铁生，陈语匆．在线旅游（OTA）及旅游产业新模式深度研究．[2019-07-08]．https://www.vzkoo.com/read/6ba338d870ce2a7f9f57468e1a61273e.html.

## ◎ 流量导向的资源分配——在线旅游的本质

在线旅游和传统旅游相比，最明显的差异无外乎打破了以往旅游资源的分配方式，从旅行社自主定价转变为流量导向，通过流量的监测定制市场所需要的旅游产品。在线旅游解决了传统旅游产业信息不对称性的问题，这得益于在线旅游所依托的互联网技术和平台。众所周知，互联网具有信息全面、传播速度快等特点。在线旅游则利用互联网平台，充分将各项旅游资源进行整合，为游客提供景点介绍、特价机票、特价酒店等信息，使游客在足不出户的情况下，就可以通过图片、视频、景区VR全景图等方式全面了解旅游目的地的有关信息。与此同时，在线旅游服务主体还可以为用户提供不同酒店和不同航空公司机票价格的对比服务，供用户判断选择，极大地节省了用户整理海量信息的时间成本，也消除了用户在传统旅游行业中无法获取全面信息的弊端。此外，在线旅游服务主体还可以利用互联网，对用户年龄结构、消费水平和喜好等要素进行画像，进而为用户提供个性化的服务，如为游客制定专属旅游线路、为游客提供旅游攻略等。众所周知，在线旅游可以采取无实体店铺的方式进行经营和销售，这为经营主体节省了很大一部分成本，经营主体可以不用租赁或购买商铺，节省了房屋装修费用以及日常水电费用、办公费用等运营成本。因此，在线旅游经营方式与传统旅游经营方式相比，成本极大地降低了。

除此之外，对于旅客和服务提供者之间的桥梁纽带机制而言，在线旅游产业搭建的这座桥是在线旅游平台，传统旅游产业则通过旅行社连接起旅客和服务主体。通过对比沟通机制，也可以看出在线旅游产业和传统旅游产业的区别。

## 二、繁荣：中国在线旅游的快速崛起

新中国成立以来，中国旅游业取得了跨越式发展，但在不同历史阶段呈现出不同的特点。1949年新中国成立到1978年改革开放，是中国旅游业发展的第一个时期。这一时期的旅游业以外事接待为主体，具有很强的政治属性。第二个时期是1978年到2019年，一系列经济政策的出台为旅游业的发展提供了良好的制度环境和发展空间。而这一时期的旅游业发展又可细分为四个阶段。首先是1978—1984年，中国旅游业经历了从外事接待到经济属性事业的转变，国内旅游业开始兴起。到了1984—1992年，随着十二届三中全会的召开，旅游行业完成了向市场化的过渡。1992—2009年间，旅游业实现了从产品旅游向旅游产业的理念转变。2009—2019年，旅游业开始逐渐向民生服务转变。

1999年，在上海徐家汇天文大厦一间100多平方米的办公室里，有这样一群年轻人，他们谋划着如何通过互联网改变人们的出游休闲娱乐方式，思考着如何打造一个集旅游供应商、旅游媒介、消费者、旅游支撑条件等于一体的旅游产业体系。而这一场谋划并没有想象的那么顺利，销售物料紧缺、与竞品公司的地推发生争执等问题不断出现，让这些年轻人一度产生动摇。其中有一个年轻人却意志力非凡地坚持了下来，把市场培育了起来，这个人就是携程网创始人——梁建章。从此，中国在线旅游产业进入了长达20年的黄金发展期。

### ◎ 雏形：以酒店机票预订为主的单一产业链条

1997年，中国国际旅行社总社投资成立华夏旅游网。1999年，携程旅行网上线运作；同年，艺龙网成立。这标志着中国的在线旅游业正式进入起步阶段。与同时期的电子商务、门户网站领域一样，我国的在线旅游初期都是模仿欧美国家的旅游业电子商务模式，以提供旅游资讯、机票代理预订、酒店代理预订等标准化产品为核心的在线旅游业一时间风生水起，一批"没有门店的线上旅行社"相继成立，中国旅游业进入了线上旅行社和线下旅行社同台竞技的活跃期。但是，受到接踵而至的互联网泡沫影响，加上同质化竞争严重、赢利模式不清晰，一批旅游网站未能跨越"死亡陷阱"。之后，在经过一系列分化整合和经营策略的完善之后，以携程、艺龙为代表的旅游网站脱颖而出，逐步成为行业的风向标。

随着互联网全面发展，携程与艺龙相继于2003年、2004年在美国纳斯达克成功上市。以此为标志，我国以线上预订旅游服务为核心的在线旅游业迎来了第一个高速增长与稳健发展期。

发展初期，在线旅游产业呈现的是一条"旅游产品供应商—预订平台—用户"的单一产业链。产业链上游是旅游服务产品供应商，主要发挥提供旅游产品的功能，是在线旅游市场全产业链各个环节的基础和重要组成部分，包括各类酒店、各航空公司及代理、各旅游景区等。产业链中游是预订平台（在线预订代理商），其主要通过自身先进的网络信息技术平台、完善的在线分销系统和专业的标准化服务水平，整合产业链上游的旅游产品资源，实现全产业链上游旅游产品与下游旅游产品消费者的无缝对接。产业链下游是旅游产品消费者，主要通过在线预订平台实现旅游产品的预订和购买。

一方面，在线预订模式发挥了互联网的信息传输优势，打破了传统线下旅行社对旅游信息的垄断，一定程度上起到了"去中介化"的作用。互联网用户数量快速增长，对在线服务有着强烈的需求。在线平台的建立，能够满足用户对于机票、景点等的海量信息的需求，相较于线下旅行社来说，信息汇集程度高、查询成本低、结果透明度高，并且效率和速度都有极大的提升。另一方面，在线平台这一新事物的出现，也是一次"再中介化"的过程。虽然传统线下旅行社的"中介"垄断地位被打破，但借助互联网信息展示、汇集和对供需双方的对接，实现了对有效旅游信息的"再中介"。此外，从赢利方式来说，在线旅游代理平台的主要收入来源包括在线广告、交易佣金、在线旅游增值服务三类，前两类主要面向旅游服务产品提供商，第三类同时面向产品提供商和旅游消费者，但其赢利本质都是信息高效流通。

◎ **横纵交错之间：产业闭环已然形成**

随着我国旅游行业的快速发展，国内旅游人数和旅游业总收入都进入了持续快速发展的阶段，在线旅游市场也不例外。以标准化酒店、机票预订为主的在线旅游模式，迫切需要通过寻求新的增长点来实现丰富和扩张，垂直搜索的进入恰逢其时。同时，随着智能手机的问世，移动互联网应用逐渐普及，以论坛、攻略形式集聚起来的旅游社交圈迎合了旅游市场消费者的需求。

2005年、2006年，在线旅游垂直搜索企业"去哪儿"和酷讯网相继成立，基于对国内国际航线、度假路线、旅游景点、酒店的高覆盖率，它们开启了旅游信息的垂直搜索市场探索。对于当时线上预订模式居于绝对主导地位的在线旅游市场来说，垂直搜索模式的成功在于敏锐捕捉到了在线旅游市场用户需求的变化：中立、智能、综合的比较平台，辅助用户进行旅游产品选择和决策的作用日渐突出，借助便捷、高效的搜索技术对互联网上的机票、酒店、度假和签证等信息进行整合，进而为用户提供及时的旅游产品价格查询和比较服务。

在旅游社区和论坛方面，乐途网、马蜂窝相继成立。以迎合和发展旅游的社交化需求为核心的旅游社区和论坛模式为旅游业的专业化、个性化、定制化服务探索奠定了基础。乐途网定位于为国内中等收入人群提供旅游目的地指南服务，主推原创内容，从启发旅游灵感开始，通过对用户兴趣的判断和理解，帮助用户发现有特色、有品质、有态度的旅游目的地产品和服务。马蜂窝则定位于为热爱户外旅行、钟情于自驾游、拥有专业的摄影技术的高质量旅游爱好者群体开展精细化服务。社区以用户的旅游攻略、旅游问答、旅游点评等资讯为主，同时嵌入酒店、交通、当地游等自由行产品及服务，为无数自助游爱好者提供了方便快捷的旅行指南，受到了用户的普遍欢迎。

随之而来的是，产业链条形态变为"旅游产品供应商—预订平台—社交论坛（搜索引擎）—用户"。垂直搜索和社交化服务，一方面打破、丰富了原有的在线旅游产业链，另一方面在服务平台环节出现了分解和细化。首先，从原有的"供应商—预订平台—用户"的单向链条，引入了用户的反馈和内容生产，形成了产业链内的闭环。其次，由于垂直搜索、社区、论坛、攻略等都是基于互联网信息平台的信息整合、信息分类、信息传播等功能开展的旅游信息服务，是对原有在线预订平台的延伸和丰富，所以也使得原有的在线旅游产业链条出现了细分。

从赢利模式看，无论是垂直搜索的比价模式，还是社区、论坛的社交化场景模式，其核心的赢利来源都是在线付费广告。这一模式与在线预订模式最大的区别在于：对于用户的需求有了进一步的细分，掌握了更多的用户数据，从而为基于旅游大数据和基于用户喜好的精准化、个性化、定制化服务，以及建立以用户为中心的一站式服务提供了基础。

◎ 整合并购：在线旅游生态圈

  2013年是我国互联网普及率增长进入拐点的一年。伴随着智能手机、移动互联网的广泛应用和普及，我国互联网领域出现了第一波并购热潮，围绕几大互联网巨头的"生态圈"逐渐形成。

  在线旅游领域也开始了整合并购。2013年，携程与艺龙、去哪儿等仍以白热化的竞争状态共存，携程的全产业链战略正式启动。[①] 各大在线旅游领军企业战略趋同，都开始针对国内外旅游部门、景区景点提供包括线下旅游资源、在线旅游、旅游社交、游学/邮轮、旅游出行等在内的全链条整合旅游服务，以"平台＋流量＋数据"为基础，搭建更多资源参与的开放式生态。

  在线旅游由此步入了一个新的发展阶段。这一阶段从产业特征上来说，主要体现为产业边界的模糊和不同领域的跨界融合。不仅仅包含机票和景点票务代理、旅游信息搜索等传统服务的在线直销，也包括以景点、经验为中心的社交化营销，还包括旅行出行中的租车等细分领域，均通过移动互联网实现了连接，同时催生旅游大数据、旅游云服务等新兴业态。

  在服务模式上，过去在信息不对称条件下的简单粗暴的差价赢利方式被淘汰，经过对领域细分、开展新兴服务的标准化探索，形成了标准化服务整合、线下与线上相统一的"一条龙"服务。一方面，以服务为基础的增值进一步带动了盈利的增长；另一方面，服务形式本身也发生了翻天覆地的变化，从过去的供给方驱动向现在的需求方驱动转变，从过去的集约化生产向现在的个性化定制服务转变，线上的服务也在移动化、社交化、数据化、云服务化的道路

---

[①] 张爽. 中国在线旅游二十年简史. 互联网经济，2016（6）.

上走在了应用的前列。[①]

## 三、激荡：螺旋上升的在线旅游产业

### ◎ 用户为王：需求爆发与行业升级

用户为王时代，需求端的增速放缓推动供给端进一步积极探索有效的市场激励手段。几年来，旅游服务供应商着力在以下几个方面为在线旅游产业注入新的活力：首先，对用户进行精准画像，细分用户，迎合亲子家庭型等用户需求，挖掘促进亲子品牌的建设与产品开发，在一定程度上回应了国家出台的二胎及三胎政策。其次，消费者对"零购物""场景体验"等高品质的旅游需求与日俱增，使得文化游、体育游、娱乐游的需求不断增加。最后，供应商搭乘新媒体兴起的"顺风车"，多维度创新运营内容，通过短视频、公众号、微博、旅拍、直播等多种多样的形式，为用户提供丰富、全面、周到的旅行内容，以此为用户"种下"出游的"草"，推动用户进行"拔草"之旅。

### ◎ 开疆拓土，下沉发展与对外拓展

2019年，以携程为代表的在线旅游产业全球化进入发展关键时期。除各大主营业务线早已进行了布局与调整以外，各大企业还加强了投融资与战略合作。这些资源端的布局，包括在世界各地建立自己的服务团队，为在线旅游产业未来的增长做出巨大贡献。

在线旅游的全球化战略，将入境游纳入其全球化的战场。目前，

---

① 张爽. 中国在线旅游二十年简史. 互联网经济，2016（6）.

相较于出境旅游的发展，中国入境旅游市场略显低迷。从入境旅游对 GDP 的贡献来看，一般国家的入境游对 GDP 的贡献在 1%～3%；中国为 0.3%，低于全球平均水平。但如果达到正常水平的话，中国入境旅游市场将会有一千亿美元到两千亿美元的增量机会。如果不是新冠疫情的影响，入境游无疑是需要加大力度开拓的一块市场。

除全球化外，"年轻""下沉"也成为在线旅游近年来的新发展战略。在大数据时代，挖掘市场份额中"下沉"部分用户的价值逐渐被人重视。随着非一线城市的用户经济收入的持续增长，该部分用户出游消费水平也水涨船高，水平变化尤为明显的是其中的小镇青年群体。线下是各大旅游企业争相争夺"下沉"市场的重要形式，但线下市场背后的成本压力同样不容忽视。

## ◎ 一波未平：安全问题尚未完全解决

资本动向是产业发展最真实的写照，大量资本的涌入说明在线旅游产业正在经历一个快速发展的时期，各类型网站层出不穷，产业陷入了一种野蛮生长的状态。但是，旅游行业的安全问题依旧是 21 世纪一大难题。

### 普吉岛沉船事件[①]

2018 年 7 月 5 日下午 5 点 45 分左右，两艘载有 127 名中国游客的船只在返回普吉岛途中，突遇特大暴风雨，分别在珊瑚岛和梅

---

① 颜昊，明大军. 泰国已对普吉游船翻沉事故正式立案调查. 新华社，2018－07－08. https：//baijiahao. baidu. com/s？id=1605424811968347285&wfr=spider&for=pc. 赵益普. 普吉游船倾覆事故：初步确认 47 名中国遇难者遗体已找到. 环球网，2018－07－11. https：//baijiahao. baidu. com/s？id=1605688940741541406&wfr=spider&for=pc.

通岛发生倾覆。2018年7月11日18时，该沉船事故所造成的中国游客遇难人数达到47人。7月16日，沉海的凤凰号26岁的船主被送往普吉法院审理收押，且被拒绝保释。2018年8月22—23日，泰国普吉府政府联合当地旅游协会举行系列活动，悼念在凤凰号游船倾覆事故中遇难的中国游客。12月17日晚间，泰国警方公布了对沉船凤凰号的最新调查结果。结果显示，凤凰号船体在设计、建造和实际运营等多方面存在违法问题。

**西安秦岭野生动物园娱乐设施事故**

2013年9月15日，位于秦岭野生动物园外的秦岭欢乐世界迎来了不少游客，各种游乐设施上挤满了人。一台名为"极速风车"的大型游艺机上，30名游客正扣着安全肩带整装待发，准备"天旋地转"畅游一番。可机器启动后不久，两男一女三名游客接连从空中被甩下。经过现场勘查，主要原因是游乐场工作人员未确认游客是否系好安全带，便开启游乐设施，导致游客被甩出。秦岭欢乐世界提供的材料证明设备仍在试用期，并且上个月刚刚通过了安全检查。①

◎ **新问题层出**

**价格歧视（大数据"杀熟"）**

2019年"五一"期间，王女士称和朋友同一天在飞猪上订了某酒店的高级大床房。王女士是老用户，朋友是新用户。本以为老用户还可以打个折，结果付款时发现老用户的房费229元1间；而

---

① 梁超. 西安游乐场风车甩飞3名游客 认定为机械故障. 京华时报，2013-09-16. http://news.youth.cn/gn/201309/t20130916_3882906_1.htm.

新用户的房费220元1间,另享受5元买立减优惠,实际215元1间。王女士疑惑于为何同一房间新老用户标价不同,优惠也不同,老用户价格高且不享受优惠。①

2021年2月,复旦大学教授孙金云率研究团队发布了名为《2020打车报告》的文章。该研究团队在五座城市打了800多趟车,搜集到滴滴、曹操、首汽、T3、美团、高德和扬招7个渠道的数据。通过数据分析得到的一些结论,都指向了打车平台存在"大数据杀熟"的事实。该调研报告认为,平台在网上利用用户数据结合自身平台算法将平台的利益最大化时,平台存在利用信息不对称而实施差别待遇的做法。②虽然这份报告的样本数只有821个,从统计学角度来讲,每种差异性的样本平均只能覆盖到1~2次调查,其调查结果的准确性存疑,但是这份打车报告还是使大数据"杀熟"引起了社会关注。

信息时代,大数据"杀熟"并非空穴来风。对于在线旅游产业而言,平台是"杀熟"的重灾区。一些订票运营服务平台,同一张机票、同一时间、同一网络、同一起止点,新老消费者,系统查询价格也不同,同时不同价,不免引发老用户被"杀熟"的质疑。这种操作模式一般存在于在线预订酒店、机票、火车票、船票、场所门票等依托互联网的产品或服务中。不少在线旅游平台运用大数据和人工智能,变得越来越智能。有的消费者声称,如果对同一时段的产品或服务保持高频持续关注,这一产品或服务的价格通常可能发生波动。一些已经下单的消费者声称,在再次查询该产品或服务

---

① 电子商务消费纠纷调解平台. 五一OTA消费十大猫腻 消费者如何避坑. [2019-05-11]. http://www.100ec.cn/detail——6508157.html.

② 孙金云. 打车平台,请把数据还给我. [2021-02-19]. https://mp.weixin.qq.com/s/3McSiS8CJSabAN6HpaklyQ.

时,该产品或服务的报价比自己之前购买的价格低很多。

大数据"杀熟",即不合理的算法歧视,是通过信息不对称与大数据分析预测的优势,针对相同消费者群体进行差异化消费行为分析,根据消费行为特征,将消费者群体细分为消费能力、消费偏好、消费意愿不同的人群,并精算出不同阶层消费者的消费弹性,试算出不同人群的价格敏感度。将部分消费者单独标签化归类,对消费能力较高、消费意愿较强、消费偏好较为单一、价格敏感度较低且相对稳定的消费者,上浮其想要购买的产品或服务的价格,以赚取高额利润。此外,这些运营服务平台的服务器,还会悄悄记录下消费者所使用设备的特征码等关键信息,并与消费者进行智能化绑定,即使消费者采取反制措施,如卸载重装 APP、使用不同的手机、注册不同的信息、使用不同的网络方式等,也无法有效摆脱服务器的智能化追踪与锁定。据报道,某些运营服务平台甚至推出"关注即上涨"的大数据"智适应",当用户开始在某一时间段关注产品或服务时,该产品或服务的价格即开始上涨,由于"智适应"已经将这一时段的产品或服务锁定,消费者只能就范。①

**默认搭售**

2018 年 10 月,南京的消费者张女士在途牛旅游网为家人选购中秋节旅游产品时,遇到了搭售保险的情况。以"丽江双飞 6 日游 15 人小团"为例,其单价为 3 419 元,在勾选完时间和 2 个成人之后,页面自动跳转到结算页面。结算中,多出了保险费 250 元。这并不是消费者勾选的,而是途牛系统默认勾选的。并且,页面没有提示选项在何处可以反勾除。②

---

① 高培培. 构筑遏制大数据杀熟的法律屏障. 人民论坛,2019 (36).
② 电子商务消费纠纷调解平台. 途牛搭售等行为"再现江湖"扣费达数百元. [2018-10-20]. http://www.100ec.cn/detail——6476326.html.

实际上，机票、火车票销售时搭售保险等其他服务或产品，是许多在线旅游平台普遍使用的手段。正规的捆绑销售本身并不违法，各类保险（如人身安全险、航空延误险等）不仅能保证消费者人身安全，还能防止消费者额外的财产损失。但是，部分在线旅游平台利用技术性手段，以无提示的方式默认勾选保险等服务，或以缩小字号、淡化色差等方式隐藏退订提示，为消费者取消默认勾选增加难度，这为消费者增加了额外的注意负担。另外，机票和贵宾券、酒店优惠券捆绑销售的产品均具有一定程度的独立性，并不属于机票销售服务中不可分离的一部分，将这些产品进行搭售，并没有实质提高产品的质量、降低服务的成本、提高效率、让消费者受益或有其他正当理由，并不符合交易习惯。因此，搭售此类产品是不合理的。

进一步讲，在线旅游平台进行机票捆绑销售，不仅仅是传统的捆绑销售，还融入了互联网的虚拟性及复杂性的特征。旅游行业属于信息不对称行业，在电子商务领域更为明显。信息不对称，是指在交易中，买卖双方对交易的商品、交易的条件等交易信息的掌握程度不均衡，从而分化为信息优势方和信息劣势方的一种客观现象。[1] 对于消费者来说，其所获得的旅游产品、资源、服务等信息，更多来源于在线旅游代理商，信息获取渠道单一，再加上消费者本身对该部分信息的理解有局限性及分辨能力较低，从而加剧了信息的不对称。[2] 在线旅游代理商提供的保险服务标价为 30 元，而保险公司官网同等内容的保险费用仅为数元，这增加了消费者的成本负担，使消费者额外支出了不必要的费用。

---

[1] 屈志强. 电子商务交易活动中商品信息不对称的问题思考. 中国商贸，2015（3）.
[2] 鞠晔. B2C 电子商务中消费者权益的法律保护. 北京：法律出版社，2013.

这种行为并没有征得消费者的同意，其实质就是在线旅游平台滥用自身的优势地位，把自己的意志强行施加在消费者身上，进而实现了自身利益的追求，却阻碍了消费者自由意志的实现。此类捆绑销售是一种不当的行为，应该受到规制。

**虚假交易**

2018年10月，马蜂窝数据被指造假，来自自媒体的文章披露马蜂窝网站上的2 100万条"真实点评"有1 800万条是机器人从竞争对手处抄袭而来，甚至连抽奖活动中奖的账号都是抄袭账号。[1]

随后，马蜂窝官方回应，承认部分点评造假，已对涉嫌虚假点评账号进行清理，并表示针对自媒体刊文中歪曲事实的言论、有组织攻击的行为，将采取法律手段维护自身权益。随着"互联网＋"不断发展，在线旅游预订与广大游客的联系愈发紧密。分析该事件传播过程可以发现，微博成为主要舆论阵地。有趣的是，对该事件进行关注讨论的微博用户，82％为男性，可见男性对该事件的关注度远超过女性。

虚假交易的表现形式多种多样，典型的例子如淘宝商家雇人刷销量、餐饮外卖商家雇人刷好评、滴滴出行司机刷单套现、美团酒店刷好评等。在旅游消费场景中，"数据"扮演着日益重要的角色，网络"评价"常能改变游客出行决策，但"水军"刷单行为长期存在，误导消费者决策，影响消费体验。虚假交易大概分为两种：一种是以获取网络平台补贴为目的的虚假交易行为，另一种则是通过给予虚假好评和恶意差评获得不正当利益的虚假交易行为。虽然二者指向

---

[1] 梓泉 & 乎睿数据. 估值175亿的旅游独角兽，是一座僵尸和水军构成的鬼城?. [2018－10－20]. https://mp.weixin.qq.com/s/jTc6C0G7F6jgEfmiSH5g8g.

不同，但最终都是为了自己牟利。网络经济的更新迭代必定会促使虚假交易的形式更加复杂化，其内涵也必然更加丰富，但是万变不离其宗，虚假交易的本质是不变的，都是通过不真实的交易谋取不正当利益从而获得竞争优势。无论是哪种虚假交易，都破坏了在线旅游行业正常健康的市场秩序，损害消费者权益，因此必须接受监管。

**恶意违约：设置高额退改费**

甲女士在"世界邦旅行"平台购买了梦幻极光穹顶玻璃屋9日深度优选旅行。公司承诺，如旅途变更，全额退款。后来，该女士因原定计划有变以及平台频繁更换负责人，加之签证手续有延误，需要在原有日期上延期，于是要求改日期或退款，但遭到公司拒绝。公司称，该女士要承担9万余元的取消费用，相当于订单总金额的90%。[①] 无独有偶，乙女士在马蜂窝购买新西伯利亚航空公司从北京飞往圣彼得堡的机票，后因故要求退款。在此之前，她咨询过新西伯利亚航空公司的客服，并确定退票费30欧元，折合人民币不到250元。但马蜂窝坚持退票费需要850元人民币。

在线旅游企业在与旅游者确立了合同关系后，由于供应商临时调价、人数不够取消成团、代理商变更航班、酒店满房等原因导致合同无法继续履行的，在线旅游企业往往单方面取消或修改客人的订单；但如果是消费者就购买的商品提出退款时，退款难度要高得多。平台销售的低价折扣机票往往退改签费用较高，而且部分平台对特价机票基本不退不换，一般只退机场建设费和燃油费。显而易见的是，在行程中一些情形变更的情况下，消费者与旅游服务商所

---

[①] "五一"在线旅游消费调查发布 这十大典型案例 你肯定不知道！．［2019-05-12］．https://ishare.ifeng.com/c/s/7mckPmUePTo．

受到的损失是截然不同的,究其原因,可以总结为以下两方面:一是由于市场竞争激烈,在线企业一般采用包机、包房等方式保证资源供应。为防止退票、退房带来的损失,企业往往设置高额退票费以求损失分摊。二是在线企业恶意利用与旅游者之间在退票相关政策规范方面的信息不对称,增加消费者维权难度,损害旅游者利益。高额退票费的设定可能涉及平台利用垄断地位、信息不对等出台霸王条款,是对消费者平等权利的侵夺和伤害。

**黑客入侵**

黑客入侵和地下黑产泛滥也是在线旅游平台需要引起高度关注的问题。平台由于收集了大量用户的详细信息,一旦发生黑客入侵,所引发的数据泄露事件就会使得用户、商家乃至平台权益受损。2020年国家网络安全宣传周"电信日"主题论坛上,中国信息通信研究院报告显示,2020年上半年网络安全形势依旧严峻,2019年针对数据库的密码暴力破解攻击次数日均超过百亿次,数据泄露、非法售卖等事件层出不穷,数据安全与个人隐私面临严重挑战。①

## 四、再启程:在线旅游推动形成产业双循环发展新格局

### ◎ 戛然而止的旅游行业

旅游产业具有高度的环境敏感性,十分容易遭受境内外突发事件的冲击和影响,出现衰退和滑坡。此次新冠疫情属于全球流行性传染病,一级分类为"自然及人为灾难"。旅游行业中几乎所有细

---

① 中国信通院.2020年上半年网络安全态势情况综述,2020-09.

分领域均涉及人群聚集与社交。不同于其他危机事件仅对某具体细分市场构成影响，流行性传染病无疑会对旅游行业造成全面冲击。新冠疫情对旅游行业的影响十分严重，不仅因为这次疫情持续时间的不确定性，还因为2017年以来中国的经济结构已经发生改变——消费尤其是旅游消费占据更高比重。疫情对旅游业的直接、间接影响不仅体现在各旅游黄金周，而是在长达三年多的时间内构成了持续性的不利影响。

疫情造成旅行社的工作人员大规模失业，旅行社全面亏损，中小旅行社面临歇业、关闭；酒店遭遇暂停营业，短期内出租率大幅下滑，营业收入受到重创，很多企业甚至处于基本停业状态；航班停飞或者取消，入境旅游严重受创；景区也被要求限流乃至全部关闭，营收夭折；旅游板块股票市值大幅下跌，景区、旅行社、餐饮等子行业股票大幅度下跌；旅游行业从业人员工资大幅缩减。

随着疫情的不时发生，相关善后工作对于旅游产业来说也是极大的挑战。海量退订使得各环节面对巨大的处理压力。在线旅游平台与航空公司需要在短时间内重建免费退票系统，中游环节同样难扛巨大的订单处理量。上下游矛盾与旅游合同纠纷、国际合作纠纷等激增。由于此次疫情构成不可抗力，退团退费牵涉多个行业、领域，乃至多个国家或地区，对于什么是合理诉求，标准不同、尺度不一，后续可能引发潜在的矛盾和纠纷。2020年下半年我国疫情得到有效控制后，市场一度出现明显好转，还有不少地区出现大幅反弹甚至"报复性反弹"，被压抑的消费需求得以快速释放。但此后，随着冬季多地多发新冠疫情，在线旅游业再次遭受打击。2021年之后，由于我国疫情整体上控制有力，尽管个别地区不定期发生疫情，跨省游受到影响，但省内游、近途游以及一些特色旅游及旅游周边产品销售开始发力，虽然与疫情前仍不可同日而语，但是整个旅游形态在悄然发生改变。

**文旅融合是在线旅游业的突破口**

北京故宫是中国明清两代的皇家宫殿，旧称紫禁城，位于北京中轴线的中心。北京故宫以三大殿为中心，占地面积72万平方米，建筑面积约15万平方米，有大小宫殿70多座，房屋9 000余间。一般情况下，游客在故宫游览时间平均为3到4个小时，游览路线固定化，开放范围有限。虽然这一古建筑群的文化价值、历史价值在世界范围内屈指可数，但其游览价值并没有完全展示出来。对于大多数人而言，故宫只不过是一座展览明清皇室用品及建筑群的展览馆，就像大多数博物馆一样，没有必要反复参观。

实际上，故宫的价值远远不止于此。电视连续剧《甄嬛传》让游客们拿着"甄嬛传地图"寻找传说中的"碎玉轩"，《延禧攻略》又让延禧宫火了一把。故宫近年来不断推出文创产品，在御花园门前开设故宫餐厅，激发不少游客"打卡"热，故宫也成为打卡网红圣地。故宫经历了明清506年26位帝王，这期间发生的故事量级远超"漫威宇宙"，这些故事的文化价值正在被挖掘出来，成为促成故宫的旅游价值质的飞跃的"法宝"。

从这个角度来说，文旅融合有助于旅游产业赢利能力的提升。随着在线旅游生态圈的不断完善，产业链将得到延长，特别是将影视、知识产权等做成旅游产业链前端，既能提高附加价值，又能增强旅游项目衍生品开发的可能性，提高消费水平。随着观光游向体验游转变，文化的融入增强了旅游产品的体验性，让游客不再局限于单纯的景观游览。从旅游到"文化＋旅游"，再到"文化＋旅游＋科技"，既延长了体验和消费时间，又有助于解决旅游产品供给不足问题。

在线旅游进入全新的纵深发展的"新时代"。一方面，文旅融合的发展是以景区自身文化价值挖掘为切入点,持续深度挖掘资源本身特色,将文化元素充分植入景区游览项目及相关文创产品中,实现多维文化特质的呈现与传播。另一方面,文创产品直接关联景区形象和文化内涵,提升景区品牌形象丰满度和影响力,使景区的文化价值效应辐射周边产业,实现企业赋能带动旅游产业。

**大路已经铺好**

2018年,党和国家机构改革,将文化部、国家旅游局的职责整合,组建文化和旅游部,开启了文化和旅游融合发展的大幕。文化和旅游部的组建,不仅会更好地保障民众幸福感的获得,还将更好地统筹文化事业、文化产业发展和旅游资源开发,为经济发展助力;同时,能进一步提高国家文化软实力和中华文化影响力。

我国到2035年将建成文化强国,文旅产业发展是重要路径之一,十多年来已经出台了系列相关政策,其中专门部署文化和旅游融合发展的中央意见主要有两个,涉及具体领域的政策文件几乎每年都有,主要文件盘点如图11-3所示。

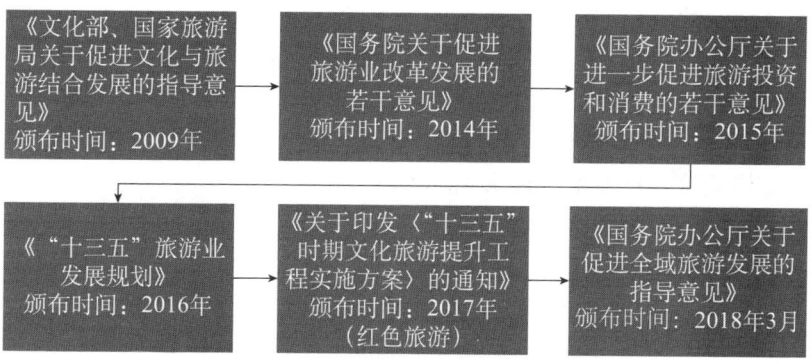

图11-3 2009年来文化旅游业政策文件概览

文旅融合必然是旅游业的大趋势。中国的文化输出占比远远落后于国家经济排位。正是如此巨大的差距，为文化产业融合旅游发展提供了可能，旅游将是我国文化输出最稳定的渠道。另外，经过40余年的发展，中国的旅游业面临一个必须突破的瓶颈。如果没有强有力的文化内容资产体系，没有全世界的广泛认知，中国旅游乃至中国形象很难走向世界。文旅融合，为文化产业找到了很好的推广渠道与消费市场，为旅游产业找到了内容生产的源头。未来在文旅产业链条上，前端打通了内容生产，中后端有文化企业、旅游企业进行产业布局与衍生产品生产，形成良好的闭环，这是一个风口所向。①

2019年7月，国务院常务会议确定了促进文化和旅游消费的措施，并强调了以"互联网＋"提高文化旅游消费便利度，强调互联网对文旅消费的促进作用。在线旅游是文化建设的基础工程，也是旅游发展的产业动能，它连接供给和需求，为业态赋能；它培育和扩大新消费市场，实现产品增值；它驱动产品和业态创新，重构产业格局。以5G为代表的新兴数字科技，有效解决了连接文化资源和旅游市场的问题，催生了若干在文化、旅游领域进行科技创新和商业创新的企业。可以预期有越来越多的创业队伍、创新产品不断涌现。从这个意义上说，文旅融合确实为整个在线旅游产业提供了很好的发展契机与政策环境。

**构建旅游产业的国内大循环**

2020年4月，在中央财经委员会第七次会议上，习近平总书记强调要构建以国内大循环为主体、国内国际双循环相互促进的

---

① 详见澄观治库：《中国文旅产业发展报告（2019—2020年）》。

新发展格局。结合当下国内国际形势,从旅游产业角度来看,建立以国内旅游大循环为主体、国内国际双循环相互促进的旅游发展新格局,是发展思路上的必要变革。具体而言,可以从物理空间构建、链条延展、政策扶持几个方面来推进旅游产业以国内为主体的大循环。

首先,空间构建方面。一是可以把全国作为一个整体系统,充分发挥制度优势,在文旅主管部门的统一部署下,对事关旅游发展全局性的大项目、大活动,实行统一安排、统一布局、统一营销,形成全国范围内协调一致的高效大循环。二是在一定区域范围内,比如京津冀、长三角、珠三角、成渝或省内开展区域合作和联动,实行建设一张图纸、营销统一安排、运转统一协调,形成区域内的循环圈。三是构建全国范围、区域范围的智慧旅游体系,实现线上营销预订与线下接待服务的无缝对接,构建线上线下大循环。

其次,链条延展方面。要打通产业链、产品链、营销链,优化整体布局,扬优势,补短板,全面完善旅游功能,使旅游产业的每一个环节、每一个链扣都运转有力。要着力调整产品结构,实施高端引领、文化植入、层次开发。要针对疫情之后人们对旅游产品需求的新变化,开发新的旅游产品。要科学布局产品类型、产品层次,适应不同游客的需求。

最后,制度扶持方面。要建立旅游产业以国内为主体的大循环发展地位,可以建立协调机制统领。要由政府牵头,相关部门、社会组织参加,组成协调机构,统一协调各循环系统构建过程中的规划制定、网络构建、产品布局等事宜,统一指挥构建后系统的运行。

◎ **更多元、更安心、更美好的旅行**

全球十大在线旅游公司有八家都在美国,其他两家在中国(携程、去哪儿)。对于如何让在线旅游企业为我们提供更多元、更安心、更美好的旅行,没有任何国家比中美两国的情况更有代表性了。笔者通过对中美在线旅游产业相关监管法律制度的梳理,总结出一些在线旅游市场的监管经验,探索如何通过法律进一步推动在线旅游产业高质量发展。[①]

**立身之本:数据安全**

网络化和数字化拓展了人们生活的空间,网络空间正在成为国家主权的新疆域。网络空间的存在是"网络空间主权"存在的前提,也是政府开展网络空间治理的依据。当下互联网领域并不太平,世界范围内通过互联网侵犯个人隐私、实施网络监听、窃取国家秘密、侵犯知识产权、进行网络攻击或网络犯罪等网络恐怖活动频频发生。只有从技术、法律和监管方面,从整体上加强保护在线旅游的数据安全,才能保证产业更加快速、稳定地发展。

数据安全问题甚至会上升到国家机密层面,对国家安全构成威胁。2015年通过的《中华人民共和国国家安全法》,提出维护"国家网络空间主权",直接把信息网络安全上升到了"国家主权"不可分割的重要组成部分。2017年6月起施行的《中华人民共和国网络安全法》,将维护网络空间主权与维护国家安全并列为立法目的。2021年通过的《中华人民共和国数据安全法》是我

---

① 详见澄观治库:《中国旅游产业发展报告(2019—2020年)》。

国第一部数据安全领域的基础性法律,这部法律分别从监管体系、数据安全与发展、数据安全制度、数据安全保护义务、政务数据安全与开放、法律责任等方面,对数据处理活动进行规制,同时也明确建立了数据分类分级保护制度,建立健全数据交易管理制度、安全审查制度,对违法行为的处罚力度加大。目前,我国主要的维护数据安全的措施包括:建立数据分级分类管理制度,确定重要数据保护目录;加强对向境外司法或执法机构提供存储于中国境内的数据的监管;针对影响或者可能影响国家安全的数据处理活动进行国家安全审查与监管;建立数据安全应急处置机制;提高数据处理者的合规性要求;提供数据处理服务的行政许可准入制度等。

**揭开面纱:虚假宣传**

虚假宣传一直是消费者深恶痛绝的问题。在线旅游虚假宣传主要有三种表现形式:一种是虚假发布旅游信息,在消费者预订后因价格波动单方毁约。曾有消费者在某旅游网上事先预订好了酒店房间,结果在已经收到酒店确认单的情况下,旅游网站突然表示该订单由于价格错误无法履行。在线旅游网站在提供预订票务、预订酒店等服务时,不仅要建立透明、公开、可查询的渠道,而且不得以任何方式虚假预订,否则就要承担相应的法律责任。另一种虚假宣传的方式,是以宣传低价团的方式诱导消费者进行消费。不合理低价游是平台主体审核的重点内容。不合理低价游扰乱旅游市场经营秩序,严重侵害旅游者合法权益,甚至成为涉黑涉暴犯罪的"病灶"。旅游相关法律法规规章对此已有规定,对于在线旅游平台而言,负有直接安全保障义务与审核责任,平台经营者不得为不合理低价游提供交易机会。还有一种是针对虚假评级行为，平台非法删除和屏蔽旅游者的评价的做法。这也是虚假宣传的一种手段。平台不仅不得删除评价，也不得误导、引诱、替代或强制旅游者做出评价。

**多元治理，平台牵引**

党的十八大以来，中国旅游业发展进入全新的时期。旅游业作为综合产业，按照"五位一体"总体布局和"四个全面"战略布局，"旅游+"和"+旅游"的发展模式双向共振，产业融合的新格局全面形成，为全域旅游发展奠定了基础。旅游业自主改革能力显著增强，相关法律法规不断完善。在"供给侧改革"的大背景下，旅游业开始步入品质化发展阶段。随着人民群众对旅游产业高质量发展需求的提升，这一时期政府对旅游业的监管开始逐渐加强。

如图11-4所示，位于外圈的"安全""监管""文明""保障"等词语频繁出现，表明我国已将在线旅游立法与安全监管工作作为重点。《国民旅游休闲纲要（2013—2020年）》和《中华人民共和国旅游法》的出台，为整个旅游业的健康有序规范发展提供了法律和政策依据。2017年《旅行社条例》的修订，也将旅行社的法律责任和导游人员的权利义务进行细化落地，落实可操作性；同年，全国旅游监管服务平台先后在北京、上海等地试点。[①]

对近年中央及各地方的监管性文件进行梳理分析后，不难发现，行政机关对于以线下旅行社为主导的传统旅游业态的监管未发生根本改变，旅行社、景区旅游区、导游等仍是主要的监管对象，

---

① 胡北明，黄俊．中国旅游发展70年的政策演进与展望：基于1949—2018年政策文本的量化分析．四川师范大学学报（社会科学版），2018（6）．

第十一章 在线旅游：双循环下的旅游出行 473

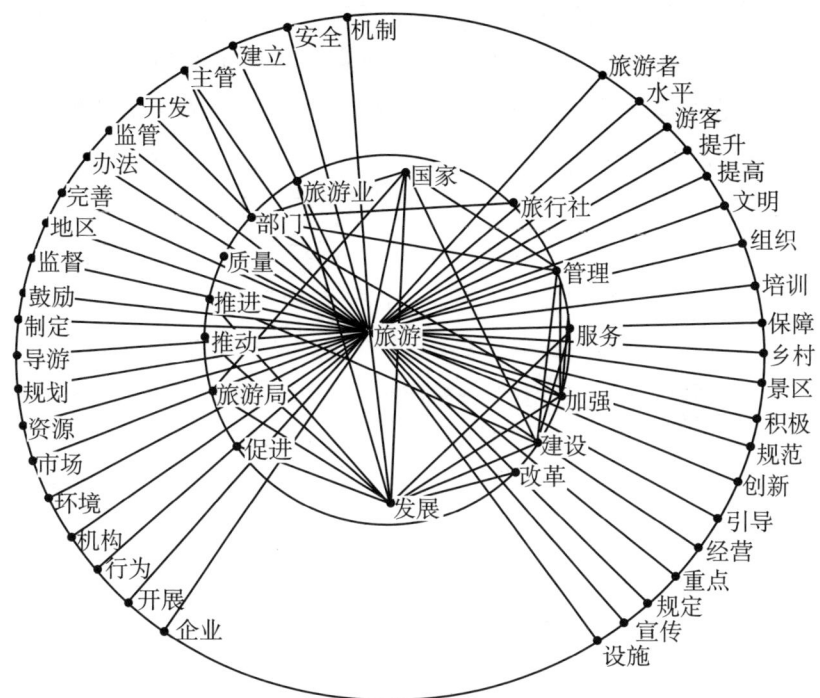

**图 11-4 在线旅游法律法规的关键词**

出入境旅游、安全等也是旅游基本盘监管的主题词。目前，我国景区景点由文化旅游、住建、林业等多部门多头管理。这种格局保证了监管的全面性，也产生了监管真空或者监管重叠的现象。2018年党和国家机构改革之后，随着行政职能的不断梳理与整合，这种监管问题正在很大程度上得到解决。在文化产业监管部门与旅游产业监管部门合并之后，一些监管政策也随之发生了调整与改变。之前本是分立的文化、旅游两个领域进行了整合化管理，这在非物质文化遗产、传统文化特色旅游、红色文化特色旅游等方面都有所体现。

值得特别关注的是，2020 年颁布的《在线旅游经营服务管理暂行规定》是对在线旅游予以全面规范的重要法律，在法律层级上属于政府部门规章。这一规章对平台责任进行了类型化的具体规定，对在线旅游平台责任进行了重点规定。该规章对夯实平台责任最核心的规定是增加了"实际经营许可"的规定：要求表面上作为信息中介和网络服务提供者，但实际从事线下组织、招徕和接待的平台，也应该依法取得营业经营许可。行政主管部门通过事先主体审核监管，旨在剔除那些违法违规的"黑店"和"野鸡"旅行社，保障旅游者人身财产安全和旅游权益安全。

在实践中，以往只有在旅游出现重大事故时，相关情况才会被主管部门和社会知晓，即便事后重罚，也很难亡羊补牢。该规章特别规定强调了"动态监管"，要求平台落实主体责任，实时监控旅游合同履行情况、投诉情况、突发事件、旅游者人身权益保障情况等，一旦出现问题，必须提前向主管部门报告，并提供必要的配合义务。例如，很多旅游者通过QQ群、微信群、贴吧等非典型平台自发组织旅游活动，其中不乏虚假宣传、欺诈、危险活动、违法旅游组织等违法违规的情况。此时提供网络信息服务的并非旅游平台，新规对这类问题做出了规定，即需要对"明知或应知"利用服务从事违法违规活动或侵害到旅游者权益的行为，进行制止并停止相关服务。

该规章还进一步明确了平台经营者的社会责任范围，即平台应负责协调解决。如果解决不成，鼓励平台进行先行赔付。当然，这里的先行赔付并非最终责任，平台赔付之后，有权向最终责任人追偿。结合旅游纠纷案例，规章首次将"旅游者责任"正式写入立法。旅游者如果在旅行中违约违规，甚至有违法活动的，应承担法律责任。如果未能依法依约提供个人健康信息，或者不听从旅游经营者告知、警告而参加不适合自己条件的活动，结果造成自身损害的,平台和经营者都不承担法律责任。如果在旅行中遭遇火山爆发、地震、飞机事故等不可抗力,平台和经营者需要及时提供救助;如果没有及时救助造成损害扩大,平台、经营者都需要为损害扩大部分承担连带责任。

总体而言,这一规章充分体现依法立法、民主立法和科学立法的立法精神,采用举办听证会、调研等方式,回应公众广泛关注的问题,同时也蕴含了包容审慎监管的理念,力求在监管中保证行业整体的全面发展。与此同时,该规章还展现了合作治理的新型行政理念,打破以往市场主体(平台运营者)与旅游主管部门之间的监管与被监管的关系,构建二者共同作为对于在线旅游业态健康有序发展必须有所贡献的重要主体之间的合作关系。此外,该规章秉承依法行政原则,对于旅游主管部门的监管职责、可以采取行政行为的种类和内容、管辖原则、法律责任等做出了明确的规定,防止行政权力在监管过程中出现滥用。

**建立以用户为核心的监管体系**

在线旅游产业是"互联网+旅游"的融合产物,但这种融合并非物理上的简单叠加,也非如传统电商那样是法律关系的统一汇集,这种融合使得主体更加多元、法律关系更加复杂。从宏观角度看,文旅部门、工商部门、交通部门、公安部门、网信部门、宣传部门等都要参与到监管之中,形成多头监管、联合执法的局势,这是由在线旅游产业的性质决定的,具有必然性。

文旅部门应当进一步关注如何通过平台这一途径将监管权限进行收口,最终实现对在线旅游产业全盘监管的目的;应当在自身权限内,通过互联网平台这一途径为部门间的联合监管提供便利渠道,这样才能发挥互联网本身的技术优势。平台可以利用其信息收集的优势，及时根据用户评价和反馈来为行政机关优化监管执法的方向和具体建议。监管部门可以责令平台采取制止虚假、恶意评价等的做法，并探索更为多样的合作方式，构建合作治理新格局。

党的十九届四中全会通过的《中共中央关于坚持和完善中国特色社会主义制度 推进国家治理体系和治理能力现代化若干重大问题的决定》明确提出，"坚持和完善中国特色社会主义行政体制，构建职责明确、依法行政的政府治理体系"，强调"必须坚持一切行政机关为人民服务、对人民负责、受人民监督，创新行政方式，提高行政效能，建设人民满意的服务型政府"。告别传统监管方式，转型服务型监管，亦是升级和完善在线旅游监管的方向。历史上，互联网经济的繁荣是大型共享平台依靠风险资本支撑，凭借网民大量红利快速瓜分市场的结果。野蛮快速发展状态不具有可持续性。政府监管如何对标服务政府、坚持依法行政，适时适度地参与产业发展，对后疫情时代在线旅游产业乃至整个经济复苏具有关键作用。

2020年年初，新冠疫情初起，文旅部就出台通知要求全国所有已依法缴纳保证金、领取旅行社业务经营许可证的旅行社，暂退标准为现有交纳数额的80%。此举在一定程度上减免了旅行社上交旅游服务质量保证金的义务，为旅行社保住了被疫情影响的流动资金链，体现了监管服务于产业发展的原则。文旅部此后多次发布纾困解难的文件，为旅游产业的发展提供政策指引。

政府还需要更为精准、具有实效的产业政策，来引导产业发掘内部优势，进行结构调整，推动产业在依法依规的轨道上健康稳健发展。传统旅游业的发展关键在于景区景点。如果景区景点不能吸引游客，那么再好的旅行社、导游、酒店也都无法发挥作用。我国山川河流等自然景观、亭台楼阁等人文景观不胜枚举，但是很多地方的旅游资源无法转化为景区景点推广到市场中，其原因之一是这些旅游资源无法被外界所周知。而信息的聚合与推广正是互联网平台的优势所在。在互联网平台加入旅游产业之后，信息成为推动旅游业发展的新兴动力。而信息的来源是用户，只有当平台拥有足够多的用户时，平台才可以获取足够多的信息作为产业发展决策的准确依据。政府监管应当针对产业发展的关键，才能够不仅找到解决问题的钥匙，同时也能够有效推动产业的发展。

鉴于用户是决定在线旅游业发展进程的决定性因素，行政机关的监管措施将会聚焦用户，开展数据驱动型监管。在线旅游经营者要重点避免制造虚假、恶意点评等行为，这样不仅能够为平台提供相关信息违法的判断标准，同样还可以增强用户数据的有效性与真实性，确保信息真实，以便市场进行有效选择。

**2022 年 · 又 · 初春**

22 年过去了，萨尔的女儿也成了一名作家。自那次父亲带她去过迪士尼乐园后，她爱上了旅行。这次，她的目的地是中国，是一个他父亲也没有去过的地方。中国有很多有趣的地方，有美食，还有人文故事，作为作家的她早就有了去中国走走的想法。但是，全球流行的新冠疫情暂时阻断了她的行程。

朋友劝她，旅游 APP 都能查到相关的介绍和游记，这两年 TikTok 上也有很多关于中国的短视频，何必非要去一趟呢？她对朋友讲："网络给了我们信息，但是有些东西是在文字里感受不到的。或许，我也能在中国遇到我的迪安·莫里亚蒂呢。"

# 后　记

"青松寒不落，碧海阔逾澄。"

2018年以前，没想过会写这样一本书；2022年以后，也没想到这本书还没有写完。这本"书"从酝酿到最终定稿经过了四年的寒暑交替。之所以给书打了引号，是因为最初这只是我们的一些讲稿，源于我们构思的课程"新经济浪潮的十堂课"。

没想到这本书会如此厚重。最初的设想是一群社会科学领域的专业人员写一本通俗易懂但又有门槛的普及性读物，把新技术、新业态、新经济发展过程中遇到的法律、伦理与文化冲突问题展示出来，挖掘企业基业长青、社会健康有序、国家创新发展的制度因素和治理模式。写作过程中，我们想囊括进来的新经济形态越来越多，想与读者探讨的领域越来越多。虽然已经舍弃了很多创新业态（如新能源车等），只保留了十个相对熟悉的领域，但这本书的篇幅还是比预想的多了不少。归根结底，原因是在科技快速发展的背景下,中国涌现出一批又一批创新人才和团队,为"中国式创新"不断贡献出好的产品、好的服务和好的规则。

没想到这本书集合了如此多优秀的作者,他们都是国内活跃在学术一线的年轻学者和博士生,大多有名校博士学位和在世界各地求学访学的经历,并对鲜活实践持续跟踪研究。好奇的心态、深入的洞察、开阔的视野和严谨的学风把我们凝聚在一起,愿意为这一件有意义、有意思的事情不计成本地投入时间和精力。仅全员线下统稿会就举行过十几次,遑论线上规模不等的会议以及无法统计次数的大修小改和交叉审稿,几乎每个章节都经历过多个版本的修改,最多的有九个版本。这群"衣带渐宽终不悔"的研究者包括:

统稿、导读、第一章　吴小亮(澄观治库)、王静(北京师范大学)

第二章　祖博媛、王天卓、白秋晗(国际关系学院)

第三章　马丽(河南中医药大学)、李烁(北京大学)、王轩(广州大学)

第四章　李芹(河北大学)

第五章　安丽娜(首都师范大学)

第六章　梁亚伦(中国社会科学院大学)、王凌光(广州大学)

第七章　赵泽睿(上海交通大学)

第八章　崔俊杰(首都师范大学)

第九章　陈悦(安徽大学)

第十章　杨启哲(澄观治库)、马丽、樊裕(中共河南省委党校)、姚瑶(浙大城市学院)

第十一章　崔俊杰

感谢法学家、全国政协委员、社会和法制委员会委员、中共中央党校(国家行政学院)一级教授胡建淼。胡老师是当代行政法学的大家,诸多重要立法和司法实践都留下他的印记,没有他对课程和研究的鼎力支持以及对年轻人、对法治中国的深刻理解，不会有这本书最早的雏形。感谢法学家、北京大学法学院教授、《中外法学》主编王锡锌。王老师是贯通中西的学问家，是我们研究新话题时的导师，我们追随王老师的脚步，继续努力从世界的视角看中国，探索中国治理的经验和理论。感谢经济学家、北京大学国家发展研究院原教授薛兆丰。薛老师深入浅出地解读经济学、法律经济学知识，对"用经济学改造世界观"做出了卓越的贡献，是我们的偶像和榜样。感谢政治学家、上海外国语大学全球文明史研究所教授施展。施老师融合多学科知识，对中国历史、政治和经济的分析鞭辟入里又引人入胜，《枢纽》《溢出》《破茧》都是我们写作的必读参考书。感谢帆书（原樊登读书）创始人、首席内容官樊登。樊老师对中国创业企业持续关注和研究，对新经济、新产业洞若观火，是对创新与规则良性互动的坚定支持者。感谢果壳科技创始人、九三学社中央科普工作委员会副主任、生物学博士姬十三，他坚持不懈地传播科学知识、弘扬科学文化，他发表的何为创新、如何创新的观点和有关实践都对我们有深刻影响。

感谢《中国法学》吴蕾编审、中国农业大学刘国世教授、国家广告研究院马旗戟研究员、中共中央党校（国家行政学院）谢庆研究员和汪彬副教授、大有影视丁宁编导、《Lens》张帆总经理、若晴文化孔宇女士等专家学者的意见和建议，他们提出的诸多意见都在修改中一一落实。感谢中央和地方多家政府主管部门、多家企业及一众创业者和管理者们为写作团队调研学习提供的支持，以及为书稿提出的真知灼见。感谢澄明则正律师事务所的合伙人和律师们基于在新经济领域的法律实践提供的意见和建议。

本书在2021年基本成稿时就开始接洽出版事宜，感谢王旭坤的支持和联络，她过去是优秀的法律编辑，现在是出色的律师，一直为法治事业奔走。感谢中国人民大学出版社第一时间做出决定，这一份理解和信任我们铭记在心,特别要感谢黄强、王海龙、马晓云、乌兰和杨海燕等各位编辑,他们敬业、专业地工作,从题目、结构、表述到装帧设计和发行等各方面细致把关,为本书的高质量出版提供了最可靠的保障。感谢刘明远、田昕灵、陈丽、田梦、杨启哲、许嘉懿、鲁远、王斌、杨可佳和梁楠等老师和同学对统稿、校对各项事务的支持,没有大家的共同努力,也不会有这本书。

又是一年春晓,我们看到年度热词从"科技""规制"变为"伦理""向善",社会对科技的态度风向已从狂热到祛魅,再到冷静审视。规则在这几年中被不断地提及。我们这一代人见证了中国风云激荡的经济发展历程,享受了经济飞速发展带来的繁荣、自由与希望,也参与了规则从无到有、不断完善的过程。

我们曾感受做事之艰难,思索共克时艰之路。本书即将付梓,没有"为伊消得人憔悴",也远未抵达"灯火阑珊处"。时代大潮中,风急天高,学者的路寂寞而漫长,惟愿"风不定,人初静,明日落红应满径"。

盼,和广大读者一同,将这一幕幕大戏、一桩桩近事,看得更加真切。

此时,也想起《南方周末》2012年新年献词:"我们在一起,就像一滴水融入另一滴水,就像一束光簇拥着另一束光。因为我们知道,唯有点亮自己,才有个体的美好前程;唯有簇拥在一起,才能照亮国家的未来。"

愿,成为那束光,与你们簇拥。在一起,共同照亮通向未来之路。

吴小亮　王　静

2023 年 4 月